Detjen
»Zum Staatsfeind ernannt«

Marion Detjen

»Zum Staatsfeind ernannt«

Widerstand, Resistenz und
Verweigerung
gegen das NS-Regime in München

Herausgegeben von der
Landeshauptstadt München

1998
Buchendorfer Verlag

Diese Dokumentation wurde gefördert von der
Bayerischen Rückversicherung Aktiengesellschaft.

Die Deutsche Bibliothek – CIP-Einheitsaufnahme
Detjen, Marion: »Zum Staatsfeind ernannt«
Widerstand, Resistenz und Verweigerung gegen das NS-Regime in München / Marion Detjen
Hrsg. von der Landeshaupstadt München. – München: Buchendorfer Verl., 1998
ISBN 3-927984-81-7

© Buchendorfer Verlag, München 1998

Satz und Reproduktionen: Satzpunkt Ewert, Kulmbach
Druck und Bindung: Huber, Dießen
Printed in Germany
ISBN 3-927984-81-7

Inhalt

Geleitwort

Das vorliegende Buch ist im Rahmen der Ausstellung »Widerstand, Verweigerung und Protest gegen das NS-Regime in München« entstanden, die vom 9. 10. bis 26. 11. 1998 im Münchner Rathaus zu sehen war. Es dokumentiert wie die Ausstellung die Geschichte des Widerstands und der Verweigerung in München – vielleicht letztmals mit Unterstützung und unter Mitwirkung einer Vielzahl von Zeitzeugen und ihren Angehörigen.

Wenige Münchnerinnen und Münchner, die dem nationalsozialistischen Regime widerstanden, sind heute bekannt. So wurden Hunderte von Münchner Kommunisten und Sozialisten in den 30er Jahren von den Nationalsozialisten verfolgt, weil sie sich von Anfang an dem Terrorregime widersetzten. Sie verbrachten lange Jahre in Gefängnissen und Konzentrationslagern, viele von ihnen bezahlten mit ihrem Leben. Auch die Zeugen Jehovas, katholische Priester und Laien, Monarchisten, konservative Einzelgänger, Zwangsarbeiter, Kriegsgefangene u. a. gerieten aus unterschiedlichsten Gründen in oft lebensbedrohliche Konflikte mit dem totalitären Staat.

Aus welchen Motiven stellten sie sich gegen die Nationalsozialisten, wie wurden sie dabei von ihrem sozialen Umfeld beeinflußt? Diese Fragen zu beantworten, hat sich die vorliegende Dokumentation zum Ziel gesetzt. Das Buch präsentiert keine einheitliche Geschichte des Widerstands in München, sondern macht uns auf viele unterschiedliche Geschichten von Opposition und Verweigerung aufmerksam. Es verweist auf die moralische Integrität und Opferbereitschaft der Widerstehenden, aber auch auf die Widersprüche und Grenzen ihres Handelns, auf deren Anpassungszwänge, persönliche Bedingtheiten und oft trügerische Hoffnungen.

Das Interesse gilt nicht nur dem politischen Widerstand im engeren Sinn, sondern gerade auch den weniger spektakulären, diffuseren, alltäglicheren Formen von Opposition und Verweigerung. Der recht allgemeine Begriff »Widerstand« wird differenziert und der abstrakte Sachverhalt dahinter anschaulich dargestellt. Generell wird unterschieden zwischen politischem Handeln, das sich explizit gegen die nationalsozialistische Herrschaft als Ganzes richtete, und der Resistenz einzelner Menschen oder von Gruppen, die ihre Eigenarten, Freiheiten und Traditionen gegen die totalitären Ansprüche des Systems verteidigen wollten.

Das Buch zeigt, wie breit das Handlungsspektrum zwischen totalem Widerstand und totaler Anpassung war: Attentate, Versuche der Sabotage, Schreiben,

9

Drucken und Verteilen von Flugblättern, das Abhören von »Feindsendern«, regimekritische Predigten, Hilfeleistungen für Verfolgte und vieles mehr.

Das Kulturreferat der Stadt München hat das Buch- und Ausstellungsprojekt über den Widerstand in München initiiert und geleitet. Damit soll nicht der Eindruck erweckt werden, daß München ein Zentrum des Widerstands war. Wir wollen mit diesem Projekt vielmehr diejenigen würdigen, die sich unter lebensbedrohlichen Umständen ihre moralische Integrität bewahrt haben. Es waren wenige, zu wenige. Sie konnten letztendlich die breite Unterstützung des NS-Terrorregimes durch einen Großteil der Bevölkerung nicht brechen.

Ich wünsche dem Buch viele interessierte Leserinnen und Leser und hoffe, daß es Anlaß geben wird zu weiterführenden Diskussionen um die individuelle Verantwortung der Menschen, die im Spannungsfeld zwischen Autonomie und Abhängigkeit ihre Entscheidungen zu treffen haben.

Prof. Dr. Julian Nida-Rümelin
Kulturreferent

Danksagung

Dieses Buch wäre ohne die Hilfe, den Rat und die Hinweise zahlreicher Menschen nicht möglich gewesen. An allererster Stelle danke ich Dr. Jürgen Zarusky vom Institut für Zeitgeschichte. Er stand mir in der Anfangsphase meiner Arbeit immer für klärende Gespräche zur Verfügung, gab mir manchen wertvollen Tip und korrigierte zum Schluß das Manuskript. Auch Peter Dorsch, der an der Vorbereitung der gleichnamigen Ausstellung mitgewirkt hat, habe ich viel zu verdanken.

Neben der Auswertung von Aktenmaterial und Literatur stützt sich das Buch auch auf Gespräche mit sogenannten Zeitzeugen – Menschen, die die Geschichten von Widerstand und Verfolgung im »Dritten Reich« am eigenen Leib erfahren mußten. Es gibt von ihnen heute nicht mehr viele, die noch am Leben sind und berichten können. Zwei von denjenigen, die mit mir gesprochen haben, sind inzwischen verstorben: Albert Lörcher und Dr. Alexander Böker, derer hier besonders gedacht werden soll. Sie und Hugo Scheurer, Lorenz Cosmann, Franz Geiger, Hans Heiß, Dr. Otto Gritschneder, Edgar Jakusch und Hubert von Welser stellten sich geduldig meinen vielen Fragen. Für manche von ihnen war die Erinnerung an ihre Erlebnisse schmerzhaft und schwierig; daß sie sich trotzdem zu den Interviews bereitfanden, ist ihnen hoch anzurechnen. Franz Geiger und Dr. Otto Gritschneder halfen mir darüber hinaus mit wissenschaftlichen Hinweisen. Auch den Angehörigen von verstorbenen Opfern des NS-Regimes, die mir Auskunft gaben, danke ich herzlich. Insbesondere seien hier Louis Freiherr von Harnier, Peter Sinclair, Dr. Karl Heuwing und Hanna Bauer genannt.

Weiterhin danke ich Ernst Antoni, Günter Baumann, Pater Prof. Roman Bleistein SJ, Dr. Heike Bretschneider, Barbara Distel, Franziska Dunkel, Dr. Ludwig Eiber, Dr. Christina Maria Förster, Dr. Elke Fröhlich, Walther Habersetzer, Dr. Andreas Heusler, Prof. Dr. Hans Günter Hockerts, Dr. Arno Klönne, Friedbert Mühldorfer, Dr. Carsten Nicolaisen, Ingelore Pilwousek, Stefanie Reichelt, Thomas Schlemmer, Prof. Dr. Peter Steinbach, Dr. Johannes Tuchel, Winfried Süß, Dr. Reinhard Weber, Dr. Hans Woller, Johannes Wrobel und Prof. Dr. Walter Ziegler. Sie alle nahmen sich Zeit, teilten ihr Wissen mit mir und gaben mir wichtige Hilfestellungen. Auch den zahlreichen Mitarbeiterinnen und Mitarbeitern der Archive sei gedankt, ebenso ehemaligen Kommilitonen und anderen ungenannten Personen, die mit Anregungen halfen.

Last but not least möchte ich mich bei Dr. Angelika Baumann bedanken, die dieses Buch für das Kulturreferat der Stadt München herausgibt. Sie hat die Arbeit an dem Buch und an der Ausstellung über mehr als zwei Jahre hinweg mit unermüdlicher Geduld betreut und angeleitet. Dafür, daß sie mir, als ich schwanger wurde und das Projekt plötzlich gefährdet schien, trotz schwieriger Umstände »die Stange hielt«, bin ich ihr persönlich verpflichtet.

Marion Detjen
Sommer 1998

Einleitung

Frühsommer 1933: Das jungverheiratete Ehepaar Anna und Hans Bauer hatte in dem vornehmen Stadtviertel Bogenhausen eine Wohnung gefunden: Hier konnten sie ganz unverdächtig einen Funktionär ihrer Partei – der Kommunistischen Partei Deutschlands – verstecken, der, ebenso wie sie, auch in der Illegalität den Kampf um die Befreiung der Arbeiterklasse nicht aufgab. Der Zeitpunkt der proletarischen Revolution schien ihnen nah – war für sie doch das nationalsozialistische Regime die letzte Bastion der kapitalistischen Ausbeuterklasse, deren Dekadenz sie in Bogenhausen jeden Tag mit eigenen Augen sahen.

Wenige Straßen weiter wohnte die Familie der Freiherren von Leonrod. Ihr Sohn Ludwig war gerade zum Oberleutnant befördert worden, ganz im Sinne der militärischen Familientraditionen. Ludwig von Leonrod fand die Manieren der Nationalsozialisten zwar rüpelhaft, meinte aber immerhin, daß die neue Regierung die Gefahr des Bolschewismus wirksam eindämmte und die Armee und das Ansehen Deutschlands wieder zu Ehren brächte. Er schwor also als Berufsoffizier den Eid auf den »Führer«. Zehn Jahre später sagte Leonrod seinem alten Freund und Kameraden Claus Graf Schenk von Stauffenberg trotz schwerer Zweifel zu, daß er im Falle eines Staatsstreichs und Attentats auf Hitler zur Verfügung stehen würde. Er hatte an der Front gesehen, daß der Krieg nicht gewonnen werden konnte und Deutschland auf eine Katastrophe zusteuerte.

Anna und Hans Bauer und der Freiherr von Leonrod wären höchst erstaunt gewesen, wenn man ihnen in den 30er oder 40er Jahren prophezeit hätte, daß sie eines Tages in Geschichtsbüchern zusammen als »Widerstehende« abgehandelt würden. Betrachtet man die einzelnen Lebensläufe, scheint sich das Thema »Widerstand« nur schwer verallgemeinern zu lassen. Überwogen nicht oft die grundsätzlichen Gegensätze der Herkunft und der Anschauungen die gemeinsame Gegnerschaft zum NS-Regime? Ein breites und differenziertes Bild der vielen unterschiedlichen Geschichten des Widerstands zu erhalten ist die große Chance des kommunalgeschichtlichen Blicks, die dieses Buch nutzen will – zu sehen, welche Gegenkräfte sich in München, der »Hauptstadt der Bewegung«, gegen die nationalsozialistische Herrschaft entwickeln konnten und wie diese sich konkret im Leben der Menschen manifestierten.

Im weitesten Sinne war Widerstand all das, was sich gegen das NS-Regime als Ganzes oder in seinen Teilaspekten richtete und damit eine potentielle oder reale Bedrohung für seinen absoluten und totalen Herrschaftsanspruch darstellte. Widerstand geschah unter den Bedingungen einer etablierten Diktatur; der Kampf gegen den Nationalsozialismus im Zuge der politischen Auseinandersetzungen vor der nationalsozialistischen «Machtergreifung» 1933 kann nicht dazu gerechnet werden, da er noch in einem – wenn auch beschädigten – Rechtsstaat stattfand.

Um die vielen verschiedenen und zum Teil widersprüchlichen Erscheinungsformen des Widerstands gegen den Nationalsozialismus auszuloten, ist in der inzwischen über 50jährigen Widerstandsforschung eine lange Reihe von Begriffen entwickelt worden, wie »Resistenz«, »Opposition«, »Verweigerung«, »Dissens«, »Nonkonformität« und andere. Ein breites Spektrum an Kriterien bietet sich heute an, um die Geschichten des Widerstands einzuordnen, vergleichbar und beurteilbar zu machen: Man unterscheidet die »Widerstehenden« nach ihrer Motivation und der Zielrichtung ihres Widerstands, nach dem Grad ihrer Organisiertheit, nach Risikobereitschaft, Offensivität und Öffentlichkeit sowie nach ihrer Wirksamkeit und Effektivität im Eingrenzen und Eindämmen des nationalsozialistischen Herrschaftsanspruchs.

Für dieses Buch besonders wichtig war die begriffliche Unterscheidung zwischen politischem Widerstand und Resistenz: Der politische Widerstand zielte auf die Niederschlagung des NS-Regimes ab, er wurde als »Hochverrat« oder »Vorbereitung zum Hochverrat« drakonisch verfolgt und verlangte eine sehr bewußte Entscheidung der Widerstehenden. Die Personen und Gruppen, die politischen Widerstand leisteten, waren auf Konspiration angewiesen und agierten in äußerster Isolation. Sie bezogen ihre Motivation aus eigenen politischen Zielvorstellungen – etwa der Hoffnung auf eine proletarische Revolution oder auf eine Wiedereinsetzung der Monarchie – oder aus ihrem moralisch-politischen »Gewissen«, also aus dem Bewußtsein, gegen den Unrechtsstaat irgendwie ankämpfen zu müssen. Demgegenüber bezeichnet der Begriff der Resistenz die gesellschaftlichen Gegenkräfte, die den Herrschaftsanspruch des Nationalsozialismus begrenzten und die gegenüber seinen Gleichschaltungsversuchen und seiner Ideologie in gewissem Maße immun machten. Diese gesellschaftliche Resistenz fand ihren Ausdruck im konkreten Verhalten von einzelnen Menschen als Verweigerung, Protest und Nonkonformität. So waren zum Beispiel gläubige Katholiken in der Regel gegen den nationalsozialistischen »Führer«-Glauben und die Verabsolutierung des Staates gefeit, und die katholische Kirche widersetzte sich zumindest teilweise erfolgreich den nationalsozialistischen Angriffen. Auch der Adel oder die klassenbewußte Arbeiterschaft, die ihre eigenen Traditionen und Angewohnheiten von vor 1933 fortführten, stellten ein solches resistentes Potential dar.

Eine ausdifferenzierte Begriffs- und Kriterienbildung ist im wesentlichen die Errungenschaft der Historisierung des Widerstands im Laufe der letzten 25 Jahre. Davor galt vor allem die ethische und moralische Qualität des Widerstands: Die junge Bundesrepublik war – soweit sie ihre nationalsozialistische Vergangenheit nicht sowieso vergessen und verdrängen wollte – auf der Suche nach Helden, mit denen sie sich guten Gewissens identifizieren konnte und die ihr eine Legitimation für ihre eigene politische Gegenwart lieferte. Für die Ambivalenz dieser

»Helden« hatte man keinen Platz. Erst in den 70er Jahren gingen mehr und mehr Historiker dazu über, nach den konkreten Ursachen, Möglichkeiten, Wirkungen und Bedingungen zu fragen, die für das Handeln der »Widerstehenden« maßgeblich waren, und auch ihre Widersprüche und Schattenseiten gelten zu lassen.

Zwischen totaler Anpassung und totalem Widerstand – was beides nur äußerst selten vorkam – gab es ein breites Verhaltensspektrum: Man konnte sich mehr oder weniger mutig, mehr oder weniger konsequent, früher oder später, bewußt oder weniger bewußt gegen das Regime stellen. Oft führten erst bestimmte Schlüsselerlebnisse – auch ganz zufälliger und unspektakulärer Natur – in die Regimegegnerschaft. Mancher fand sich plötzlich in einer Situation, in der die Aufforderung zum Widerstand regelrecht an ihn herangetragen wurde, während ein anderer niemals in eine solche Entscheidungslage geriet.

Das Nebeneinander von Loyalität und Widerstand bestand oft sogar in ein und derselben Person. Jemand konnte aktiv und unter hohem Risiko die Zerstörung des Rechtsstaates und den Führerkult bekämpfen und gleichzeitig den Antibolschewismus, Militarismus und Nationalismus des Regimes aus vollstem Herzen teilen. Ein anderer stellte sich nur gegen die nationalsozialistische Kirchenpolitik. Die Dritte war ganz und gar unpolitisch, widersetzte sich aber aus Menschlichkeit und Mitgefühl dem Umgangsverbot mit ausländischen Kriegsgefangenen. Der Vierte hatte sich vom Nationalsozialismus eine radikale soziale Revolution erhofft und wandte sich, enttäuscht über die nationalsozialistischen Kompromisse, dem kommunistischen Untergrund zu. Jedenfalls hatte der Widerstand in der Regel nur eine eingeschränkte Wahrnehmung; unser heutiges Verständnis von Demokratie, Pluralismus, Rechts- und Sozialstaatlichkeit teilten die allerwenigsten.

Dementsprechend unterschiedlich wurde, je nach ideologischem Blickwinkel, das NS-Regime wahrgenommen. Der Nationalkonservative empfand den Nationalsozialismus in seiner revolutionären Ausprägung als »bolschewistisch« und links, während der Kommunist ihn aus seiner marxistisch-ökonomistischen Sicht als ein Werkzeug des konservativen und bürgerlichen Kapitals interpretierte. Mit der Zeit bildete sich zwar durchaus bei manchen Gruppen eine Art antifaschistischer Konsens heraus, wo gerade in der persönlichen Begegnung die gemeinsame Gegnerschaft zum Nationalsozialismus wichtiger wurde als die ansonsten weiterbestehenden unüberbrückbaren politischen Gegensätze. Doch wurden die Bestrebungen, eine breite »Volksfront« gegen das Regime zu bilden, immer auch getragen von rein instrumentellen Überlegungen: Man war bereit, kurzfristig zusammenzuarbeiten, um das Regime zu stürzen, die eigenen Auseinandersetzungen verschob man auf später. Ganz vergessen konnte man sie nie. Schließlich verstanden sich viele politische Widerstandsgruppen nicht nur als Zusammenschlüsse gegen das Regime, sondern vor allem auch als Auffangorganisationen für die Zeit nach dem Zusammenbruch des Nationalsozialismus. Für diese Zeit rechneten sie mit einem Bürgerkrieg, in dem es dann darum gehen würde, sich die freigewordene Macht zu sichern und – je nach politischer Couleur der Beteiligten – endlich den sozialistischen, kommunistischen, monarchistischen, demokratischen, ständisch-föderalen oder autoritären Staat zu errichten.

Weiterhin standen sich der Widerstand und das NS-Regime nicht in starrer Front gegenüber, sondern sie waren durch eine für den Widerstand äußerst unglückliche und tragische Wechselbeziehung miteinander verknüpft. Die Bedingungen dieser Beziehung diktierte das Regime, und der Widerstand mußte sie wohl oder übel annehmen. So wäre es nach 1933 reiner Selbstmord gewesen, eine öffentliche Demonstration zu organisieren. Diese Aktionsform kam deshalb auch nicht vor. Uns heute so unbedeutend erscheinende Handlungen wie die Herstellung und Verteilung eines Flugblattes stellten unter den Bedingungen des Regimes äußerst komplizierte, riskante, zeitaufwendige und teure Unternehmungen dar und wurden als »Hochverrat« verfolgt. Tatsächlich waren Menschen bereit, dafür jahrelang ins Zuchthaus oder sogar in den Tod zu gehen – gemessen an der Wirkung, die die Flugblätter hatten, eine doch eigentlich unverhältnismäßige und sinnlose Tat? Noch deutlicher wird die Wechselbeziehung zwischen Regime und Widerstand, wenn man bedenkt, daß zahlreiche Gruppen von Spitzeln durchsetzt waren, die den Widerstand aktiv und oft über Jahre hinweg mitgestalteten. Besonders im kommunistischen Untergrund Mitte der 30er Jahre entstand die groteske Situation, daß der Widerstand nicht nur von der Gestapo überwacht, sondern regelrecht gefördert wurde.

All diese Ambivalenzen und Widersprüche des Widerstands zeigen, daß man bei der Beschäftigung mit ihm erst einmal eine historische Fremdheit, eine Kluft überbrücken muß. Die Menschen dachten und handelten in einer Welt, die man heute nur mit viel Mühe und Einfühlungsvermögen rekonstruieren kann. Die wenigsten von ihnen waren »Helden«, die kritiklos und distanzlos bewundert werden sollten; nur in ihrer Zeitgebundenheit sind sie zu verstehen. Gleichzeitig jedoch konfrontiert uns der Widerstand auf sehr unmittelbare und extreme Weise mit unserer eigenen moralischen Existenz: Er stellt uns vor die zu allen Zeiten gültige Frage nach der individuellen Verantwortung des Menschen, der im Spannungsfeld zwischen Autonomie und Abhängigkeit seine Entscheidungen treffen muß.

Der Münchner Widerstand ist – im Vergleich zu anderen Städten – bisher nur ungenügend erforscht. Seit der 1968 veröffentlichten Doktorarbeit von Heike Bretschneider: »Der Widerstand gegen den Nationalsozialismus in München 1933 bis 1945« sind keine Gesamtdarstellungen mehr erschienen. Im Rahmen des Forschungsprojektes »Bayern in der NS-Zeit« wurden wichtige Beiträge zu Resistenz und Widerstand verfaßt, die auch die Münchner Gegebenheiten berücksichtigten. Außerdem beschäftigen sich einige Monographien und Biographien mit Einzelgruppen und -personen des Münchner Widerstandes. Vereinzelt haben sich die Geschichtswerkstätten auf Stadtteilebene mit dem Thema befaßt.

»Hitlerputsch« in München: Straßensperre der Putschisten in der Schönfeldstraße, mit Heinrich Himmler (Mitte, mit Reichskriegsflagge) und Ernst Röhm (links davon), 9. November 1923

Dieses Buch soll nun in erster Linie einen – zwangsläufig unvollständigen und splitterhaften – Überblick darüber verschaffen, welche verschiedenen, vielfältigen, widersprüchlichen Geschichten von Opposition und Widerstand sich im Laufe der zwölf Jahre nationalsozialistischer Herrschaft in München abspielten. Im Mittelpunkt stehen die Schicksale und Biographien der einzelnen Menschen mit ihren besonderen Bedingungen und Voraussetzungen. Im Unterschied zu der Arbeit von Heike Bretschneider wird nicht nur der politische Widerstand berücksichtigt, sondern die ganze Bandbreite oppositionellen und resistenten Verhaltens, vom Attentat bis hin zum antinationalsozialistischen Witz. Auch hat das Buch nicht den Anspruch, eine wissenschaftliche Studie zu sein; es möchte vielmehr in erster Linie dokumentieren und erzählen. Der besseren Lesbarkeit halber verwendet es Fußnoten nur zum Nachweis von Zitaten.

Die Geschichten, die erzählt werden sollen, sind Münchner Geschichten: Sie wurden in unterschiedlichem Maße durch die Gegebenheiten dieser Stadt geprägt und beeinflußt – durch München als Großstadt, als Residenzstadt, Universitätsstadt und Verwaltungsstadt; als Stadt mit einer traditionell katholischen Bevölkerungsmehrheit und als Stadt mit einer traditionell reformistischen Sozialdemokratie; als Sitz des Erzbischofs und als Diaspora für Protestanten; aber auch als von den Nationalsozialisten so deklarierte »Hauptstadt der Bewegung«. Dabei war München alles andere als ein Hort des Widerstands: Im Münchner völkisch-antisemitischen Sumpf der Jahre nach dem Ersten Weltkrieg hatte der Nationalsozialismus seine Wurzeln, in München erlebte er seinen Aufstieg, und breite Schichten der Münchner Bevölkerung unterstützten das Regime bis zum Moment seines Untergangs. Nur eine winzige Minderheit engagierte sich oppositionell.

Gegliedert ist das Buch nach den verschiedenen Milieus und sozialen Bereichen, aus denen sich in München nach 1933 Widerstand und Opposition entwickelten – in unterschiedlicher Weise und in sehr unterschiedlichem Maße. Diese Gliederung hat sich am geeignetsten erwiesen, weil sie den Kontext, in dem sich Widerstand, Verweigerung und Protest abspielten, am deutlichsten werden läßt. Die Milieus sind gekennzeichnet durch spezifische Traditionen, Glaubensstandpunkte, Gruppenstrukturen und Interessen. Allerdings lassen sie sich oft nicht klar abgrenzen, und es gibt zahlreiche Überschneidungen zwischen ihnen. In stärkster Konkurrenz zum Nationalsozialismus stand das Milieu der sozialistischen und kommunistischen Arbeiterbewegung, das dementsprechend auch am schärfsten überwacht wurde. Zahlreiche Widerstandsgruppen gingen aus ihm hervor. In München besonders mächtig und tief verwurzelt war das katholisch-konservative Milieu. Das katholische Bekenntnis, der Schutzraum der Kirche – der einzigen im nationalsozialistischen Deutschland noch existierenden nicht »gleichgeschalteten« großen Institution –, das bayerisch-föderalistische Selbstverständnis und die Anhänglichkeit an die Wittelsbacher Monarchie stellten sich dem absoluten Herrschaftsanspruch des NS-Regimes entgegen. Andererseits führte eine nationalistische Grundhaltung auch breite Teile der katholisch-konservativen Bevölkerung dahin, dem Regime zumindest teilweise Loyalität zu erweisen. Problematisch abzugrenzen sind die Jugendmilieus, die sich dem Nationalsozialismus entzogen. In diesem Kapitel werden nur die oppositionellen Jugendgruppen behandelt, die im Krieg neu entstanden und nicht Gruppenzusammenhänge von vor 1933 fortführten. Die katholischen sowie die sozialistischen und kommunistischen Jugendlichen, die sich in den 30er Jahren verweigerten oder Widerstand leisteten und unmittelbar an Weimarer Traditionen anknüpften, finden im katholisch-konservativen Milieu bzw. im Bereich der Arbeiterbewegung ihren Platz. Weiterhin werden behandelt die Milieus von Wissenschaft und Kunst, die ausländischen Kriegsgefangenen und Zwangsarbeiter, die religiöse Gemeinschaft der Zeugen Jehovas, die protestantische Kirche und das verfolgte Judentum. Schließlich berücksichtigt das Buch in einem eigenen Kapitel auch spontane und individuelle Protest- und Verweigerungsformen, die sich nicht an bestimmten sozialen Gruppen festmachen lassen. Ein weiteres Kapitel widmet sich ebenfalls milieu- und gruppenübergreifend dem Widerstand und der Opposition gegen den Krieg, da die Gegnerschaft gegen den nationalsozialistischen Vernichtungskrieg als eigenständiges Motiv besonders wichtig erscheint.

Auf eine geschlechterspezifische Herangehensweise, die die Frauen als eigene soziale Gruppe behandeln würde, wird bewußt verzichtet. Zur Rolle der Frauen im Widerstand läßt sich nur wenig Allgemeingültiges sagen. Fast alle Gruppen hatten – ganz im Einklang mit der zeitgenössischen Geschlechterrollenverteilung – für Frauen keine Führungspositionen vorgesehen. Es gab allerdings auch Ausnahmen wie die Freiin Margarethe von Stengel, die aufgrund ihres Adels von dem monarchistischen Kreis um Heinrich Weiß als Führungsfigur akzeptiert wurde. Bei den Zeugen Jehovas rückten Frauen in die leitenden Stellungen vor, als alle verfügbaren Männer bereits verhaftet waren. Die konservativen Widerstandskreise akzeptierten ansonsten überhaupt keine Frauen in ihren Reihen; bei den Sozialdemokra-

»Machtergreifung« in München: Die SA besetzt das Rathaus und entrollt eine Hakenkreuzfahne, 9. März 1933

ten und Kommunisten übernahmen Frauen meist Hilfs- und Kurierdienste. Oft versuchten Frauen, ihre Ehemänner oder Söhne von deren Widerstandsaktivitäten abzubringen, da sie in Sorge um den Erhalt der Familie waren, oder sie wurden überhaupt nicht eingeweiht.

Nur wenige der Menschen, die die Geschichten von Widerstand und Opposition in München erlebten, können heute noch darüber erzählen. Gerade in den letzten Jahren sind viele der sogenannten Zeitzeugen gestorben oder unansprechbar geworden. Glücklicherweise wurden in den Jahrzehnten davor eine Vielzahl von Interviews geführt und auf Tonband aufgenommen, auf die man heute zurückgreifen kann. In großen Teilen stützt sich das Buch aber auch auf Archivakten: Vernehmungsakten der Gestapo, Anklageschriften und -urteile, sowie Akten der bayerischen Ministerien, des Reichsstatthalters, der Landratsämter und der Polizeidirektion. Diese Akten sind zwar grundsätzlich problematisch, weil sie als »Täterakten« die Sicht der nationalsozialistischen Verfolgungsbehörden darstellen; nur vereinzelt finden sich in ihnen Briefe, Flugblätter und anderes Material, das von den Personen und Gruppen im Widerstand selbst produziert wurde. Da der Widerstand ja im Verborgenen arbeiten mußte, war er gerade darauf bedacht, seine Spuren zu verwischen. Andererseits stellen die Vernehmungs- und Gerichtsakten und die Polizeiberichte, wenn man sie kritisch liest, äußerst wertvolle Quellen dar. Den Verfolgungsbehörden war durchaus daran gelegen, die »Wahrheit« über den Widerstand herauszufinden. In der Regel wollten sie, auch wenn sie mit Angst und Terror arbeiteten, keine willkürlich bestraften Unschuldigen, sondern in ihren Augen zu Recht bestrafte »Staatsfeinde«. Dabei interessierte sich gerade die Gestapo auch für die kleinsten Details. Die Lebensverhältnisse der Beschuldigten wurden oft bis in die intimsten Bereiche ausgeforscht, ihre Motive und Anschauungen breit dargestellt, ihre Widerstandshandlung akribisch rekonstruiert.

Aus diesem Grund sind die Akten voll von vergangenem konkreten Leben, und die Archivarbeit gleicht einer abenteuerlichen Entdeckungsreise durch eine fremde Welt, auf der man den unterschiedlichsten Menschen begegnet und die überraschendsten Geschichten erfährt. Zum Teil entwickeln die Akten sogar eine ganz eigene Poetik und Dramatik, und man findet darin Stellen, die – natürlich unbeabsichtigt – jenseits allen Widerstandskampfes die Würde des Menschen so anklingen lassen wie jenes Zitat aus einem ärztlichen Gutachten, das sich mit der Vergangenheit einer Zeugin Jehova beschäftigte:

»In diese Zeit (als Dienstmädchen, Anm. d. Verf.) falle ein ganz merkwürdiges Erlebnis, an das sie sich heute noch deutlich erinnere. An einem Winterabend sei sie mit ihrer Herrschaft nach Tegernsee hinausgefahren. Als sie während der Fahrt zum Coupéfenster hinausgesehen habe, sei ihr der Himmel plötzlich so unwahrscheinlich schön erschienen. Die Wolken seien ganz wunderbar gewesen; sie habe gar nicht sagen können, warum es so besonders schön gewesen sei; sie habe sich aber ganz außergewöhnlich beglückt gefühlt und gemeint, so etwas Schönes habe sie noch niemals erlebt. Mit ihrer Herrschaft habe sie über dieses Erlebnis aber nicht gesprochen.« [1]

Nur im Archiv, in der Begegnung mit den Quellen, vermittelt sich, was keine historische Literatur zu vermitteln vermag: daß auch unter den unmenschlichsten Bedingungen des Terrors und der Verfolgung eine nicht erklärbare menschliche Restgröße bleibt, ein »Widerstand«, der wohl alle totalitären Regime letztlich zum Scheitern verurteilt.

1. Der nationalsozialistische Terror- und Verfolgungsapparat

Widerstand und Opposition gegen den Nationalsozialismus lassen sich ohne Kenntnis der Gegenseite – des seinem Anspruch nach totalitären Regimes und seiner Unterdrückungsmethoden – nicht verstehen. Jeder, der in Wort oder Tat etwas gegen das Regime unternahm, mußte mit unnachsichtiger Verfolgung rechnen. Daher waren die vielfältigen Formen des Widerstands, die die Menschen wählten, immer auch durch die Verfolgung mitbedingt. Außerdem erwuchs Widerstand auch oft erst aus der Erfahrung, in einem von einer »Verbrecherclique«[2] geführten Unrechtsstaat zu leben, der seine wirklichen und vermeintlichen Gegner mit gnadenlosem Terror unterdrückte.

Wie schaffte es das NS-Regime, innerhalb kürzester Zeit einen Terrorapparat zu errichten, der die ganze deutsche Gesellschaft – abgesehen von einigen Nischen und Freiräumen, die durchaus noch existierten – seinen totalitären Ansprüchen unterwarf? In den Wochen und Monaten der nationalsozialistischen »Machtergreifung« war die Bevölkerung betäubt und berauscht von der Atmosphäre des Ausnahmezustands, die den angeblichen »nationalen Aufbruch« begleitete. Die ersten Schritte zur Zerstörung des Rechtsstaates erschienen vielen nur als vorübergehendes Phänomen. Das Regime nutzte jedoch die Zeit, um ein Pseudo-Recht zu entwickeln und Verfolgungsinstrumente auszubauen, die seine Herrschaft langfristig absichern sollten. Alte Gesetze wurden uminterpretiert und die Strafen verschärft, neue Gesetze und neue Tatbestände erfunden, die alten Gerichte gleichgeschaltet und neue politische Gerichte eingesetzt. Die politische Polizei wurde massiv ausgebaut; daneben erhielten nationalsozialistische Formationen wie die SA und die SS Polizeigewalt. Die Institution der »Schutzhaft« und die Einrichtung von Konzentrationslagern erlaubten politische Verfolgung ohne jede rechtliche Scheinlegitimierung und ohne zeitliche Beschränkung.

All dies geschah mit der schweigenden Zustimmung der Bevölkerungsmehrheit. Ohne die Kooperation der Menschen wäre es dem Regime nie gelungen, mit seinem Verfolgungsapparat die ganze Gesellschaft zu durchdringen. Nach den als chaotisch und demütigend empfundenen Jahren der Weimarer Republik sehnte man sich nach »Zucht und Ordnung« und war gewillt, alle Freiheitsrechte dafür zu opfern. Die lange deutsche Tradition der Autoritätshörigkeit und Staatsgläubigkeit erleichterte diesen Prozeß. Die durch die Verfolgung ausgegrenzten Minderheiten – Kommunisten, Juden, Homosexuelle, Zeugen Jehovas usw. – wurden von den meisten ohnedies als Störenfriede und »Untermenschen« betrachtet.

Verhaftung von Regimegegnern durch die Bayerische Politische Polizei, Frühjahr 1933

Hand in Hand mit dieser weit verbreiteten Zustimmung ging das Denunziantenunwesen. Ihm verdankte die Politische Polizei die meisten ihrer Verhaftungen. Die Denunzianten handelten aus egoistischen Motiven ebenso wie aus ideologischem Fanatismus oder einfach aus Strebertum.

Seit Kriegsbeginn verdrängte der willkürliche Terror mehr und mehr die systematischen Verfolgungsmaßnahmen: Einerseits wurden zahlreiche neue Straftatbestände geschaffen und die Strafen drastisch verschärft. Die bisher vergleichsweise sparsam verhängten Todesstrafen gerieten zum Massenphänomen, eine falsche Bemerkung konnte eine jahrelange Zuchthausstrafe nach sich ziehen. Gleichzeitig jedoch waren die Verfolgungsbehörden völlig überfordert, weil sich durch die Ausdehnung und Häufung der Straftatbestände und durch den Einsatz in den besetzten Gebieten die zu verfolgenden und überwachenden Gruppen dramatisch vermehrt hatten.

Das nationalsozialistische (Un-)Rechtssystem

Bereits in der Weimarer Republik standen Rechtsstaatlichkeit und Gesetzmäßigkeit – gerade in Bayern – immer wieder auf dem Spiel. Der Prozeß gegen Adolf Hitler und seine Mit-Putschisten im Jahr 1924 stellte nur den spektakulärsten Fall dar, in dem sich die Justiz als »auf dem rechten Auge blind« erwies. In den letzten Jahren der Weimarer Republik verhängten die Reichspräsidenten immer häufiger den Ausnahmezustand. Die Bevölkerung hatte sich daran gewöhnt, daß wichtige Freiheitsrechte einer angeblichen »Staatsräson« untergeordnet wurden. In ihrer Sehnsucht nach einer Stabilisierung der Verhältnisse war ihr der Rechtsstaat unwichtig geworden.

Diese Stimmung nutzte das nationalsozialistische Regime, um sofort nach der »Machtergreifung« das Rechtssystem nach dem nationalsozialistischen Führerprinzip umzumodeln. »Der Führer schützt das Recht«[3] – dieser Grundsatz sollte von nun an Gesetzgebung und Rechtssprechung beherrschen. Recht war nicht mehr unabhängig, sondern hatte einem höchst vage formulierten »gesunden Volksempfinden« zu entsprechen. Den Rechtsgrundsatz »nulla poena sine lege«[4] warf man über Bord und wählte stattdessen die populistische Parole »nullum crimen sine poena«[5]. All diese Sätze dienten letztlich nur der Verschleierung der Tatsache, daß das Recht in ein reines Instrument der Herrschaftssicherung und der Verfolgung aller vermeintlichen und wirklichen Gegner umgewandelt wurde. Auch der Terrorstaat brauchte den Anschein des Rechts und der formalen Rechtmäßigkeit, und er tat sein Möglichstes, Gesetze und Gerichte für seine Zwecke auszurichten.

Zum Teil behalf sich das Regime bei der Verfolgung seiner Gegner mit den althergebrachten politischen Straftatbeständen: Die Gesetze über »Hochverrat«, »Vorbereitung zum Hochverrat« und »Landesverrat« wurden herangezogen, um aktiven politischen Widerstand gegen das Regime aburteilen zu können. Der Straftatbestand »grober Unfug« mußte zunächst dazu dienen, mißliebige Äußerungen zu verfolgen. Sofort führte das Regime aber auch ganz neue Gesetze und Verordnungen ein, die extra auf seine »Bedürfnisse« zugeschnitten waren: Die »Verordnung des Reichspräsidenten zum Schutz von Volk und Staat vom 28. Februar 1933« (auch »Reichstagsbrandverordnung« genannt) wurde noch von Reichspräsident Hindenburg erlassen, um Gegner – vor allem die Kommunisten – auch ohne Gerichtsverfahren hinter Schloß und Riegel zu bringen. Sie setzte die Grundrechte der Weimarer Reichsverfassung außer Kraft. Als pseudo-rechtliche Grundlage für die Errichtung von Konzentrationslagern hatte sie unschätzbaren Wert. Noch 1933 wurden das »Gesetz zur Abwehr politischer Gewalttaten« und das »Gesetz zur Gewährleistung des Rechtsfriedens« verabschiedet. Das »Gesetz gegen heimtückische Angriffe auf Staat und Partei und zum Schutz der Parteiuniformen vom 20. Dezember 1934« – das sogenannte Heimtückegesetz –, brachte in den folgenden Jahren Abertausende von Menschen in die Gefängnisse und Zuchthäuser, nur weil sie sich kritisch gegen die Regierung oder die Zustände im nationalsozialistischen Deutschland geäußert hatten. Die sogenannten Nürnberger Rassegesetze, die »Gesetze zum Schutze des deutschen Blutes und der deutschen Ehre« vom 15. September 1935, degradierten schließlich Juden und andere Minderheiten auch rechtlich zu Bürgern zweiter Klasse.

Wie die Gesetzgebung wurden auch die Gerichte 1933 dem Unrechtsstaat zu Diensten gemacht. Mißliebige Richter und Staatsanwälte entließ man, den Rechtsanwälten wurde die Zulassung entzogen. Allerdings gab es gerade in Bayern kaum Richter, die sich nicht mit dem neuen Kurs einverstanden gezeigt hätten. Der Münchner Oberlandesgerichtspräsident Gerber, ein ehemaliges Mitglied der BVP, kam seiner Zwangsversetzung durch einen Antrag auf Versetzung in den Ruhestand zuvor; der Richter am OLG Sauerländer, wurde 1939 zwangspensioniert. Um eine schnelle Bestrafung ohne langwierige Verfahren zu ermöglichen, richtete das NS-Regime neue Gerichte ein, gegen deren Urteile keine Revision eingelegt werden konnte. Die »Sondergerichte« waren für politische »Verbrechen« zuständig, soweit diese nicht unter die Hoch- oder Landesverratsparagraphen fielen. Ursprünglich als vorübergehende »Notgerichte« in einer Zeit besonderer Gefährdung des Staates geplant, entwickelten sich die Sondergerichte bald zu einer Dauereinrichtung. Im April 1934 wurde in Berlin der »Volksgerichtshof« errichtet: Als oberster Gerichtshof sollte dieser die als besonders gefährlich eingeschätzten »Staatsverbrecher« aburteilen. Seine Richter ernannte Hitler persönlich.

Mit Kriegsbeginn 1939 trat eine massive Verschärfung des politischen Strafrechts ein. Eine Reihe von neuen Straftatbeständen wurde geschaffen, um mit dem Krieg zusammenhängende Widerstandshandlungen ahnden zu können. Die »Kriegssonderstrafrechtsverordnung« vom 17. August 1939 sah in dem Paragraphen »Wehrkraftzersetzung« hohe Zuchthausstrafen oder die Todesstrafe für diejenigen vor, die »öffentlich den Willen des deutschen oder verbündeten Volkes zur wehrhaften Selbstbehauptung zu lähmen oder zu zersetzen« versuchten. Die »Verordnung über außerordentliche Rundfunkmaßnahmen« vom 1. September 1939 stellte das Abhören ausländischer »Feindsender« unter Strafe. Die »Verordnung gegen Volksschädlinge« belegte Sabotagehandlungen mit der Todesstrafe. Die »Verordnung zum Schutz gegen jugendliche Schwerverbrecher« ermöglichte es, auch Jugendliche zum Tode zu verurteilen. Ende November 1939 wurde der Umgang mit Kriegsgefangenen strikt verboten. Die »Polenstrafrechtsverordnung« 1941 sah für die als »Untermenschen« klassifizierten Zwangsarbeiter aus dem Osten selbst bei kleinen Vergehen die Todesstrafe vor.

Je weiter der Krieg voranschritt, desto mehr verschärften sich die von den Gerichten ausgesprochenen Strafen. Zehntausende von Todesurteilen wurden in den letzten Kriegsjahren gefällt. Das Regime griff immer öfter direkt in die Verfahren ein und korrigierte Urteile, die ihm zu milde erschienen, so daß eine Unabhängigkeit der Richter nicht einmal mehr zum Schein bestand. Doch trotz der

24

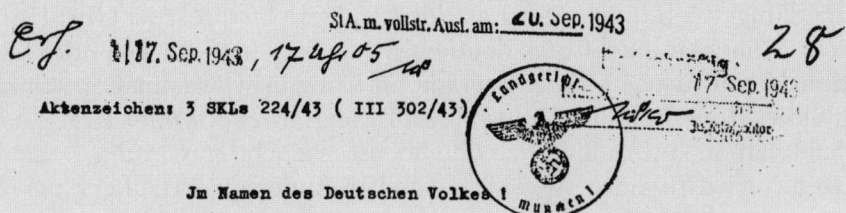

StA. m. vollstr. Ausf. am: 2 U. Sep. 1943

Aktenzeichen: 3 SKLs 224/43 (III 302/43)

17 Sep. 194...

28

Im Namen des Deutschen Volkes !

Das Sondergericht 3 bei dem Landgerichte München I erlässt in der Strafsache gegen

F r ü h s c h ü t z Lorenz

wegen Zersetzung der Wehrmacht
in der öffentlichen Sitzung vom 10. September 1943, an der teilgenommen haben:
1. der Vorsitzer: Landgerichtsdirektor Deisenhofer,
2. die Beisitzer: a) Oberlandesgerichtsrat Dr. Seka,
          b) Landgerichtsrat Dr. Neumaier,
3. der Staatsanwalt: Gerichtsassessor Linder,
ohne Beiziehung eines Schriftführers
folgendes

U r t e i l :

F r ü h s c h ü t z Lorenz, geboren am 5. August 1912 in Landsberg/Lech,
          ledig , Hilfsarbeiter, z.Zt. in Untersuchungshaft im
          Gerichtsgefängnis in München - Neudeck
hat sich durch Verborgenhalten vor den Polizeibehörden der Erfüllung
des Wehrdienstes ganz entzogen.

Er wird mit dem Tode bestraft.
Die bürgerlichen Ehrenrechte werden ihm auf Lebensdauer aberkannt.
Er hat die Kosten zu tragen.

G r ü n d e :

I.

Der heute 31 Jahre alte Angeklagte kam in Landsberg a. Lech zur Welt.
Sein Vater hatte bis 1912 eine eigene Bäckerei. Der Angeklagte hatte 7 Geschwister, von denen noch 5 leben. Ob einer seiner 3 Brüder Wehrdienst leistet
weiss der Angeklagte nicht. Er hat die Verbindung mit seinen Angehörigen verloren. Er besuchte 7 Klassen Volksschule und die Fortbildungsschule. 5 Klassen
besuchte er in Landsberg und 2 Klassen in Kempten im Allgäu. Mit 8 Jahren ver-
dingte er sich als Hirtenknabe bei einem Bauern in Kempten auf die Dauer von
2 Jahren. Mit 10 Jahren kehrte er auf kurze Zeit in das Elternhaus zurück, um
bald wieder in Seestall bei Landsberg bei einem Bauern in Stellung zu gehen.
Im Jahre 1919 starb seine Mutter. Mit 16 oder 17 Jahren nahm er die Arbeit
in der Holzfabrik Kink in Landsberg auf. Hier arbeitete er 1 - 1.1/2 Jahre.
Anschliessend verrichtete er verschiedene Gelegenheitsarbeiten (1925, 1926
oder 1927). Zu dieser Zeit hat er sich auch an Streiken beteiligt. An das was
er in den Jahren 1928 - 1932 getan hat, kann sich der Angeklagte nicht mehr

Todesurteil des Sondergerichts München wegen »Wehrdienstentziehung«, 1943

politischen Lenkung besaßen die Richter bis zuletzt – wenn auch begrenzte – eigene Handlungsspielräume. Der Fall des Landgerichtsdirektors Grassl am Sondergericht München macht dies deutlich: Einerseits hatte er keinerlei Skrupel, das nationalsozialistische Unrecht gerade im Krieg in schärfster Form anzuwenden. Zahllose Menschen, die Umgang mit Zwangsarbeitern oder Kriegsgefangenen gehabt hatten, verurteilte er zu den höchsten Zuchthausstrafen. Seine Urteile strotzten von wüstem rassistischen Vokabular. Andererseits half er einer älteren Dame aus angesehener Familie, die wegen antinationalsozialistischer Bemerkungen denunziert worden war, indem er heimlich ihren Anwalt aufsuchte und sich mit ihm zusammen eine Strategie überlegte, wie die Frau zu einem milden Urteil kommen könnte.

Der Polizeiapparat, die Gefängnisse und die Lager

Der Polizeiapparat war für das NS-Regime das wichtigste Instrument zur Durchsetzung und Sicherung seiner Herrschaft. Unter Heinrich Himmler wurde er zu einem eigenen »Staat im Staat« ausgebaut, der sich den Anschein von Allmacht gab und zusammen mit SA und SS Angst und Schrecken in der Bevölkerung verbreitete. Gerade in den ersten Wochen und Monaten nach der nationalsozialistischen »Machtergreifung«, als die Justiz noch nicht völlig gleichgeschaltet war, kam es zu nicht einmal scheinlegitimierten Ausschreitungen der als »Hilfspolizei« eingesetzten oder eigenmächtig handelnden SA- und SS-Formationen. Die reguläre Polizei hatte Anweisung, diese Ausschreitungen zu dulden.

Mit der Institution der »Schutzhaft« bekam die Polizei eine Waffe in die Hand, die sie von jeder gerichtlichen Kontrolle unabhängig machte: Sie konnte mißliebige Personen ohne gerichtliches Urteil auf unbeschränkte Zeit in den Polizeigefängnissen und Konzentrationslagern festhalten. Der euphemistische Begriff »Schutzhaft« ließ offen, ob nun mit der Inhaftierung die eigene Person oder die öffentliche Ordnung »geschützt« werden sollte. Zunächst diente als Polizeigefängnis das Polizeipräsidium in der Ettstraße, ab 1934 das Wittelsbacher Palais in der Brienner Straße, das zur Gestapo-Zentrale ausgebaut wurde. Die Polizeigefängnisse waren Orte des Schreckens und der Willkür. Jeder, der von dort in ein »ordentliches« Gefängnis kam – Stadelheim, Neudeck, die Corneliusstraße oder auch entfernter liegende Gefängnisse – schätzte sich glücklich, weil hier wenigstens nicht gefoltert wurde.

Da die Polizeigefängnisse für den Bedarf der Polizei bei weitem nicht ausreichten, wurde sofort im März 1933 ein Konzentrationslager in Dachau, vor den Toren Münchens, errichtet. In diesem ursprünglich nur für 5 000 Gefangene geplanten KZ wurden zunächst vor allem die kommunistischen und sozialdemokratischen Funktionäre interniert. Im Laufe des Sommers 1933 kamen einige ehemalige Politiker der BVP und andere mißliebige Konservative hinzu, die aber in

Häftlinge im KZ Dachau, Ende der 30er Jahre

der Regel bald wieder entlassen wurden. Das KZ Dachau entwickelte sich mit der Zeit zu einem Massenlager, in dem neben den »Politischen« und den Juden auch Geistliche, Homosexuelle, Roma und Sinti und Zeugen Jehovas gruppenweise festgehalten wurden. In den zwölf Jahren nationalsozialistischer Herrschaft wurden im KZ Dachau über 200 000 Häftlinge und über 30 000 Todesfälle registriert, wahrscheinlich waren es viel mehr.

Die Justizbehörden sahen es natürlich nicht gerne, daß die Polizei ihnen ihre ureigenste Kompetenz, die Strafverfolgung, aus den Händen nahm, waren aber dagegen machtlos. Zum einen setzte die Polizei die »Schutzhaft« dafür ein, die Untersuchungshaft und die Ermittlungen unter eigener Kontrolle zu halten, zum anderen aber auch, um gerichtliche Strafurteile nach eigenem Ermessen zu korrigieren und zu verschärfen. Die Angeklagten, die vor den Gerichten freigesprochen wurden oder bei denen das Verfahren eingestellt wurde, wanderten meist ebenso in die Konzentrationslager wie diejenigen, die ihre gerichtliche Strafe verbüßt hatten und nun eigentlich freigelassen werden sollten. Gegenüber der Öffentlichkeit rechtfertigte die Polizei dieses Vorgehen als »vorbeugende Maßnahme«.

In den Polizeigefängnissen und Konzentrationslagern waren schwere Mißhandlungen bis hin zum Mord an der Tagesordnung. Da die Häftlinge bei ihrer

V e r z e i c h n i s

der in P a s i n g festgenommenen Personen, die sich z.Zt. noch in
Schutzhaft befinden:

Lfd. Nr.	Name	Geburts=			Tag der Jnschutzhaft= nahme u. Verwarungsort.
		zeit	ort	Bezirksamt	
1	Adamovsky Gottlieb	29.6.05	Ansbach		19.4.33 Stadelheim
2	Bayer Pius	31.5.97	Kaufbeuren		19.4.33 Dachau
3	Brod Luise	29.10.07	München		19.4.33 Stadelheim
4	Carus Ludwig	25.9.92	Thalhausen	Freising	18.4.33 Dachau
5	Engl Ferdinand	2.2.07	Birnbrunn	Cham	19.4.33 Dachau
6	Egger Karl	27.7.06	Rosenheim		19.4.33 Stadelheim
7	Freund Karl	26.4.03	Pasing		19.4.33 Dachau
8	Gründl Josef	20.6.00	Siegharding	Rosenheim	19.4.33 Dachau
9	Heid August	22.5.03	Fürth		19.4.33 Dachau
10	Hofner Josef	20.1.12	Hohenwart	Schrobenhausen	19.4.33 Stadelheim
11	Holzner Reinhold	18.5.05	Matzenbach	Kaiserslautern	19.4.33 Stadelheim
12	Kern Josef Josef	7.3.09	Pasing		28.3.33 Dachau
13	Kirchbeck Bernhard	9.10.88	Hofham	Rosenheim	11.3.33 Dachau
14	Knödler Gottlieb	23.3.91	München		13.3.33 Dachau
15	Kastl Johann	3.7.01	Grafing	Ebersberg	19.4.33 Stadelheim
16	Kümmerle Franziska	30.9.09	München		19.4.33 Stadelheim
17	Kraus Michael	11.9.11	Pasing		19.4.33 Dachau
18	Seifert Wilhelm	8.3.01	München		26.5.33 Pol.=Dir.Mchn
19	Stenzer Emma	3.11.97	Ansbach		19.4.33 Stadelheim
20	Thallmeier Richard	20.6.11	München		11.3.33 Dachau
		Erstellt:	Pasing, den 30.Mai 1933.		

Friedrich, Kom.

Zu Ziffer 18 wird angeführt, dass die Jnschutzhaftnahme des S e i f e r t
am 26.5.33 in Lochham, B.A.München, im Benehmen mit der Bay.Polit.Pol.München
erfolgte.

*Von der Gemeinde Pasing erstellte Liste der politischen »Schutzhäftlinge« aus Pasing,
Frühjahr 1933*

Entlassung eine Schweigeerklärung unterschreiben mußten, hatten sie keine Möglichkeit, die erlittenen Mißhandlungen zur Anzeige zu bringen. Wer über die Zustände im Konzentrationslager erzählte, mußte mit einer erneuten Inhaftnahme wegen »Verbreitung von Greuelnachrichten« rechnen. In den ersten Wochen und Monaten nach der nationalsozialistischen »Machtergreifung« versuchte die Justiz, die eklatant rechtswidrigen Mordfälle in Dachau zu untersuchen, gab dies allerdings angesichts der Widerstände der Polizeibehörden bald auf. Später durften Angehörige der Justiz das Lager nicht mehr betreten.

Wie schlimm gerade die Polizei- und »Schutzhaft« von den Opfern und ihren Angehörigen empfunden wurde, schimmert nur noch in manchen Briefen durch, in denen die Häftlinge oder die Angehörigen ihre Leiden und Ängste andeuteten und die wegen ihres Inhalts zurückgehalten und nie befördert wurden. So schrieb im Mai 1933 eine Frau an ihren Ehemann ins Gefängnis Neudeck:

»Lieber Papa, wie Du mir schreibst, daß Du froh bist, daß Du von der Ettstraße fort bist, mir fiel ein Stein vom Herzen, als ich am Freitag erfuhr, als ich die Sachen abgeben wollte, daß Du in Neudeck bist, hoffentlich haben sie Dich nicht recht geschlagen! Denn der Kriminalbeamte, welcher bei der Haussuchung da war, sagte zu mir, er würde Dich so schlagen, wenn Du nicht aussagst, ein anderer sagte, ich muß mit in die Ettstraße, da gäb es schon was, wo mir dann allerhand einfällt, ich hatte doch von allem keine Ahnung, ich dachte Du seist im Kino, bis zwei Uhr früh waren sie zu zweien in der Wohnung.«[6]

In jedem Fall bedeuteten Haft und Verurteilung auch für die Angehörigen großes Unglück. Neben der Angst mußte man mit der Schande und Isolation fertig werden, mit der einen Nachbarn und Kollegen bedachten. Außerdem brachte die Haft schwere finanzielle Belastungen mit sich: Für die Familie des Verhafteten fiel nicht nur dessen Verdienst weg, sondern sie mußte auch die gerichtliche Verurteilung und die Haftkosten bezahlen.

Wurden die Inhaftierten – oft erst nach vielen Jahren – schließlich aus dem Gefängnis oder Konzentrationslager entlassen, unterlagen sie meist noch auf viele weitere Monate der polizeilichen Meldepflicht. Wie belastend sich diese Schikane im Alltag der Betroffenen auswirkte, zeigt ein Brief eines Dachau-Entlassenen vom 15. Mai 1936 ans Bezirksamt:

»Unterzeichneter bittet um die endgültige Aufhebung der polizeilichen Meldung, die er jeden zweiten Werktag in der Ortspolizei von Unterhaching vorzunehmen hat. Ich bin jetzt nahezu seit sechs Monaten aus dem Konzentrationslager Dachau entlassen und habe mich vorschriftsmäßig bei der hiesigen Polizei gemeldet. Ich möchte wieder ein freier Mensch sein und unbeschwert und unbelastet in meinem Vaterland mich wieder bewegen dürfen (...). Ich bitte um Aufhebung!«[7]

Im Krieg erhöhten sich die Möglichkeiten der Gestapo, eigenmächtig und willkürlich gegen »Staatsfeinde« vorzugehen, noch einmal drastisch. Polnische und

Unterföhring d. 23. Mai 35.

Antragstellerin:

Kath. Tegner
Unterhof.

Indem meine Versuche meinen
Mann freizubekommen bisher vergeblich
waren, erlaube ich mir meine Bitte zu wieder-
holen. Mein Mann ist seit 29. Jan. 1934 im
Konzentrationslager in Dachau. Ich mußte
neben der Miete v. 17,50 noch für meine 6jähr. Tochter
aufkommen, der Verdienst war auch kein ausreichen-
der. Jedwede Unterstützung wurde mir abgelehnt.
Ich bin in großer Not u. bitte um baldige Hilfe
da ich so ehnungslos wegen Mietrückstand.
Meine Gesundheit läßt auch zu wünschen übrig,
u. bitte sehr um die Rückkehr meines Mannes.
Mit deutschem Gruß!
Kathi Tegner.

Heil Hitler!

Gesuch einer Ehefrau um Haftentlassung ihres Mannes, Mai 1935

30

sowjetische Zwangsarbeiter und Kriegsgefangene unterstanden seit 1941, Juden seit 1943 direkt der Gestapo. Hitler selbst sorgte dafür, daß die Polizei angeblich besonders gefährliche Gegner aus ihren Reihen einer »Sonderbehandlung« unterziehen konnte – was nichts anderes hieß, als sie ohne Gerichtsurteil hinzurichten. Allein in München fielen in den letzten Kriegsjahren Hunderte von Ausländern dieser »Sonderbehandlung« zum Opfer.

Die Todesstrafen, die die Gerichte seit Kriegsbeginn immer häufiger verhängten, wurden in der Strafanstalt München-Stadelheim, der zentralen Hinrichtungsstätte in Bayern, vollstreckt. Allein 1942 und 1943 wurden in Stadelheim 584 Menschen mit dem Fallbeil ermordet.

Die propagandistische Rechtfertigung der Verfolgung

Die Mehrheit der Deutschen hielt es 1933 für unumgänglich, daß störende und angeblich staatsgefährdende Minderheiten – vor allem die Kommunisten – auf irgendeine Weise ausgeschaltet werden sollten, um nach den chaotischen Jahren der Weimarer Republik »Zucht und Ordnung« und »nationale Geschlossenheit« wieder herzustellen. Die Tragödie des kommunistischen Widerstands, der allein in München in den 30er Jahren Hunderte von Menschen zum Opfer fielen, spielte sich also weitgehend vor den Augen eines gleichgültigen bürgerlichen Establishments ab. Man begrüßte es allgemein, daß die »gefährlichen« Kommunisten mit ihrer Kampfansage an Besitz und Bürgertum in den Gefängnissen und KZs verschwanden. Öffentliche Empörung und Unverständnis regten sich nur, wenn angesehene Mitglieder der Gesellschaft verhaftet wurden, wie die ehemaligen Politiker der BVP, die nationalkonservativen Redakteure der »Münchner Neuesten Nachrichten« oder mancher katholischer Geistlicher.

Durch die völlige Gleichschaltung der Presse verfügte das NS-Regime über alle Möglichkeiten, die Verfolgungsmaßnahmen in einer für die Bevölkerung akzeptablen Weise darzustellen. Die KZ-Häftlinge erschienen in den Zeitungen als »Untermenschen« und höchst gefährliche staatsfeindliche Verbrecher, die man wegsperren müsse, um die Gesellschaft vor ihnen in Sicherheit zu bringen. Die KZ-Haft diene dazu, Straftaten vorzubeugen und die Verbrecher zu »brauchbaren Volksgenossen« umzuerziehen. Die katastrophalen Lebensbedingungen in den KZs und die grausamen Mißhandlungen an den Häftlingen wurden natürlich verschwiegen – obwohl sie trotzdem gerüchteweise an die Öffentlichkeit drangen. Um die Morde zu verschleiern, stellte man die Todesfälle als Folge von Krankheit und Herzversagen dar oder inszenierte einen »Fluchtversuch«.

Anfang April 1934 erschien in der Presse ein Brief des bayerischen Ministerpräsidenten Siebert an den SS-Führer Himmler, der die Öffentlichkeit über die Verhältnisse im KZ Dachau zu beruhigen versuchte. Siebert hatte das Lager besucht und gratulierte Himmler zu der angeblich so hervorragenden Einrichtung:

»Ich möchte nicht verfehlen, Ihnen meine dankbare Genugtuung auszudrücken über die außerordentlich glückliche Umgestaltung des Lagers, die ich wahrgenommen habe. Es ist in der Zwischenzeit, wie man wohl sagen kann, zu einem Muster-Gefangenenlager ausgestaltet worden. Die baulichen und sanitären Anlagen, die Lagerstätten, die Speise- und Aufenthaltsräume sind in einen Zustand gebracht, wie man ihn besser nicht verlangen kann. Lediglich einige Schlafräume, nicht der Gefangenen, sondern der Bewachungsmannschaften, könnten nach meinem Dafürhalten noch eine Besserung erfahren.

Ich habe mich auch von der auffallend guten Verfassung der Gefangenen und von der Qualität der Verköstigung überzeugen können. (...) Ungezählte unserer dem Staate verbundenen Volksgenossen haben bestimmt nach der Unterbringungs- und Verpflegungsseite ein viel ungünstigeres Dasein wie die aus Staatssicherheitsgründen im Konzentrationslager Dachau Untergebrachten. (...) Mein Wunsch ist, daß es der Erziehung der Insassen des Konzentrationslagers Dachau gelingen möchte, sie bald in Freiheit zu setzen und zur Mitarbeit im Staate bereit zu machen.« [8]

Denunziantentum und Spitzelwesen

Denunziation war im »Dritten Reich« ein Massenphänomen. Ohne denunziatorische »Hilfe« – die zahllosen freiwillig erfolgten Anzeigen von mißliebigem Verhalten – hätte es der nationalsozialistische Überwachungsstaat niemals vermocht, die ganze Gesellschaft mit seinem Terror zu durchsetzen. Meistens hatten die Denunziationen einen privaten Hintergrund: Der Denunziant wollte seinem Nachbarn, Konkurrenten oder Vorgesetzten schaden, um sich an ihm zu rächen oder um sich selber Vorteile zu verschaffen. Oft waren es aber auch fanatische Nationalsozialisten, die aus ideologischem Eifer denunzierten, oder einfach angepaßte Streber, die sich durch besonderes Wohlverhalten hervortun wollten. In manchen Fällen handelte es sich um ganze Denunziationsketten: Eine erfolgte »staatsfeindliche« Äußerung wurde von Mund zu Mund überliefert, und erst der Dritte oder Vierte trug sie zur Polizei, die sie bis zu ihrem Ursprung zurückverfolgte. Auch diejenigen, die eigentlich gar nicht denunzieren wollten, mußten dann aussagen, um sich nicht selbst verdächtig zu machen. In der Regel war die Polizei beim Aufrollen solcher Ketten erfolgreich.

Die meisten Denunziationen fanden zwischen Nachbarn und Arbeitskollegen statt, doch wurden dadurch auch viele Familien auseinandergerissen. Eltern verrieten ihre Kinder, Schwestern ihre Brüder, Ehemänner ihre Ehefrauen. Eifersucht und enttäuschte Liebe spielten hier eine große Rolle. So denunzierte ein 65jähriger Mann seine um 30 Jahre jüngere Ehefrau und ihren Liebhaber wegen Abhörens ausländischer Rundfunksender – aus lauter Verzweiflung darüber, daß der Liebhaber inzwischen in dieselbe Wohnung gezogen war und ihm seine Rolle als Mann und Vater offen streitig machte. Der Denunziant hatte lange gezögert, bis er zur Polizei ging, da er seine Kinder nicht verlieren wollte. Die Denunziation brachte ihm den gewünschten Erfolg: Sein Konkurrent wurde wegen »Rundfunkverbrechens« zu fünf Jahren Gefängnis verurteilt; er selbst konnte die Kinder behalten.

Immer wieder denunzierten Eltern ihre halbwüchsigen oder erwachsenen Kinder, weil sie offensichtlich Erziehungsschwierigkeiten hatten. Als überzeugte Nationalsozialisten empfanden sie es als Schande und eigenes Versagen, wenn ihre Kinder der nationalsozialistischen Norm nicht entsprachen. So wurde Anfang 1934 ein junger Mann verhaftet, weil er sich bei einem Gespräch mit einem SS-Mann zum Kommunismus bekannt und erzählt hatte, daß er sich mit seinen nationalsozialistischen Eltern dauernd streite. Als sein Vater von seiner Verhaftung erfuhr, hintertrug er der Polizei, daß der Sohn zu Hause dauernd über das NS-Regime schimpfe. Einmal habe er gesagt: »Das deutsche Volk müsse unter der Hitler-Regierung Hunger leiden und Rußland sei ein Paradies«, außerdem sei er »frech« und werde »zweifellos den Verkehr mit ehemaligen Kommunisten nicht lassen.« Er als Vater sei durchaus »der Ansicht, daß sein Sohn im Konzentrationslager Dachau als brauchbarer Volksgenosse erzogen wird.«[9] Nachträglich tat dem Vater diese Denunziation wohl leid: Er verweigerte vor Gericht die Aussage und erreichte damit, daß sein Sohn freigesprochen wurde – obwohl ihm das KZ wahrscheinlich nicht erspart blieb.

Auch wenn nicht innerhalb der Familie denunziert wurde, konnten Denunziationen Familien auseinanderreißen. In einem Fall stellte sich die jüngste Tochter gegen ihre nationalsozialistischen Eltern und Geschwister, als diese eine mit ihr befreundete, als »schwarz«[10] – also katholisch – bekannte Familie wegen ihrer politischen Gegnerschaft an die Polizei verriet. Die Tochter warnte ihre Freunde vor der Anzeige, verweigerte vor der Polizei die Aussage und zog kurz darauf aus der elterlichen Wohnung aus.

Obwohl es durchaus vorkam, daß sich ganze Familien oder sogar Hausgemeinschaften zusammentaten, um jemanden zu denunzieren, waren die Denunzianten oft unbeliebte Einzelgänger. Wer an der Arbeitsstelle einen Kollegen wegen einer politischen Bemerkung verriet, hatte in der Regel wenig Freunde. In vielen Fällen versuchten die Kollegen, den Denunzierten zu schützen: 1936 malte der Bauarbeiter Wilhelm Zettl auf einer Baustelle mit Kreide einen Sowjetstern und »Heil Moskau« auf eine Blechtafel und zeigte diese herum. Diesen Vorfall erzählte ein mit ihm verfeindeter Kollege einem Bekannten, dieser einem Freund, der die Sache schließlich vor die Polizei trug. Zettl wurde verhaftet und vor dem Sondergericht angeklagt. Da jedoch alle anderen Kollegen zu seinen Gunsten aussagten, schien es, als müsse das Verfahren gegen ihn wieder eingestellt werden. Nun vermuteten die Kollegen, daß der mit Zettl verfeindete Kollege ihn denunziert hätte, und überhäuften ihn am Abend nach dem Gerichtsverfahren im Wirtshaus mit bitteren Vorwürfen: »Was hast denn du da gemacht, das hätte auch

1 Js-So 1499/38 ✓   1

Robert Ziegler,   München, den 17. 5 . 1938.
SA Truppführer   Untersbergstr.51/2

An die

Geheime Staatspolizei,

München.

Briennerstr.50

Vor einigen Tagen erfuhr ich folgendes:"Ein Herr Anton Reichel

1. Konzertmeister am Gärtnertheater zu München, Wohnung München

Ohmstr 3 Grths. II (Schweizer Staatsangehöriger) soll gegenüber

anderen Hausinwohnern schon des öfteren beleidigende Bemerkungen

gegen den Führer gemacht haben.) Diese Bemerkungen sollen ungef.

folgender Art sein: (der Führer hätte einen Größenwahn, oder

sei größenwahnsinnig und andere.) Als Zeuge soll ein Herr

Jos. Sippel im gleichen Hause III. Stock und eine Parteigenossin

im gleichen Hause 0 Stock in Frage kommen, die dann sicher

weitere Zeugen benennen könnten.

Ich bitte die Geheime Staatspolizei der Angelegenheit nach zu

gehen, möchte aber nochmal aus bemerken, daß ich diese Meldung

leider nicht aus eigener Erfahrung machen kann.

                              H e i l   H i t l e r !

                              Robert Ziegler

Denunziationsschreiben an die Gestapo, 1938

nicht nötig getan, daß du Anzeige gegen Zettl erstattet hast, so etwas tut man nicht.«11 Sie nannten ihn einen »Denunzianten« und setzten sich an einen anderen Tisch. Dieser, erbost über die ihm ungerecht erscheinende Behandlung, ging nun tatsächlich zur Gestapo und erzählte die ganze Geschichte – mit dem Ergebnis, daß in dem wiederaufgenommenen Verfahren die entlastenden Aussagen der Kollegen entwertet waren, Zettl eine Gefängnisstrafe erhielt und einer seiner Kollegen wegen »Verdunkelungsgefahr« und dem Verdacht, Zettl »wissentlich Beistand geleistet zu haben«, inhaftiert wurde.

Daß sich Denunzianten in ihrer Umgebung nicht unbedingt beliebt machten, zeigt auch die Tatsache, daß die meisten ungenannt bleiben wollten und nur gezwungenermaßen vor Gericht gegen den Denunzierten aussagten. Zwei Frauen, die einem Mann mit ihrer Anzeige acht Monate Gefängnis eingebracht hatten, weil er im Wirtshaus über den Nationalsozialismus geschimpft hatte, erhielten sogar einen anonymen Drohbrief:

»Für Frauen wie Sie und Ihre Mutter wäre es besser, wenn sie zu Hause blieben; Ihr gehört doch abends nicht mehr ins Wirtshaus. Von <u>Angeheiterten</u> ein Gespräch anzuhören und dann anzuzeigen zeigt keinen besonderen <u>Charakter</u> von Euch beiden. Ist Euer <u>Teufelsherz</u> nun befriedigt, weil Sie dem jungen Arbeiter eine Freiheitsstrafe zugebracht haben durch Ihre Zungenfertigkeit? Sind Sie im Haushalt auch so tüchtig? Ihrem Äußeren nach bezweifle ich es. Ihr Mann ist zu bedauern, wenn er mit so einer <u>Beißzange</u> zusammenleben muß. (...) Viel Vergnügen für die nächste Denunziation. Warum sind Sie denn gar so schnell verschwunden nach der Verhandlung? Sie hätten Maulschellen erhalten. Euch beiden gehört ein Beißkorb.«12

Selbst die NS-Behörden versuchten zeitweilig, die überhand nehmende Denunziationslust wieder einzudämmen, weil sie ihr Ansehen in der Bevölkerung schädigte. Gerade die aus persönlichen Motiven erfolgten Anzeigen, die sich dann als falsch herausstellten, wurden von den Justizbehörden als peinlich empfunden. In manchen Fällen bekamen die fälschlicherweise Denunzierten sogar Entschädigung für die ungerecht erlittene Untersuchungshaft.

Um nicht nur von den zufälligen und oft unzuverlässigen Denunziationen abhängig zu sein, baute das Regime von Anfang an eigene Spitzel in den als oppositionell bekannten Milieus auf. Vor allem die kommunistischen Kreise waren von Spitzeln regelrecht durchsetzt, die der Polizei regelmäßig Berichte ablieferten. Es war der Polizei dabei weniger an schnellen Verhaftungserfolgen gelegen als an einer langfristigen und gründlichen Beobachtung aller Aktivitäten und Personen. Oft erst nach Jahren erfolgte dann der große Schlag. Auf diese Weise wurden ganze Netzwerke des Widerstands aufgedeckt. In München spielte der »Meisterspitzel« Max Troll alias »Theo« eine besonders fatale Rolle: Seit Anfang 1935 an der Spitze der Münchner kommunistischen Untergrundorganisation, trieb er jahrelang seine »Genossen« zu gesteigerter und oft äußerst leichtsinniger Wider-

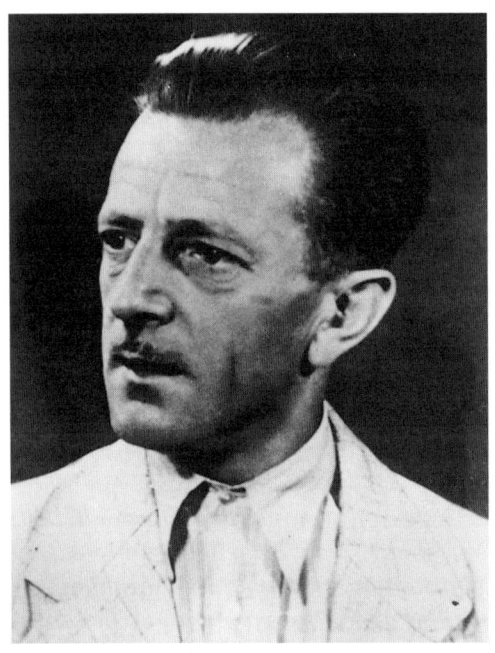

*Gestapo-Spitzel Max Troll, genannt »Theo«
oder »Onkel Max«*

standsarbeit an und warb selber neue Mitglieder, die dann später wegen der von ihm angestifteten Aktionen zu jahrelangen Zuchthausstrafen verurteilt wurden. »Theos« Eifer fielen zwischen 1934 und 1937, als die Polizei die letzten größeren Reste kommunistischer Gruppen in München zerschlug, Hunderte von Menschen zum Opfer.[13] Auch die Verhaftung des monarchistischen Harnier-Kreises ging auf das Konto »Theos«.[14]

Viele Spitzel betrieben ihre Tätigkeit deshalb so erfolgreich, weil sie selber dem kommunistischen Milieu entstammten, zum Teil sogar tatsächlich im Widerstand gearbeitet hatten und erst im Gefängnis oder im KZ vom Oppositionellen zum Spitzel »umgedreht« wurden. Unter massiven Drohungen und von der Haft zermürbt erklärten sie sich dazu bereit, nicht nur in der Gegenwart, sondern auch in der Zukunft ihre Genossen zu verraten, wie ein Untersuchungsgefangener aus Neudeck in einem Brief an das Sondergericht vom Juli 1933:

»Erst hinter Gittermauern komme ich zum Bewußtsein, welcher wahnsinnigen Idee ich gefolgt bin. Ich wünschte nun, jeder Kommunist sollte einmal 8 Tage hinter Gittern sitzen, da werden viele unter ihnen sein und werden die Augen aufgehen (sic!); denn da hat jeder Zeit, seinen verlorenen Verstand wieder zurückzugewinnen, daß sie nicht die Kämpfer der Arbeiterklasse sind, sondern die Verräter. Ohne Zweifel, unser Volk ist in großer Not, aber dem bolschewistischen Chaos folgen, nein, niemals mehr. Denn hiedurch würde ein ganz unsagbares körperlich und geistiges Elend folgen. Unsere Seele ist verkrüppelt, denn wer seine Familie liebt, liebt auch sein Vaterland. Unsere Aufgabe soll es in Zukunft sein, die verdorbenen Seelen gründlich zu reinigen und auf die richtige Bahn zu bringen; denn nur ein gewisser Umstand und in ihrer Verzweiflung (sic!) werden sie dann Klassenkämpfer, um ihre Rache zu stillen. Heute erkenne ich, daß nicht durch blutige Revolution und Klassenkampf dem deutschen Arbeiter geholfen werden kann, sondern nur durch Zusammenarbeit aller Kräfte, um dem kommunistischen Wahnsinn ein Ende zu bereiten. War in der kommunistischen Stadtteilleitung aktiv tätig und kenne die Bewegung in allen Einzelheiten. Es wird mir deshalb ein

Leichtes sein, den Drahtziehern ein Ende zu bereiten. Nach Erlangung meiner Freiheit werde ich alle meine Kräfte in den Sinn der nationalen Regierung stellen, gleich welcher Art, damit unser Volk nicht noch mehr vergiftet wird, durch seelisch vollkommen verdorbene Menschen.«[15]

Um seine Dienstwilligkeit unter Beweis zu stellen, verriet der Häftling im selben Brief gleich ein halbes Dutzend Kommunisten. Kamen nun noch Geldgier und Geltungsbedürfnis hinzu, wie bei »Theo«, konnte die Spitzeltätigkeit zum Beruf werden. »Theo« erhielt für seine Arbeit von der Polizei ein festes Gehalt und eine komfortable Wohnung. Allerdings gab es auch Spitzel, wie zum Beispiel Hans Hartwimmer, die sich in einer bedrängten Situation hatten anwerben lassen, um ihre eigene Gruppe zu schützen und die Gestapo hinters Licht zu führen. Es konnte sogar passieren, daß ein Spitzel sich durch den Kontakt zu Oppositionellen »bekehren« ließ: Anton Heiß, NSDAP-Mitglied und Polizeispitzel, sollte 1943 den Kommunisten Emil Meier beobachten. Nachdem er ausgebombt wurde und Emil Meier ihm zu Hilfe kam, wandelte er sich zum Regimegegner und wurde Meiers engster Mitstreiter.[16]

Gegen Kriegsende waren es nur mehr die unbelehrbaren und fanatischen Nationalsozialisten, die denunzierten und bespitzelten. Vor allem Äußerungen, die sich auf den verlorenen Krieg und den baldigen Untergang des Regimes bezogen, wurden 1944 und 1945 massenhaft zur Anzeige gebracht. Die Denunzianten wollten nicht wahrhaben, daß die »Ideale«, an die sie glaubten, nun in einer schrecklichen Katastrophe endeten. Sie zeigten in einem Akt der Verzweiflung alle diejenigen an, die sie mit dieser Wirklichkeit konfrontierten.

2. Die Arbeiterbewegung

»Der Marxismus liegt zertrümmert am Boden. Die Organisationen des Klassenkampfes sind zerschlagen. Nicht aus reaktionären oder gar volks- und arbeiterfeindlichen Beweggründen haben wir den Kampf gegen die kulturbedrohende Gefahr des Bolschewismus geführt. Der Marxismus mußte sterben, damit der deutschen Arbeit ein Weg zur Freiheit gebahnt werden konnte. Die Schranken von Klassenhaß und Standesdünkel wurden niedergerissen, auf daß Volk wieder zu Volk zurückfand. Nun stehen wir vor der schweren und verantwortungsvollen Aufgabe, nicht nur das deutsche Arbeitertum zum sozialen Frieden zurückzuführen, sondern es als vollberechtigtes Glied in den Staat und in die Volksgemeinschaft mit einzufügen. (...) Ehret die Arbeit und achtet die Arbeiter! Stirn und Faust sollen einen Bund schließen, der unlösbar ist. Der Bauer hinter dem Pflug, der Arbeiter an Amboß und Schraubstock, der Gelehrte in seiner Studierstube, der Arzt am Krankenbett, der Ingenieur in seinen Entwürfen, sie alle werden sich am Tag der nationalen Arbeit bewußt werden, daß die Nation und ihre Zukunft über alles geht, und daß jeder an seinem Platz das gilt, was er dem Vaterland und damit dem allgemeinen Besten zu geben bereit ist.«

(Reichspropagandaminister Joseph Goebbels, 1933)[17]

»Der Unternehmer erhält als Führer des Betriebes die verantwortliche Stellung, die ihm nach den Grundsätzen nationalsozialistischer Weltanschauung nach dem Führerprinzip zukommt.«

(Reichsarbeitsminister Franz Seldte, 1934)[18]

Der Nationalsozialismus hatte in den marxistischen Arbeiterparteien seine ärgsten Feinde. Deren internationalistische Ausrichtung und Klassenkampfideologie liefen völlig konträr zu den nationalsozialistischen Phrasen von »Volksgemeinschaft« und »Führerprinzip«. Gleichzeitig mußte jedoch das Regime mit allen Mitteln versuchen, die Wählerklientel der Arbeiterparteien – die sogenannten Massen – für sich zu gewinnen und an sich zu binden. Es wählte also eine Doppelstrategie: Einerseits lockte man die Arbeiter durch umfassende Arbeitsbeschaffungsmaßnahmen, durch Freizeitprogramme und vor allem durch propagandistische Rhetorik; andererseits wurden die marxistischen Organisationen verboten und ihre Funktionäre mit bisher nie dagewesener Grausamkeit verfolgt. Unter dem Applaus vieler Konservativer erließ Hindenburg am 28. Februar 1933 die »Reichstagsbrandverordnung«, die der Kommunistischen Partei Deutschlands (KPD) reichsweit jede Betätigung verbot. Nach der Gleichschaltung Bayerns im März 1933 wurden allein in München mehrere hundert Kommunisten verhaftet. In den folgenden Wochen und Monaten wurden auch die sozialdemokratischen Organisationen illegalisiert.

Dabei war die Arbeiterbewegung in München weniger stark und verwurzelt als in anderen deutschen Städten, weil München kaum über Großindustrie verfügte. Die aktive Anhängerschaft der sozialistischen Parteien bestand einmal aus Handwerkern und Facharbeitern, deren politische Überzeugung gefestigt und geschult war. Die KPD hatte hingegen ihren Rückhalt vor allem im sogenannten Lumpenproletariat: bei den von langjähriger Arbeitslosigkeit betroffenen, ausbildungslosen, bitterarmen Familien, die mit zahllosen Kindern auf engstem Raum wohnten und keine Hoffnung besaßen, sich jemals ein besseres Leben zu erarbeiten. Ihnen allen gemeinsam war der Glaube an die Utopie einer klassenlosen Gesellschaft, die – je nach Radikalität der Anschauung – durch schrittweise Reformen, Generalstreik oder gewaltsame Revolution herbeigeführt werden müsse. In ihr würden die Produktionsgüter dem Volk gehören, und jeder bekäme seinen Bedürfnissen entsprechend genügend zum Leben. Da 1918/19 die Revolution nach Ansicht vieler nur knapp gescheitert war und das sowjetische Modell vor Augen stand, schien das Ziel der klassenlosen Gesellschaft durchaus erreichbar – man würde aber hart und opferreich dafür kämpfen müssen.

Als die Nationalsozialisten an die Macht kamen, befanden sich die Organisationen der Arbeiterbewegung in einem Zustand großer Schwäche. Sie hatten sich vor allem im Kampf untereinander aufgerieben. Die SPD hatte auf jeden revolutionären Gestus verzichtet und einen strikten Legalitätskurs gewählt. In ihren eigenen Reihen haftete ihr der Vorwurf an, die kommunistische Räterepublik 1919 niedergeschlagen zu haben. Sie galt als Hauptträger der Weimarer Republik, verharrte aber in Bayern seit 1920 in ohnmächtiger Opposition gegenüber der konservativen Bayerischen Volkspartei (BVP). Die bayerische KPD war nicht mehr als eine Randgruppenpartei, mit durchaus sektiererischen Zügen und in dem starren Glauben verfangen, daß eine proletarische Revolution aufgrund der Gesetzmäßigkeit der Geschichte zwangsläufig bevorstehe. Die Kommunisten betrachteten die Sozialdemokraten als Handlanger und Erfüllungsgehilfen der »Kapitalisten«, ab 1928 bekämpften sie sie sogar unter dem Namen »Sozialfaschisten«. Den eigentlich gefährlichen Gegner, die tatsächlichen Faschisten, unterschätzten sie vollkommen; sie interpretierten die NS-Diktatur als eine der proletarischen Revolution vorausgehende, geschichtsnotwendige letzte Stufe des bürgerlichen Zeitalters. Auch viele Sozialdemokraten glaubten, daß das NS-Regime sich nur kurz werde halten können, da es nicht fähig sei, unabhängig von den Großindustriellen und Deutschnationalen Herrschaft auszuüben.

So kam es, daß die Organisationen der Arbeiterbewegung sich nur ungenügend oder gar nicht auf die Illegalität vorbereitet hatten. Während die Sozialdemokraten, von der plötzlich einsetzenden Verfolgung überrumpelt, zunächst in einem Zustand der Lähmung verharrten, leisteten die Kommunisten meist ohne ausreichende konspirative Absicherung massenhaft Widerstand, indem sie Flublätter und Zeitschriften druckten, schmuggelten und verteilten und an dem Aufbau illegaler Organisationen arbeiteten. Sie wurden scharenweise in die Gefängnisse und neu errichteten KZs eingeliefert, und es dauerte Jahre, bis sich bei ihnen die Erkenntnis durchsetzte, daß alle »Massenpropaganda« sinnlos und neue Formen illegaler Arbeit nötig waren. Allein in München wurden zwischen 1933 und 1937 weit über 500 Kommunisten und Sozialisten wegen »Vorbereitung zum Hochverrat« verhaftet und vor Gericht gebracht. Nur wenige dieser Männer und Frauen sind heute bekannt; die meisten leisteten ihren Widerstand im Dunkel der Anonymität und erfuhren dafür bis heute keine Ehrung. Anders als bei der katholisch-konservativen Opposition wäre es völlig unmöglich, alle kommunistischen und sozialistischen Gruppen, die in München gegen das NS-Regime arbeiteten, einzeln zu würdigen – geschweige denn alle einzelnen Biographien. Hinzu kommt, daß die meisten Personen aufgrund ihrer sozialen Situation und Bildungsbenachteiligung keine schriftlichen Zeugnisse über ihre Entwicklung und ihren Weg in den Widerstand hinterlassen haben. Viele Biographien, wie sie sich aus den Akten der NS-Verfolgungsbehörden präsentieren, erscheinen relativ stereotyp: Kindheit und Jugend in bedrängten Verhältnissen, daher Einsicht in die Notwendigkeit der »Befreiung« der Arbeiterklasse, politisches Engagement, seit 1933 aussichtsloser Kampf gegen die nationalsozialistische Diktatur – ein Massenschicksal. Daß es sich dennoch um differenzierte und individuelle Lebensläufe handelte, kommt nur selten zum Ausdruck. Dementsprechend schwierig sind diese Lebensläufe zu rekonstruieren.

Resistenz im Arbeitermilieu

Während im katholisch-konservativen Bereich die Jugend- und Freizeitvereine als Träger des resistenten Milieus bis in die zweite Hälfte der 30er Jahre fortexistieren konnten und die Kirche als unabhängige Institution bis zum Kriegsende intakt blieb, wurde dem Milieu der Arbeiterbewegung im Frühjahr und Frühsommer 1933 jede organisatorische Basis entzogen: Nicht nur die politischen Organisationen der Arbeiterbewegung wurden verboten und aufgelöst, sondern sofort auch das ganze Arbeitervereinswesen. Die Freizeit- und Jugendorganisationen hatten im Leben der Sozialdemokraten und Kommunisten eine große Rolle gespielt, wie sich ein damaliges Mitglied der Sozialistischen Arbeiterjugend (SAJ) erinnert:

»Durch die sozialistische Arbeiterjugend – es gab ja damals fast keine Medien wie Radio, Fernsehen, Bücher waren zu teuer zum Kaufen – da haben wir die Möglichkeit bekommen, uns politisch und kulturell weiterzubilden. Es waren jede Woche von profilierten Leuten Vorträge über alle Wissensgebiete, sei es Politik oder Geschichte, Literatur und Technik sowie z. B. auch die Möglichkeiten, Sport zu treiben. Dies konnten wir in unserem Jugendheim (in Neuhausen, Anm. d. Verf.) durchführen. An den Wochenenden machten wir außerdem regelmäßig Halbtags-

und Tageswanderungen. Auch Ferienwanderungen wurden durchgeführt. Für wenig Geld und mit viel Idealismus ist eine Menge geboten worden (...). Später kamen natürlich mit zunehmendem Alter politische Faktoren hinzu. Man hat eingesehen, daß eine Fortentwicklung der Menschheit überhaupt nur auf dem Weg des Friedens möglich ist, und wir waren überzeugt, daß dies nur durch eine sozialistische Welt verwirklicht werden kann. (...) Man hat die Verbundenheit, die Solidarisierung der Menschen in einer politischen Idee miterlebt.«[19]

Auch trafen sich bei den Freizeitveranstaltungen Sozialdemokraten und Kommunisten viel eher als in der politischen Arbeit. Obwohl es kommunistische Abspaltungen gab, wie zum Beispiel die »Kampfgemeinschaft für Rote Sporteinheit«, die sich Anfang der 30er Jahre vom sozialdemokratischen »Arbeiter-, Turn- und Sportbund« gelöst hatte, mischten sich besonders die Jugendlichen und Jüngeren so stark, daß ihre parteipolitische Bindung oft kaum mehr eine Rolle spielte.

Als nun die zahlreichen Arbeitergesangs-, Schach- und Wandervereine, die Fotografie- und Radioklubs, die Buchgemeinschaften, Esperantovereine, Turn- und Sportbünde, Radfahrer- und Schützenvereine 1933 binnen kürzester Zeit ausgeschaltet wurden, zogen sich viele Menschen ganz zurück oder wechselten zu den NS-Organisationen über. Diejenigen, die den Kontakt zu den alten Genossen behalten und sich gegenseitig in ihrer Gesinnung bestärken wollten, trafen sich privat und unauffällig an Stammtischen, in Diskussionszirkeln, zu Wanderausflügen und zwanglosem Beisammensein. Vor allem die Sozialdemokraten bewahrten sich auf diese Weise den Zusammenhalt. Aktiven Widerstand leistete nur eine kleine Minderheit. Selbst die überzeugten Kommunisten, die aufgrund ihrer Revolutionsgewißheit eher als die Sozialdemokraten zu gefährlichen und spektakulären Aktionen neigten, vermieden in ihrer Mehrzahl die illegale Tätigkeit aus berechtigter Angst vor Verfolgung. Typisch war die Haltung des Kommunisten Andreas Donhauser, der dem Pfarrer Emil Muhler über die Greuel im KZ Dachau erzählte und deswegen im Herbst 1933 verhaftet wurde[20]. Donhauser war ein Arbeitsloser, der den Ersten Weltkrieg mit einer schweren Gasvergiftung überlebt hatte, seitdem immer nur kurzfristig beschäftigt war und seine Frau und seine zwei Kinder von monatlich 80 Mark Wohlfahrtsunterstützung ernähren mußte. Von der Polizei vernommen, sagte er aus: »Ich verhehle nicht, daß ich mit der nationalsozialistischen Regierung nicht einverstanden bin, aber ich bekämpfe sie auch nicht, weil ich dazu nicht in der Lage bin.«[21] (Obwohl das Verfahren gegen ihn eingestellt wurde, saß er immer noch in »Schutzhaft«, als Muhler seine gerichtlich verhängte Strafe schon längst verbüßt hatte.) Ebenfalls typisch war die Aussage von Josef Klingseisen, einem ehemaligen kleinen KPD-Funktionär, der das ganze Jahr 1933 im KZ Dachau festgehalten worden war und im Oktober 1934 aufgrund der Widerstandtätigkeit seines Bruders Franz Xaver Klingseisen erneut verhaftet wurde:

Abschrift.

"Der kleine Trompeter".

Von all unsern Kameraden war keiner so lieb und so gut als
unser kleiner Trompeter, ein lustig Rotgardistenblut.

Wir saßen so fröhlich beisammen in einer so stürmischen Nacht,
mit seinen Heimatliedern hat er uns so fröhlich gemacht.

Da kam eine feindliche Kugel bei einem so fröhlichen Spiel,
mit einem seligen Lächeln, unser kleiner Trompeter, er fiel.

Da nahmen wir Hacke und Spaten und gruben ihm ein Grab
und die ihn am liebsten hatten, die senkten ihn still hinab.

Schlaf wohl, du kleiner Trompeter, dir waren wir alle so gut,
schlaf wohl, du kleiner Trompeter, du lustig Rotgardistenblut.

"Lied der roten Flieger".

Wir sind geboren, Taten zu vollbringen, zu überwinden Raum
und Weltenall, auf Adlers Flügel uns empor zu schwingen, beim
Herzschlag sausender Motorenschall. Drum höher und höher und
höher, wir steigen trotz Hass und Hohn. Ein jeder Propeller
singt surrend: Wir schützen die Sowjetunion!

Wir reissen hoch die Riesenapparate, mit eisernem Griff die
Hand das Steuer hält. So kreiset, wachend überm Sowjetstaate
die erste rote Luftarmee der Welt. Drum höher usw.

Ein jeder Atem, jeder unserer Blicke, erfüllt ist jede Faser
mit Entscheid. Was man uns für ein Ultimatum schicke, wir sind
zur Antwort jederzeit bereit. Drum höher usw.

"Brüder zur Sonne zur Freiheit".

Brüder, zur Sonne, zur Freiheit, Brüder, zum Lichte empor,
Hell aus dem dunklen Vergangenen leuchtet die Zukunft hervor!

Seht, wie der Zug von Millionen endlos aus Nächtigem quillt,
bis eurer Sehnsucht Verlangen, Himmel und Nacht überschwillt.

Brüder, in eins nun die Hände, Brüder, das Sterben verlacht:
Ewig der Sklaverei ein Ende, heilig, die letzte Schlacht.

Brechet das Joch der Tyrannen, die euch so grausam gequält.
Schwenket die blutrote Fahne über die Arbeiterwelt.

Polizeiliche Abschrift von sozialistischem Liedgut, 1934

42

»Seit meiner Entlassung aus der Haft am 3.12.33 bin ich bemüht, mit der Polizei nicht mehr in Berührung zu kommen. Ich habe mich vor allen Dingen von jeder politischen Tätigkeit ferngehalten. (...) bin ich von meiner früheren Einstellung vollkommen abgekommen und bin überzeugt, daß jede politische Gegenarbeit nur persönliche Torheit sein wird. Ich will im Frühjahr heiraten und bin bemüht, meine Existenz auf jeden Fall zu erhalten und mich straffrei aufzuführen.«[22]

Es gab natürlich auch manche ehemalige SPD- und KPD-Mitglieder, die aus Opportunismus oder aus gewandelter Überzeugung zu den Nationalsozialisten überliefen. Gerade die Radikalität der KPD war der Radikalität von SA und NSDAP nicht unverwandt, und das Anhängerpotential vor 1933 ähnelte sich in einigen Punkten. Große Teile der Arbeiterschaft machten ihren Frieden mit dem NS-Regime, als endlich die Arbeitslosigkeit beseitigt schien und der Wohlstand zunahm. Die immer noch zahlreichen Kommunisten und Sozialdemokraten, die gegenüber dem Nationalsozialismus resistent blieben, spielten für den organisierten Widerstand eine wichtige Rolle – waren sie doch die Zielgruppe und der Abnehmerkreis für die Flugzettel, Zeitschriften und Broschüren, die im Untergrund produziert wurden. Oft genug gewährten sie auch moralische und praktische Unterstützung.

Als der organisierte Widerstand unter dem Druck der Verfolgung 1935/36 fast gänzlich zusammenbrach, konnten die inoffiziellen Gruppen und Cliquen des resistenten Milieus immer noch ihre Überzeugungen und ihre Opposition gegen den Nationalsozialismus bewahren.

Informelle Freundeskreise

Vor allem die Sozialdemokraten hielten ihre Verbindungen, als sie merkten, daß sie nicht mehr politisch arbeiten konnten, auf freundschaftlich-privater Basis aufrecht. Der Gestapo und den nationalsozialistischen Parteistellen war dies bekannt, und sie wachten mit scharfem Auge über die informellen Kreise, obwohl sie nur schwer etwas gegen sie unternehmen konnten. In einem Polizeibericht heißt es:

»Auffallend war in diesem Jahre (1935, Anm. d. Verf.) ferner die wiederholte Feststellung, daß (...) sich lose Zirkel, Gruppen und Tischgesellschaften u.ä. aus ehemaligen Mitgliedern oder Sympathisierenden der SPD gebildet haben, die von Zeit zu Zeit zwanglose Zusammenkünfte veranstalten, ohne jedoch bisher irgendwie politisch oder staatsfeindlich in Erscheinung getreten zu sein.«[23]

Ganze Siedlungen, Straßenzüge und Gemeinden galten als verdächtig. So hatte das Schlachthofviertel mit seinen unzähligen kleinen Kneipen und Wirtschaften bei den Behörden einen besonders schlechten Ruf als Nährboden für »kommunistische Umtriebe«: Hier lebten Arbeitslose und Gelegenheitsarbeiter, die im

Schlachthof, in der Großmarkthalle und den zuliefernden Handwerksbetrieben kurzfristig Beschäftigung fanden, auf engem Raum zusammen, hier konnte man noch bis in die Mitte der 30er Jahre öffentlich politische Gespäche führen, ohne allzu hohes Risiko, denunziert zu werden. Auch in der Umgebung des Arbeitsamtes in der Thalkirchnerstraße sammelten sich die Arbeitslosen und steckten die Köpfe zusammen, um über die Regierung zu schimpfen. Öfters erschienen hier Funktionäre des kommunistischen Untergrunds und verteilten Flugblätter oder verkauften illegale Zeitschriften, die dann grüppchenweise gelesen und diskutiert wurden.

Siedlungen, die vor 1933 immer »rot« gewählt hatten, wie die Bewohner der »Gemeinnützigen Baugesellschaft München« entlang der Wilhelm-Hertz-Straße oder die »Reichskleinsiedlung Freimann« entlang der Mattighofer Straße, wurden scharf beobachtet, denn ihre Bewohner schienen »der Überzeugung nach auf dem Boden des Marxismus«[24] zu stehen. Die damals noch nicht eingemeindete Gemeinde Feldmoching im Norden Münchens war als Hochburg der KPD berüchtigt: Über 30 Prozent wählten dort vor 1933 die KPD, und der Ort verfügte über die größte und effizienteste Gruppe der »Roten Hilfe« in ganz Bayern. In einem Polizeibericht vom Frühjahr 1933 wurden 44 Feldmochinger genannt, die für die KPD gearbeitet hatten und zum Großteil verhaftet worden waren; die meisten dieser Feldmochinger standen zueinander in enger verwandtschaftlicher Beziehung.

Beliebter Treffpunkt für die informellen Gesinnungsgemeinschaften waren von Sozialdemokraten oder Kommunisten geführte Gastwirtschaften – in den Augen der Polizei »Brutstätten des Kommunismus«:

»Sehr rege scheint die mündliche Werbetätigkeit der KPD in den Münchner Vorstädten (Arbeitervierteln) betrieben zu werden. (...) Als besonderes Feld ihrer Tätigkeit scheinen sich diese ›Drahtzieher‹ einfache Bierwirtschaften als Arbeitsplatz erwählt zu haben, um dort die durch den Alkohol gehobene Stimmung auszunützen.«[25]

In Sendling gerieten Mitte der 30er Jahre gleich drei Wirtschaften ins Fadenkreuz von Polizei und Justiz, die von alten SPDlern und Reichsbannerleuten der ehemaligen SPD-Sektion Sendling besucht wurden: Im Dezember 1934 wurde der Gastwirt Josef Berghammer in seinem Lokal in der Oberländerstraße verhaftet, weil er seinen Gästen, »alles alte SPD-Mitglieder«[26], Flugblätter zum Lesen gebracht hatte. In einem Fall von ungewöhnlicher Milde stellte das Sondergericht das Verfahren gegen ihn wieder ein. Weniger Glück hatte der Pächter der Wirtschaft »Freischütz«, den ein Gast denunzierte, weil er gegen die NS-Regierung geschimpft hatte. Er wurde im Mai 1935 zu sechs Monaten Gefängnis verurteilt, obwohl die Bedienung und eine Reihe von Gästen zu seinen Gunsten aussagten. In der Gaststätte »Zum Wilden Kaiser«, Gmunderstraße, kam es Anfang 1937 zu einer Auseinandersetzung zwischen den Stammgästen und einem Kellner, der als SA-Mann schon vor 1933 mit der sozialdemokratischen Stammkundschaft gestritten hatte. Der Kellner denunzierte schließlich einen der Gäste, weil dieser in der Hitze des Gefechts unter anderem geäußert hatte: »Er werde sich niemals umstellen, da könne kommen, was wolle, er scheiße auf Hitler.«[27] In diesem Fall funktionierte das Milieu: Die anderen Gäste, nachdem sie als Zeugen von der Gestapo vernommen worden waren, warnten den Beschuldigten, obwohl man ihnen strengstes Stillschweigen auferlegt hatte. Vor Gericht sagten sie geschlossen aus, sie hätten noch niemals abfällige Äußerungen gegen den »Führer« oder den nationalsozialistischen Staat von dem Beschuldigten vernommen, worauf dieser freigesprochen werden mußte.

Verzeichnis der Sektionslokale der SPD-Ortsgruppe München

Haidhausen	Mühldorferhof	äuss. Wienerstr. 82
Gasteig	Simbacherhof	Wörthstr. 5
Mü.-Ost	Dott	Gravelottestr. 7
Ostbahnhof	Klostergarten	Breisacherstr. 19
Untere Au	Harmonie	Mariahilfpl. 33
Obere Au	Franziskanerburg	Schornstr. 2
Obergiesing I	Aignerhof	Aignerstr. 26
Obergiesing II	Walchersee	Perlacherstr. 53
Harlaching	Ludl	Am Perlacher Forst
Untergiesing	Pilgersheimergart.	Pilgersheimerstr. 18
Süden	Gewerkschaftshaus	Pestalozzistr. 40
Dreimühlen	Pfalzburg	Reifenstuelstr. 13
Thalkirchen	Wilder Jäger	Münchnerstr. 10
Neuhofen	Ratsstube	Schöttlstr. 10
Oberfeld	Freischütz	Hoffmannstr. 19
Brudermühl	Königseck	Bruderhofstr. 43
Sendling I	Daisereck	Oberländerstr. 32
Sendling II	Friedenslinde	Daiserstr. 32
Sendling III	Tannengarten	Pfeuferstr. 30
Sendling IV	Wöllinger	Johann Glanzestr. 112
Westend I	Lindauerhof	Landsbergerstr. 4
Westend II	Astallerhof	Guldeinstr. 35
Westend III	Ludwigsvorstadt	Kazmeierstr. 44
Westend Ausstell.	Alpenhof	Kazmeierstr. 24
Westend Laim	Lössl	Ecke Fürstenrieder-Helmpertstr.
Bahnhof Bavariaring	Poln. Heß	Schwanthalerstr. 58
Schlachthaus	Waldau	Kapuzinerstr. 7
Krankenhaus	Turnergustl	Maistrasse 26

Gärtnerplatz	Eichtalgarten	Buttermelcherstr. 5
Altstadt I	Stubenvell	Unteranger 26
Altstadt II	Dürnbräu	Tal 21
Nordwest	Deutsches Reich	Dachauerstrasse 143
Neuhausen I	Blutenburghof	Blutenburgstr. 47
Neuhausen II	Genossenschaftsheim	Hübnerstrasse 23
Neuhausen III	Volkshalle	Schulstrasse 28
Nymphenburg	Seiler	Hirschgartenallee 38
Nordend	Goldenes Lamm	Schellingstrasse 139
Schwabing-Ost	Schwab. Brauerei	Leopoldstrasse
Schwabing-West	Erholung	Viktor Scheffelstr. 9
Lehel	Oettingenhof	Oettingenstrasse 26
Briennervtl. I	Goldener Stern	Türkenstasse 36
Briennervtl. II	Schleissheimergarten	Gabelsbergerstrasse 97
Milbertshofen	Krone	Georgenschweigstrasse 25
Bogenhausen	Bogenhauser Hof	Ismaningerstrasse 85
Ramersdorf I	Post	Rosenheimerstrasse
Ramersdorf II	Post	Rosenheimerstrasse
Forstenried	Alter Wirt	
Berg am Laim	Schüleingarten	Kreilerstrasse 64
Moosach	Dobmann	Feldmochingerstrasse 12
Hartmannshofen	Genossenschaftsheim	Alte Unteroffizierssiedlung
Oberföhring	Freisinger Hof	Oberföringerstrasse
Alte Heide	Kantine Holzmüller	
Englschalking	Hamburger	
Perlach	Gasthaus Post	

Von der Politischen Polizei angefertigtes Verzeichnis der ehemaligen Sektionslokale der SPD in München, 1933 (Abschrift)

Inwieweit die regimekritischen Gespräche und Zusammenkünfte in solchen Gastwirtschaften den Behörden bekannt wurden, hing nicht nur von einzelnen Denunzianten ab, sondern auch von dem Überwachungseifer der Polizeistationen und Parteistellen vor Ort. So gab es in Großhadern einen besonders eifrigen Polizisten, der dem Bezirksamt München im September 1933 folgende Beobachtungen meldete:

»Seit etwa vier Wochen machte ich die Wahrnehmung, daß ehemalige Mitglieder der SPD-Ortsgruppe Großhadern regelmäßige Zusammenkünfte in der Wirtschaft Neuhauserkriegerheim in Großhadern haben. Die Gesellschaft setzt sich zusammen aus (...) (8 Männer und Frauen, die vor 1933 SPD-Mitglieder waren, Anm. d. Verf.). Die Tischgesellschaft erkannte jeder als geschlossene Gesellschaft, und es wurde in der Öffentlichkeit gemunkelt, daß der rote Turnverein nun in einen Kegelklub umgewandelt wurde, und in dieser Tischgesellschaft aufgenommen

sei. Die weiteren Beobachtungen haben ergeben, daß aus dieser Tischgesellschaft sich ein Kegelklub in dem Heimgarten des Ludwig Jaud in Großhadern zusammen gefunden hat, der ausschließlich von Mitgliedern der früheren SPD sich zusammensetzte. (...) ist berechtigt anzunehmen, daß dieser gleichgesinnte Kreis, der so fest zusammen steht, mit Hochdruck arbeitet, um wieder Genossen, die ihnen vorerst den Rücken gekehrt haben, wieder in ihre Netze zu ziehen, um Handlangerdienste zur Untergrabung der Staatsautorität und der nationalen Bewegung zu leisten. Nachdem die harmlos hingestellten Zusammenkünfte den Personen nach zweifelsohne einen politischen Hintergrund in sich birgt, habe ich die Gebrüder (...) festgenommen und heute der Polizeidirektion München überstellt.«[28]

Da die Polizei jedoch keine Anhaltspunkte für regimekritische Äußerungen finden konnte, wurden sie zwei Tage später wieder auf freien Fuß gesetzt.

Daß sich ein »roter Turnverein« in einen unauffälligen »Kegelklub« verwandelte, war nach 1933 nichts Ungewöhnliches. Viele sozialdemokratische oder kommunistische Freizeitvereine versuchten, sich nach ihrem Verbot mit unpolitischem Namen neu zu gründen oder in bürgerlichen Vereinen oder sogar nationalsozialistischen Organisationen unterzutauchen. So trat die »Freie Turnerschaft« in Schwabing geschlossen in den bürgerlichen Fußballklub DSG München ein, die Arbeitersportler im Westend schlossen sich dem BSG Sendling oder dem Turn- und Sportverein München 1860 an, und Angehörige der Arbeitergesangsvereine im Münchner Osten traten zum Zitherklub »Almröserl« über. Der Jungsozialist Albert Lörcher[29] und seine Freunde machten unter dem Deckmantel der nationalsozialistischen »Kraft durch Freude«-Organisation Wander- und Badeausflüge.

Auch auf diese versteckten Zusammenschlüsse von Gesinnungsgenossen hatte die Polizei, wo immer es ihr gelang, ein scharfes Auge. Die nach der nationalsozialistischen »Machtergreifung« neugegründete »Sängerrunde Neu-Harlaching« wurde im Januar 1935 zwangsaufgelöst, wegen ihrer angeblich »stark von früheren marxistischen Elementen durchsetzten«[30] Mitgliedschaft. Im Juli 1936 berichtete die Gendarmeriestation Allach über einen Gesangsverein:

»Der auf marxistischer Grundlage aufgebaut gewesene Männer-Gesangsverein Untermenzing-Happach wurde im Jahre 1933 wegen der Gleichschaltung der Vereine aufgelöst, denn er hatte als marxistischer Verein keine Existenzberechtigung mehr. Wie ich nunmehr gelegentlich anderweitiger Erhebungen in Erfahrung brachte, hat sich der Verein vor einiger Zeit wieder neu gebildet. Die Vereinsmitglieder sind so ziemlich wieder dieselben, wie vor der Auflösung des Vereins, nur sind verschiedene ehemalige Mitglieder dem Verein nicht mehr beigetreten. (...) Der Verein zählt zur Zeit 15 aktive und 4 passive Mitglieder. Unter den Mitgliedern befinden sich ehemalige Marxisten und Kommunisten, die auch heute politisch noch nicht zuverlässig sind. Der Verein unter der Führung des

ehemaligen Marxisten Beckerbauer muß daher als politisch unzuverlässig ange-sprochen werden. Auch gehört der Verein dem Deutschen Sängerbund nicht an, weshalb sein Bestehen überhaupt nicht berechtigt sein dürfte.« [31]

Es stellte sich heraus, daß der wiedergegründete Verein zwar zunächst – dem nach dem »Führerprinzip« geänderten Vereinsrecht entsprechend – einen von Allachs Bürgermeister bestimmten SA-Mann als Vorsitzenden akzeptiert hatte, daß dieser SA-Mann aber nach einem Jahr freiwillig zurückgetreten war und der Gesangsverein wie in alten Zeiten demokratisch den früheren Vorstand wieder-gewählt hatte. Die Gemeinde hatte man wohlweislich nicht davon unterrichtet.

Das Mißtrauen der Behörden gegenüber den aus »Marxisten« zusammenge-setzten Zirkeln, Stammtischrunden und Freundschaftskreisen war aus national-sozialistischer Warte durchaus berechtigt, selbst wenn sie anscheinend nur harm-los miteinander tranken, Sport trieben oder gemeinsam sangen. Es war in diesen Gesinnungsgemeinschaften, wo 1933 nach Ausschaltung der freien Presse die Nachrichten und Gerüchte über das KZ Dachau, die Zechgelage im »Braunen Haus« und die »wahren Täter des Reichstagsbrandes« weitergegeben wurden. Auch die Flugblätter des kommunistischen und sozialistischen Untergrunds fan-den hier ihre Verbreitung. Mit den Worten »Da hast was zum Lesen« gingen die »Blattln« – die verbotenen Schriften – von Hand zu Hand. Man kann sich heute kaum mehr vorstellen, wie wichtig dieser illegale Informationsfluß für die damali-gen Sozialisten – und auch für nicht-sozialistische NS-Gegner – gewesen ist. Josef Linsenmeier erinnerte sich später: »Normalerweise hat man halt eine Zeitung be-kommen, die hat man gelesen. Danach hat man einen Monat gebraucht, bis man das alles wieder verdaut hatte. Das war für uns wie ein paar Liter Benzin für un-seren Motor«[32], und Franz Scheider sagte 1934 vor der Gestapo aus: »Es bestand damals bei den Genossen die Sucht, alle derartigen Sachen irgendwie aufzuhe-ben.«[33] Hunderte von Frauen und Männern standen in den 30er Jahren vor dem Münchner Sondergericht, weil sie trotz der angedrohten Strafen der Versu-chung nicht hatten widerstehen können, eines der »Blattln« anzunehmen und zu lesen.

Daß die Gesinnungsgemeinschaften nicht alle – wie es die Behörden gerne darstellten – einheitlich und blindwütig die kommunistische Revolution verfoch-ten, sondern einen freien und differenzierten Meinungsaustausch pflegten, zeigt der Freundeskreis von Guido und Rosa Kapfenberger: Das junge Ehepaar sam-melte 1933 und 1934 jeden Samstag bei sich zu Hause in der Blücherstraße in Neuhausen etwa ein Dutzend Personen, um zu diskutieren und sich angenehm die Zeit zu vertreiben. Sie alle waren mehr oder weniger sozialistisch eingestellt, waren aber vor allem verbunden durch ein gemeinsames Interesse an der Astro-logie. Sie stellten sich gegenseitig Horoskope aus und machten dies auch bei Na-zi-Größen, was später den besonderen Zorn der Gestapo hervorrief. Außerdem musizierten sie zusammen und spielten Karten. Daneben hörten sie jedoch re-

Sendungen von „Leningrad"

Täglich von 18⁰⁰ - 18²⁵ Moskauer Zt, Welle ...
und von 24⁴⁵ - 24⁵⁰ Moskauer Zt, auf Welle ...

Das Abendprogramm: Januar

1. Vom 1.-2. Jahr des 5jahrplans.
2. Die Friedenspolitik d. Sow. U.
3. Die Friedenspolitik d. Sow. U.
4. Leninrede.
5. Jubiläum der roten Zeitung.
6. Leningrad das Wirtschaftszentr...
7. Bauernstunde.
8. Ihr habt das Wort.
9. Das Leben im Kampf d. jap. Proletariats.
10. Die Sow. U. u. d. Religion.
11. Bunter Abend.
12. Die Kolonialfrage.
13. Die deutschen Strassburger.
14. Bauernstunde.
15. Karl Liebknecht u. Rosa Luxemburg.

Von Kapfenberger notiertes Abendprogramm des sowjetischen Radiosenders

gelmäßig den Moskauer Sender, um dessen Nachrichten auszutauschen und zu besprechen. Willy Olschewski sen., der später im Krieg noch eine prominente Rolle im kommunistischen Widerstand spielen sollte[34], war einige Male zu Gast. Um sich und seine Freunde besser informieren zu können, besorgte sich Guido Kapfenberger die illegalen Ausgaben der kommunistischen »Neuen Zeitung«, sie lagen an den Samstagabenden offen aus. Die Zusammenkünfte hatten nichts Konspiratives. Offenbar unterschätzten die Kapfenbergers den nationalsozialistischen Verfolgungsapparat, sonst hätten sie nicht eines Tages auch einen SA-

Mann zur Belebung der politischen Diskussion zu sich eingeladen. Dieser SA-Mann denunzierte im November 1934 den Kreis. Die Gestapo mußte feststellen, daß hier Menschen zusammenkamen, die sich in aller Freimütigkeit als »diskutierende Gegner des Nationalsozialismus« bekannten, die dem Kommunismus nahestanden und sich wie Guido Kapfenberger doch gleichzeitig auch von ihm distanzierten:

»Den politischen Kommunismus lehne ich ab, darunter verstehe ich diejenige organisierte Bewegung, die durch Terror und Gewaltmittel ihre Zwecke verfolgt. Dagegen bekenne ich mich zum wirtschaftlichen Kommunismus, d. h. zum sozialen Wiederaufbau.«[35]

Kapfenbergers Freund Eduard Huber gab an, Ende der 20er Jahre aus der KPD ausgetreten zu sein, »weil meine Auffassung vom Ideal-Kommunismus, die jeden Terror, auch eine Diktatur des Proletariats, ausschließt, in der KPD auf Widerstände stieß, und ich mich in meinem Sinne nicht betätigen konnte.« Selbst der Denunziant gab zu, daß man sich in dem Kreis »ein ganz persönliches und eigenartiges wirtschaftliches System zurechtgelegt hatte, das reichlich phantastisch war und das mit dem Programm der KPD sachlich überhaupt nichts mehr zu tun hatte.« Im Februar 1935 wurde Guido Kapfenberger zu sechs Monaten Gefängnis verurteilt, seine Frau erhielt einen Freispruch, doch beide saßen noch einige Jahre im KZ Dachau. Im September 1939 wurde Guido Kapfenberger zur Wehrmacht eingezogen; er war unter den ersten, die im Polenfeldzug fielen.

Resistenz in den Betrieben

Sowohl die kommunistischen als auch die sozialdemokratischen Führungen der Illegalität setzten große Hoffnungen auf das Widerstandspotential der Arbeiterschaft in den Industriebetrieben. War hier nicht das klassische Proletariat versammelt, das nach marxistischer Auffassung zum gegebenen Zeitpunkt die Revolution tragen würde? Besonders die Kommunisten überschätzten die antinationalsozialistischen Kräfte in den Betrieben. Doch auch die Berichte der »Sopade«, der Sozialdemokratischen Partei Deutschlands in der Emigration, die von Vetrauensleuten im Reich erstellt und über die Grenze geschmuggelt wurden, waren bis in die Mitte der 30er Jahre gefärbt von dem illusionären Glauben, daß ein Aufstand der arbeitenden Bevölkerung gegen das nationalsozialistische Regime bevorstünde:

»MÜNCHEN (Ende 1934): Das Vertrauen der Massen in die Staatsführung schwindet von Tag zu Tag. Die Unzahl von Reden und Beruhigungspillen können nicht über die gefährliche Situation, in der sich die deutsche Wirtschaft befindet, hinwegtäuschen. Zwar ist fast alle 8 Tage irgendeine große Kundgebung, aber das verfängt nicht mehr. Zwar glauben noch viele an den guten Willen der Führung,

besonders Hitlers, aber allmählich erregen die Opfer Bedenken, die immer und immerfort von den Massen verlangt werden. Besondere Beunruhigung bemächtigt sich der Industriearbeiterschaft, die immer mehr einzusehen beginnt, daß die Arbeitsfront eine riesige Seifenblase ist. (...) Der Lebensstandard der Massen ist trotz der Winterhilfe und der krampfhaften Arbeitsbeschaffung im Sinken begriffen. Das Mißtrauen der Massen in die Führung drückt sich durch die Unzahl der herumschwirrenden Gerüchte aus. (...)«[36]

Erst allmählich setzte sich unter den Illegalen die Erkenntnis durch, daß von der breiten Arbeiterschaft keine Revolution zu erhoffen war. Bis auf wenige Ausnahmen gab es in den Münchner Betrieben nicht einmal Ansätze zu einer kommunistischen oder sozialdemokratischen Zellenbildung. Je mehr innen- und außenpolitische Erfolge das NS-Regime aufweisen konnte, desto eher waren auch die ehemals sozialistischen Teile der Arbeiterschaft bereit, sich mit dem Regime zu arrangieren. Die »Sopade-Berichte« wurden differenzierter, mit resignativem Unterton:

»Aus einem großen Münchner Metallbetrieb (September 1935): Bei uns ist es im Betrieb ziemlich unpolitisch. Man spricht nicht viel von den politischen Ereignissen. Eine große Anzahl bezeichnen sich als Kommunisten, dann kommen die Sozialdemokraten, (...) und dann kommen die Nazis und die Katholischen. Von den Kommunisten ist zu sagen, daß die meisten gar keine Vorstellung davon haben, was Kommunismus ist. Sie sind einfach radikalisiert und wollen das Gegenteil von dem sein, was der Nazi ist. Von der illegalen Arbeit haben sie keine Ahnung und sind auch nicht dafür zu haben. Sie wollen sich nicht dafür einsetzen. Sie sagen halt, daß sie Kommunisten sind, weil sie glauben, daß nach dem jetzigen Regime nur der Kommunismus folgen kann, und darauf warten sie. Daß aber nie eine Revolution kommt, wenn sie nicht selbst dabei mithelfen, das begreifen sie schon nicht mehr. Sie sind halt nur stimmungsmäßig und ganz für ihren Privatbedarf Kommunisten. (...) Bei den Sozialdemokraten ist zwar eine illegale Tätigkeit auch nicht zu spüren, weil eine solche durch die strenge Kontrolle im Betrieb (Rüstungsbetrieb) kaum möglich ist, aber sie haben einen besseren Zusammenhalt. Das kommt daher, weil sie schon in der Weimarer Zeit eine bessere Organisation hatten, vielleicht auch eine gewisse Tradition. Da sind die jungen Leute aus dem Reichsbanner, aus der Gewerkschaft, aus den Arbeitersportvereinen, die alle untereinander Spezl sind und die halten zusammen, ohne daß man sie eigentlich als Partei ansprechen könnte. (...) Diese Leute haben keine fertigen Rezepte in der Tasche, wie oft die von den Kommunisten, aber dafür sind sie auch vorsichtiger und kritischer. Daneben gibt es also noch die Nazis, die vielfach ausgemachte Dummköpfe sind. Oft machen die anderen Arbeiter mit ihnen ihre Witze. Das lassen sie sich gefallen. Mitunter ist auch einer dabei, der wirklich an Hitler glaubt und aus ehrlicher Überzeugung bei der Sache ist. Diese Art ist meistens recht zähe (...). Die Katholischen fallen kaum ins Gewicht. Sie sind anständig und vielfach sehr

brave Kameraden, aber es ist von ihnen auch nichts zu erwarten. (...) So muß ich auch feststellen, daß die Feindseligkeit, die in der Kampfzeit oft zwischen Marxisten und Nazis im Betrieb herrschte, heute nicht mehr vorhanden ist. Die Nazis sind fast ohne Ausnahme wieder ganz freundlich geworden. Man weiß, wie man mit ihnen dran ist, und nimmt sich in acht (...).«[37]

In den Monaten unmittelbar nach der nationalsozialistischen »Machtergreifung« wirkte die »Kampfzeit« allerdings durchaus noch nach; viele Auseinandersetzungen zwischen nationalsozialistischen und marxistischen Arbeitskollegen bezogen sich auf diese vergangenen Kämpfe. So kam es im Juli 1933 auf einer Straßenbaustelle zu einem Streit zwischen drei Hilfsarbeitern, von denen sich zwei brüsteten, als Nazis und SAler 1932 so manche Saalschlacht mitgemacht zu haben, unter anderem die »Grzesinskischlacht« im Hackerbräukeller, wo sie sich ohne ihre Parteiabzeichen in eine SPD-Versammlung eingeschmuggelt hatten, und dort sei es dann »ziemlich grüabig aufgegangen, daß die Sozialdemokraten zum Fenster hätten hinaus müssen.«[38] Der dritte Arbeiter, ein SPDler, hielt diese Reden schließlich nicht mehr aus und rief: »Ihr Feiglinge und Meineidsbrüder, bei der (gerichtlichen, Anm. d. Verf.) Verhandlung habt ihr alleweil gewinselt, daß ihr als Gäste in der Versammlung wart, und jetzt sagt ihr es frei und offen heraus, daß ihr heimlich ohne Abzeichen hineingegangen seid.« Um ihn noch mehr zu ärgern, bemerkte daraufhin ein SAler zum anderen: »Jetzt ist die Moskauer Hur (Clara Zetkin, Anm. d. Verf.) auch einmal verreckt«, worauf der Sozialdemokrat erst richtig in Rage geriet. Noch Stunden später schimpfte er in der Mittagspause vor allen anderen Arbeitern erregt: »Ich fürchte mich nicht, das sage ich öffentlich, daß die Hitler (die Nazis, Anm. d. Verf.) ins Gewerkschaftshaus eingebrochen sind und drei Millionen Mark Arbeitergelder gestohlen haben.« Die SAler trugen diese Äußerungen zur Polizei; der Sozialdemokrat wurde vom Sondergericht zu vier Monaten Gefängnis verurteilt.

Auch wenn aus den Münchner Industriebetrieben wenig aktiver Widerstand gegen das NS-Regime erwuchs, so deuten doch nicht nur die Sopade-Berichte, sondern auch viele Polizeiberichte darauf hin, daß große Teile der Arbeiterschaft mit dem Nationalsozialismus und seiner »Nationalsozialistischen Betriebszellenorganisation« (NSBO) nichts anfangen konnten. Immer wieder klagte die Gendarmeriestation Allach über die resistente Belegschaft der Maschinenfabrik Krauss-Maffei. Im Sommer 1935 kam es zum Eklat, weil die Toilettentüren in der Fabrik offenbar schon seit langer Zeit über und über mit »anstößigen Beschriftungen«[39] gegen die Regierung und Hitler bedeckt waren. Neben einem großen Hakenkreuz, das mit »Menschenkot« an die Wand geschmiert war, fanden sich Parolen wie: »Heil unserm Führer, wir werden alle Freitag dürrer, dafür werden die Bonzen dicker, alla Göring«, »Das Deutsche Reich muß aus Kommunisten bestehen oder es wird untergehen«, »Der Adolf hat Bayern verkauft an Preußen«, »Heil mein Führer in der Rund, wir kommen ja doch auf den Hund«, »Ich wünsche dem (sic!) Führer des Dritten Reiches herzlich nach Dachau«, »In einem Jahr sagen wir Heil Moskau. Nieder mit Hitler«, sowie Zeichnungen vom »Führer« am Galgen und von Sowjetsternen. Da die »Schuldigen« nicht ausfindig gemacht werden konnten, wurde der Betrieb von nun an besonders sorgfältig beaufsichtigt. Noch im Juni 1938 forderte der Regierungspräsident von Oberbayern, daß gegen bestimmte Belegschaftmitglieder »wegen staatsabträglichen Verhaltens wieder mit Polizeihaft und Strafanzeige nach dem Heimtückegesetz vorgegangen werden«[40] müßte.

Auch die Belegschaft der Reichsausbesserungswerke Freimann galt als mehrheitlich links, und die Polizei mußte immer wieder antinationalsozialistische Wandbeschriftungen wie »Von der Nordsee bis zur Schweiz trägt jeder Affe ein Hakenkreuz«[41] registrieren. Ein Sopade-Bericht vom September 1935 hielt fest, daß der größte Teil der Arbeiter kommunistisch denke und man während der Brotzeit offen über alles sprechen könne, weil die wenigen Nationalsozialisten nicht denunzieren würden.

Von den Bayerischen Motorenwerken dagegen hieß es »in der ganzen Stadt (...), daß BMW der beste Betrieb der NSBO sei.«[42] Aber auch hier kam es zu Beschriftungen von Aborttüren mit Anti-NS-Parolen, auch hier wurde der Gauleiter Wagner mit »eisiger Stimmung«[43] empfangen, und die Betriebsleitung hatte große Mühe, Arbeiter für die »Werkscharen« zu rekrutieren, die die Belegschaft überwachen und mit nationalsozialistischem Gedankengut infiltrieren sollten.

In einigen Betrieben hielten sich informelle Gruppen, die vom Regime als »kommunistische Betriebszellen« überschätzt wurden. So kam der Polizei im September 1934 durch einen Spitzel zu Ohren, daß in der Gummifabrik Metzeler und Co. im Westend ehemalige KPDler aktiv seien, die illegale Verbindungen herstellten und Druckschriften verteilten. Schließlich verhaftete man sechs Arbeiter, die früher bei der »Roten Hilfe« und der »Roten Gewerkschaftsopposition« gewesen waren. Bei zwei Personen wurden Flugblätter und Zeitungen gefunden, die diese von dem im Westend organisierten Widerstandskreis um Franz Xaver Klingseisen erhalten hatten. Obwohl die Beschuldigten nicht verurteilt werden konnten, kamen sie wegen »kommunistischer Gesinnung«[44] ins KZ Dachau. Bei einem der Arbeiter hatte man ein »Tagebuch mit kommunistischer Gesinnung« gefunden sowie ein grünes Kommunistenhemd, Bilder von Eisner und Thälmann und andere Memorabilia. Kaum ein Jahr später brach in der Fabrik ein Großfeuer aus, bei dem ein Sachschaden von einer Million RM entstand und mehrere Dutzend Feuerwehrleute leicht verletzt wurden. Die Polizei vermutete vorsätzliche Brandstiftung, einen »politischen Sabotageakt«[45], und nahm wieder einige Kommunisten fest.

In der Brauerei Löwenbräu flog Ende 1934 eine Gruppe Sozialdemokraten auf, die sich seit Anfang des Jahres mit illegaler Literatur versorgt und diese gemeinsam gelesen hatten. Es stellte sich heraus, daß ein ehemaliger Kollege – er

_N_i_e_d_e_r_s_c_h_r_i_f_t_._

Kommunistische Propaganda in der LÖWENBRAUEREI, Nymphenburgerstr.4

Am 22. Juni 34 erhielt ich durch WALTER von der Waage telefonisch mitgeteilt, daß im Neubau- Abort schon wieder Inschriften angebraht sind, die ich mir sofort besehen soll; das war gegen 16 Uhr 15.
Bei meinem Eintreffen erwartete mich dieser Mann vor dem Ort; ich stellte dann folgende neue Texte fest:

"Hitler ist nicht der Mann, der uns retten kann"

"Hitler Bande"

R. F.

Vorstehende Texte waren an der Innenseite der Tür, wie auch am Türstock mit Bleistift angebracht. Nach dem Bericht von PREYER aus der Schlosserei war der erstere Text vormittags noch nicht vorhanden.
Ich ging, nachdem ich die Türe schließen und plombieren ließ und eine Wache aufstellte, zurück ins Betriebsratzimmer, wo zufällig Dr. HAHN war, den ich sofort beauftragte, die Politische Polizei zu benachrichtigen. Daraufhin verständigte ich noch Herrn Dr. LANGE als Betriebsführer davon, den ich gerade in Gegenwart von Dr. SCHÜLEIN antraf. Mit der Benachrichtigung der polit. Polizei einverstanden.
Als dieselbe eintraf, wurden nach Öffnung des Aborts die Türe ausgehängt und Fotos hergestellt; auch die Einvernahmen wurden von dieser Stelle sofort an Ort und Stelle gemacht.
Die Meldung an mich kam in folgender Reihe zustande:
1) SCHWARZ Gottfried, Donnersbergerstr. 30/III geb. 22. 9. 09
2) SCHERL Jos. III , Deidesheimerstr. 14 geb. 26. 8. 11
3) KIRNBERGER Jos. , Weisenhausstr. 67/0 geb. 18. 3. 97
4) ZENGER Max , Auenstr. 3/I geb. 7. 9. 98
5) WALTER Johann , Gabelsbergerstr. 48/II geb. 1. 5. 77

Als Verdächtige wurden angesprochen:

LÖSCH Stefan, Allach, Kolonie 26 geb. 22. 5.89
HICKER Alois, Dachau, Krankenhausstr. 1a/III geb. 21.12.99
SPITZWEG Karl,Unterföhring, Ismaningerstr.28½2 geb. 23.12.06
b/Angermaier
(Spitzweg ist aber inzwischen aus dem Betrieb wegen wiederholtem Bierdiebstahl und Verführung eines Arbeitskameraden hiezu entlassen worden)
Die beiden Erstgenannten arbeiten in der unmittelbaren Nähe, in der Schlosserei Neubau und wurden früher schon bei der ersten Beschriftung verdächtigt, weil sie sich immer feindlich gegen die neue Regierung stellten; LÖSCH früher eingetragener Kommunist.
München, den 26. Juni 1934

Polizeibericht über regimegegnerische Inschriften an den Toilettentüren der Löwenbrauerei, 1934

war 1932 als Kommunist entlassen worden – ihnen Tarnschriften, Flugblätter und Zeitschriften wie die »Rote Fahne« oder die »Inprekorr« aus dem kommunistischen Untergrund beschafft hatte. Die SPDler hatten sich, durch das Abgeschnittensein von Information und das Verbot jeder politischen Betätigung radikalisiert, der kommunistischen Linie ihres ehemaligen Kollegen angenähert. Dieser wurde verhaftet und abgeurteilt; den anderen stellte die Firma Löwenbräu gute Zeugnisse aus und bat, sie freizusprechen, da man sie im Betrieb dringend brauche. Die alten Sozialdemokraten scheinen bei Löwenbräu eine starke Stellung gehabt zu haben. Einem Sopade-Bericht zufolge hatte der nationalsozialistische »Vertrauensrat« keinen Einfluß: »Die Arbeiter wenden sich nach wie vor an den alten Betriebsratsvorsitzenden der Freien Gewerkschaften, der, ohne gewählt zu sein, bereits in einzelnen Fällen im Auftrage der Arbeiter mit der Betriebsleitung verhandelt. Der Hitlergruß setzt sich im Betrieb nicht durch.«[46]

Offenbar war es für die Stimmung unter der Belegschaft von großer Bedeutung, wie sich die Betriebsleitung zum nationalsozialistischen Regime verhielt. Über Krauss-Maffei berichtete der eifernde Allacher Gendarmerie-Vorsteher:

»Die politische Stimmung in der Fabrik gegen den nationalsozialistischen Staat ist äußerst bedenklich. Hieran liegt aber bestimmt eine große Schuld an der Betriebsführung. Von zuverlässigen Arbeitern wurde mir mitgeteilt, daß sich in der Betriebsführung wenn nicht direkt Juden, so doch Halbjuden befinden sollen. (...) Weiter wird behauptet, daß, wenn Arbeiter, deren politische Einstellung nationalsozialistisch ist, mit Klagen in politischer Beziehung an die maßgebenden Personen der Betriebsführung herantreten, ihnen dort wenig Gehör geschenkt wird, sie unter Umständen sogar Schwierigkeiten ausgesetzt sind.«[47]

Ob die Unternehmensleitung von Krauss-Maffei tatsächlich oppositionell war, ist fraglich. Glaubwürdiger ist die denunziatorische Darstellung, die ein Hilfsarbeiter der Elwa GmbH – einer Tochtergesellschaft der Wamsler-Herdfabrik in Pasing – im Herbst 1935 über die dortigen Verhältnisse gab:

»In dem Betrieb herrscht eine antinationalsozialistische Einstellung des weitaus größten Teiles der Belegschaft, welche sich bei allen Unterhaltungen der Arbeiter deutlich zeigt. Es wird viel politisiert und dabei zwar nicht direkt über die Regierung geschimpft, aber doch klar zum Ausdruck gebracht, daß ein großer Teil der Arbeiter marxistisch oder kommunistisch eingestellt ist, und daß diese Leute glauben, daß sich die Regierung auf die Dauer nicht halten könne, gleichgültig ob mit oder ohne Krieg. Im Werk wird auch sehr wenig der deutsche Gruß angewendet, sondern mit 'Grüß Gott' usw. gegrüßt. Das Zeichen der Arbeitsfront wird nicht öffentlich getragen, sondern in der Geldbörse mitgeführt. Dieses Verhalten der Belegschaft ist in erster Linie auf den Leiter des Werkes, Hilpoltsteiner Anton, wohnhaft München, Kobellstr. 13, und auf den Werkmeister Mettler Karl (...) wohnt in Pasing, Münchnerstr. 160 (Fabrik) zurückzuführen. Beide sind nicht

Mitglieder der Arbeitsfront, grüßen nie mit dem deutschen Gruß und geben den Arbeitern dadurch ein schlechtes Beispiel. Wenn ich hie und da Arbeitskollegen auf die Zustände aufmerksam machte, dann drang ich mit meiner Meinung nicht durch; die Leute haben sich vielmehr von mir zurückgezogen. Ich bin nicht in der Lage, eine bestimmte Person zu nennen, welche strafbare Äußerungen gebraucht hat. Ich möchte lediglich auf die allgemeine Stimmung hinweisen, die in dem Betrieb der Elwa vorhanden ist. Wenn es möglich ist, bitte ich, meinen Namen nicht zu nennen.«[48]

Manchmal konnte es sogar vorkommen, daß nicht eine marxistisch denkende Belegschaft von einer nationalsozialistischen Unternehmensleitung unterdrückt wurde, sondern umgekehrt eine oppositionelle Unternehmensleitung von einer nationalsozialistischen Belegschaft Schwierigkeiten erfuhr. 1935 kam es in der Lebensmittelgroßhandlung »Franz Kathreiners Nachfolger AG« zu politisch motivierten »Unstimmigkeiten« zwischen mehreren Angehörigen der Betriebsleitung und der Belegschaft. Sie kulminierten am 12. November in »ernsten Auseinandersetzungen«, die dazu führten, daß der kaufmännische Direktor und der Prokurist der Firma in »Schutzhaft« genommen wurden – angeblich, weil sie »in ihrer persönlichen Sicherheit bedroht waren«:

»Als sich die Stimmung unter der Belegschaft beruhigt hatte und eine Gefährdung des Wirtschaftsfriedens nicht mehr bestand, wurden die beiden leitenden Angestellten am 16. 11. 1935 aus der Schutzhaft wieder entlassen. Es wurde ihnen nahegelegt, in Zukunft eine positivere Einstellung zum Staate an den Tag zu legen.«[49]

Regimegegnerische Äußerungen von Sozialisten

Die unerbittlichen Verfolgungsmaßnahmen des Regimes bewirkten, daß in der zweiten Hälfte der 30er Jahre nicht nur der aktiv arbeitende illegale kommunistische und sozialistische Untergrund in München fast gänzlich vernichtet war, sondern auch das resistente Milieu immer brüchiger und dünner wurde. Die Angst vor Spitzeln und Denunzianten beherrschte den Umgang der Menschen. Wenn sich zwei Sozialisten auf der Straße begegneten, wagten sie kaum, einander zu grüßen. Die Belegschaften in den Betrieben waren genauso eingeschüchtert wie die Bewohner ehemals »roter« Siedlungen. Außerdem konnte sich kaum jemand des starken Eindruckes erwehren, den Hitlers außenpolitische Erfolge und der scheinbare wirtschaftliche Aufschwung machten. Es bröckelte der Zusammenhalt zwischen den Menschen, die sich einmal der Arbeiterbewegung zugehörig gefühlt hatten, aber es bröckelte auch die individuelle Überzeugung und der Glaube daran, daß die Ziele des Sozialismus richtig oder durchsetzbar seien.

Nur in manchen Äußerungen, die Sozialisten Ende der 30er Jahre aus Verzweiflung oder Trotz machten – nie aus unbedarfter Offenheit, wie in den Jahren unmittelbar nach der nationalsozialistischen »Machtergreifung« –, traten noch die alten Überzeugungen zutage. Wer sich öffentlich im Sinne des Kommunismus oder Sozialismus äußerte, wußte, daß die Gestapo ihn nicht nur wegen »Heimtücke«, sondern auch wegen »Vorbereitung zum Hochverrat« zu fassen versuchen würde. Man brauchte nur im Wirtshaus einmal »Rot Front« oder »Heil Moskau« zu schreien, wie ein Bauarbeiter aus Pasing im Frühjahr 1938, um von der Gestapo folgendes Zeugnis zu bekommen:

»Der Beschuldigte Zettl hat durch seine Handlungsweise versucht, andere im kommunistischen Sinne zu beeinflussen und diese für den Kommunismus und die Umsturzpläne der KPD zu gewinnen oder doch wenigstens ihre Gegnerschaft zu schwächen oder zu untergraben und dadurch die hochverräterischen Ziele der KPD zu fördern. Hier darf angefügt werden, daß jede, auch die entfernteste, ein hochverräterisches Unternehmen vorbereitende Handlung nach der ständigen Rechtsprechung des Reichsgerichts den Tatbestand des Hochverrats verwirklicht.«[50]

Die wenigen Menschen, die sich noch Ende der 30er Jahre anderen gegenüber zum Kommunismus bekannten und daraufhin denunziert wurden, taten dies in der Regel im Streit und weil man sie provoziert hatte. So sagte ein Schlosser im September 1939 zu seiner Schwägerin, mit der er sich fortdauernd über Geld- und Familienfragen, aber auch über Politik in den Haaren lag: »Er bleibe das, was er vorher gewesen sei. Die Lausbuben könnten ihn alle gern haben.«[51] Er hatte nach der nationalsozialistischen »Machtergreifung« fast zwei Jahre im KZ Dachau verbracht, und die Schwägerin hatte ihm seine kommunistische Vergangenheit immer wieder vorgehalten. Ähnlich reagierte eine ältere Frau, die sich im Juli 1939 auf ein politisches Gespräch mit einer Nachbarin eingelassen und dabei geäußert hatte: »Ich bin eine Kommunistin und geh von meinem Kommunismus nicht weg.«[52] Vor der Gestapo sagte sie aus, daß sie eigentlich gar keine Kommunistin mehr sei, allerdings auch keine Nationalsozialistin, doch wenn man sie dauernd »damit herausfordere«, lasse sie sich halt einmal zu solchen Äußerungen hinreißen.

Wie irreal der Kommunismus als politische Alternative nach jahrelanger nationalsozialistischer Unterdrückung den Menschen erschienen sein muß, zeigt die Tatsache, daß die angeblichen Bekenntnisse oft witzig gemeint waren. Gerade die früheren kommunistischen Parolen hatten offenbar mit der Zeit in der breiten Bevölkerung ihre politische Brisanz verloren. So konnte ein Mann, der im August 1939 schon etwas angetrunken eine Gastwirtschaft in der Pariserstraße mit dem »Heil Moskau« – Gruß verließ, vor Gericht glaubhaft machen, daß er damit keine politische Absicht verbunden hätte. Ein Zeuge sagte für ihn aus: »Meiner Meinung nach hat er diese Äußerung als einen Witz angesehen, denn er lachte dabei, als er den Ausdruck gebrauchte«[53], und selbst der Denunziant gab zu, daß eine »kommunistische oder staatsfeindliche Einstellung« nicht zu erkennen gewesen sei, und er durch seine Denunziation dem Beschuldigten »lediglich beibringen« wollte, daß sich der Gruß »nicht gehört«.

Die Sozialdemokraten taten sich offenbar leichter damit, ihre politische Überzeugung durch die Jahre des »Dritten Reichs« zu konservieren. Diese äußerte sich bei ihnen weniger in selbstmörderischen öffentlichen Bekenntnissen zum Sozialismus als in abfälligen und kritischen Bemerkungen über das Regime, die auf den ersten Blick ihre politische Herkunft gar nicht preisgaben, wie bei dem Schlosser Josef Reiter – einem Handwerker, der schon seit 1919 in der Bahnbetriebswerkstätte am Hauptbahnhof angestellt war und als sehr fleißig und zuverlässig galt. Er wurde im Mai 1939 von zwei seiner Untergebenen denunziert, weil er dauernd über den Nationalsozialismus schimpfte und die im Radio übertragenen Führerreden als »Geräusch«, »Gesudel und Gekeif« bezeichnete. Reiter war schon vor dem ersten Weltkrieg SPD-Mitglied gewesen. In der Gestapo-Vernehmung sagte er aus:

»Da ich ein langjähriger Anhänger des Marxismus war, gebe ich zu, daß ich mich mit dem nationalsozialistischen Gedankengut noch nicht abgefunden und möglicherweise aus dieser Einstellung heraus die mir von N. und St. zur Last gelegten Äußerungen über den Führer und seine Reden gebraucht habe.«[54]

Eine ganze Reihe von Sondergerichtsverfahren deutet darauf hin, daß auch in der zweiten Hälfte der 30er und Anfang der 40er Jahre viele Sozialdemokraten unbeirrbar in einer Total-Opposition gegen den Nationalsozialismus verharrten, obwohl sie selber keine politische Heimat mehr hatten. Im September 1941 wurde der Elektromonteur und früher langjährige SPD-Angehörige Ernst Döring von seinem Chef, zwei Kollegen und zwei Lehrlingen angezeigt, die meinten, sie hätten sich jahrelang seine Schimpfereien angehört und nun sei es genug. Döring war es in seiner Kritik am Nationalsozialismus auch um die sozialen Belange der Arbeiterschaft gegangen: »daß die Parteibonzen jeder ein Auto und eine Villa haben und diese gut geschmiert würden«, und daß Göring »in jedem Gau eine Villa habe und dies alles einen Haufen Geld koste, während die Arbeiter dies bezahlen müßten.« Doch ebenso wandte er sich gegen den Opportunismus des Nationalsozialismus und den totalitären Charakter des Regimes. Der NS-Propaganda dürfe man nicht trauen: »daß dies ein großer Schmarrn sei und vieles gar nicht wahr sei«, »Papier sei geduldig, die können uns leicht was vormachen«. Um das Informationsmonopol des NS zu durchbrechen, hörte er regelmäßig die »Feindsender«. So fand er auch den Krieg einen ungerechten Angriffskrieg, weil »die anderen den Krieg gar nicht gewollt hätten, denn die wären gar nicht gerüstet gewesen« und »die deutschen Angaben über verübte Greuelmärchen an unseren Gefangenen in Polen und Frankreich nicht wahr seien«. Es solle sich niemand wundern, wenn nun die Engländer deutsche Städte bombardierten, »die sollen nur kommen, denn wir werfen ihnen drüben ja auch alles zusammen.« Über einen seiner Kollegen, der sich vom nationalsozialistischen »Blitzkrieg« hatte beeindrucken lassen, sagte er: »Gut, daß es noch andere Menschen auch gibt, die noch denken und nicht so hirnverbrannte Hanswurschten sind wie der da.« Döring wurde zu zwei Jahren Gefängnis verurteilt.[55] In einem ganz ähnlichen Fall sagte ein sozialdemokratischer Hilfsarbeiter 1940 vor der Gestapo aus, daß er sich weder seine freien Gedanken noch seine politische Identität verbieten lasse:

»Zusammenfassend erkläre ich, daß ich kein Kritiker aus Prinzip bin oder war, sondern ich habe bis jetzt immer noch jeder politischen Anschauung usw. Gerechtigkeit zuteil werden lassen. Ich habe lediglich nur einzelne politische Motive behandelt und habe dabei stets ausgesprochen, was ich für gut und nicht gut hielt. Wenn ich nun einmal im Betrieb in politischer Hinsicht mehr gesagt habe, als mir erlaubt war, was ich auch zugebe, so führe ich dies auf meine langjährig links eingestellten Ideen zurück, denn in meinem Alter ist eine so plötzliche Umstellung nicht gut möglich.«[56]

Kommunistischer Widerstand

Nachdem unmittelbar nach der nationalsozialistischen «Machtergreifung» die kommunistischen Funktionäre zu Hunderten verhaftet worden waren, stellte sich die Frage, wie die Partei nun in der Illegalität weiter arbeiten sollte. Vor dem Verbot hatte man einige Quartiere besorgt und technische Apparaturen beiseite geschafft. Tatsächlich waren die Möglichkeiten, unter den Bedingungen eines totalitären Regimes den politischen Kampf fortzuführen, sehr gering. Die Kommunisten glaubten zwar, daß eine Revolution kurz bevorstehe, und so mancher hielt bei sich ein Gewehr versteckt für den bewaffneten Aufstand. Doch waren diese Vorstellungen angesichts der Tatsache, daß das Regime von der Mehrheit der Bevölkerung unterstützt oder geduldet wurde, höchst unrealistisch. Am häufigsten unternahmen es die zum Widerstand Entschlossenen, illegales Schriftenmaterial – Zeitschriften, Broschüren, Flugblätter und Klebezettel – entweder selbst herzustellen oder aus dem Ausland einzuschmuggeln und zu verteilen, um damit das Informationsmonopol des Nationalsozialismus zu durchbrechen, den eigenen Zusammenhalt zu fördern und weitere Kreise zu erreichen. Außerdem versuchten die einzelnen Gruppen, einen Organisationszusammenhalt zu bewahren oder neu aufzubauen, indem sie Mitgliederbeiträge einforderten, sich eine hierarchische Struktur gaben, Posten und Funktionen verteilten und regelmäßige Treffen einberiefen, zum Teil sogar auch Schulungen durchführten. Ein guter organisatorischer Aufbau erschien den Kommunisten im Widerstand wichtig, auch um für den Zeitpunkt gerüstet zu sein, wenn das Regime einmal Schwäche zeigen und zusammenbrechen würde.

Abgesehen von den tatsächlichen Wirkungsmöglichkeiten des Widerstands ging es vielen Menschen aber auch darum, durch die Aktivität ihre Selbstachtung zu bewahren; sich, den anderen und dem Regime symbolhaft zu zeigen, daß man noch existierte und nicht jede Opposition gestorben war, wie es ein Klebezettel Ende 1933 ausdrückte: »Es lebe die KPD. Wir sind da und wir bleiben da und der Sieg wird unser sein.«[57]

Voraussetzungen des kommunistischen Widerstands in München

Die Kommunistische Partei Deutschlands war in der Münchner Bevölkerung kaum verwurzelt. Aus den Erschütterungen und Umwälzungen des Ersten Weltkriegs entstanden, zählte sie Mitte der 20er Jahre in München knapp 1 000, Ende 1932 circa 3 500 Mitglieder, von denen aber nicht einmal drei Viertel Beiträge zahlten. Sie war eine Außenseiterpartei, bei der vor allem die Arbeitslosen der Weltwirtschaftskrise Zuflucht suchten. In der Tagespolitik vermied sie jede Kooperation und ging keinerlei Kompromisse ein, um die anderen Parteien, auch die SPD, als bürgerlich und dekadent zu »entlarven«. Obwohl die KPD nie über viele Mitglieder verfügte, wurde sie von vielen Menschen gewählt, die damit ihrem Sozialprotest Ausdruck gaben. Selbst in den erfolgreicheren Jahren der Weimarer Republik erhielt sie in München konstant um die zehn Prozent aller Stimmmen, in Krisenzeiten waren es sogar 20 Prozent, also fast soviel wie die Stimmen der SPD. Seit ihrem Bestehen wurde die bayerische KPD immer wieder Verboten und Beschränkungen unterworfen. Um diese zu überstehen und um die fehlende »Massenbasis« auszugleichen, hatte sie sich und ihren Nebenorganisationen ein straffes organisatorisches, hierarchisches Gerüst gegeben. Meistens waren es dieselben Personen, die in der KPD, im »Kommunistischen Jugendverband Deutschlands« (KJVD), in der »Roten Hilfe« zur Unterstützung politischer Gefangener und ihrer Familien, der »Roten Gewerkschaftsopposition« (RGO), im »Kampfbund gegen den Faschismus« und beim »Rotsport« organisiert waren.

In der Durchsetzung ihrer Ideologie waren die kommunistischen Funktionäre rigoros. Die »Diktatur des Proletariats« nach sowjetischem Vorbild meinten sie durchaus wörtlich. Man würde bei einer Revolution Gewalt und Terror anwenden müssen, um »konterrevolutionäre Elemente« zu beseitigen. Der Einzelne hatte sich ohne Rücksicht auf das eigene Wohlergehen in den Dienst der revolutionären Arbeiterklasse zu stellen und, wenn nötig, auch für eine vermeintlich bessere Zukunft zu sterben. Diese Gemeinschaftsideologie, die den Konservativen und gemäßigten Sozialdemokraten in dieser Form fehlte, machte den massenhaften kommunistischen Widerstand in den Jahren nach der nationalsozialistischen »Machtergreifung« überhaupt erst möglich. So führte Hans Beimler, der letzte legale Vorsitzende der Bezirksleitung Südbayern im Februar 1933 auf einer KPD-Versammlung aus, »es werde ein Verbot der KPD kommen, das aber nichts fruchten werde, weil die Partei weiterarbeiten wolle, wenn auch noch so viele Ar-

Die Rote Fahne No. 1

ES LEBE DIE K.P.D.

WIR SIND DA UND WIR BLEIBEN DA UND DER SIEG WIRD UNSER SEIN!

ARBEITER MÜNCHENS ALARM! heraus

ZUM PROLETARISCHEN ANGRIFF GEGEN HITLERDIKTATUR!

Seit Hitlers Regierungsantritt wurde kein Kapitalist, kein besitzender, kein Osthilfeschwindler verhaftet u. enteignet! Kein Tributplan zerrissen, keine der Brünning-Schleicher-PAPEN Notverordnungen wurde aufgehoben – dafür aber hat die faschistische Hunger- u. Terrorregierung, der Mord u. Amerik. Kanzler Hitler – Rundfunkreden u. Fackelzüge gegeben, NEUE Notverordnungen herausgegeben, das Fett u. Fleisch durch Zölle verteuert, 59 Arbeiter ermordet, das K. Liebknechthaus in Berl. geht ausgeplündert, durch bestellte u. bezahlte Provokatöre den Reichstag anzünden lassen, um das Verbot der K.P.D. u. die folgenden Terrormassnahmen zu begründen. Kommunistische Reichstagsabgeordnete sind verhaftet, die Zeitungen, Wahlflugblätter u. Plakat der K.P.D. sind verboten. ~~KOMMUNISTEN~~

IN MÜNCHEN dieselben Terrormassnahmen: die Büros der K.P.D., K.B.O., Neue Zeitungsdruckerei wurden polizeilich geplündert u. versiegelt und Funktionäre verhaftet. Arbeiter, Frauen und werktätige Jugend lasst euch nicht einschüchtern, schart euch um eure Partei, verteidigt die K.P.D.! Unsere Antwort: Antifaschistische Einheitsfront! Aktion aller werktätigen ist das Gebot der Stunde, zeigt, dass Strassenschutzstaffeln gegen Faschistenterror – Rote Arbeiterwehren heraus! die Faschisten haben Waffen, wir haben nur unsere Fäuste – entwaffnet die Mörderbanden – Waffen in die Hände der Arbeiter!

NIEDER MIT DEM HACKENKREUZKANZLER!

Wenn die Faschisten am 6. März zurückermarschieren – schlagt sie zurück.

STREIKT UND DEMONSTRIERT UND STÜRZT

DIE KAPITALISTISCHE ORDNUNG – DIE FASCHISTISCHE DIKTATUR!
Kämpft mit der K.P.D.   WÄHLT TROTZALLEM LISTE 3
-- Es lebe die Arbeiter- u. Bauernrepublik!!!

Flugblatt der illegalen KPD, 1933

61

beiter erschossen würden.«[58] Über 500 Münchner Kommunisten wurden zwischen 1933 und 1935 wegen »Vorbereitung zum Hochverrat« angeklagt und verurteilt.

In ihrer »nationalbolschewistischen« Richtung hatte die KPD zum Teil auch eine gemeinsame Schnittmenge mit der SA und der NSDAP. Leute wie Beppo Römer und Hans Hartwimmer, die später in München eine prominente Rolle im kommunistischen Widerstand spielten[59], hatten einmal dem nationalistischen »Freicorps Oberland« angehört und mitgeholfen, die Räterepublik in Bayern niederzuschlagen. Sie waren erst in den Monaten vor der »Machtergreifung« zur KPD gestoßen, tief enttäuscht vom Legalitätskurs Hitlers, der ihnen als Verrat am »revolutionären« und »sozialistischen« Nationalsozialismus erschien. Bis zu den Röhm-Morden gaben sie die Hoffnung nicht ganz auf, daß die SA eine »zweite Welle der nationalsozialistischen Revolution« durchführen würde, um das in ihren Augen fatale Bündnis mit dem konservativen Establishment aufzukündigen, Hitler zu beseitigen, die Wirtschaft zu sozialisieren und mit dem Antisemitismus und Antikommunismus Schluß zu machen.

Doch es waren meist nur die kommunistischen Spitzenfunktionäre, die eine feste ideologische Überzeugung besaßen, der sie alles andere unterordneten. Viele KPD-Mitglieder waren aus purer Not und Verzweiflung zur Partei gestoßen, weil sie in deren revolutionärem Programm einen Ausweg aus ihrer eigenen bedrängten Lage erhofften. Welche Rolle die Armut bei den Kommunisten spielte, versuchte ein Untersuchungsgefangener, der wegen Empfangs kommunistischer Flugblätter im Gefängnis Neudeck einsaß, in einem Brief im Januar 1935 dem Münchner Polizeipräsidenten klarzumachen. Er betonte, wie unverhältnismäßig es sei, daß man ihn »wegen eines lumpigen Papierfetzen auf Monate hinter Gefängnismauern wirft«, und forderte in einem langen biographischen Bericht Verständnis für seine Situation – das ihm natürlich nie gewährt wurde:

»Als Sohn sehr armer Eltern erzogen, mein Vater war 11 Jahre krank, 20 Mark Monatsrente war die ganze finanzielle Hilfe für 5 Köpfe. Das Essen bestand hauptsächlich aus Kartoffel, Dotschen (Steckrüben, Anm. d. Verf.), Brennesselgemüs und Eichelkaffee. Mit 13 Jahren mußte ich mir mein Brot schon selbst verdienen. Erlernte das Schlosserhandwerk, ging später auf Wanderschaft, indessen starb mein Vater. Darauf suchte ich um jeden Preis Arbeit, um meiner Mutter zu helfen, die jetzt ohne jede Hilfe war. Ich setzte mich mit einer Firma in München in Verbindung wegen Arbeit, es gelang. Es war in den Jahren 1926, 27, 28. Aber es waren meine größten Ausbeuterjahre, die ich je erlebt habe. Mit dem Stock in der Hand wurden wir von unserem Chef zur Arbeit angetrieben 12–16 Stunden Arbeit auch Sonntag ohne jede Zulage, nur 60 Pf. Stundenlohn. Ich blieb trotzdem, erstens um meiner Mutter zu helfen. Zweitens Angst wegen Erwerbslosigkeit. Von Politik hatte ich noch keine Ahnung. Weihnachten 27 fuhr ich nach Hause, da fand ich meine Mutter auf Leben und Tod darnieder, kein Mensch hat ihr gehol-

fen. Ich fing an, die Menschheit zu hassen. Nach 3 Wochen war sie eine Leiche. All das kann ich bestätigen. Ein Jahr später war ich erwerbslos. In dieser Zeit wurde ich einmal von erwerbslosen Kameraden in eine KPD-Versammlung mitgenommen. Es wurde das Ausbeutertum behandelt, richtig für meinen Fall. Von hier ab kam ich in das politische Fahrwasser. Dezember 1930 ließ ich mich dann in der KPD aufnehmen, später in der Roten Hilfe. Frühjahr 1932 in den Kampfbund, später in die RGO.« [60]

Die allgegenwärtige Not in den Jahren der Weltwirtschaftskrise verstärkte bei den Kommunisten die Illusion, daß Generalstreik und Revolution kurz bevorstünden. Aus dieser Illusion heraus wählte der kommunistische Widerstand in den ersten Monaten und Jahren nach der nationalsozialistischen »Machtergreifung« eine höchst offensive, opferreiche Strategie: Man betrieb unvorsichtige »Massenpropaganda«, indem man verbotene Schriften und Flugblätter auf der Straße verkaufte, in Briefkästen steckte, offen auslegte, an schlangestehende Arbeitslose verteilte oder mit der Post verschickte. Der Polizei fiel es nicht schwer, die illegal Arbeitenden reihenweise zu verhaften.

Da jedoch die brutalen Methoden der Nationalsozialisten bald bekannt wurden, fühlten sich viele überfordert und hatten Angst. Die illegalen Bezirksleitungen übten zum Teil massiven psychologischen Druck auf die im Widerstand Tätigen aus. Fragen nach Sinn und Wirkung der Aktionen waren nicht erlaubt, der Einzelne hatte als Rädchen im Getriebe zu funktionieren. Emigrieren durfte nur, wer akut von einer Verhaftung bedroht war und mit mehreren Jahren Zuchthaus rechnete. Wer die Mitarbeit unter Hinweis auf die Gefahren ablehnte, mußte sich unter Umständen gefallen lassen, von seinen Genossen als »Feigling« geschnitten zu werden. So mancher, der Flugblätter annahm, um sie aufzubewahren oder weiterzuverteilen, tat dies mit gemischten Gefühlen.

Die Rolle der Frauen

Anders als im konservativ-katholischen Bereich, wo in den Widerstandskreisen bis auf eine einzige Ausnahme Frauen überhaupt nicht zur illegalen Arbeit zugelassen und meistens auch nicht eingeweiht wurden, gab es eine Reihe von Kommunistinnen, die sich in den 30er Jahren gerade auf Stadtteilebene im Untergrund engagierten. Da aber auch in den Milieus der Arbeiterbewegung ein traditionelles Verständnis der Geschlechterrollen vorherrschte, wurden ihnen in der Regel keine Führungsaufgaben übertragen. Sie übernahmen Boten- und Kurierdienste, versteckten Funktionäre in ihren Wohnungen und leisteten logistische und organisatorische Hilfe. Viele wurden durch ihre Ehemänner und Partner involviert, manche ergriffen aber auch eigenständig die Initiative, wie Kreszenz Schillinger, die im Dezember 1935 auf den Anführer der kommunistischen Gruppe im Schlachthausviertel zuging und ihm mitteilte, sie wolle »für die

Anna Bauer, 30er Jahre

Partei durch Veranstaltung von Sammlungen für die Rote Hilfe und sonstige Mitarbeit bei der Schriftenverbreitung selbst tätig werden.«[61]

Welch wichtige Rolle Frauen im Hintergrund spielen konnten, zeigt das Beispiel Anna Bauers: Anfang 1932 hatte sie sich mit Hans Bauer verheiratet, einem Handwerker bei der Mitropa, der dort in ein dichtes sozialistisches Milieu eingebunden war. Ende 1932 traten beide gemeinsam der KPD bei. Da sie in einer abgelegenen Bogenhausener Villa bei einem verarmten Grafen zur Untermiete wohnten, boten sie, als die KPD verboten wurde, ihre Wohnung als Versteck für Untergetauchte an. Kurz nach der nationalsozialistischen »Machtergreifung« erschien Walter Häbich, der Redakteur des Münchner KPD-Organs »Neue Zeitung«, und bezog bei ihnen sein illegales Quartier. Hans Bauer stattete ihn mit einem entwendeten Arbeitsausweis aus, so daß er sich in der Stadt etwas freier bewegen konnte. Anna Bauer stellte sich ihm als Schreibkraft zur Verfügung: In den Wochen, bis er wieder verschwand, diktierte er ihr die Texte der Flugblätter und die Artikel für die Zeitungen in die Schreibmaschine. Im Rahmen von Verhaftungen im Sommer und Herbst 1933 fanden auch bei Bauers Hausdurchsuchungen statt. Es konnte ihnen jedoch nichts nachgewiesen werden. In den folgenden Monaten betätigten sie sich nicht mehr aktiv illegal, waren aber eingebunden in das Schriftenverteilungsnetz bei der Speisewagengesellschaft Mitropa. Ein Zufall brachte sie schließlich in akute Gefahr: Zum Jahresanfang 1935 geriet eine Tarnbroschüre, die sie einem Genossen weitergegeben hatten, in falsche Hände. Die Polizei begann, die Verteilerkette aufzurollen. Die Bauers konnten zunächst untertauchen: Wochenlang streunten sie im kalten Winter an Münchens Stadtrand herum und schliefen nachts bei Freunden. Ende Januar versuchten sie, in die Tschechoslowakei zu fliehen. An der Grenze wurden sie jedoch verhaftet. Anna Bauers eigene Mutter, die einen Nationalsozialisten zum Lebensgefährten hatte, ging nun zur Polizei und denunzierte Tochter und Schwiegersohn als besonders gefährliche, überzeugte Kommunisten. Hans und Anna Bauer wurden ins Gefängnis Stadelheim eingeliefert. Dort bekam Anna Bauer sieben Monate verschärfte Einzelhaft wegen eines Kassibers, den ihr Mann ihr zukommen lassen wollte und der von der Polizei entdeckt wurde. Dieser Brief, der sie nie erreichte, drückt nicht nur wie kaum ein anderes

Dokument das Leid aus, das die Menschen in den Fängen des nationalsozialistischen Terrorapparates erfuhren, sondern auch die unschätzbare Bedeutung, die
eine Frau wie Anna Bauer für ihren Mann im Widerstand hatte:

»*Viel habe ich Dir angetan, und Du hast es mir mit Gutem wieder vergolten. Ich
bitte Dich um Verzeihung auf den Knien. Ich weiß, was ich an Dir gehabt habe
vorher schon und jetzt erst recht. Wenn ich wieder herauskomme, will ich Dich
auf meinen Händen tragen und Dir das wieder gut machen. Aber ich kann nicht
verlangen, daß Du Deine Jugend an einen Zuchthäusler kettest. Ich gebe Dich frei
und damit will ich gut machen, was ich an Dir verbrochen habe. (...) Wenn Du
trotz alledem bei mir bleibst: Wenn ich wieder in Freiheit bin, Tag und Nacht werde ich arbeiten, um Dir ein anständiges Leben zu schaffen, und Dir das vergelten,
was Du durch Dein Warten und Zusammenhalten an mir Gutes getan hast. O ich
brauche diese innere Kraft so notwendig, sonst halte ich nicht aus bis zum Schluß,
und auch für mich kommt wieder der Tag der Freiheit. (...) Morgens mein erster,
abends mein letzter Gedanke bist Du. (...) Geht Dein Fenster auf die grüne oder
rote Mauer des Hofes? Abends ruf ich Dickerl oder Spatzerl, aber keine Antwort!
(...) Fabelhaft hast Du Dich bei der Vernehmung gezeigt, und ich habe gestaunt
und gesagt: Der Mensch, der eine solche Frau besitzt, ist trotz allem Unglück
glücklich. Ich hab es kaum geglaubt, wie man mir gesagt hat, daß Du aufgetreten
bist! Ich war schon ganz verzweifelt, aber das hat mich gestärkt außen und innen.
Ich war in keiner schönen Verfassung, aber das gab neuen Mut. Manchmal wie
jetzt ist es so trostlos, Du bist allein und ich, jedes eingesperrt und im selben Haus
und doch so verlassen, da möcht ich mich am liebsten aufhängen und muß ich
meine ganze Kraft zusammennehmen. (...) Weißt, liebes Muscherl, was mir so weh
getan hat, wie Du mir bei der Rückfahrt gerufen hast, 'Hans da hast was zu essen',
und konntest mir doch nicht helfen, mir hat es das Herz zusammengeschnürt.
Aber es kommt wieder eine andere Zeit, wir sind ja noch jung.*«[62]

Hans Bauer fand einen milden Richter, der ihn im Juni 1935 zu einem Jahr Gefängnis verurteilte und damit deutlich unter dem vom Staatsanwalt geforderten
Strafmaß blieb. Anna Bauer kam im Januar 1936 wieder frei, Hans Bauer wurde
bis 1939 im KZ Dachau festgehalten, um nach seiner Freilassung sofort eingezogen zu werden. An der Ostfront wurde er schwer verwundet. Von den seelischen
und körperlichen Strapazen dieser Jahre sollte sich Anna Bauer auch nach dem
Krieg nie mehr erholen.

Centa Beimler, die Frau des kommunistischen Reichstagsabgeordneten Hans
Beimler, gehörte ebenfalls zu den Frauen, die für ihre Ehemänner im Widerstand
unverzichtbare Hintergrundarbeit leisteten. Eigentlich wäre sie gerne eigenständig politisch aktiv gewesen. 1928 übernahm sie Beimlers Haushalt und die Erziehung seiner beiden Kinder, nachdem seine erste Frau Selbstmord begangen hatte.
Um Beimler bei seiner mit großen Opfern verbundenen politischen Arbeit zu unterstützen, gab sie ihre eigenen Pläne auf. Nach seiner Verhaftung und Flucht aus

Centa Beimler

dem KZ Dachau wurde sie in Sippenhaft genommen. Sie wurde erst wieder freigelassen, nachdem Beimler im Spanischen Bürgerkrieg gefallen war. 1941 ergriff sie eine Möglichkeit, wieder unterstützend tätig zu werden: Ein Freund bat sie, für eine reichsweite kommunistische Untergrundverbindung – den Hartwimmer-Olschewski-Kreis – einen Kontakt in Augsburg herzustellen. Centa Beimler kam der Bitte nach. Einige Monate später wurde sie verhaftet und zu einer mehrmonatigen Gefängnisstrafe verurteilt.

Viele Männer verheimlichten jedoch ihre Widerstandtätigkeit vor ihren Ehefrauen, um sie nicht in Gefahr zu bringen. In der Angst um die Familie versuchten manche Frauen, ihre Männer von der illegalen Arbeit abzubringen, in der Regel allerdings ohne Erfolg. Rosa Kapfenberger erinnerte sich später:

»Männer, die achten da ja nicht drauf, ob die Frau Angst hat oder nicht, das wird in Kauf genommen, das ist selbstverständlich. Ob du dich jetzt da aufregst oder nicht, das ist vollkommen unwichtig. Sonst hätten sie (die illegale KPD, Anm. d. Verf.) ja diese Leute gar nicht alle so kriegen können.«[63]

Die frühen kommunistischen Stadtteilgruppen

Nach den Massenverhaftungen kommunistischer Funktionäre in den Tagen der nationalsozialistischen «Machtergreifung« gingen zahlreiche Gruppen in den Arbeitervierteln Münchens im März, April und Mai 1933 fieberhaft daran, die vom Regime zerschlagenen Strukturen vor Ort illegal wieder aufzubauen. Im Westend stellte eine Gruppe um den Metzger Otto Aster, einem ehemaligen Funktionär des »Rotfrontkämpferbundes«, sogar eine eigene Zeitung mit dem Namen »Das rote Westend« her.

In Haidhausen versuchten Leonhard Peter und Josef Stadler, das Mitgliedsbeitragssystem der »Roten Hilfe« aufrechtzuerhalten. Ermuntert wurden sie dazu von Josef Amuschell, dem Stadtteilleiter der »Roten Hilfe« in der Altstadt, der seine Aufträge wiederum von einem polizeilich gesuchten Funktionär bekam, wahrscheinlich Hans Beimler. Peter und Stadler besprachen sich mit sieben Haidhausener Unterkassierern, stellten Marken aus und fertigten Listen der ehemaligen Mitglieder an. Ende März konnten sie Amuschell circa 30 Mark einge-

sammelter Mitgliedsbeiträge übergeben – für damalige Verhältnisse eine
stattliche Summe. Außerdem bezogen
sie von Amuschell 30 Exemplare der
Zeitung »Tribunal«, die sie unter Haidhausener Genossen verkauften. Die
Polizei wurde durch eine Denunziation auf sie aufmerksam. Im Juni 1933
wurden Peter und Stadler vom Sondergericht zu je einem Jahr Gefängnis
verurteilt.

Auch in der Maxvorstadt wurde versucht, die »Rote Hilfe« wieder zu akti-
vieren: Hans Maletzke sollte im Auftrag eines angeblich Unbekannten 200
Exemplare des »Tribunals« verteilen
und einige ehemalige Genossen, die in
der Nachbarschaft wohnten, zur Mithilfe bewegen. Da sich diese sträubten,

Josef Amuschell

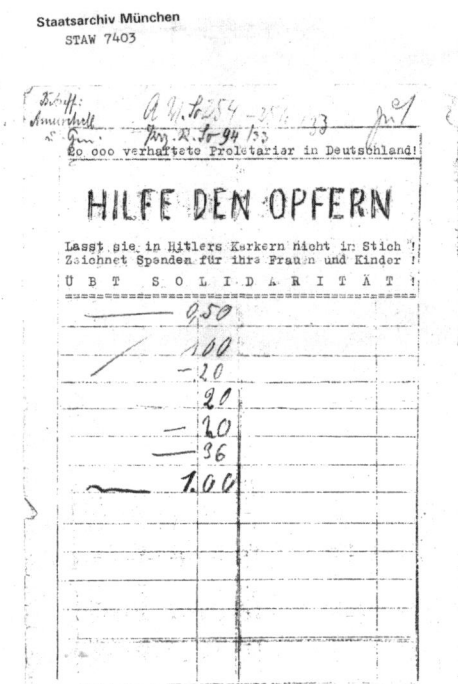

Beitragsliste der »Roten Hilfe«, 1933

ging er schließlich selber von Haus zu
Haus und legte die Blätter in den Eingängen ab. Dabei wurde er erwischt.
In der Wohnung eines der von Maletzke Angesprochenen fand die Polizei
zudem noch einen dort versteckt gehaltenen Kommunisten. Nach seiner
Gefängnishaft saß Maletzke bis September 1937 im KZ Dachau.

Im Lehel waren es Angehörige der
»Roten Sporteinheit«, lauter junge,
langjährig arbeitslose Handwerker und
Hilfsarbeiter, die ihre Organisation zu
retten versuchten. Die monatlichen
Versammlungen, die sie vor 1933 in
ihrem Stammlokal »Dianabierhalle« in
der Lerchenfeldstraße abgehalten hatten, führten sie fort, auch nachdem der
Wirt verhaftet worden war. Von dem
KPD-Leiter Stadtmitte Heinrich
Waldherr wurden sie mit Literatur versorgt. Mitte April ging in der Gruppe

kofferweise Schriftenmaterial hin und her, das von der »Dianabierhalle« weggeschafft werden mußte, das aber niemand länger bei sich aufbewahren wollte. Von diesen Transaktionen erfuhr ein Polizeiwachtmeister. Ende Mai wurde ein halbes Dutzend Mitglieder zu Haftstrafen von drei bis zwölf Monaten verurteilt.

Oft waren ganze Familien auf irgendeine Weise in die illegale Arbeit verwickelt. So konnte es passieren, daß die Polizei im April 1933 einen jungen Kommunisten verhaften wollte, dieser aber schon untergetaucht war, und sie dann gleich seinen Bruder mitnahm, weil bei der Hausdurchsuchung unter dessen Kopfkissen ein Paket mit 120 Flugblättern gefunden wurde. Auch Kartenspielerrunden, ehemalige Schulfreunde oder Nachbarsleute taten sich zusammen, um für die KPD etwas zu unternehmen.

Die illegalen kommunistischen Bezirksleitungen

Die Fäden all dieser Aktivitäten sollten eigentlich bei der illegalen Parteiführung der KPD Südbayerns zusammenlaufen. Es wurden die äußersten Anstrengungen unternommen, die KPD als zentralisierten, hierarchischen Apparat wiederaufzubauen und die Kontrolle über den Untergrund zu behalten. Auf den verschiedenen Hierarchieebenen sollten »Pol-Leiter« (Politische Leiter) und »Org-Leiter« (Organisatorische Leiter) die Arbeit koordinieren. Die einzige konspirative Absicherung bestand darin, daß man es vermied, die Namen der anderen zu kennen, und sich nur mit Vornamen oder besser noch mit Decknamen anredete.

Die meisten Spitzenfunktionäre waren im März 1933 untergetaucht; verhaftet wurden zunächst die mittleren und kleinen Funktionäre, allein in München im März und April 492 Menschen. Bis Anfang Mai hatte die Polizei allerdings auch Hans Beimler und die anderen Spitzenfunktionäre in ihren Verstecken aufgespürt:

»Götz Josef, Parteisekretär; Müller Arthur, Agitprop-Leiter; Nützel Johann, Mitglied der Bezirksleitung Südbayern; Holy Max, Landesleiter der Roten Hilfe; Thuni Ewald, Hauptschriftleiter der Neuen Zeitung; Dressel Friedrich, Landtagsabgeordneter; Hirsch Josef, Stadtrat und Spitzenfunktionär; Sarnecki Therese, Stadträtin und Hauptfunktionärin; Sarnecki Michael, Hauptagitator; Olschewski Wilhelm sen., Leiter der Aufbruch (-Arbeits-)Kreise in Bayern; Bischof Anton, RFB-Leiter; Franz Wilhelm, Druckschriftenvertrieb-Obmann; Grimm Johann, Redakteur der Neuen Zeitung; Gilsberger Josef, Hauptagitator; Graf Josef, Geschäftsführer des Bajuwaren-Druck, Druckerei der »Neuen Zeitung«; Feuerer Karl, Leiter der illegalen Organisation, (....)«[64]

Beimler konnte aus dem KZ Dachau flüchten und ging in die Schweiz, von wo aus er in ständigem Kontakt mit der Münchner KPD blieb. Seine Broschüre »Im Mörderlager Dachau« wurde noch 1933 in Moskau veröffentlicht. Ende 1936 fiel er im Spanischen Bürgerkrieg. Götz und Dressel wurden in Dachau umgebracht, die anderen kamen meist erst nach Jahren wieder frei.

Nach der Verhaftung Hans Beimlers am 11. April 1933 übernahm Franz Stenzer die Funktion des »Pol-Leiters« für München und Südbayern; Stenzer war schon seit 1924 in der Führungsspitze gewesen und konnte nach der »Machtergreifung« untertauchen. Er wurde im Juni 1933 gefaßt und einen Monat später angeblich auf der Flucht im KZ Dachau erschossen. Als »Org-Leiter« hielt sich zunächst der nicht aus München stammende Funktionär Paul Jahnke (Decknamen »Erwin«), der aber noch im Frühjahr 1933 in die Emigration geschickt wurde. Stenzers Nachfolge trat der ehemalige RGO-Funktionär Georg Limmer (Deckname »Hugo«) an. Neuer »Org-Leiter« wurde der noch sehr junge, aber außerordentlich aktive Franz Xaver Schwarzmüller, ehemaliger Funktionär der RGO »Industriegruppe Bau« und des KJVD.

Neben der Aufrechterhaltung der Organisation sah die Parteileitung ihre wichtigste Aufgabe darin, illegales Schrifttum herzustellen und zu verteilen. Das waren einmal Flugblätter, wie das im April 1933 massenhaft verteilte Blatt »Mord im Gewerkschaftshaus«, und zum anderen Zeitschriften, vor allem das ehemalige Hauptorgan der KPD Südbayerns »Neue Zeitung«. Die Themen und Forderungen der Schriften ähnelten sich sehr: Es ging meistens um die wirtschaftliche Krise des faschistischen Staates, die nach Auffassung der KPD die Revolution hervorbringen würde und sich in der Entrechtung der Arbeiter, den Preissteigerungen, Lohnsenkungen und der Erwerbslosigkeit äußerte. Es ging aber auch um den drohenden Krieg, den die KPD klarer als alle anderen Parteien vorhersah, um Mord und Folter im KZ Dachau, die »faschistische Henkerjustiz«[65] und um die Vernichtung jeglicher politischen Freiheit.

Im November 1933 flüchtete Franz Xaver Schwarzmüller, für den der Boden längst zu heiß geworden war, in die Sowjetunion, nachdem wohl auch Georg Limmer bereits emigriert war. Schwarzmüller wurde, wie viele andere aus Deutschland geflohene Kommunisten, später Opfer der stalinistischen »Säuberungen«. Bevor er 1939 inhaftiert wurde und im Gefängnis starb, schrieb er einen Brief an die sowjetische Führung, in dem er die verzweifelte Situation der deutschen kommunistischen Emigranten in der Sowjetunion andeutete:

»Für uns deutsche Emigranten, die wir ein Teil der deutschen Partei, ein Teil der III. Internationale sind, hat jedes innerparteiliche Leben, ja jedes politische Leben und politische Betätigung überhaupt aufgehört. Nicht einmal mehr zu einer politischen Informationsversammlung ruft man uns. Die deutsche Emigration hier ist völlig atomisiert. Jeder lebt für sich in seinen vier Wänden, aus Furcht durch Verhaftungen in seinem Bekanntenkreis oder sonstwo, ebenfalls hineingezogen oder mindestens diskreditiert zu werden. (...) Welche Folgen hat eine solche Lage? Für viele gute Genossen und wirkliche Freunde der UdSSR bedeutet ein solches Leben Versumpfung – geistiger Tod – Stagnation in der politischen Weiterentwicklung, politischen Indifferentismus. (...) In eine solche Emigration, die in solchen Verhältnissen lebt wie zur Zeit die deutsche hier in der UdSSR, dringt viel leichter

Franz Xaver Schwarzmüller

Zersetzung, Opportunismus und damit der Klassenfeind ein, als in eine Emigration, die eng zusammengeschlossen und politisch erfaßt und aktiviert ist.«[66]

Nach Schwarzmüllers Ausscheiden aus der illegalen Münchner Parteileitung der KPD im Herbst 1933 übernahm Max Trutzel die Führung. Sein engster und eifrigster Mitarbeiter wurde Adolf Maislinger. Der gelernte Schlosser kam eigentlich aus einer sozialdemokratischen Familie und trat erst Anfang der 30er Jahre zur KPD über, wo er bald Leiter der Wehrorganisation »Kampfbund gegen den Faschismus« in Bayern wurde. Im März 1933 tauchte er unter. Erst nach einigen Monaten gelang es ihm, zur Parteileitung vorzudringen und ihr seine Mitarbeit anzubieten. Im Sommer 1933 übernahm er die Produktion von illegalen Zeitungen und Flugblättern, unter anderem der »Neuen Zeitung«. Ein Schlossermeister stellte ihm eine fensterlose Kammer neben seiner Werkstatt zur Verfügung, in die er Abziehapparate, Papier und eine Schreibmaschine brachte, zur Tarnung jedoch auch Schlosserwerkzeug. Während seine Freunde und Genossen die Schriften produzierten, hämmerte und feilte er an Eisenstücken herum, um den Schlossergehilfen in der angrenzenden Werkstatt den Eindruck zu vermitteln, daß in der Kammer gearbeitet würde. Nach einigen Wochen kam die Polizei – jedoch zu spät, da Maislinger aus Vorsicht die Druckerei bereits in eine andere Wohnung verlegt hatte. Ende 1933 trat Maislinger die Nachfolge Trutzels an, da dieser intensiv von der Polizei gesucht wurde. Als neuer »Org-Leiter« entwickelte Maislinger große Aktivität: Er fuhr kreuz und quer durch die Stadt, um die Kontakte zu den einzelnen Gruppen zu halten, knüpfte eine Verbindung zur Auslandsführung der KPD in der Schweiz und nahm in hochkonspirativen Übergabeverfahren Schriftenlieferungen aus Zürich entgegen. Im Januar 1934 verfaßte er die Nummer 10 der »Neuen Zeitung«. Um sich ein wenig abzusichern, legte er sich für jeden Stadtteil Münchens, zu dem er Verbindung hatte, einen eigenen Decknamen zu, der mit dem Anfangsbuchstaben des jeweiligen Stadtteils begann (zum Beispiel »Hans« für Haidhausen). So wußte er, daß in Haidhausen eine undichte Stelle war, wenn dort ein »Hans« gesucht würde. Doch all diese Vorsichtsmaßnahmen erwiesen sich als letztlich umsonst: Trutzel hatte ihm schon im Herbst 1933 einen Genossen

»Willy« vorgestellt, mit dem er seitdem eng zusammenarbeitete; »Willy« war ein Gestapospitzel und hielt die Polizei über alle Aktivitäten auf dem Laufenden. Im März 1934 wurde Maislinger verhaftet. Zu acht Jahren Zuchthaus verurteilt, verbrachte er die Jahre bis zum Kriegsende im KZ Dachau. Auch im KZ gehörte er zu denjenigen, die selbst unter schlimmsten Bedingungen alle Handlungsspielräume ausnutzten: Er war Mitglied der illegalen Lagerleitung und bastelte mit anderen heimlich Radios, so daß die Gefangenen sich über die Vorgänge in der Außenwelt informieren konnten. In den letzten Kriegstagen gelang es ihnen sogar, zwei Häftlinge aus dem Lager zu schmuggeln und zu den Amerikanern zu schicken, um diese zur Eile anzutreiben.

Die Produktion der »Neuen Zeitung«

Die meisten Artikel der »Neuen Zeitung« und der anderen in München produzierten Schriften wurden – noch zu Zeiten Schwarzmüllers – von Walter Häbich geschrieben und zusammengestellt. Häbich kam eigentlich aus Württemberg und zog erst 1930 nach München, um als Redakteur der »Neuen Zeitung« zu arbeiten. Er hatte schon 1932 fast ein Jahr lang in Festungshaft gesessen. Nach der nationalsozialistischen »Machtergreifung« tauchte er unter, hielt aber von seinem Versteck aus Kontakt zu den Parteileitungen in München und in Berlin und schrieb dort seine Artikel. Seine Manuskripte gab er, wahrscheinlich auf Umwegen, an Franz Xaver Schwarzmüller weiter, der den Druck und Vertrieb organisierte.

Schwarzmüller rekrutierte einen Kreis ehemaliger »Rotsport«-Leute, die im Frühsommer 1933 die Produktion der Schriften übernahmen. Ihr führender Kopf war der Drucker Georg Frühschütz, seit 1932 »Pol-Leiter« der »Kampfgemeinschaft für rote Sporteinheit« Südbayern. Frühschütz war in den Tagen der nationalsozialistischen »Machtergreifung« zusammen mit dem »Org-Leiter« von »Rotsport«, Franz Scheider, über die Berge nach Österreich geflüchtet, um von dort nach Rußland zu emigrieren. Da sie keine Pässe und kein Geld hatten, kamen sie jedoch nicht weit und mußten auf getrennten Wegen wieder nach München zurückkehren, wo sie von der Parteileitung wegen ihres eigenmächtigen Emigrationsversuchs mit schweren Vorwürfen empfangen wurden. Frühschütz lebte von nun an in wechselnden Verstecken, während Scheider bei seinen Eltern untertauchte. Eigentlich sollten die beiden nun zusammen mit einigen anderen »Rotsport«-Leuten die »Rotsport«-Organisation in München wieder aufbauen. Da sie alle wußten, »daß ein solches Beginnen aussichtslos ist«[67], gingen sie nur sehr zögerlich an diese Aufgabe heran. Später, im Polizeiverhör, blickte Frühschütz auf diese Zeit zurück:

»Ich hatte durch meine Auslandsreise sozusagen den Boden unter den Füßen verloren und kam zur Überzeugung, daß ich nur bei meinen alten Genossen Anschluß finden könnte. Auch empfand ich eine Art Verpflichtung, meine alten Genossen

Walter Häbich

nicht im Stich zu lassen. Die Genossen, auf die ich nach meiner Rückkehr aus Österreich stieß, waren von dem Willen erfüllt, zusammenzufassen und zusammenzuhalten, was an Anhängern des Kommunismus noch aufzutreiben war. Man wollte für die kommunistischen Ideen Propaganda machen und den bei den breiten Massen entschwindenden Glauben an den zukünftigen Sieg des Kommunismus wieder entzünden. Zu diesem Zweck wurde mit einzelnen gesprochen, wurden Zeitungen herausgegeben, wurden Funktionen übertragen. Man kann also von den Versuchen zu einer Reorganisation der KPD sprechen, wenn ich auch ausdrücklich hervorheben möchte, daß nach meiner Ansicht diese Versuche sehr bescheiden waren.«[68]

Ende Mai beauftragte Schwarzmüller Frühschütz, sich nach einer Örtlichkeit umzusehen, wo man die Matrizen für illegale Zeitschriften ungestört und sicher herstellen könne. Bei einem Badeausflug lernte nun Frühschütz über einen seiner Genossen, Sebastian Steer, einen 19jährigen jungen Mann kennen, Hugo Scheurer. Scheurer war kein Kommunist, sondern stammte aus einer katholischen Familie. Nach einer Lehre als Elektrotechniker hatte er eigentlich Journalist werden wollen und schrieb ab und zu kleine unpolitische Artikel für den Lokalteil der »Münchner Neuesten Nachrichten«. Mit der nationalsozialistischen »Machtergreifung« wurde ihm die journalistische Karriere versperrt; arbeitslos geworden, hatte er viel Zeit, über die neuen Verhältnisse nachzudenken. Scheurer schloß sich eng dem Kreis der »Rotsport«-Leute an, weil er hier die aufrechte und konsequente antinationalsozialistische Haltung fand, die er in seinem eigenen Milieu vermißte. Besonders mit dem älteren Frühschütz, den er verehrte, verband ihn bald eine herzliche Freundschaft. Er erzählte ihm, daß er als Mitglied der »Marianischen Studentenkongregation« Zugang zu einem Bibliothekszimmer im Speicher des Asamhauses in der Sendlingerstraße habe, das völlig ungenutzt sei. Die beiden beschlossen, in diesem Speicherzimmer die Matrizen für Schwarzmüller zu schreiben. Dem Präses der Kongregation erzählte Scheurer, er wolle den Raum für schriftstellerische Arbeit nutzen. Um Frühschütz jederzeit einschmuggeln zu können, stattete er das Zimmer mit einer Klingelleitung aus. An den Fenstern und der Glastüre brachte er Vorhänge an. Auch wollte er noch

Von der Polizei aufgenommenes Foto der Speicherbibliothek im Asamhaus, 1933

eine Alarmanlage installieren, die aber nicht mehr fertig wurde. Frühschütz und Scheurer stellten nun in circa zehn aufeinanderfolgenden Treffen die Matrizen für die Nummern 5 und 6 der »Neuen Zeitung«, die Nummern 10 und 11 des »Pioniers« und zwei Ausgaben der »Roten Offensive« her. Offenbar kam es während der Arbeit zwischen den beiden auch zu politischen Diskussionen über die einzelnen Texte, wobei Scheurer vor allem den blinden kommunistischen Glauben an eine kurz bevorstehende Revolution kritisierte.

Gleichzeitig hatte sich Schwarzmüller um die weiteren Schritte gekümmert: In einer Spenglerwerkstatt in Obersendling wurden die von Scheurer und Frühschütz hergestellten Matrizen gedruckt. Franz Scheider sollte den Vertrieb der Zeitungen übernehmen. Er oder Schwarzmüller stellten einen Verteilerplan auf, mit den Namen und Adressen der Unterverteiler, die die Zeitschriften in den jeweiligen Stadtvierteln oder Nebenorganisationen an den Mann bringen sollten. So waren von den 1850 Exemplaren der »Neuen Zeitung« (Nr. 6) 300 Stück für das Westend, 150 für München-Nord (Nordschwabing und Milbertshofen), 80 für München-Süd (Schlachthausviertel, Sendling, Thalkirchen) und für München-Nord-Ost (Haidhausen, Steinhausen), je 50 für Giesing, Schwabing und Pasing, sowie 20 Stück für Neuhausen gedacht. Die andere Hälfte der Auflage ging an die Nebenorganisationen der KPD und vielleicht auch an andere südbayerische Städte.

Am 17. Juli 1933 gelang der Polizei ein erster Schlag: Frühschütz war zufällig gerade bei Scheider zu Besuch in der Wohnung von dessen Eltern, als die Polizei wegen einer anderen Strafsache zu diesem kam. Scheider konnte durch die offene Wohnungstür fliehen, doch Frühschütz, der durch das Toilettenfenster zu entkommen versuchte, wurde gefaßt. Auch fielen der Polizei die Verteilerpläne in die Hände, so daß zwölf namentlich genannte Verbindungsleute ebenfalls verhaftet wurden. Keiner dieser Verhafteten nannte allerdings weitere Namen, obwohl sie bestimmt geschlagen und bedroht wurden: »Die Namen dieser Personen werde ich nicht nennen, weil ich niemanden denunzieren will«; bei einer erneuten Vernehmung: »Ich weiß nicht, von wem ich die Schriften erhalten habe und kann auch die Namen derjenigen nicht nennen, welche die Schriften von mir erhalten haben. Mehr sage ich einfach nicht.«[69] Die meisten leugneten schlichtweg alles ab und mußten mangels Beweisen freigesprochen werden.

Nach Frühschütz' Verhaftung fuhr Scheurer alleine damit fort, im Asamhaus Matrizen für Schwarzmüller zu schreiben. Er begründete sein Engagement vor der Polizei später so:

»Ich halte es zur Besserstellung des Proletariats für notwendig, daß das Privateigentum abgeschafft und sämtliche Produktionsmittel sozialisiert werden. Darüber war ich mir vollständig klar, daß eine solche Wirtschaftsordnung in dem Staate Adolf Hitlers nicht zu verwirklichen sei. Ich war der Ansicht, daß man die kommunistische Wirtschaftsordnung erst dann einführen könne, wenn die jetzige Wirtschaftsordnung zusammenbreche. Frühschütz, Schwarzmüller und ihre Genossen waren nach meiner Überzeugung der Auffassung, diesen Zusammenbruch müsse man durch gewaltsame politische Handlungen, besonders durch eine gewaltsame Beseitigung der jetzigen Regierung herbeiführen. (...) Ich bin auch davon überzeugt, daß die Leser der Zeitungen, an deren Herstellung ich mitwirkte, durch die Artikel dazu gebracht werden sollten, eine Revolution gegen die jetzige Verfassung und die jetzt herrschenden Männer für notwendig zu erachten. Dagegen glaubte ich, daß diese Meinung nur bei wenigen Lesern tatsächlich hervorgerufen würde, während die meisten Leser dächten, der Faschismus tauge zwar nichts, aber zunächst könne man trotz der Aufforderung zur Revolution Gewalthandlungen noch nicht vornehmen. Letzteres war auch meine Auffassung. Trotzdem habe ich bei der Anfertigung der Zeitungen bereitwillig und ohne Widerstand mitgearbeitet, weil mir Frühschütz sehr imponierte. Ich hielt ihn für einen sehr fähigen Kopf, dem ich mich unterordnen wollte, auch wenn ich glaubte, daß die von ihm erstrebte Revolution bei der derzeitigen Lage unmöglich sei. Als ich dann mit Schwarzmüller, von dem ich nicht sagen könnte, daß er einen besonderen Eindruck auf mich gemacht hätte, weiter arbeitete, geschah dies in Gedanken an Frühschütz. «[70]

Anfang August 1933 wurde die Geheimdruckerei in Obersendling entdeckt. Schwarzmüller wollte nicht aufgeben und mußte nun, um die von Scheurer angefertigten Matrizen drucken zu können, nach einer neuen Örtlichkeit suchen.

Geheimdruckerei im Keller des Hauses von Sebastian Steer, 1933

Schließlich beauftragte er damit den untergetauchten und sowieso schon sehr gefährdeten Scheider, der sich offenbar nur unter Druck dazu bewegen ließ: »Nachdem ich mich anfänglich geweigert hatte, diesen Auftrag auszuführen, hieß er mich einen Feigling, worauf ich dann einwilligte.« Scheider bestellte in einer ihm von früher bekannten Buchdruckerei kiloweise Papier und brachte nach tagelangen Überredungskünsten seinen Freund Sebastian Steer dazu, daß dieser sein kleines Häuschen in der Rottenbucherstraße zur Verfügung stellte. Schwarzmüller organisierte die Druckfarbe und einen Abziehapparat. Am 17. August trafen sich Steer, Scheider und ein weiterer Genosse, Ludwig Stark, in der Rottenbucherstraße – Steer hatte Frau und Kind zu den Schwiegereltern geschickt –, um im Keller des Häuschens zu drucken. Zwei Tage und fast die ganze Nacht durch arbeiteten die drei daran, etwa 1 000 Stück der 26 Seiten starken »Neuen Zeitung« Nr. 7 herzustellen. Am nächsten Abend sollten Kuriere mit Fahrrädern die Zeitungen abholen. Eine halbe Stunde bevor sie fertig wurden, kam Scheurer vorbei und half noch beim Zusammenheften. Als sie gerade die Brotzeit auspackten, stürmte die Polizei das Haus und verhaftete alle vier. Offenbar hatte eine Nachbarin das geheimnisvolle Treiben beobachtet und denunziert.

Damit war die illegale Arbeit der »Rotsport«-Leute beendet. Erst im September fand die Polizei den Speicherraum über dem Asamsaal, in dem die Schreibmaschine, der Matrizenlack und verschiedene Schreibutensilien noch wie von Scheurer zurückgelassen herumlagen. Die Manuskripte und Matrizen hatte Scheurer allerdings so gut versteckt, daß sie erst nach Monaten entdeckt wurden. Am 15. Mai 1934 wurden Frühschütz und Scheider zu zwei Jahren und drei Monaten Zuchthaus verurteilt, Steer erhielt ein Jahr und sechs Monate Zuchthaus, Scheurer zwei Jahre und fünf Monate Gefängnis, die anderen Beteiligten zwischen fünf Monaten und anderthalb Jahren Gefängnis. Scheider fiel später an der Ostfront. Stark engagierte sich in den 40er Jahren erneut im Hartwimmer-Olschewski-Kreis. Heute lebt von allen nur noch Hugo Scheurer. Ihm zufolge hatten die alten Freunde auch nach dem Krieg kaum mehr Kontakt zueinander. Er selber beherzigte seit seiner Freilassung den Rat seines Vaters, sich nie wieder politisch zu exponieren, und widmete seine ganze Kraft dem Beruf als Elektrotechniker.

Trotz dieses großen Verhaftungserfolges konnte die Polizei das Weitererscheinen der »Neuen Zeitung« nicht verhindern. Bis Ende August 1934 wurden noch weitere vier Ausgaben von verschiedenen Gruppen gedruckt und verteilt.

Die kommunistische und sozialistische Jugend

Parallel zur illegalen KPD unternahm auch der Kommunistische Jugendverband Deutschlands (KJVD) in München nach 1933 große Anstrengungen, seine Organisation aufrecht zu erhalten. Die Quellenüberlieferung darüber ist allerdings dürftig und zum Teil widersprüchlich, so daß sich kaum sagen läßt, wie groß die Gruppen wirklich waren und wer mit wem zusammenarbeitete. Jedenfalls scheint bei den Jugendlichen auch vor 1933 die feindliche Trennung zwischen Kommunisten und Sozialdemokraten nicht in der Weise bestanden zu haben wie bei den Erwachsenen, wie überhaupt die parteiliche Bindung eine weniger große Rolle spielte. Die linke Arbeiterjugend traf sich bis zur nationalsozialistischen »Machtergreifung« im Gewerkschaftshaus in der Pestalozzistraße oder bei schönem Wetter in den Isarauen, wo man gemeinsam Faustball spielte. Die Angehörigen der «Sozialistischen Arbeiterjugend« (SAJ), die – noch unter dem Einfluß der Wandervogelbewegung – romantische Lagerfeuer veranstalteten oder Reigen tanzten, wurden oft von den KJVDlern ausgelacht und im kommunistischen Sinne politisiert. Viele sozialdemokratische Jugendliche, die von der Passivität und dem Reformismus ihrer Partei enttäuscht waren, wechselten zu den aktiveren und kämpferischen Kommunisten über. Auf der anderen Seite konnten manche Jungkommunisten mit dem Dogmatismus ihrer Partei wenig anfangen. Gemeinsam drängte man auf Aktion und auf Widerstand.

Unmittelbar nach der »Machtergreifung« beschlossen die Brüder Ernst und Albert Lörcher, mit Flugblättern gegen das neue Regime anzuschreiben. Beide kamen aus einem sozialdemokratisch geprägten Milieu, sie stammten aus einer kleinbürgerlichen Handwerkerfamilie im Lehel. Ernst, gelernter Mützenmacher,

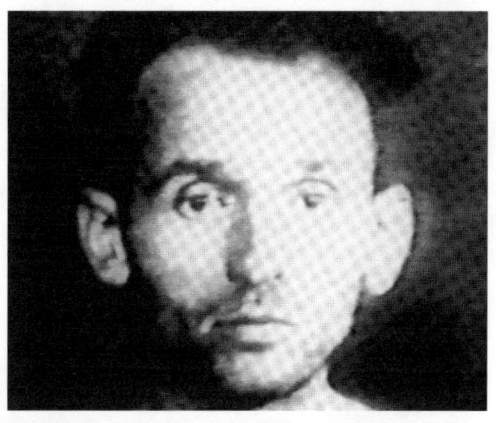

Albert Lörcher, 30er Jahre

Ernst Lörcher nach seiner Rückkehr aus dem
KZ, 1945

hatte 1932 auf dem zweiten Bildungsweg in Berlin das Abitur gemacht und mit einem Stipendium an der Frankfurter Universität ein Studium begonnen. Zur selben Zeit trat er aus der SPD aus und der KPD bei. Da das Institut, an dem er studierte, als sozialistisch bekannt war und kurz nach der »Machtergreifung«
geschlossen wurde, radelte er gemeinsam mit seiner Verlobten, einer jüdischen
Fabrikantentochter, wieder zurück nach München. In der elterlichen Wohnung
produzierten sie und Albert mit einem Stempel die ersten Handzettel. Zusammen
mit einigen anderen Jungkommunisten bildeten sie eine Gruppe, um in größerem
Maßstab Flugblätter herzustellen und den KJVD wieder aufzubauen. Regelmäßig
traf man sich im Lesesaal des Arbeitsamtes in der Thalkirchnerstraße und las und
diskutierte die ausländischen Zeitungen, die dort auch noch nach der »Machtergreifung« einige Zeit auslagen. Die aus ihnen gewonnenen Informationen verar-
beitete Ernst Lörcher zu Texten. In einem kleinen Zelt am Isarufer fertigten die
Brüder die Matrizen für eine Reihe von Flugblättern und insgesamt drei Ausgaben der »Jungen Garde« – dem ehemaligen Zentralorgan der KJVD – an und vervielfältigten sie mit Hilfe eines Handabziehapparates. Zur illegalen Parteileitung
bestand nur eine lose Verbindung. Albert brachte das fertige Material zu Verbin-
dungsleuten, die es dann in Schwabing, Haidhausen, Sendling, Neuhausen und im
Westend weiterverteilten. So konnte man immerhin 40 bis 50 Mitglieder mit Literatur versorgen und an die Organisation binden. Von Verhaftung bedroht, mußten
Ernst und Albert untertauchen; sie verbrachten die Nächte im Englischen Garten,
in dem stillgelegten Ofen einer Ziegelei oder bei Freunden. Im August 1933 wurde Albert Lörcher verhaftet. Ernst arbeitete entschlossen weiter. Seine engsten
Mitstreiter waren der erst 16jährige Andreas Zinner sowie Heinrich Döppel, Alfons Hubauer, August Feuerer und der Hamburger Student Franz Ahrens.

Über Zinner besaß der Kreis eine Verbindung zu einer Augsburger Gruppe von
Jungkommunisten. Man besuchte sich gegenseitig oder traf sich auf halber

1 Jahr Hitlerregierung.

In wenigen Wochen ist es ein Jahr, dass die deutsche Bourgeoisie den
Nationalsozialisten die Macht übergab. Hervorgerufen durch die Unfähigkeit
der alten bürgerlichen Parteien, durch das feige, verräterische Verhalten d
der Sozialdemokraten, in der Ausnützung der unerträglichen, wirtschaftlichen
Lage der "Werktätigen", gelang es den Nazis, mit Anwendung frechster Demagogie
, Millionen des Kleinbürgertums und der Bauernschaft auf ihre Seite zu
ziehen. Die im Interesse des Finanzkapitals bei Übernahme der Macht durchge=
führten, reaktionären, faschistischen Massnahmen, nannten sie "nationale Re=
volution", versprachen die Überwindung von Not und Elend, den wirtschaftlichen
Aufstieg. Die Gegensätze und innere Kämpfe im Lager der Bourgeoisie, hemmten die
Nazis zunächst an ihrer Machtentfaltung, sie suchten fieberhaft nach Mitteln
und Methoden zur Erreichung der alleinigen Macht. Der Termin zur Reichstags=
wahl am 6.März rückte näher, die Nazis wussten wenn es ihnen nicht gelingt
die K.P.D. zu der das Vertrauen, innerhalb der Arbeiterklasse, angesichts
des feigen, erbärmlichen Verhalten der Sozialdemokratie, ungeheuerlich ge=
wachsen war, durch einen Putsch oder Provokation physisch zu vernichten so
ist es schlecht bestellt mit ihrem Wahlerfolgen, mit dem Ausbau bzw. Erhaltung
der Macht. Sie bereiteten einen Putsch vor, steckten zu seiner Ingangse=
tzung den Reichstag an und schrien zugleich in lautem Chor: Die Kommuni=
sten haben in Angesteckt. Die Panik, welche die Nazi im Moment der Durch=
führung des Brandes gleichzeitig organisierten, brachte die Kleinbürger=
tum in Verwirrung und der Verrat der Sozialfaschisten tat sein übriges.
Die SS und SA setzten zusammen mit dem in Bewegung gebrachten Polizei=
apparat mit dem Sturm auf die Arbeiterquartiere ein, verhafteten, mordeten,
zerstörten die Arbeiterorganisationen, um, wie sie hofften, den Kommunis=
mus mit Stumpf und Stiel auszurotten.
In Bayern allein wurden rund 10000 Arbeiter, vorwiegend Kommunisten, ver=
haftet, in die Gefängnisse und Konzentrationslager geworfen. Viele davon
unsere Besten bestialisch misshandelt und zu Tode gemartert." Noch heute
trotz des grandiosen Wahlsieges am 12.Nove "ber" sitzen noch 3000 in Da=
u und in den Gefängnissen.
        In Bayern allein hatten die Nazis nicht jenes sprunghafte Wachsen
ihrer Wählerstimmen zu verzeichnen wie oben im Norden. Die Bayerische Volks=
partei, die in jedem Nest einen Parteisekretär, in der Person des Pfarrer
sitzen hatte, konnte mit Hilfe dieser klerikalen Macht, ihre Position
viel länger halten. Sie war es auch die immer mit der Abtrennung Bayerns
vom Reich drohte, gerade die bayerische SPD. als stiller, ergebener Koali=
tionspartner der Bayerischen Volkspartei, war es die diese separatisti=
sche Bestrebungen unterstützte. Wie weit ihre Zuneigung zur BV. ging zeig=
ten die Vorgänge am Gewerkschaftshaus am 9.3.. Die S.A. hatte die Zugangs=
strassen zum Gewerkschaftshaus belagert. Bewaffnetes Reichsbanner hielt
das Haus besetzt. Ihre einzige Hoffnung war die Held-Stützel-Regierung, sie
wird den Nazis Widerstand leisten. Als man dann erfuhr, dass die Held
und Stützel den Nazis das Feld räumte, zogen auch sie vor, den Feinden der
Arbeiterklasse, kampflos das Arbeitereigentum überlassen. das waren die Früc
der Koalitionspolitik mit den Klassengegnern, das Verdienst der Auer, Hörner
und Genossen. Sie waren es die die Bildung der Einheitsfront der
KPD. und der SPD. Arbeiter verhinderten, und dadurch den Sieg des Faschis=
mus in Bayern ermöglichten.
        Sozialdemokratische Arbeiter fordert gemeinsam mit den Kommunisten
die Einheitsfront zum revolutionären Kampf gegen die faschistische Diktatur.
        -FÜR DEN SIEG DES SOZIALISMUS.

Von der Gruppe um Ernst Lörcher hergestelltes Flugblatt, 1933

Strecke in Mammendorf. Offenbar suchten die Augsburger bei den erfahreneren Münchnern Rat und Unterstützung: Ernst Lörcher lieferte ihnen 30 Klebezettel und versprach die nächste Ausgabe der »Neuen Garde«; Hubauer stellte ihnen eine Schreibmaschine zur Verfügung, die er noch vor der »Machtergreifung« beim Aumeister im Englischen Garten vergraben hatte, und Döppel »riet, Beiträge einzuziehen, sich politisch zu schulen, Mitglieder zu werben.«[71] Auch zu anderen deutschen Städten und im Ausland scheint die Gruppe Kontakte gehabt zu haben.

Als im Herbst 1933 der Apparat der illegalen Parteileitung in München durch den andauernden Verfolgungsdruck immer mehr Funktionsfähigkeit einbüßte, übertrug er manche seiner Aufgaben an die Jugendlichen: So produzierten sie für die Parteileitung im Herbst 1933 die Nr. 8 der »Neuen Zeitung« und im Januar 1934 das Flugblatt »1 Jahr Hitlerregierung«, das sich an die katholische Bevölkerung richtete und in zwei Kirchen ausgelegt wurde. Im Spätsommer und Herbst 1933 fanden einige Verhaftungen statt, ohne daß die Polizei den ganzen Gruppenzusammenhang aufgedeckt hätte. Ernst Lörcher mußte jedoch ins Ausland fliehen. Im Februar 1934 gelang der Polizei schließlich der große Schlag: Offenbar durch einen Spitzel informiert, verhaftete sie 25 Jugendliche. Unter diesen waren allerdings auch eine Reihe von Buben, die mit dem Widerstand überhaupt nichts zu tun hatten und nur deshalb verdächtigt wurden, weil sie nach der Schule immer »Räuber und Schandi« (Räuber und Gendarm) gespielt hatten. Auch sie hielt man monatelang in Untersuchungshaft fest.

Der Einzige, der entkommen konnte, war Andreas Zinner. In München nun vollkommen allein, versuchte er, den Kontakt zu den Augsburgern wieder herzustellen, um mit ihnen neue Formen der illegalen Arbeit auszuloten, vor allem aber, um Fluchtmöglichkeiten zu diskutieren. Als im Sommer 1934 auch die Augsburger verhaftet wurden, floh Zinner aus München. Erst 1935 gelang es der Polizei, den inzwischen 17- oder 18jährigen in Mannheim zu verhaften. Er wurde im Oktober 1935 zu drei Jahren und drei Monaten Gefängnis verurteilt. Sein weiteres Schicksal ist unbekannt.

Von den anderen Jugendlichen, die einige Jahre später wieder aus den Gefängnissen und KZs frei kamen, wurde keiner mehr im Widerstand aktiv. Man vermied auch untereinander den Kontakt. Nur Albert Lörcher, der mit dem Sozialdemokraten Gottlieb Branz befreundet war, fuhr mit diesem ein oder zweimal in die Tschechoslowakei und traf dort Waldemar von Knoeringen, den von allen Sozialisten verehrten Grenzsekretär der Sozialdemokratischen Partei Deutschlands in der Emigration (Sopade) für Südbayern. Im Krieg wurde Albert Lörcher mit der Bewährungsdivision 999 – die zu circa 20 Prozent aus ehemaligen politischen Häftlingen bestand – nach Afrika geschickt, wo er 1943 in Kriegsgefangenschaft geriet. Sein Bruder Ernst Lörcher arbeitete nach seiner Flucht aus München als Instrukteur der KPD unter schwierigsten Bedingungen im Rheinland und im Ruhrgebiet. Im Februar 1936 wurde er in Duisburg festgenommen. Zu zehn Jahren Zuchthaus verurteilt, entging er in den verschiedenen Gefängnissen und im

KZ mehrmals nur knapp dem Tode. Nach dem Krieg fand sich die Familie Lörcher in München wieder. Ernst heiratete seine jüdische Verlobte, die 1933 mit ihrer Familie nach Amerika emigriert war und 1945 als Angestellte der Besatzungsmacht nach München zurückkam.

Kommunistischer Widerstand im Umkreis des »Antimilitaristischen Apparates«

Einen weiteren kommunistischen Widerstandskreis bildeten Angehörige des sogenannten Antimilitaristischen Apparates (AM-Apparat, auch Militärapparat genannt), der eigentlich für die KPD Zersetzungsarbeit und Spionage in den feindlichen politischen Organisationen leisten sollte. Unter den Bedingungen des totalitären Regimes war eine solche Zersetzungsarbeit natürlich weitgehend illusorisch. Nur zweimal, im Januar und im März 1934, versuchten die fünf Mitglieder des AM-Apparats, Reichswehrsoldaten und Polizeibeamte kommunistisch zu beeinflussen, indem sie Flugblätter über die Mauer in den Hof der Prinz-Leopold-Kaserne warfen, auf dem Oberwiesenfeld verstreuten oder mit der Post verschickten. Ansonsten übernahmen sie mehr und mehr die Aufgaben der illegalen KPD und arbeiteten insbesondere eng mit Adolf Maislinger zusammen. Ihr Leiter seit der »Machtergreifung«, Fritz Rottmeier, hatte schon im Sommer 1933 die Einfuhr und Verbreitung illegaler Literatur zusammen mit Georg Limmer und Max Trutzel organisiert. Der AM-Apparat hielt enge Verbindung zu den nationalrevolutionären Kreisen um Hans Hartwimmer und Fritz Römer.[72] Außerdem arbeitete in seinem weiteren Umkreis circa ein Dutzend Leute, die sich vor allem um die Schriftenverteilung kümmerten. Bis zum Frühjahr 1934 wurden die Tarnschriften »Im Zeichen des Kreuzes«, »Gesundheitsfördernde Würzpflanzen für den Winter«, »Rolleiflex« und »Elektrowärme im Haushalt« vertrieben, sowie eine ganze Reihe von importierten oder selbstproduzierten Zeitungen und Zeitschriften. Rottmeier nahm die Verbindung zur KPD-Emigration in der Schweiz, die von Hans Beimler angeführt wurde, auf. Man versuchte, in Schwabing und im Münchner Nordosten Fünfergruppen zu organisieren und Mitgliedsbeiträge zu kassieren. Auch gab es Pläne, einen Schwarzsender zu errichten und die Radioübertragung einer Hitlerrede an der Reichsautobahnstelle Unterhaching, wo einige der Beteiligten arbeiteten, zu stören.

Einer der Aktivsten in diesem Gruppenzusammenhang war Eduard Schmitz. Als Sohn eines Buchhändlers und gelernter Buchbinder fiel er schon von seiner Herkunft her eigentlich aus dem kommunistischen Milieu heraus. Er hatte sich als Hilfsarbeiter, Bergwerksarbeiter und Hausierer mühsam über Wasser gehalten und litt seit einem Unfall in einem Bergwerk an einer Nervenkrankheit. Hingezogen zu religionsphilosophischen und okkultistischen Themen trat er 1932 zum Buddhismus über. Wegen seiner offenbar sehr auffälligen Erscheinung belegten ihn seine Freunde mit dem Spitznamen »Christus«. Schmitz' Frau, die ein

Tarnschriften des AM-Apparates, 1933/34

Friseurgeschäft besaß, ermöglichte es ihm 1933, sich weniger um den Lebensunterhalt sorgen zu müssen. Er widmete sich weitgehend der illegalen Arbeit und einer privaten Leihbücherei, die er aus seinen Bücherbeständen eröffnete. Sowohl die Leihbücherei als auch das Friseurgeschäft boten eine ideale Möglichkeit, um unauffällig konspirativ zusammenzukommen. Schmitz war die zentrale Kontaktperson für gleich drei verschiedene kommunistische Gruppen in Schwabing und im Münchner Osten.

Anfang März 1934 wurde gleichzeitig mit Adolf Maislinger Fritz Rottmeier verhaftet; wahrscheinlich hatte auch ihn der Spitzel »Willy« verraten. In den darauffolgenden Wochen rollte die Polizei das ganze Netz um den AM-Apparat auf. Im August wurde Rottmeier vor dem Volksgerichtshof in Berlin zu zwölf Jahren Zuchthaus verurteilt. Seine Genossen erhielten ebenfalls jahrelange Gefängnis- oder Zuchthausstrafen. Viele von ihnen wurden desungeachtet im Krieg wieder für die Hartwimmer-Olschewski-Gruppe aktiv.[73] Auch konnten einige Aktionen, die Rottmeier noch angeschoben hatte, nach seiner Verhaftung von anderen Personen zu Ende geführt werden: So hatte Rottmeier initiiert, daß ein Anfang 1934 aus dem KZ Dachau entlassener Kommunist, Martin Grünwiedl, einen Erfahrungsbericht über Dachau schrieb, der vom AM-Apparat gedruckt werden sollte. Gründwiedl nahm den Druck nun selbst in die Hand und fuhr mit vier Genossen, als Urlauber getarnt, in die Pupplinger Au, um dort in einem Zelt 650 Stück der

32 Seiten starken Broschüre abzuziehen. Obwohl die Gestapo über den Spitzel »Theo« von der Existenz der Broschüre wußte und Grünwiedl dahinter vermutete, konnte sie ihm dies nie nachweisen. Grünwiedl kam trotzdem wieder ins KZ Dachau, wo er bis zum Kriegsende eingesperrt blieb.

Der Aufstieg des Spitzels »Theo«

Max Troll alias »Theo« spielte seit Anfang 1934 eine immer wichtigere Rolle im Münchner kommunistischen Widerstand. Er war als kleiner Giesinger kommunistischer Funktionär im März 1933 nach Dachau gebracht und dort zum Spitzel »umgedreht« worden. Offenbar hatte ihn die Polizei nicht nur mit seiner baldigen Freilassung, sondern auch mit Geld bestochen: »Theo« bekam in den folgenden Jahren für seine Spitzeltätigkeit ein festes Gehalt und eine Wohnung in einer Siedlung für Kinderreiche – er selbst hatte nur zwei Kinder. Nach seiner Freilassung engagierte er sich wieder rege im kommunistischen Untergrund in Giesing und erstattete der Polizei darüber regelmäßig Bericht. Als im Frühjahr 1934 mit dem AM-Apparat alle führenden Kräfte des Widerstands zerschlagen waren, begann »Theos« Aufstieg.

Etwa zu derselben Zeit hatte die KPD-Leitung in der Schweiz beschlossen, angesichts der dauernden Verhaftungen die Politik des Widerstands in Deutschland zu ändern: Es sollte nun weniger darum gehen, »Massenpropaganda« zu betreiben und die Organisation der Partei aufrechtzuerhalten bzw. wiederaufzubauen; stattdessen sollte die illegal hergestellte und eingeschmuggelte Literatur mehr dem Zusammenhalt der bereits gewonnenen Mitglieder dienen und vor allem die »Rote Hilfe« ausgebaut werden. Durch Geldzuwendungen und Wäsche- und Lebensmittelpakete an die Familien der KZ-Häftlinge, die oft in großer Not waren, erhoffte sich die KPD mehr Erfolg und Akzeptanz sowohl bei den eigenen Anhängern als auch bei Nicht-Kommunisten. Um diese Politik durchzusetzen, schickte die KPD-Leitung in der Schweiz im Mai 1934 einen Instrukteur nach München, der die Verbindungen zwischen einzelnen Stadtteilgruppen hielt, Geldspenden und Beitragszahlungen für die »Rote Hilfe« einsammelte und auch Kontakte außerhalb Münchens knüpfte. Nach seiner Verhaftung Ende 1934 schickte die KPD-Leitung einen weiteren Instrukteur, Bruno Lindner, dessen engster Mitarbeiter »Theo« wurde. Durch »Theo« wußte die Gestapo über die Entwicklungen im Münchner Untergrund Bescheid. Sie verzichtete nur darauf, gleich die Verhaftungen vorzunehmen, um alle Verästelungen des kommunistischen Netzes kennenzulernen. Nicht nur die Aktiven, sondern auch das möglicherweise noch schlummernde Anhängerpotential sollte erfaßt werden. Deshalb warb »Theo« mit allen Mitteln neue Leute und trieb seine Genossen unermüdlich zur Aktivität an. So entstand in München 1935 eine künstliche Blüte des Widerstands, die vor allem der Gestapo zu verdanken war. Im Mai 1935 floh Bruno Lindner in die Schweiz, nachdem er mehrmals nur knapp einer Verhaftung entgangen war. »Theo« bestimmte er, mit Zustimmung der Emigrationsleitung in der Schweiz, zu seinem Nachfolger. Karl Jakobi und die Brüder Alfred und Josef Lettenbauer, die ebenfalls leitende und koordinierende Funktionen in der »Roten Hilfe«-Organisation in München innehatten, vertrauten »Theo« ganz:

»Alle Adressen der Mitglieder und Anlaufstellen in Bayern, die Postadressen des Auslandes (Schweiz und Tschechei), Geheimmaterial, Geheimkodex, die Zusammensetzung unserer synthetischen Tinte usw., welche sich in Verwahrung meiner Schwester Rosa in der Werkstätte ihres Mannes befanden, wurden nun an Troll ausgeliefert und damit der Gestapo (...).«[74]

Trolls Auftreten löste unter den Genossen allerdings durchaus Konflikte aus. Auf mehreren »Treffs« wurde offenbar das Verhältnis der »Roten Hilfe« zur KPD heftig diskutiert. Während es Karl Jakobi und wohl auch anderen Vertretern der Stadtteilgruppen nach allen Erfahrungen in der Illegalität dringend geboten schien, die »Rote Hilfe« von der Parteiorganisation unabhängig zu machen, wollte »Theo« – also die Gestapo – unbedingt die »Rote Hilfe« mit der KPD verschmelzen. Der Grund dafür war infam: Da das Sammeln für Angehörige von Gefangenen eigentlich keinen Straftatbestand darstellte und die Gerichte hier höchstens auf »Herstellung und Aufrechterhaltung eines organisatorischen Zusammenhalts« klagen konnten, was »nur« Gefängnisstrafen nach sich zog, hatte die Gestapo ein Interesse daran, ihre Opfer als KPD-Mitglieder auszuweisen. Als solche fielen sie nämlich unter den Hochverratsparagraphen und wurden mit langjährigem Zuchthaus bestraft.

Völlig einverstanden war »Theo« hingegen mit dem Schwenk zur »Volksfront«-Taktik, den die KPD 1935 vollzog. So konnte er auch Angehörige anderer politischer Richtungen mit in das Verderben ziehen. Auf einem Treffen auf der Kugleralm bei Deisenhofen im Mai 1935 hielt er den Stadtteilleiter von Ramersdorf, Anton Wirthl, dazu an, dem katholischen Gesellenverein Haidhausen, dem er früher angehört hatte, wieder beizutreten und dort Werbearbeit zu leisten. Wirthl starb später im KZ Dachau. Im Herbst 1935 suchte »Theo« eine Kooperation mit Josef Zott aus dem monarchistischen Widerstand und fuhr sogar mit ihm zusammen zu Hans Beimler nach Zürich. Zott wurde vor allem aufgrund dieses Kontaktes später zum Tode verurteilt.[75]

Auch die eifrige Werbearbeit der Gebrüder Lettenbauer unterstützte »Theo« nach Kräften. Alfred Lettenbauer und er sprachen immer wieder entgegen allen konspirativen Regeln ihnen kaum bekannte Menschen an und forderten sie – zum Teil unter Anwendung massiven psychologischen Drucks – zur Mitarbeit auf. »Theo« fuhr circa ein Dutzend Mal in die Schweiz und mehrere Male in die Tschechoslowakei, um größere Mengen illegaler Literatur zu beschaffen. Diese Literatur lieferten die Lettenbauers und »Theo« dann an die einzelnen Stadtteilgruppen im Schlachthausviertel, in Giesing, Feldmoching, Sendling, Neuhausen und wo immer sie sonst noch Kontakte hatten. Auf Betreiben »Theos« zog Josef Letten-

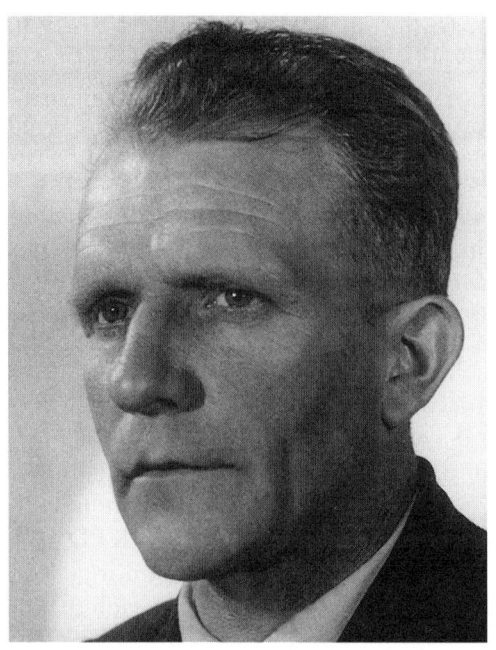

Alfred Lettenbauer

bauer mit zwei gerade erst neu Ange-
worbenen im August 1935 quer durch
die Stadt, um geradezu selbstmörderisch Dutzende von Klebezetteln an
Hauswänden anzubringen. Alfred Lettenbauer stellte mit von »Theo« zur
Verfügung gestellter Technik öfters
auch eigene Flugblätter her, unter anderem im April 1935 eines mit dem
Titel »An die katholische Bevölkerung
Münchens«, das ganz im Zeichen der
Volksfronttaktik stand:

»(...) *Gegen die Vergewaltigung Eures
Glaubens gilt es einen verschärften
Kampf zu führen! Wir Kommunisten
schlagen Euch vor, trotz den verschiedenen weltanschaulichen Auffassungen, einen gemeinsamen Kampf für die
Gewissensfreiheit zu organisieren! Wir
schlagen Euch vor, in allen Betrieben,*
*in allen Stadtteilen gemeinsame Komitees zum Kampf für Glaubens- und Gewis-
sensfreiheit zu organisieren! Wir schlagen weiter vor, einen gemeinsamen Kampf
für die Befreiung aller eingekerkerten Pfarrer und Ordensschwestern, für die
Befreiung aller Antifaschisten zu organisieren! Schaffung von Selbstschutzforma-
tionen zum Schutze der Bevölkerung!! KPD Südbayern!*«[76]

»Theo« bevorzugte es, wenn er seine »Genossen« mit Beweismaterial in den
Taschen der Gestapo ausliefern konnte. Auch auf dem Weg von oder zu konspirativen Treffs wurden viele gefaßt. Doch trotz der laufenden Verhaftungen schöpf-
te niemand gegen »Theo« Verdacht. Die Polizei hatte den Münchner kommunistischen Untergrund 1935 vollständig im Griff:

»*Weitere derartig organisatorisch zusammengefaßte illegale Gruppen werden
noch überwacht. Ihre Aushebung steht bevor. Daneben bestehen an vielen Orten
noch versprengte und lose Gruppen und Kaders, die weder untereinander noch
zu zentralen Stellen Verbindung haben und die ebenfalls im gegebenen Augen-
blicke aufgerollt werden. (...) Bei der organisatorischen Tätigkeit wurde von der
KPD ferner großer Wert auf die Sicherung und Reinigung ihrer illegalen Gruppen
von Spitzeln und Provokateuren gelegt. Wer von den illegalen Arbeitern irgendwie in diesen Verdacht kam, wurde restlos von der illegalen Arbeit ausgeschaltet
und als Verräter der 'proletarischen Verachtung' preisgegeben.*«[77]

Die kommunistischen Stadtteilgruppen unter »Theo«

Die Stadtteilgruppen, die im Laufe der Jahre 1935 und 1936 mit »Theos« Hilfe ausgehoben wurden, existierten in der Regel schon seit Sommer oder Herbst 1933. Da sie sich meist auf den Konsum illegaler Literatur, die ihnen die Parteileitungen lieferten, beschränkten, blieben sie relativ stabil. Mit ihrer großen Zahl an Mitgliedern und ihren engen persönlichen Verflechtungen bildeten sie die eigentliche Basis des kommunistischen Widerstands in München.

Als eine der ersten wurde eine kleine Gruppe von Frauen und Männern in Schwabing verhaftet, die sich um einen adeligen Akademiker – im kommunistischen Milieu sehr ungewöhnlich – gebildet hatte, Dr. Egon von Bastineller. Dieser Freundeskreis plante im Herbst 1934, eine satirische Zeitung mit dem Namen »Der Maulkorb« herauszugeben, und »Theo« erklärte sich bereit, den Vertrieb über eine andere Schwabinger Gruppe zu organisieren. Am 20. Dezember 1934 half »Theo« bei der Vervielfältigung der ersten Ausgabe und entfernte sich abends unter einem Vorwand, um die Gruppe eine Stunde später von der Gestapo festnehmen zu lassen. Bastineller, der als Schwerkriegsbeschädigter des Ersten Weltkrieges an einer chronischen Knochenmarkseiterung litt, starb 1938 qualvoll an den Folgen der KZ-Haft.

Ganz anders geartet war die Gruppe im Westend um Johann Hopfensberger und Josef Fraunhofer. Sie bestand im Kern aus 13 Männern, die – das Gericht hob dies besonders hervor – allesamt aus äußerst dürftigen Verhältnissen stammten. Hopfensbergers Vater hatte als Straßenkehrer 14 Kinder ernähren müssen. Die meisten der Gruppenangehörigen hatten keine abgeschlossene Lehre und waren über viele Jahre hinweg arbeitslos. Hopfensberger bezog zunächst von Max Trutzel und dann von Adolf Maislinger die illegalen Schriften – vor allem die »Neue Zeitung« –, und Fraunhofer verteilte sie dann im Westend weiter und sammelte die Beiträge dafür ein. Anfang 1934 versuchte die Gruppe, sich unter Anleitung Maislingers eine hierarchische Struktur zu geben; Hopfensberger wurde zum »Pol-Leiter« und Fraunhofer zum »Org-Leiter« ernannt. Ein weiteres Mitglied sollte die Organisation der »Roten Hilfe« übernehmen. Ende 1934 übernahm der Gestapo-Spitzel »Willy« die Belieferung und Betreuung der Gruppe. Er klärte die Mitglieder über die »Notwendigkeit der Beitragsleistung«[78] für die KPD auf und ermunterte sie, mit ehemaligen Dachau-Gefangenen Verbindung aufzunehmen und diese zu organisieren – damit das Gericht sie später mit höheren Strafen belegen würde. Im April 1935 beschloß offenbar die Gestapo, die Gruppe hochgehen zu lassen: Über einen »Unbekannten« – höchstwahrscheinlich »Theo« – wurde Fraunhofer mitgeteilt, »daß von der illegalen Partei beabsichtigt sei, am 1. Mai 1935 zum Zwecke der kommunistischen Propaganda Ballons mit Sowjetfahnen steigen zu lassen und illegale Maiplakate anzukleben.« Die Westendler fanden sich tatsächlich zu dieser Aktion bereit; sie fertigten Fahnentücher mit Sowjetsternen an und begaben sich damit am 30. April zu einem

Treffpunkt, wo die Gestapo sie festnahm. Im Januar 1936 wurden sie zu Gefäng-
nis- und Zuchthausstrafen zwischen fünf Monaten und fünf Jahren verurteilt.

In Neuhausen gab es um den Leonrodplatz herum eine kleinere Gruppe, die
sich in der Wirtschaft »Zum Fasaneriegarten« traf und zunächst von Karl Riedel
angeführt wurde. Sie erhielt von einem Funktionär mit dem Decknamen
»Schorsch« ihre Literatur. Da Riedel im Mai 1934 schwer erkrankte, bestimmte
er den noch jugendlichen Otto Kohlhofer zu seinem Nachfolger. Kohlhofer entwickelte große Aktivität, kam monatlich mit »Schorsch« zusammen und sorgte für
eine breite Verteilung der illegalen Literatur. Seit März 1935 wurde die Gruppe
von einem Spitzel – »Willy« oder »Theo« – beliefert. Kohlhofer ahnte zwar, daß
irgendwo eine undichte Stelle sein mußte, verdächtigte jedoch nicht den Liefe-
ranten, mit dem er sogar ausmachte, daß sie sich, wenn sie sich einmal verfehlten,
im Gasthof »Zum Fasaneriegarten« treffen könnten. Zur konspirativen Absicherung gab er ihm ein abgerissenes Stück Zigarettenschachtel, dessen passendes
Gegenstück er bei der Wirtin deponierte. Im Sommer 1935 wurde die Gruppe
verhaftet. Zu zweieinhalb Jahren Zuchthaus verurteilt, verbrachte Kohlhofer die
Jahre bis kurz vor Kriegsende in verschiedenen KZs. Aus dem Bewährungsbatail-
lon, in das man ihn Ende 1944 schickte, konnte er schließlich desertieren.

Die aktivste und größte Stadtteilgruppe bestand im Schlachthofviertel um den
Hilfsarbeiter Johann Dasch. Im Sommer und Herbst 1935 wurden hier mit Hilfe
»Theos« 75 Personen festgenommen, die untereinander in enger Beziehung standen. Viele von ihnen waren familiär verbunden: Unter den Verhafteten befanden
sich ein Vater mit drei Söhnen, mehrere Brüder- und Ehepaare, Schwäger und
andere Verwandte. Wer nicht verwandt war, war benachbart, kannte sich schon
aus Schulzeiten oder von früherer Parteiarbeit. Viele von ihnen hatten abgeschlossene Lehren, jedoch in Handwerksberufen, die langjährige Arbeitslosigkeit
mit sich brachten: Bürstenmacher, Hafner, Sattler, Küfer, Schuhmacher, Schlosser und Schreiner. Andere waren ganz ohne Ausbildung und fristeten ihr Dasein
als Kanalarbeiter, Ausgeher oder Kohlenschlepper. Fast alle hatten vor 1933 der
KPD oder ihren Nebenorganisationen angehört. Johann Dasch hatte bereits kurz
nach der »Machtergreifung« mit Adolf Maislinger Vorbereitungen für die illegale
Arbeit getroffen. Seit Sommer 1933 diente er als Anlaufstelle für das Schriftenmaterial, das die Parteileitung in großen Mengen für das Schlachthofviertel vor-
sah. Er hielt mit einer ganzen Reihe von illegalen Funktionären Kontakt. Den
Umlauf der Literatur im Viertel besorgten neben Dasch die Schwestern Katharl-
na und Josefine Haag, Andreas Federl und Max Hammerl. In Federls Wohnung
wurden anläßlich der Volksabstimmung am 19. August 1934 circa 1 500 Flugblätter hergestellt. Einige Mitglieder der Gruppe nahmen Verbindung zu Kommunisten außerhalb Münchens, in Garmisch, im Bayerischen Wald und in der Traun-
steiner Gegend auf. Alle ein bis zwei Wochen fanden in verschiedenen
Zusammensetzungen konspirative Treffs statt, an denen auch »Theo« in schöner
Regelmäßigkeit teilnahm; vor allem der Südbahnhof diente als unauffälliger Be-

```
  2  Linsenmeyer,Blutenburgstr. 20
  3  Haeusler, Werettistr. 19/I
  4  Moser, Auerfeldstr.
  5  Peter, R-bistr. 45
  6  Lorenz, Lothringerstr. 22
  7  Rieger, Kirchen
  8  Hopfenwieser,Rosenheimerstr. 80
  9  Paulus,    osenheimerstr 119
 10  Freiberger, Balanstr.9
(11) Bleibrunner,  Balanstr. 27
 12  Rahm, Belfortstr.10
 13  Schneider-Apfelkammer   Wagnerstr. 4
 14  Aichendinger, Wörthstr. 11
 15  Frinn, Willi Lutzstr. 36
 16  Seeholzer-Rosa Machgeber, Ligsalz32 11/
 17  Rathgeber Hans, Gollierstr. 47 e III
 18  Bischoff Anton, Schenaverstr.8/0
 19  Hundertschuh, Thalkirchnerstr 143/IIr
 20  Giesbeck  Riedel
 21  Pleiner, Westendstr.151/1
 22  Weinisch,Jakob Brudermühlstr. 15/ I l.
 23  Kraft, Andreas  Marinherstr.91/III
 24  Semmelhauer,Josef Steinstr.18
 25  Frz. Baum-Reichenwalner, Gilitzstr.23
 26  Mühlbauer, Metzstr.10
 27  Jiru, Gebhard     A
 28  Müller,Frz. Orleansplatz GLi-M
 29  Trutzel, Max Heimeranplatz  3/2
  S  Lang, Jakob Schmellerstr.1,IIr
  S  Huber,Karl          11/Or
 32  Schwarzmüller,Franz        20/11
 33  Seitz,Ludwig Adelsreiter 13/III
 34  Radspieler, Martin Antenbachstr.45/11 R
 35  Frank,Albert Borerstr.53/11
 36  Gruber,Ernst Häberlstr.1/0
 37  Entholzner, Rumfordstr.41/IV
 38  Kolbinger Gg. Lindwurmstr.37 /II R
 39  Nack,Ludwig Kapuzinerstr.7/1
 40  Maislinger,Oberländerstr. 15/A 1
 42  Fruth,Lucie Lerchenstr.FM
 43  Dressel, Dora Harthof 51b
 44  Baimler-Dengler, Swhleissheimerstr.90/III r
 45  Boyer,Hans-Kusser Ashmstr. Behamstr 2/1
 46  Kossbach,Karl -Zahnweh,Fleckhammerstr.
 47  Kirchner,Anton Landsbergerstr.
 48  Becker,Herm-Schag, Friedenheimerstr.
 49  Löfflath,Anton  Isenheimerstr.26 II
 50  Höflmeier  H
 51  Aster,Otto Westendstr 69 II
 52  Schreiber, Frz. FM
 53  Huber,Leni  A
 54  Holy,Max Perohenstr.FM
     Holy, Johann,
 56  Holy, Rud.
 57  Frischmann,Josef Harthof Aussere Schleissheimerstr.
 58
 59  Schmidt,Josef, Winterstr FM
 60  Hausmann Karl Augsburg Ulmerstr 52.
 61  Strasse Otto    Neuwartstr.14/I
 62  Wagner Mdl    W   Hanliobstr.5  (Zesta)
 63  Rathgeber,Josef Ligsalz32/II r
 64  Dexler, Kriegerblock 17 Unt.Hagching
 65  Staudinger,Hansawandwehrstr.
 66  Bauer,Josef Laim
 67  Bopp,Gg. L
 68  Schmädt,Ernst L
 69  Riedmeier,Asslingerstr.1
 70  Seewald,Calmittstr.20/I
 71  Deuhaner,Buttlerstr.3/11
 72  Steinbeiss, Erdingerstr.7
 73  Raschauer, Laliderererstr.201 III
 74  Jakusch,Hugo Peissenbergstr.5/0
 75  Schneider,Joh.Tegernseerlandstr.11/I
 76  Jakusch,Edgar Feissenbergerstr.5/0
 77  Huber,Klara Herzogstr.52
 78  Neumaier,Hiaslwaldfriedenstr-Gross bad
```

```
 80  Haubl,Augustenstr.
 81  Kahl,Josef  Schneckenburgerstr.15/0
 82  Hutsteiner,Donnersbergerstr.4  /IV
 83  Moosbader
 84  Horn,Karl-Krabe
 85  Schneider
 86  Lakner,Lina Eichingerstr.l dll alte H
 87  Rosenheim
 88  Rosenheim
 89  Rosenheim
 90  Rosenheim
 91  Grabmeyer,Planegg
 92  Zurl, Weisskopfstr.16
 93  Aumüller,Josef Fa.
 94  Heidinger, J
 95  Schneider Fanz   Chriting
     Frühschütz
 97  Stöhr
 98  Feurer,Karl Ettmeyer, Sonstr.12
 99  Haag, Fimni  Thalkirchnerstr.
100  Gerhardinger,Peter
101  Olschewsky
102  Köhl, Weisskopfstr.
103  Hütter, Agnesstr.57
104  Lang Franz, Schwabing
105  Karg,Belgradstr.0 1/R
106  Ammter"   "   "  26/III R
107  Kuhn,Josef,Belgradstr.36/II
108  Wittmann        Bismarkstr.24/II
109  Klaus, Beimhauerstr.22/d
110  Sobubert,Frick
112
113  Stenzner, Pasing Reiter
114  Knödler,Pasing 2/1
115  Hösl,Viktori  St.Müib
116  Schweller Jakob St.Milb
117  Stauflinger
118  Lackner,Georg-Bergmeier Hohenzoll-rnstr.
                              56 I R
119  Prött Josef und Alois  Augsburg
120  Nolan,Karl
121  Nolan Annie
122  Allermann,Max
123  Solder, Jakob
124  Winter,Bernhard
125  Helchele, Alois
126  Federle
127  Kratzmaier,Eduard
128  Schalk,Otto
129  Hammer,Max
130  Kohler,Anton
131  Amann,Mathias
132  Sturm
133  Rehm,Inetz
134  Dengler,Maria Schleissheimerstr.90III/2
135
136  Beunner,Hindenburgstr,30/22 II 8/15
137  Eigner, Lohrenkstr./1 I
138  Schneider,Josef Trudering 10
139  Vögele,Ludwig Unter Föhring
140  Heidinger,Hans
141  Simon Alois W
142  Nebmaier-Hdb.
143  Fenderl Christine Feilitzstr.7 IIr
144  Martin, Heinrichl/c D Freibadstr.3/III e
145  Buchner,R Abentumstr.6/1
146  Striegel R. "  "  4/1
147  Wagner.R-  "  "  2/0v
148  Hofinger Paul  "  "  1/2
149  Hirschmann-Lohner  Abentumstr.4/I
150  Schwentner Madelseder 23/0
151  Wolfstainer R.Ab-ntumstr,7/0
152  Lermer Joh.R.
153  Lermer,Jack
154  Lermer,Peter
```

Auszug aus der von »Theo« angefertigten Liste aller ihm bekannten kommunistischen Illegalen in München

gegnungsort. Seit 1935 übernahmen die Brüder Lettenbauer und »Theo« die Belieferung des Viertels mit Literatur. In zwei großen Prozessen und mehreren kleineren Verfahren 1936 und 1937 wurden die Beteiligten zu Gefängnis- und Zuchthausstrafen zwischen vier Monaten und vier Jahren verurteilt. Nur Dasch bekam acht Jahre. Die Anklageschrift gegen ihn hielt fest:

»Er ist ein verbissener, unverbesserlicher Kommunist, was deutlich daraus hervorgeht, daß er noch in allerletzter Zeit eine ihm in das Untersuchungsgefängnis gebrachte Zeitung mit hetzerischen und staatsfeindlichen Randbemerkungen versehen und zum Zwecke der Beeinflussung an Mitgefangene weiterzuschmuggeln versucht hat.«[79]

Bis Ende des Jahres 1935 wurden wohl auch noch andere Stadtteilgruppen ausgehoben. Im November schickte die Emigrationsleitung einen Instrukteur, der den Spitzel endlich entlarven sollte. »Theo« wußte dies zu verhindern: Als der Instrukteur bei dem Sendlinger Metzger Josef Rasso Mayer, seiner Anlaufstelle in München, ankam, wurde er sogleich zusammen mit der ganzen Stadtteilgruppe Sendling verhaftet.

Es blieben letztlich drei Gruppen, die – von der Polizei observiert – noch 1936 sehr eng mit »Theo« zusammenarbeiteten: die benachbarten Stadtteilgruppen von Ramersdorf und Giesing sowie eine kleine Betriebsgruppe in den ebenfalls in Ramersdorf angesiedelten Agfa-Werken. Die Giesinger Gruppe um das Ehepaar Julius und Anna Ziegelmann und Amalie Gillmann hatte schon seit Sommer 1933 einen sehr festen Zusammenhalt – man traf sich regelmäßig zu Esperantokursen, die auch für politische Unterhaltungen und den Austausch von »Rote Hilfe«-Geldern und Schriftenmaterial dienten – und verfügte über eigene Literaturquellen unabhängig von »Theo«. Da »Theo« selbst aus Giesing stammte, kannte er wohl manche der Gruppenmitglieder noch von früherer Parteiarbeit und genoß ihr besonderes Vertrauen. Die Gruppe in Ramersdorf um Anton Wirthl hatte »Theo« selbst mitaufgebaut. Sowohl die Giesinger als auch die Ramersdorfer Gruppe wurden erst im Juni 1936 ausgehoben. Die Agfa-Betriebszelle um Ludwig Heigl war ganz und gar ein Werk Max Trolls, der deshalb bei manchen auch als ihr Zellenleiter galt. Sie war offenbar so harmlos und unbedeutend, daß sie von der Gestapo erst im Frühjahr 1937 festgenommen wurde.

»Theos« Spitzeltätigkeit erkannten seine Genossen erst im Frühsommer 1936, als es schon zu spät war. Manche, wie Anton Wirthl, konnten auch im Gefängnis noch nicht glauben, daß ihr Freund zu einem solchen Verrat fähig gewesen sein sollte. Die Gestapo zog »Theo« zurück und versteckte ihn in Regensburg, wo er bis Kriegsbeginn unter falschem Namen lebte. Auch die Justiz- und die Meldebehörden wußten nichts von seiner wahren Identität. Hans Beimler in der Schweizer KPD-Emigrationsleitung wurde im Sommer 1936 abgesetzt, weil er »Theo« als Leiter des Münchner Widerstands besonders autorisiert und legitimiert hatte. Noch heute ist es rätselhaft, wie »Theo« seine Umgebung so täuschen konnte. Mit großem Opportunismus ausgestattet, hatte er es – unterstützt von seiner Ehefrau – geschafft, ein Doppelleben zu führen, das ihm sowohl von Seiten der Gestapo als auch im kommunistischen Untergrund Geld und Macht sicherte. Immer wieder veruntreute er die ihm anvertrauten Geldbeiträge für die »Rote Hilfe« und für illegales Schriftmaterial und besserte damit sein Spitzelgehalt auf. Offenbar halfen ihm bei seinem Betrug die psychologisch unendlich schwierigen Bedingungen, unter denen Mitte der 30er Jahre Widerstand geleistet werden mußte: Drohungen und Erpressungen auch untereinander scheinen im ausgedünnten kommunistischen Milieu 1935 und 1936 nichts Ungewöhnliches gewesen zu sein, und ihrer bediente sich »Theo«, um sich seine »Genossen« gefügig zu machen. So versuchte er im April 1936, einen Hilfsarbeiter regelrecht dazu zu zwingen, sich aktiv an der konspirativen Arbeit zu beteiligen – »Wir haben schon ein Mittel, daß du mittust« – und flößte ihm mit »geheimtuerischen und bedrohlichen Äußerungen (...) Angst« ein.[80]

Nach den Massenverhaftungen 1936 war die organisierte kommunistische Opposition in München auf mehrere Jahre hinaus vernichtet.

Kommunistischer Widerstand im Krieg

Erst seit Kriegsbeginn formierte sich in München wieder kommunistischer Widerstand. Anders als die Gruppen in den 30er Jahren legten die neu entstehenden Kreise keinen Wert auf Parteistrukturen und -hierarchien. Zum Teil lehnten sie auch jede Art von »Flugblattpropaganda« strikt ab, da sie deren Wirkungslosigkeit erkannt hatten und das damit verbundene hohe Verhaftungsrisiko nicht eingehen wollten. Der Krieg ließ sie auf einen baldigen Zusammenbruch des Nationalsozialismus hoffen. Um diesen herbeizuführen, waren sie auch bereit, mit nicht-kommunistischen Regimegegnern zusammenzuarbeiten.

Die bedeutendste Gruppe war der Hartwimmer-Olschewski-Kreis. Er setzte sich zum Großteil aus Personen zusammen, die bereits in den Jahren nach der »Machtergreifung« illegal gearbeitet und lange Haftstrafen verbüßt hatten. Der Anstoß, sich erneut den Gefahren der Verfolgung auszusetzen und weiter gegen den Nationalsozialismus zu kämpfen, kam von Beppo Römer. Römer war vor 1933 führendes Mitglied des national-kommunistischen »Aufbruch-Arbeitskreises« gewesen und saß nach der Röhm-Affaire bis 1939 in Dachau ein. Kurz nach seiner Entlassung nahm er Kontakt mit Hans Hartwimmer auf, den er noch aus den Zeiten des »Bund Oberland« kannte, und ermunterte ihn, seine ehemaligen Kameraden zu sammeln und sich eng zusammenzuschließen. Er ging davon aus, daß demnächst ein Krieg zu erwarten sei; diesen Krieg würden die Nazis verlieren. Für den Zeitpunkt des Zusammenbruchs müßten gut ausgebildete kommunistische Kader bereitstehen, um dann die Führung gegen das NS-Regime zu übernehmen und die Revolution durchzusetzen. Man müsse einen nationalen deutschen Kommunismus aufbauen, der nicht am Gängelband der Sowjetunion

Hans Hartwimmer

Wilhelm Olschewski junior

Wilhelm Olschewski senior

Simon Hutzler

hänge. Hartwimmer ging nun daran, seine zahlreichen Freunde und Genossen in diesem Sinne zu organisieren. Dies waren zum einen ein halbes Dutzend Männer aus dem früheren »Bund Oberland«, zum anderen Personen, die Hartwimmer im KZ Dachau kennengelernt hatte und die bereits im Umkreis des AM-Apparates Widerstand geleistet hatten[81], wie Johann Reisinger, Simon Hutzler, Otto Aster oder Anton Schinharl. Mit einer weiteren Gruppe stieß der schon betagte Wilhelm Olschewski sen. hinzu, ein Offizier aus dem Ersten Weltkrieg, der – im Gegensatz zu den »Bund Oberland«-Leuten um Hartwimmer – schon seit 1918/19 dem Kommunismus angehangen hatte und Anfang der 30er Jahre zur nationalrevolutionären Richtung gestoßen war. Olschewski brachte neben einigen ehemaligen Genossen einen großen Teil seiner Familie in den Kreis ein.

1940 knüpfte Beppo Römer – er lebte inzwischen in Berlin – Beziehungen zu einer großen Berliner Gruppe, die daran arbeitete, eine kommunistische Untergrundorganisation über das ganze Reich auszudehnen. Römer fuhr immer wieder nach München und informierte dort den Kreis über die Pläne der Berliner. Einige Male brachte er illegale Literatur mit, die nun nicht mehr als Propagandamaterial verteilt, sondern nur für die Schulung und Unterrichtung des engsten Mitgliederkreises benutzt wurde. Nach dem Berliner Vorbild versuchten auch die Münchner, sich in konspirativen Fünfergruppen zu organisieren. Um die Kriegsniederlage schneller herbeizuführen, plante man Sabotageaktionen und legte Waffen- und Sprengstoffvorräte an. Einige versuchten, an ihrem Arbeitsplatz vorsichtige Antikriegspropaganda zu betreiben. Trotz aller weltanschaulichen Feindschaft war man bereit, auch mit dem Bürgertum, mit Wirtschaft und Militär eine Einheitsfront zu bilden, solange diese nur halfen, Hitler zu stürzen. Anfang 1942 diktierte Beppo Römer Hans Hartwimmer eine sogenannte Generallinie in die Schreibmaschine:

»1. Ziel ist der Sozialismus.
   2. Träger der Idee und des Kampfes ist die Arbeiterschaft.
   3. Arbeiterschaft allein kann diesen Weltkampf nicht führen. Dazu sind nötig:
       1. Freunde
       2. Bundesgenossen
       3. Kampfgenossen
           zu 1) gehören alle Sozialisten (SU, alle Arbeiter der Welt)
           zu 2) alle jene, die nicht Kapitalisten sein müssen (Mittelstand, Spießbürger)
           zu 3) alle, die gegen H. kämpfen (Churchill, Roosevelt, Bürgertum), solange sie dies tun.
   Unsere Feinde sind: H., seine Geldgeber (Kapitalisten), seine Helfer (Generale).
       1. Etappe der Arbeit: Bildung revolution., illeg. Funktionärsapparat.
       2. Etappe der Arbeit: Beginn der Massenarbeit. Massenarbeit heißt: Übersetzen der großen Politik in die Interessen des Volkes (Lohn, Versorgung, Arbeitszeit, Whng., Lebensmittel)«[82]

Robert Eisinger

Noch bevor irgendwelche Pläne konkret werden konnten, griff die Gestapo zu. Durch zwei Spitzel in der Berliner Organisationsspitze war sie über alle Vorgänge genauestens informiert. Auch in der Münchner Gruppe hatte sie ihre Spitzel gehabt, unter anderem Hans Hartwimmer selber, der aber versuchte, die Aktivitäten zu verschleiern. Im Februar 1942 wurden insgesamt 43 Personen in München festgenommen. Die Strafen waren unvergleichlich härter als noch in den 30er Jahren: Hartwimmer, Olschewskis Sohn und Schwiegersohn sowie drei weitere Männer wurden zum Tode verurteilt und hingerichtet. Die übrigen Angeklagten erhielten Freiheitsstrafen zwischen anderthalb Jahren Gefängnis und lebenslänglichem Zuchthaus. Olschewski senior, Simon Hutzler und vier andere wurden zum Teil noch während der Untersuchungshaft ermordet.

Anfang 1943, als das Kriegsende absehbar schien und doch noch über zwei Jahre auf sich warten lassen sollte, entschlossen sich erneut zwei Einzelgänger zum Widerstand: Robert Eisinger und Emil Meier, ein von Herkunft, Bildungsstand und Widerstandsmotivation sehr ungleiches Paar. Eisinger, Sohn eines gebildeten Sozialdemokraten, hatte die Höhere Handelsschule besucht, kannte sich in der sozialistischen Literatur aus und betrachtete die Möglichkeiten aktiver politischer Arbeit eher skeptisch. Er hatte erst 1932 Anschluß an die KPD gefunden, radikalisiert durch seine eigene Arbeitslosigkeit. Meier hingegen, der aus einer armen und kinderreichen Familie stammte, wußte vom Marxismus nur Schlagworte, hatte sich aber schon als 17jähriger Lehrling sehr stark in der Parteiarbeit der KPD engagiert. Nach der nationalsozialistischen »Machtergreifung« kam Eisinger zwei Wochen nach Dachau; bei Meier waren es zwei Jahre.

Die beiden lernten sich kennen, als sie 1938, während des Mussolini-Besuches in München, erneut für einige Tage in Dachau interniert wurden. Da sie benachbart wohnten, trafen sie sich nach ihrer Entlassung wieder, und Eisinger besorgte Meier eine Anstellung bei der Radio-Großhandlung Gödel, für die er als Verkaufsleiter arbeitete. Die Initiative, etwas gegen das NS-Regime zu unternehmen, kam von Eisinger, der schon seit 1933 mit einigen kommunistischen Gruppen in Kontakt stand: Es ging ihm vor allem darum, die breite Bevölkerung über die drohende Katastrophe der Kriegsniederlage aufzuklären und ihre pazifistischen und humanitären Instinkte gegen das nationalsozialistische Verbrecherregime zu stärken. Kommunistische Parolen schienen ihm in dieser existentiellen Situation nicht mehr wirksam. Im Laufe des Jahres 1943 verfaßte er sechs Flugblätter, die er auf einem Abziehapparat seiner Firma vervielfältigte. Für die gefährliche, zeit- und geldraubende Verteilung fand er in Meier einen eifrigen Helfer. Wie Eisinger verabscheute auch Meier den Krieg. Gleichzeitig wollte er sich aber an den Nationalsozialisten für all das Unglück, das sie angerichtet hatten, rächen. Deshalb legte er die erste Ladung Flugblätter ausgerechnet in der Siedlung der nationalsozialistischen »Alten Kämpfer« in Neuharlaching aus. Meier bewies bei der Verteilung viel Geschick und Erfindungsreichtum: Er dachte sich ein Schwebebalkenverfahren aus, das Flugblätter von Dachrinnen schleuderte und ihm genügend Zeit gab, vom Tatort zu fliehen. Einmal fand er auf der Straße Hunderte von BMW-Briefumschlägen, die aus einem Auto gefallen waren. Darin schickte er Flugblätter an BMW-Arbeiter, mit der Aufforderung, langsamer zu arbeiten und dadurch mitzuhelfen, den Krieg abzukürzen. Ende 1943 gab Eisinger resigniert auf: Alte Genossen hatten wissen lassen, daß sie jedes Flugblatt sofort verbrennen würden und es zwecklos sei, in dieser Form Propaganda zu betreiben. Nur für den symbolischen Selbstzweck wollte Eisinger nicht weiter sinnlose Risiken eingehen. Meier, dem solche Überlegungen fremd waren, beschloß jedoch weiterzumachen. Er fand einige Monate später einen neuen Partner: Anton Heiß, NSDAP-Mitglied und Gestapospitzel, der Meier eigentlich in eine Falle locken sollte, aber davon abließ, weil dieser ihm im Gegensatz zu seinen nationalsozialistischen Freunden half, als er mit seiner Familie ausgebombt auf der Straße stand. Im Lauf der nächsten Monate verfaßte Meier zusammen mit Heiß, der sich unter seinem Einfluß zum Regimegegner wandelte, insgesamt 22 Flugblätter in einem neuen, einfacheren Stil und vervielfältigte sie mit einem Stempel. Zwei Bekannte von Meier sowie seine Freundin halfen manchmal beim Drucken und Verteilen. Alles ging gut, bis Meier und seine Freundin im Dezember 1944 gefaßt wurden: Auf einer Zugfahrt hatten sie leichtsinnig Flugblätter aus dem Fenster flattern lassen und in den Waggons verstreut. Unter der Folter verriet Meier, nachdem ihm ein Selbstmordversuch mißlungen war, die Namen von Eisinger und Heiß. Zu einem Gerichtsverfahren kam es nicht mehr. Ende April sollten die drei ohne Urteil hingerichtet werden, doch die Beamten im Gefängnis Stadelheim weigerten sich und ließen die Beschuldigten acht Tage vor Kriegsende laufen. Im Chaos der letzten Kriegstage gelang es Meier, seine Gestapo-Akte aus dem zerstörten Wittelsbacher Palais zu entwenden – nicht um für die neue Zeit ein Zeugnis seines Widerstands zu besitzen, sondern um ein für alle Mal die Spuren seiner kommunistischen Vergangenheit zu verwischen. Wie viele ehemalige Kommunisten stellte Meier nach 1945 aus Angst vor weiteren Verfolgungen keinen Entschädigungsantrag.

Sozialdemokratischer Widerstand

Im Vergleich zu den vielen hundert Kommunisten, die im Münchner Untergrund organisiert waren und scharenweise in die Gefängnisse wanderten, nimmt sich die Zahl der Sozialdemokraten im Widerstand eher gering aus – obwohl die SPD in München über eine sehr viel größere und stabilere Anhängerschaft verfügte als die KPD. Für die meisten gestandenen Sozialdemokraten der Weimarer Zeit kam es nicht in Frage, sich in einem hoffnungslosen Kampf gegen ein übermächtiges, von breiten Bevölkerungsschichten getragenes totalitäres Regime zu opfern. Auch wenn man an seiner politischen Überzeugung festhielt, schien aktiver Widerstand sinnlos und selbstmörderisch. Welchen Zwiespalt viele Sozialdemokraten in den Tagen der »Machtergreifung« durchlitten, beschrieb der ehemalige Reichstagsabgeordnete Wilhelm Hoegner später in der Schweizer Emigration:

»Warum riß ich nicht einem dummen Buben der SA den Karabiner aus der Faust und schoß in den schwitzenden Haufen der Plünderer hinein? Das war der Tod, gewiß, aber was hatte jetzt das Leben noch für einen Sinn? Natürlich war ich zu vernünftig dazu. Vernunft! Sie hatte alle Macht über uns bekommen, wir waren ihr hörig und untertan. Sie sog uns Blut und Willen aus dem Herzen und das Mark aus den Knochen, sie hatte sich in unserem Hirn festgesetzt und gab von dort ihre kalten Befehle an uns aus. Wir gehorchten. Sie rechnete uns hohnlachend vor, daß es gegen eine bis an die Zähne bewaffnete Staatsmacht keinen Widerstand gab. (...) In (...) Schwabing und Sendling, in Giesing und Haidhausen saßen jetzt unsere Reichsbannerleute in höchster Bereitschaft – am Biertisch mit heißen Köpfen, schrieen nach Waffen, verwünschten die feige, unfähige Führung und preßten wie ich ihre Fäuste an die altbayerischen Dickköpfe in ohnmächtiger Wut und Scham. (...) Sie hatten genug, sie wollten nicht mehr. Mochten die Arbeiterführer selbst ihre ›Kohlrabi‹ hinhalten, dem Arbeiter ging es gleich schlecht, ob der Reichskanzler nun Wirth oder Brüning oder Hitler hieß. Ja, das würden jetzt viele denken, ihr Bier austrinken, nach Hause gehen und sich ins Bett zu ihren Frauen legen. Aber die Jungen, die hätten begeistert gekämpft (...) Allein, durfte man sie nach dem Reichstagsbrand noch ins sichere Verderben hineinhetzen? Handelte man dann nicht gewissenlos?« [83]

Die jungen Mitglieder von SPD und SAJ empfanden das Verhalten ihrer Parteiführung tatsächlich als schmählichen Verrat an den Idealen des Sozialismus: »Wir unterschieden damals zwischen den Sozialdemokraten, das waren die Alten, und uns, den Sozialisten«[84]. Manche hatten sich schon vor 1933 den Kommunisten angenähert. Die Widerstandsgruppen, die sich seit dem Sommer 1933 zunächst ohne Führung und Organisation aus den Reihen der SPD bildeten, verstanden sich eigentlich allesamt als sozialistisch, nicht als sozialdemokratisch, und setzten sich zum Großteil aus jüngeren Leuten zwischen 20 und 35 Jahren zusammen.

Voraussetzungen des sozialdemokratischen Widerstands

Die bayerische Sozialdemokratie hatte schon Ende des 19. Jahrhunderts ihren revolutionären Anspruch stark gemildert und versucht, eine »positive« Rolle in Staat und Parlament zu spielen. Auf dem Wege reformerischer Annäherung und mit einer Politik der kleinen Schritte, die sich immer im legalen Rahmen bewegte, wollte sie sich demokratisch bewähren. Sie ging davon aus, daß die Arbeiterschaft durch ihr zahlenmäßiges Übergewicht ihr irgendwann die Macht sichern würde. Durch ihre Parteiorganisationen, die Gewerkschaften und zahlreiche Freizeitvereine hatte sie sich gerade in München ein dichtes sozialdemokratisches Milieu geschaffen. Dennoch waren ihr seit der Zerschlagung der Räterepublik kaum mehr Erfolge beschieden: Die Konservativen identifizierten sie mit der ihnen so verhaßten Räterepublik, während ihnen die Kommunisten und die Linken in den eigenen Reihen vorwarfen, eben diese Räterepublik mit Hilfe von Reichswehr und Freicorps vernichtet zu haben. Seit 1920 verharrte die SPD in Bayern ohnmächtig und gelähmt in Opposition zur BVP.

Schon vor der nationalsozialistischen »Machtergreifung« war die SPD in Bayern manchen Schikanen staatlicherseits ausgesetzt: So wurde 1930 mit den Stimmen von BVP und NSDAP die Arbeit der »Falken«, einer Jugendorganisation der SPD, verboten. Dennoch verschloß die Parteiführung bis zuletzt in ungebrochenem Optimismus die Augen vor der existentiellen Bedrohung, die eine Machtübernahme der Nationalsozialisten bedeutete. Verfangen in der Erinnerung an die Bismarckschen Sozialistengesetze rechnete man höchstens mit einem formalen Verbot der Parteiorganisation, das einen dann nicht einmal daran hindern würde, an den Wahlen teilzunehmen. Anders als bei den Kommunisten, die sich immerhin einige Verstecke besorgten und technisches Material in Sicherheit brachten, fanden kaum Vorbereitungen auf die Illegalität statt.

Nach den Reichstagswahlen vom 5. März 1933 wartete man in einem Zustand völliger Lähmung auf die Gleichschaltung Bayerns. Es gab keine Versuche, die nationalsozialistische Machtübernahme etwa durch die Planung eines Generalstreiks zu verhindern. Die einzige Aktion, zu der sich die SPD durchringen konnte, war, am 8. März das Gewerkschaftshaus in der Pestalozzistraße mit Gewerkschaftern und Mitgliedern des »Reichsbanners« – der Wehrorganisation der SPD – zu verbarrikadieren. Doch auf gutes Zureden der Parteiführung, die darauf vertraute, daß ihnen die Polizei in einem Angriffsfall schon zu Hilfe kommen würde, lieferten die Gewerkschafter ihre Waffen ab. Einen Tag später stürmte die SA zuerst die SPD-Parteizentrale am Altheimer Eck und dann auch das Gewerkschaftshaus, ohne daß die Polizei einen Finger gekrümmt hätte. Die Gewerkschafter mußten sich ergeben und in demütigender Form um freien Abzug bitten. Einer der Beteiligten erinnerte sich später:

»Damit (mit der Kapitulation im Gewerkschaftshaus, Anm. d. Verf.) war natürlich der Widerstand als solcher, man kann ja nicht einmal sagen, zusammengebrochen, das war kein Zusammenbruch, das war ein klägliches Kapitulieren. Ich war damals ein junger Kerl, ich glaub, ich muß bleich gewesen sein, nicht aus Angst, sondern aus Scham. Unsere Führung hat uns politisch verraten mit ihrem selbstmörderischen ›Legal sein‹. Ich hab dann immer gesagt, und wenn wir wenigstens dabei drauf gegangen wären! Aber so kläglich, so kläglich kapitulieren, das war, also mir sind die Tränen in den Augen gestanden, das war ein furchtbares Erlebnis. Wir haben uns gefragt, wie dies nur möglich ist, daß eine Führung der Arbeiterschaft so kläglich sich die Macht aus den Händen winden läßt. Das war einfach nicht vorstellbar.«[85]

Am 11. März wurden die »Eiserne Front«, der »Reichsbanner« und die SAJ verboten, Ende März begann die Illegalisierung der Partei und ihrer Arbeitervereine, die Ende Juni mit dem Verbot jeglicher Betätigung abgeschlossen war. Zahlreiche Funktionäre kamen in »Schutzhaft«, andere konnten emigrieren. Die Reichstagsabgeordnete Toni Pfülf wählte aus Enttäuschung über das Scheitern ihrer Partei den Freitod. Einige versuchten allerdings auch, sich mit dem neuen Regime zu arrangieren. Ein Flugblatt der Sozialistischen Arbeiterpartei zum 1. Mai rechnete mit zwei SPD-Stadträten ab, die ihre Stimmen dem nationalsozialistischen Bürgermeister Fiehler gegeben hatten, und forderte die Arbeiter auf, der SPD den Rücken zu kehren:

»Sie bezeichneten sich als ›deutsche Sozialisten‹ und unterstellen sich der ›nationalen Revolution‹. Sie vertrauen den sozialen Phrasen eines Hitler und Göring und rufen die Münchner Arbeiter auf, gleich ihnen ins nationale Lager zu gehen. Warum haben sie nicht den Mut, gleich zur NSDAP zu gehen? Diese Kreaturen sind selbst zu dieser Konsequenz zu feig. Wahrscheinlich ist, daß mit einem Übertritt in die Nazipartei ihr Mandat gefährdet wäre. Nun dürfen wir dieses Vorkommnis nicht isoliert betrachten. Dieser Vorgang ist die logische Folge der SPD-Politik. Auch Deininger von der ›alten Sozialdemokratie‹ gab die Erklärung ab, daß sie am nationalen Aufbau mithelfen wollen, und sie verlangen, hierin mit den anderen gleichgestellt zu werden. Das ist des Königs allergetreueste und untertänigste Opposition. Auf diesem Boden konnten solche Sumpfpflanzen wie Schilling und Walz gedeihen. Arbeiter – die ihr den Glauben an den Sozialismus nicht verloren habt, kehrt diesen Schuften den Rücken, laßt sie allein den Marsch ins Dritte Reich – ins Lager des Mordfaschismus – antreten. Sammelt euch unter dem Banner des revolutionären Sozialismus!«[86]

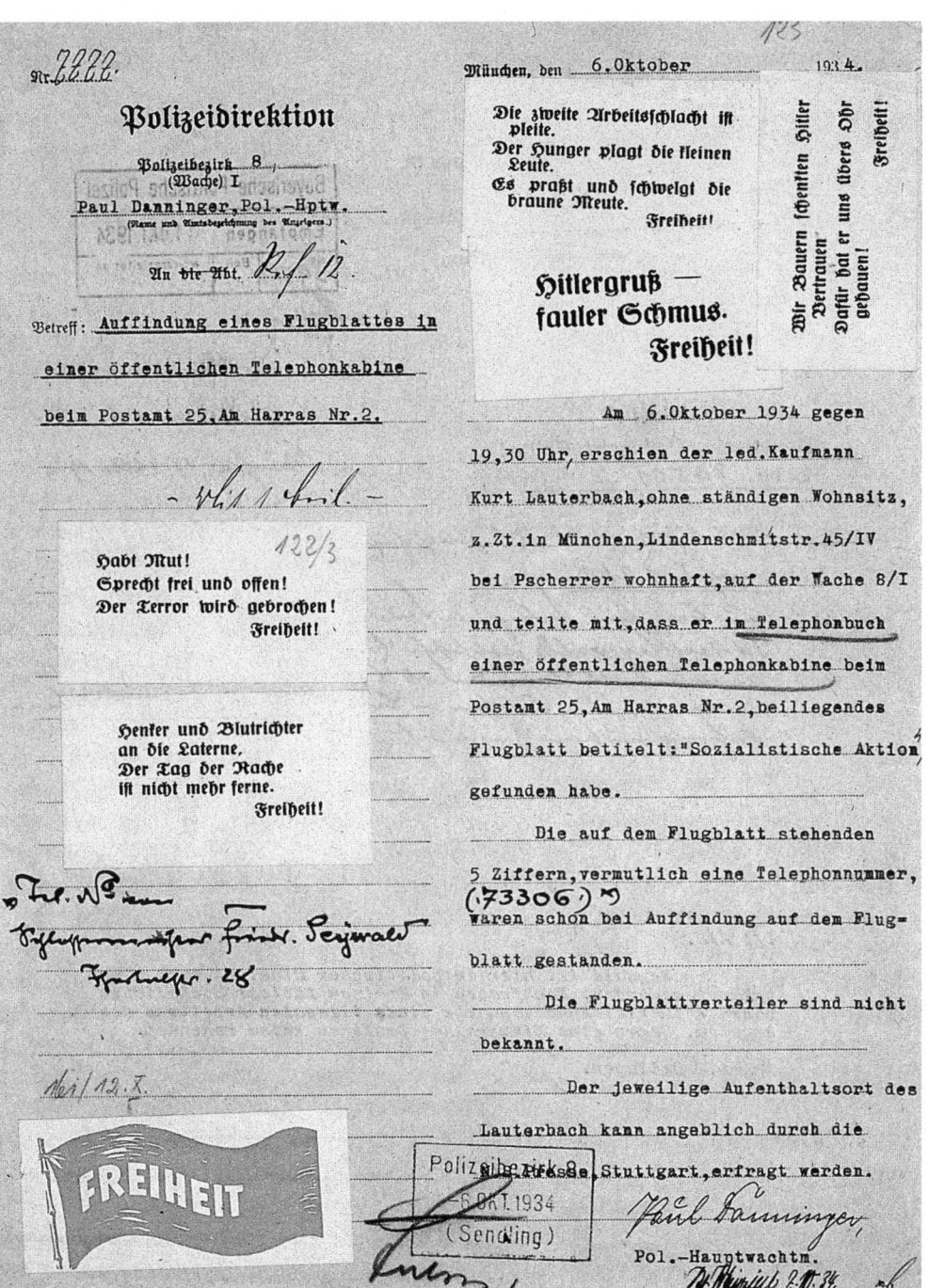

Nr. 2222.

Polizeidirektion

Polizeibezirk 8.
(Wache) I
Paul Danninger, Pol.-Hptw.
(Name und Amtsbezeichnung des Anzeigers.)

An die Abt. II / 12.

Betreff: Auffindung eines Flugblattes in

einer öffentlichen Telephonkabine

beim Postamt 25, Am Harras Nr.2.

München, den 6.Oktober 1934.

Die zweite Arbeitsschlacht ist pleite.
Der Hunger plagt die kleinen Leute.
Es praßt und schwelgt die braune Meute.
Freiheit!

Wir Bauern schenkten Hitler Vertrauen
Dafür hat er uns übers Ohr gehauen!
Freiheit!

**Hitlergruß —
fauler Schmus.
Freiheit!**

Habt Mut!
Sprecht frei und offen!
Der Terror wird gebrochen!
Freiheit!

Henker und Blutrichter
an die Laterne,
Der Tag der Rache
ist nicht mehr ferne.
Freiheit!

Am 6.Oktober 1934 gegen

19,30 Uhr, erschien der led.Kaufmann

Kurt Lauterbach, ohne ständigen Wohnsitz,

z.Zt.in München, Lindenschmitstr.45/IV

bei Pscherrer wohnhaft, auf der Wache 8/I

und teilte mit,dass er im Telephonbuch

einer öffentlichen Telephonkabine beim

Postamt 25,Am Harras Nr.2,beiliegendes

Flugblatt betitelt:"Sozialistische Aktion"

gefunden habe.

Die auf dem Flugblatt stehenden

5 Ziffern, vermutlich eine Telephonnummer,

(73306)

waren schon bei Auffindung auf dem Flug-

blatt gestanden.

Die Flugblattverteiler sind nicht

bekannt.

Der jeweilige Aufenthaltsort des

Lauterbach kann angeblich durch die

Polizei-Presse, Stuttgart, erfragt werden.

FREIHEIT

6.OKT.1934
(Sendling)

Paul Danninger,
Pol.-Hauptwachtm.

In einem Polizeibericht aufgeführte Klebezettel der Sozialdemokraten, 1934

97

Die Sozialdemokratische Partei Deutschlands (Sopade)
in der Emigration

Waldemar von Knoeringen

Einer der ersten Münchner Sozialdemokraten, die sofort nach der nationalsozialistischen »Machtergreifung« über die grüne Grenze nach Österreich emigrierten, war Waldemar von Knoeringen, ein noch junger, aber in München schon sehr bekannter Funktionär. Viele nahmen ihm diese frühe Flucht übel. Doch bald schon wurde Knoeringen aufgrund seiner zahlreichen Kontakte und seiner außergewöhnlichen, starken Persönlichkeit vom Exil aus zum Mittelpunkt fast aller sozialdemokratischer Widerstandsbestrebungen in München. Im Frühsommer 1933 verlegte der Parteivorstand der SPD seinen Sitz weg von Berlin nach Prag, um dort unter dem neuen Parteinamen Sopade (Sozialdemokratische Partei Deutschlands) die illegale Arbeit in Deutschland zu steuern und zu koordinieren.

Die Sopade richtete entlang der deutschen Grenze Grenzsekretariate ein, die den Kontakt mit den Gruppen im Untergrund halten, sie mit illegaler Literatur versorgen und von ihnen Informationen über die Entwicklung im «Dritten Reich« beziehen sollten. Knoeringen nahm Verbindung mit der Sopade auf und wurde im Herbst 1933 Grenzsekretär für Südbayern. Von dem im Böhmerwald gelegenen Grenzstädtchen Neuern aus nahm er seine Arbeit auf. Häufig traf er sich von nun ab mit aus München angereisten Illegalen, die er in der Regel noch aus der Zeit vor 1933 kannte, ließ sich von ihnen berichten, besprach mit ihnen die weitere Vorgehensweise und gab ihnen Broschüren und Zeitschriften der Sopade mit auf den Heimweg, die sie dann über die Grenze schmuggelten.

In der Emigration hatte die SPD ihre bisherige reformistische und legalistische Politik radikal zugunsten einer revolutionären Vorgehensweise aufgegeben. So verkündete die Sopade in der Nr. 12 des »Neuen Vorwärts« vom 3. September 1933:

»Der Entschluß, den Kampf gegen die Hitler-Regierung unter den schwierigsten Umständen wieder aufzunehmen, fand allgemeine Billigung. Die vorsichtig taktierende und lavierende Politik der Vergangenheit mögen viele bedauernd beurteilen. Die kämpfende Sozialdemokratie, die gegen den Hitler-Faschismus die Pa-

role der sozialistischen Revolution ausgegeben hat, kann der Unterstützung durch die Sozialistische Arbeiter Internationale sicher sein. (...) Denn die Kommunisten können heute ebenso wenig vor dem Wert der Demokratie für die kämpfende Arbeiterklasse die Augen verschließen, wie die Sozialdemokraten leugnen wollen und können, daß es zur Beseitigung von Diktaturen nur ein Mittel gibt: den revolutionären Kampf.«[87]

In dem Irrtum verfangen, daß der Nationalsozialismus nur von kurzer Lebensdauer sei, forderte die Sopade die sozialdemokratischen Gruppen im Untergrund dazu auf, »Massenagitation« zu betreiben und die geschmuggelten Schriften an möglichst viele Menschen zu verbreiten. Unmengen raffiniert getarnter, in Kleinstformat und auf Dünndruckpapier gedruckter Zeitungen, Flugblätter und Broschüren gelangten über Kuriere und Angestellte der Speisewagengesellschaft Mitropa in den folgenden Monaten und Jahren ins Reich.

Knoeringen distanzierte sich jedoch zunehmend von dieser Strategie. Durch seine engen Kontakte mit den illegalen Gruppen hatte er erkannt, daß die unvorsichtigen und meist wirkungslosen Aktionen die sozialistische Aufbauarbeit im Untergrund nur gefährdeten. Er war sich auch mit seinen Münchner Freunden darüber einig, daß es nun weniger auf propagandistische Außenwirkung ankam, als auf behutsame und konspirativ gründlich abgesicherte Vorbereitung auf die Stunde, in der das NS-System Schwäche zeigen würde. Knoeringen geriet darüber in Konflikt mit der Sopade. Ende 1933 wurde er heimlich Mitglied der Organisation von »Neu Beginnen«, einer Exilgruppe, die den Verzicht auf »Massenagitation« forderte und nach dem Vorbild der leninschen Organisationslehre den Aufbau einer professionellen Kaderpartei im deutschen Untergrund plante. Zum Zeitpunkt einer noch nicht absehbaren Krise des Nationalsozialismus – wahrscheinlich nach einem verlorenen Krieg – sollte diese Kaderpartei die Führung übernehmen und die dann zu erwartende Revolution in die richtige Richtung vorantreiben. Auf die Illegalen in München übte »Neu Beginnen« eine große Anziehungskraft aus, weil diese neue Strategie den Erfahrungen entsprach, die sie tagtäglich im Untergrund machten: Der Nationalsozialismus war keine »Eintagsfliege«, er stützte sich auf breite Volksschichten. Mit Flugblättern war ihm nicht beizukommen.

Neben Knoeringen versuchten auch noch zwei weitere emigrierte Münchner, vom tschechischen Grenzgebiet aus im Auftrag der Sopade mit bayerischen illegalen Gruppen zusammenzuarbeiten: Wilhelm Buisson, Apotheker und ehemaliger führender Funktionär des Münchner «Reichsbanners«, hatte sich bereits im August 1933 in Neuern niedergelassen und dort vergeblich versucht, für die Sopade einen Schwarzsender zu errichten. Da er in zweifelhafte Geschäfte verwickelt war und sich vom tschechoslowakischen Geheimdienst als Agent hatte anwerben lassen, hielt sich Knoeringen von ihm fern. Im März 1938 wurde Buisson von der deutschen Polizei an der österreichisch-tschechischen Grenze verhaftet. Zwei Jahre später verurteilte ihn der Volksgerichtshof in Berlin wegen »Landesverrats« und »Vorbereitung zum Hochverrat« zum Tode. Ein weiteres Mitglied der Sopade, mit dem Knoeringen im Konflikt stand, war der Münchner Josef Lampersberger. Lampersberger arbeitete eng mit dem Kreis der »Roten Rebellen« in München zusammen, die er eifersüchtig gegen Knoeringen abschirmte und entgegen Knoeringens Rat zu höchst gefährlichen Aktionen antrieb.[88] Auch er war für den tschechoslowakischen Geheimdienst als Agent tätig. Nach der Verhaftung der »Roten Rebellen« im April 1935 wurde Lampersberger von Zivilpolizisten über die Grenze nach Deutschland verschleppt, mußte aber auf den heftigen Protest der tschechoslowakischen Regierung hin wieder freigelassen werden.

Mit der Sopade assoziierte sozialistische Gruppen

Noch in der Legalität Anfang 1933 hatte sich innerhalb der SPD-Sektion Ramersdorf ein konspirativer Kreis um den Fräser Anton Aschauer gebildet, um der als sicher erwarteten staatlichen Verfolgung zuvorzukommen. Nach dem Vorbild der KPD teilte Aschauer den Kreis in Dreiergruppen ein. Eines der Mitglieder war Berthold Feuchtwanger, der Bruder des emigrierten Lion Feuchtwanger.[89] 1933 und 1934 produzierte der Kreis einige Flugblätter, die allerdings nicht verteilt, sondern nur unter den Genossen weitergegeben wurden. Im August 1934 reiste Aschauer zu Knoeringen ins tschechische Neuern und besprach die Belieferung mit Flugblättern der Sopade. Als einige Tage später die erste Lieferung in München eintraf, wurde Aschauer mit zwei Genossen noch beim Auspacken der Pakete verhaftet. Offenbar waren sie schon wochenlang unter der Beobachtung der Polizei gestanden. Es gelang der Polizei allerdings wohl nicht, den ganzen Gruppenzusammenhang aufzudecken. Nach zwei Jahren Einzelhaft in Stadelheim wurde Aschauer 1936 zu 21 Monaten Gefängnis verurteilt.

Ein anderer Kreis bildete sich im Frühsommer 1933 in Neuhausen aus Mitgliedern der Münchner Organisation der »Kinderfreunde« und der »Sozialistischen Arbeiterjugend« (SAJ). Nachdem man sich von dem Schock der nationalsozialistischen »Machtergreifung« ein wenig erholt hatte, traf man sich zunächst ohne die Absicht illegaler Betätigung privat zum Zelten und zu gemeinsamen Freizeitaktivitäten. Von einer Regensburger Gruppe kam eines Tages die Anfrage, ob man nicht an den Dünndruck-Zeitungen der Exil-SPD, dem »Neuen Vorwärts« und der »Sozialistischen Aktion«, interessiert sei. Daraufhin beschlossen Josef Schober, Josef Linsenmeier und Hans Fried, eine illegale Organisation zur Verteilung der Literatur aufzubauen. Jeder von ihnen bildete um sich einen Kreis, an den er die aus Regensburg kommenden Schriften weiterverteilte. Im April 1934 fuhren Fried und Linsenmeier in die Tschechoslowakei und nahmen direkten Kontakt zu Knoeringen auf. Knoeringen erzählte ihnen von »Neu Beginnen«; er bestätigte sie darin, daß das massenhafte Verbreiten von Zeitungen

100

Josef Linsenmeier   Hans Fried

keinen Sinn habe und man stattdessen die eigenen Leute besser schulen sollte.
Auch forderte er sie dazu auf, verstärkt Stimmungsberichte und Informationen
aus München an die Exil-SPD zu leiten, damit sie dort analysiert und verarbeitet
werden könnten. Linsenmeier, Schober und Fried »waren froh über diese Entwicklung«[90]. Doch sie half ihnen wenig: Die Regensburger Gruppe war durch ihre unvorsichtige »Massenagitation« der Polizei aufgefallen, und mit ihr flogen
auch Linsenmeier, Schober und Fried auf. Es gelang ihnen jedoch, sich rechtzeitig abzusprechen. Sie konnten so verhindern, daß das gute Dutzend weiterer Mitglieder ihres Kreises der Polizei bekannt wurde.

Die größte und am offensivsten arbeitende Gruppe waren die »Roten Rebellen« um den Reichsbahnarbeiter Franz Faltner in Ramersdorf und Haidhausen.
Prompt wurden sie Opfer eines Spitzels, der – ähnlich wie »Theo«
bei den Kommunisten – über mehr als ein Jahr lang der Polizei fast jedes Gespräch und jeden Brief hinterbrachte. Vor 1933 war Faltner Zugführer einer
Sportlerwehrschaft der »Eisernen Front« gewesen. Im März 1933 kurz inhaftiert –
er hatte zu einem Arbeitskollegen gesagt: »Wir lassen jetzt die Nazis ran, dann
kommen wir, und nachher fotzen wir sie so lange, bis sie die Internationale können«[91] –, begann er sofort nach seiner Entlassung, Freunde und Genossen vom
»Reichsbanner« und aus den Arbeitersportvereinen sowie Arbeitskollegen von der
Reichsbahn um sich zu sammeln. Zu einer konspirativen Organisation wurde der
Kreis allerdings erst, nachdem Faltner im Herbst 1933 einen Kontakt zu Josef

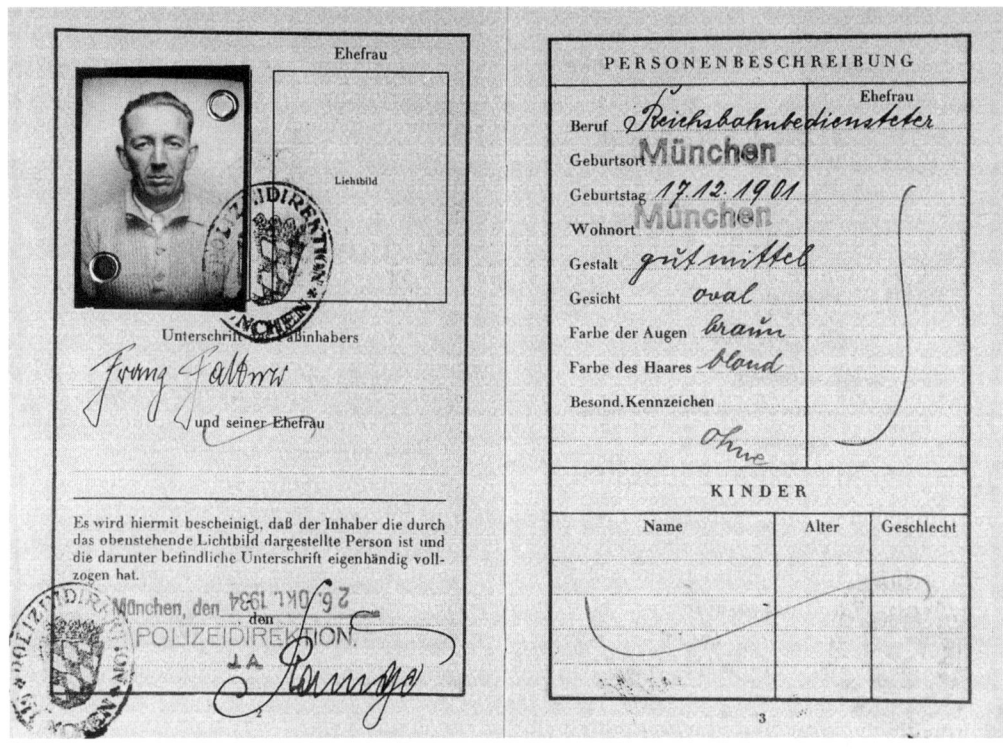

Der Paß von Franz Faltner, mit dem er in die Tschechoslowakei zu Lampersberger fuhr

Lampersberger, Mitarbeiter der Sopade in der Tschechoslowakei, hergestellt hatte: Lampersberger bestätigte Faltner in seinem Bedürfnis, revolutionär auf den Sturz des Nationalsozialismus hinzuarbeiten, und forderte ihn zu immer größerer Aktivität auf. Wie unrealistisch allerdings die Vorstellungen waren, die sie sich von ihren Möglichkeiten machten, zeigt ein Brief Lampersbergers vom Mai 1934:

»Wir müßten dann daran gehen, den Staatsapparat sowie die Wehrmacht zu durchsetzen und uns eine militante sozialistische Kampforganisation aufbauen, für die nicht nur Gewehre und Mg's, sondern auch Minenwerfer und Geschütze bereitgestellt werden müssen. Ist diese Tatsache vollbracht, könnten wir in circa zwei Jahren den sozialistischen Staat mit Waffengewalt erobern.«[92]

Die »Roten Rebellen« – Lampersberger hatte sie so getauft – erhielten ab Frühjahr 1934 massenhaft Zeitungen, Broschüren, Flugblätter, Tarnschriften und Klebezettel, mit denen sie oft sehr leichtsinnig Werbearbeit betrieben. Die Verhaftungen von Fried, Schober und Linsenmeier und von Aschauer und seinen Leuten, mit denen Faltner losen Kontakt hatte, änderten nichts an ihrer Vorgehensweise. Der Kreis weitete sich schnell auf circa 100 Personen aus. Die bisher informellen Zusammenkünfte wurden zu »regelrechten Sitzungen« ausgebaut,

102

und es wurde ein Kassier bestimmt, der von allen Mitgliedern Beiträge erhob und dafür sorgte, daß auch die Gewinne von Kartenspielen in die Kasse kamen. Lampersberger gab dem Kreis eine hierarchische Organisation mit Faltner als dem »Oberführer«, mit »Gebietsführern« und »Kaderführern«. Nach einem von Lampersberger vorgegebenen Schema fertigten Faltner und einige Genossen vierzehntägige Berichte für die Sopade an, die alle Nachrichten und Informationen über die Lage des Regimes enthielten, derer sie habhaft werden konnten. Auch Fotos vom Flughafen Oberwiesenfeld und eine Skizze des Geländes sowie Fotos aus dem KZ Dachau konnte Faltner Lampersberger übermitteln. Als Faltner im November 1934 Lampersberger in Eger besuchte, kamen sie überein, daß man auf dem Münchner Hauptbahnhof einen Sprengstoffanschlag ausführen müsse. Faltner war begeistert: Wenn es ihm »halt den Kopf koste«, sei ihm das auch gleich. Er brauche einen Koffer mit doppeltem Boden als »Höllenmaschine«. Da Lampersberger jedoch Schwierigkeiten hatte, eine solche »Höllenmaschine« zu besorgen, wurde der Plan nicht verwirklicht. All diese Aktivitäten waren der Polizei von Anfang an bekannt: Der Kurier, der die Berichte und Briefe zwischen Lampersberger und Faltner übermittelte, ein Silberputzer der Mitropa-Speisewagengesellschaft, spielte ein Dreifachspiel – er arbeitete für die Sopade, für die Polizei und für den tschechischen Geheimdienst. Offensichtlich spielte er gut, da Lampersberger, Faltner und andere »Rote Rebellen« in ihren Briefen immer wieder seine Zuverlässigkeit betonten: Er sei »ein guter und fester Bursche«, ein »glatter Kerl. Muß ich mich schon schwer täuschen.«[93] Als engem Vertrauten Faltners blieb ihm kaum etwas verborgen.

Die Art, wie Lampersberger und die »Roten Rebellen« arbeiteten, stieß bei Waldemar von Knoeringen auf wenig Begeisterung. Ihre Attentatspläne bezeichnete er sogar als »Blödsinn«: Sie würden das ganze bisher geleistete Aufbauwerk der SPD im Reich wieder zerstören. Doch Lampersberger verbat sich hier jede Einmischung. Er versuchte offenbar, den Kreis vor Knoeringen abzuschirmen, obwohl Faltner in einem Brief vom September 1934 sich angelegentlich nach diesem und nach den »revolutionären Sozialisten« von »Neu Beginnen« erkundigte:

»(Ich) habe mit vielen Genossen gesprochen, lehnen alle den Namen Sozialdemokratische Partei ab, sagen alle, das Alte muß verschwinden, weil sie kampflos abgetreten sind, wollen mit dem alten Parteivorstand nichts mehr zu tun haben. Bezeichnen denselben als lauter Feiglinge, sagen es müssen junge Männer an die Front, einzig Waldemar von Knöringen genießt ihre Sympathien. Kannst Du mir mitteilen, was derselbe macht, was er für eine Rolle spielt. Die Genossen horchen auf, wenn man von revolutionären Sozialisten (...) spricht, Du hast also die wahre Meinung von hier, bitte richtet Euch danach.«[94]

Das von Hans Heiß besorgte Foto aus dem KZ Dachau, im »Braunbuch« der Sopade veröffentlicht

Kurz vor einer weiteren Reise Faltners in die Tschechoslowakei im April 1935 wurden die »Roten Rebellen« verhaftet. Erinnerungsberichten zufolge fuhr die Polizei mit Omnibussen durch die Straßen Ramersdorfs und sammelte die Genossen ein. Faltner verurteilte der Volksgerichtshof 1937 zu zehn Jahren Zuchthaus, 33 Angeklagte erhielten ebenfalls zum Teil langjährige Gefängnis- und Zuchthausstrafen, einer beging Selbstmord, und die zwölf Freigesprochenen wurden ins KZ Dachau eingeliefert.

Unter den Freigesprochenen befand sich auch Hans Heiß, ein junger Feinmechaniker, der sich sehr geschickt verteidigen konnte. Er hatte die Fotos aus dem KZ Dachau besorgt, die für die Sopade als Beweisstücke für die Existenz der KZs von großer Wichtigkeit waren. Als zweiter Sektionsführer in Ramersdorf und begeisterter Arbeitersportler kannte er im sozialdemokratischen Milieu Ramersdorfs zahlreiche Menschen, unter anderem eine Familie, die Verwandtschaft in Dachau hatte. So kam Heiß auf die Idee, sich über diese Familie mit den SS-Wachmannschaften des KZs, die in den Dachauer Wirtschaften verkehrten, bekannt zu machen und ihnen Fotos zu entlocken. Er begann, mit einer der Familientöchter in Dachau auszugehen und ging mit ihr bevorzugt in die einschlägigen Gaststätten. Nach einigen Monaten hatte er sein Ziel erreicht: Durch Schmeicheleien betört überließen ihm die Angehörigen der Wachmannschaften, mit denen er inzwischen scheinbar auf freundschaftlichem Fuß stand, einige Fotos aus dem KZ. Heiß wurde im Juni 1935 verhaftet, weil Faltner offenbar unter der Folter seinen Namen gestanden hatte. Es gelang ihm jedoch, der Gestapo und dem Gericht weiszumachen, nicht er habe Faltner die Fotos übergeben, sondern umgekehrt habe Faltner ihm die Fotos gezeigt. Ein Freund, mit dem er sich über Kassiber verständigte, bestätigte dies. Dadurch konnte er die mit ihm befreundete Familie in Dachau vor Strafverfolgung bewahren und erreichte für sich selbst einen Freispruch. Dennoch saß er bis September 1938 im KZ Dachau. Nach seiner Entlassung fand er bald wieder eine Anstellung. Bis zum Kriegsende arbeitete er in der Druckerei des »Völkischen Beobachters«, deren antinationalsozialistischer Direktor seine Einberufung zur Wehrmacht immer wieder hinauszögern konnte.

Die Gruppen von »Neu Beginnen«

Während die mit der Sopade assoziierten Widerstandsgruppen in München bis spätestens zum Frühjahr 1935 ausgeschaltet waren, konnten sich die Gruppen von »Neu Beginnen«, die sich auch »revolutionäre Sozialisten« nannten, zum Teil bis in den Krieg hinein halten. Sie verzichteten weitgehend auf Werbearbeit oder riskante aktive Widerstandshandlungen und begnügten sich damit, den eigenen Zusammenhalt zu festigen und den Kontakt mit Knoeringen zu wahren. Besonders wichtig wurde die politische und wirtschaftliche Berichterstattung für »Neu Beginnen«, weil man anhand dieser Berichte den Zeitpunkt analysieren wollte, wann das NS-Regime seinen Rückhalt verlieren würde und man mit der Revolution beginnen könne.

Im Münchner Osten bestand eine kleine Gruppe um den ehemaligen Reichsbannerführer Karl Dörschuk bis in die zweite Hälfte der 30er Jahre, ohne von der Polizei entdeckt zu werden. Sehr enge und wichtige Mitarbeiter für Knoeringen wurde das Ehepaar Gottlieb und Lotte Branz: Gottlieb Branz war bis zur »Machtergreifung« Sektionsführer der SPD Obergiesing und Bibliothekar im Gewerkschaftshaus in der Pestalozzistraße gewesen. Er hatte am 8. und 9. März 1933 gemeinsam mit Knoeringen für die Verteidigung des Gewerkschaftshauses gekämpft. Von Juni bis Oktober 1933 saß er im KZ Dachau, danach arbeitete er als Vertreter einer Zigarettenfirma. Gottlieb und Lotte Branz hatten nie die Meinung ihrer Parteiführer geteilt, daß man vor den Nationalsozialisten keine Angst haben bräuchte; für sie bedeutete Nationalsozialismus von Anfang an Krieg. Nach Gottliebs Freilassung versuchten sie, den Kontakt zu Gleichgesinnten aufrecht zu erhalten. Auf Parteizugehörigkeiten nahmen sie dabei keine Rücksicht: »Wir trafen uns öfters im Freundeskreis, waren vor allem wild auf Informationen von ›draußen‹ und tauschten unsere Erfahrungen aus. Diesem Kreis gehörten Sozialdemokraten, ein paar Kommunisten, Volksparteiler, sogar ein Monarchist (Franz Fackler, Anhänger der christlichen Gewerkschaftsbewegung, Anm.

Lotte Branz auf einer Kurierfahrt in die Tschechoslowakei

d. Verf.) an.«[95] Im Sommer 1934 traf sich das Ehepaar Branz zum ersten Mal wieder mit Knoeringen in Österreich. In den folgenden Jahren gingen sie immer wieder über die grüne Grenze in die Tschechoslowakei, um von Knoeringen Neuigkeiten zu erfahren und ihm von den Entwicklungen in München und im Reich zu berichten. Oft brachten sie kleinere Mengen an illegaler Literatur mit nach Hause, die sie dann unter ihren Freunden verteilten. Manchmal machte sich Lotte Branz auch alleine auf den Weg. Mehrmals konnte das Ehepaar Branz, das mit der Zeit die Schleichwege im deutsch-tschechischen Grenzgebiet bestens kannte, verfolgten Juden zur Flucht verhelfen. Anfang 1939 wurde Gottlieb Branz verhaftet: Ein tschechischer Spitzel hatte von ihm und Knoeringen in Neuern ein Foto aufgenommen und der Gestapo zugeleitet. Lotte Branz, die auf dem Foto nicht zu erkennen war, wurde verschont. Da man ihm nicht viel nachweisen konnte, wurde Gottlieb Branz zu nur sieben Monaten Gefängnis verurteilt, blieb jedoch nach Verbüßung der Strafe bis zum Kriegsende im KZ Buchenwald inhaftiert. Mit Gottliebs Verhaftung beendete Lotte Branz jede illegale Tätigkeit.

Die für »Neu Beginnen« wichtigste Gruppe mit dem höchsten Organisationsgrad und den meisten Verbindungen war die um den noch jungen Hermann Frieb: Frieb kam, anders als die meisten Sozialdemokraten, aus einer Akademikerfamilie und studierte Volkswirtschaft. Eigentlich Österreicher, zog er mit seinen Eltern 1928 nach München und wurde dort Mitglied der SPD-Sektion Sendling I. An der Universität engagierte er sich als Vorsitzender der Sozialistischen Studentenschaft. Obwohl er für konspirative Aktionen, Geheimschriften und Waffen durchaus etwas übrig hatte, zeigte sein Interesse an der Politik immer eine sehr analytische, intellektuelle Prägung. Er glaubte an die Kontinuität der sozialistischen Bewegung; um ihretwillen müsse man auch unter ungünstigsten Bedingungen gegen den Nationalsozialismus Widerstand leisten. Nach der »Machtergreifung« hielt Frieb zunächst mit ehemaligen Genossen seiner Sektion einen Gesprächskreis aufrecht. Bereits im Sommer 1933 versuchte er, diesem Kreis ein organisatorisches Gefüge zu geben, das die arbeitsteiligen Anforderungen für einen Staatsstreich, so wie er es in der Literatur gelesen hatte, erfüllen würde. Auch gab die Gruppe eine eigene

Zeitung heraus, die nach strengen konspirativen Regeln an einen ausgewählten Leserkreis verteilt wurde. Dennoch wurde Frieb im Februar 1934 verhaftet und aus Bayern ausgewiesen. Er setzte sein Studium in Wien und Prag fort, wo er neben anderen Sopade-Vertretern auch Waldemar von Knoeringen kennenlernte, und ging dann nach Freiburg i. Breisgau, um dort sein Examen zu machen. Im Herbst 1935 konnte er nach München zurückkehren: Der österreichische Generalkonsul in München verhalf ihm – als Gegenleistung für Spionagedienste – dazu, daß seine Ausweisung aus Bayern aufgehoben wurde. Die unsichtbare Tinte, mit der er seine Berichte an den Konsul schreiben mußte, verwandte er auch später noch gerne und häufig für Briefe und Berichte. Zurück in München, übernahm Frieb die Steuerberaterkanzlei seines Vaters, der in der Zwischenzeit verstorben war. Immer in Kontakt mit Knoeringen, ging Frieb nun daran, äußerst vorsichtig wieder ein Beziehungsnetz von Gleichgesinnten zu knüpfen. Unterstützt wurde er dabei von seiner Mutter, Paula Frieb: Sie war in alle seine Pläne eingeweiht und ging ihm organisatorisch zur Hand. Knoeringen hatte inzwischen auch in Salzburg, Innsbruck, Wörgl, Augsburg und anderen Städten Stützpunkte von »Neu Beginnen« aufgebaut. Obwohl dies aus konspirativen Gründen eigentlich nicht vorgesehen war, stellte Knoeringens Kurier im Sommer 1936 die Verbindung zwischen der Augsburger Gruppe und der Münchner Gruppe her. Man traf sich, als Familienausflug getarnt, im Tierpark Hellabrunn. Der Leiter der Augsburger Gruppe, Bebo Wager, wurde Friebs wichtigster und wertvollster Mitarbeiter. 1937 lernte Frieb auch die Stützpunktleiter in Wörgl und Salzburg kennen. Neben den Berichten an Knoeringen – die für die Arbeit von »Neu Beginnen« eine zentrale Rolle spielten – beschäftigten sich Frieb und Wager vor allem damit, Aktionspläne für die Zeit des Zusammenbruchs des Nationalsozialismus zu entwerfen. Auf Werbearbeit oder demonstrative Widerstandsakte wurde völlig verzichtet. Frieb entwickelte sich immer mehr zum führenden Kopf und Koordinator der verschiedenen Gruppen in Südbayern und Österreich. Ende 1938 trafen sich Knoeringen und Frieb ein letztes Mal in Paris zusammen mit anderen Auslandsfunktionären von »Neu Beginnen«. Da ein zu erwartender Krieg den Kontakt zum Ausland unmöglich machen würde, sollte Frieb nun die Leitung der verschiedenen Gruppen offiziell übernehmen. Tatsächlich brachen mit Kriegsausbruch alle Verbindungen ab. Auf sich allein gestellt, gaben nun Frieb und Wager zunehmend der Versuchung nach, entgegen der konspirativen Vorsicht in Aktivismus zu verfallen. Da Deutschland den Krieg offensichtlich verlieren würde, schien der Zeitpunkt nah, wo die geschulten Kader endlich losschlagen und die Revolution vorantreiben müßten. Seit 1940 nahmen die Treffen von Frieb, Wager und den anderen Stützpunktleitern zu, die meist in Friebs Wochenendhaus in Fischen am Ammersee stattfanden. Frieb legte in dem Haus auch ein Waffenlager an – er war hier von regelrechtem Sammlerwahn getrieben – und führte im Wald Schießübungen durch. Im Winter 1940/41 verfaßte er eine Schrift »Das Rollkommando«, die detaillierte Pläne für eine bewaffnete Auseinandersetzung mit dem Nationalsozialismus entwickelte:

Hermann Frieb

»Die Aufgaben des Rollkommandos (...) sind ausschließlich exekutiver Natur, mit Propaganda usw. hat sich das RK grundsätzlich nicht zu befassen. Das RK ist grundsätzlich eine zivile Kampftruppe, die höchstens zu wenigen und eigens zu bestimmenden Anlässen durch Abzeichen oder Binden gemeinsame äußere Merkmale aufweist. Das RK ist die unsichtbar schweigende Faust, mit der die proletarische Führung ihre Schläge dort austeilt, wo die revolutionären Massen wegen ihres Massencharakters versagen. Den RKs obliegt die Verhaftung und Liquidierung der gegnerischen Führung, sie haben bei Massenaktionen revolutionären Charakters den treibenden Teil der Masse zu bilden, die den entfesselten Strom ins vorgezeichnete Bett leiten und darin halten, sie liquidieren an Ort und Stelle aus ihrer Unsichtbarkeit heraus Provokateure in der proletarischen Masse und gegnerische Exekutivorgane. Sie werden (...) zur Verfügung gestellt, um besondere Spezialaufgaben zu erledigen, z. B. die Besetzung eines Rundfunkhauses, das Ausräumen von Banken usw.«[96]

Im August 1941 wurde Frieb zur Wehrmacht eingezogen. Bebo Wager übernahm nun die Führung von »Neu Beginnen« in Südbayern und Österreich. Er versuchte auch, neue Anhänger zu werben, und schmiedete zusammen mit den österreichischen Gruppen Sabotagepläne. Es war nur eine Frage der Zeit, bis es der Gestapo gelang, Spitzel einzuschleusen. Ab Februar 1942 wurden alle Gruppen – insgesamt etwa 200 Personen – verhaftet. In Friebs Ferienhaus fand die Polizei mehr als 10 000 Schuß Munition, sechs Gewehre und 25 Pistolen. Vor dem Volksgerichtshof wurden zehn Mitglieder, allen voran Frieb und Wager, zum Tode verurteilt, zwölf kamen noch in Untersuchungshaft um. Paula Frieb wurde zu zwölf Jahren Zuchthaus verurteilt. Im Sommer 1943, als die Urteile bereits gesprochen waren, verfaßte Frieb im Gefängnis Stadelheim ein völlig utopisches Verhandlungsangebot an die NS-Führung, das er mit Wager und anderen Mitgefangenen abgesprochen hatte: Der Nationalsozialismus müsse einsehen, daß der Krieg verloren und sein Untergang sicher sei. Um einen Bürgerkrieg und »Eingriffe ausländischer Interessenten« zu verhindern, solle das Regime die Macht an die »revolutionären Sozialisten« – als Repräsentanten der neuen SPD – in geordneter und gewaltloser Form übergeben. Eine Reihe von Zugeständnissen sollten den Nationalsozialisten den Machtabtritt erleichtern: Man werde ihr persönliches Eigentum unberührt lassen, die Gestapobeamten weiterverwenden, Racheakte an NSDAP-Mitgliedern verhindern und das neu zu gründende »Reichsbanner« mit 50 Prozent Nationalsozialisten besetzen. Auch versprach man, »einer jüdischen Infiltration entgegenzuarbeiten und keine Führung der SPD sic: (oder, Anm. d. Verf.) eines (der, Anm. d. Verf.) ihr angeschlossenen Verbände (sic!) durch Emigranten oder Juden anzuerkennen, mit der ausdrücklichen und persönlichen Ausnahme des W. v. Knoeringen«.[97] Das mehrseitige, in 22 Artikeln gefaßte Verhandlungsangebot wurde von dem zuständigen Kriminalsekretär wahrscheinlich nicht einmal weitergeleitet. Wenige Wochen später wurden Frieb und Wager hingerichtet.

Waldemar von Knoeringen bezeichnete Frieb später als eine der außergewöhnlichsten Persönlichkeiten im sozialistischen Widerstand. Obwohl er im Auftreten still und bescheiden wirkte, sei er mit seiner Intellektualität, seiner moralischen Kompromißlosigkeit und seinem unbedingten Anspruch an sich selber »geeignet (gewesen) wie kaum einer für diese illegale Arbeit«[98]. Keine andere Gruppe in München hatte es geschafft, über einen so langen Zeitraum – von 1935 bis 1942 – im Widerstand gegen das allmächtige, totalitäre NS-Regime tätig zu sein.

Linke Splittergruppen im Widerstand

Die Geschichte der Arbeiterbewegung war immer geprägt von unzähligen Abspaltungen und Sonderentwicklungen kleinerer Gruppen und Parteien, die ihre eigenen Theorien und Auslegungen des Sozialismus pflegten. Besonders Ende der 20er und Anfang der 30er Jahre häufte sich dieses Phänomen, und eine Reihe neuer Parteien und Bewegungen entstanden. Wie die KPD und die SPD wurden sie nach der nationalsozialistischen »Machtergreifung« im Frühling und Sommer 1933 illegalisiert. Manche ihrer Angehörigen bildeten nun eigene Widerstandszirkel, die dann zum Teil auch parteiübergreifend mit KPDlern und SPDlern zusammenarbeiteten.

Die Sozialistische Arbeiterpartei Deutschlands (SAPD)

Die Sozialistische Arbeiterpartei Deutschlands hatte sich erst im Oktober 1931 vom linken Rand der SPD abgespalten: Sie lehnte die Tolerierungspolitik der SPD gegenüber den autoritären Präsidialregierungen der späten Weimarer Republik und dem erstarkenden Nationalsozialismus scharf ab. Gleichzeitig war sie aber auch gegen den gewalttätigen Dogmatismus der KPD. Ihre Mitglieder in München unter ihrem Leiter Fritz Vogel bestanden aus politisch geschulten und gutsituierten Handwerkern, von denen kaum einer langjährige Arbeitslosigkeit erlitten hatte. Die SAPD wurde zusammen mit der SPD erst im Juni 1933 ganz verboten. Noch am 1. Mai veranstaltete sie eine große Feier im Perlacher Forst, zu der circa 60 Parteimitglieder und Gesinnungsfreunde aus anderen Parteien erschienen; unter anderen sprach dort auch Ernst Lörcher. Vogel brachte zum 1. Mai in einigen Hundert Exemplaren die Zeitung »Der Marxist« heraus: Sie enthielt eine differenzierte Analyse des Vormarsches des Faschismus in den verschiedenen Ländern Europas, ging auf den Zusammenbruch und das Scheitern der SPD ein und rief zur Einigung der Arbeiterklasse im Kampf gegen den Nationalsozialismus auf. Wie viele Kommunisten vertrat Vogel allerdings die Meinung, daß man die Verbündeten nicht im konservativen nicht-nationalsozialistischen Teil der Bevölkerung suchen dürfe, sondern bei der revolutionären SA:

»Es wird nicht möglich sein, diese Arbeiter (vom Typ des ›Gelben‹, des ›Wirtschaftsfriedlichen‹ im Stahlhelm, Anm. d. Verf.) zu einer revolutionären Lösung zu bringen. Das revolutionäre Element, das wir für die proletarische Revolution brauchen, ist vielmehr bei Hitler in der SA und SS zu finden. Hier sind große Kreise, die aus revolutionärem Gefühl, nicht Verstand, heute bei Hitler stehen. Unsere Aufgabe ist es, diese Schichten zur Einsicht zu bringen, sie von der Unmöglichkeit der Lösung im Sinne des Nationalsozialismus zu überzeugen und sie damit vorzubereiten für die marxistische Lösung, für die proletarische Revolution.«[99]

Durch eine Denunziation kam die Zeitung in die Hände der Polizei. Vogel konnte fliehen, doch zehn Mitglieder, die an der Herstellung und Verbreitung beteiligt waren, wurden verhaftet. Da die SAPD noch nicht offiziell verboten war, mußten sie allerdings freigesprochen werden. Bereits im Juli bildete sich ein Fünferteam als neue illegale Münchner Leitung. Ihr gelang es, in den folgenden Monaten und Jahren den zusammengeschrumpften Mitgliederbestand durch das Kassieren von Beiträgen und durch regen Literaturaustausch zusammenzuhalten. Verschiedene Male traf man sich mit der SAPD-Auslandsleitung in der Schweiz, auch mit dem KPD-Funktionär Hans Beimler. Anfang 1936 produzierte die Gruppe zwei Flugblätter in einer Auflage von je 150 Stück. Die Kontakte, die sie zu KPD-Angehörigen hielt, wurden ihr schließlich zum Verhängnis: Seit März 1935 stand sie unter der Beobachtung des Spitzels »Theo«. Die Gestapo ließ die in ihren Augen wohl harmlose Gruppe noch zwei Jahre an langer Leine weiterlaufen: Erst ab April 1937 fing sie an, die Beteiligten nach und nach – es waren zuletzt 18 Personen – zu verhaften.

SAPD

DER MARXIST

MAI 1933 /1.

Der Kampftag des Weltproletariats.

> Die Komunisten verschmähen es, ihre
> Ansichten und Absichten zu verheim-
> lichen. Sie erklären es offen,dass
> ihre Zwecke nur erreicht werden kön-
> nen durch den gewaltsamen Umsturz al-
> ler bisherigen Gesellschaftsordnung.
> Mögen die herrschenden Klassen vor
> einer komunistischen Revolution zit-
> tern. Die Proletarier haben nichts in
> ihr zu verlieren als die Ketten.Sie
> haben eine Welt zu gewinnen.Proleta-
> rier aller Länder vereinigt euch.
>   Karl Marx

Wieder feiert das Klassenbewusste Proletariat der Welt den 1.Mai. Wied-
der ballen sich die sozialistischen Kämpfer um ihre roten Banner. Der
Massentritt der Arbeiterbatallionen hallt durch die Strassen der Gross-
städte. Kampflieder erklingen. Rote Transparente schreien der herrschenden Klasse die proletarischen Forderungen entgegen.
Deutschland ist in den Kreis des faschistisch-regierten und terrorisier-
ten Landes getreten. Deutschland war das nächst schwächste Glied in der
Kette der kapitalistischen Länder. Hier prallten die Klassengegensätze
am schärfsten gegeneinander. Aus Angst vor dem Bxxxxxxxxxxxfxxxxxx
Komunismus warf sich das gesamte Bürgertum dem Faschismus in die Arme.
Der faschistische Terror soll die deutsche Arbeiterklasse in den näch-
sten Jahren niederhalten.
Der internationale Sozialismus wird in Deutschland verfolgt und gehetzt
Die Marxisten wurden gefoltert, misshandelt xxxxxxxxxx erschossen, in
Gefängnisse, Zuchthäuser und Konzentrationslager gesperrt. Hitler,der
Führer der Faschisten macht aus dem internationalen proletarischen Welt-
feiertag, einen gesetzlichen Feiertag der deutschen Arbeit. Hitler will
die sozialistischen und komunistischen Arbeiter am 1. Mai zwingen unter
der Fahne des Hackenkreuzes zu marschieren. Wenn sie nicht wollen, sollen sie gemassregelt und von den Betrieben aufs Strassenpflaster geworfen werden.
    Die freien Gewerkschaften vor dem Faschismus Kapituliert, noch jäm-
merlicher als die italienischen Gewerkschaften. Heute bereits rufen
sie nach Staatsgewerkschaften, nach einem faschistischen Reichskommissar, nach Verschmelzung mit den Christen und mit der N.S.B.O. Und alles nur um ihre gutbezahlten Posten zu halten. Heute ruft der A.D.G.B

Von Fritz Vogel verfaßte Zeitschrift der SAPD »Der Marxist«, 1933

Der Internationale Sozialistische Kampfbund (ISK)

Für die sozialistischen Gruppen ungewöhnlich lange konnte sich der Internationale Sozialistische Kampfbund halten – trotz Werbeaktivitäten und weitverzweigter Verbindungen. Der ISK war 1925 aus einer Strömung hervorgegangen, die für einen »ethischen Sozialismus« eintrat und eine Diktatur der ethischen und intellektuellen Elite forderte. Er wandte sich gegen den marxistischen Materialismus ebenso wie gegen das Demokratieprinzip. Eine Kaderpartei, bestehend aus Berufsrevolutionären und streng hierarchisch gegliedert, müsse – ähnlich wie im Konzept von »Neu Beginnen« – den günstigen Zeitpunkt für die Revolution erkennen und dann die Führung übernehmen. Von seinen Mitgliedern forderte der ISK äußersten Einsatz: Sie mußten hohe Mitgliedsbeiträge bezahlen, viel Zeit für die Parteiarbeit opfern, aus der Kirche austreten und eine asketische Lebensweise befolgen. Fleischgenuß, Alkohol und Nikotin waren verboten. An Ostern 1933 löste der Bundesvorstand den ISK selbst auf und beschloß seine illegale Weiterführung im Fünfergruppensystem. Da der ISK im Gegensatz zur KPD und SPD erkannt hatte, daß das nationalsozialistische Regime nicht so bald abgewirtschaftet haben würde, stellte er sich auf langwierige Untergrundarbeit ein. In vielen deutschen Städten installierten sich bis 1934 Gruppen, die über Schulungskurse und die sogenannten Reinhart-Briefe miteinander in Kontakt blieben. In einigen Städten konnte man sich in vegetarischen Restaurants treffen. Die Münchner Gruppe bestand aus dem Rechtsanwalt Hans Lehnert, dem Schlosser Ludwig Koch und dem Lebensmittelgeschäftsinhaber Ludwig Linsert. Später stießen noch zwei weitere Mitglieder hinzu. Ab 1935 arbeiteten die Münchner eng mit der Augsburger Gruppe zusammen: Lehnert und Koch organisierten 1936, 1937 und 1938 mehrere Schulungskurse, an denen die Augsburger teilnahmen. Das Lebensmittelgeschäft des Ehepaars Linsert in Laim diente als Anlaufstelle, um unauffällig Informationen und Literatur auszutauschen. Seit 1936 betrieb die Gruppe mit gefährlichen Flugblattaktionen verstärkt Aufklärungspropaganda: Anläßlich der Wahlen 1936 verteilte sie Zettel mit Parolen wie »Wählt nicht Hitler« oder »Zerreißt die Stimmzettel«. Im Abstand von jeweils einigen Monaten produzierte sie Flugblätter, die die Kriegshetze, das Unrechtssystem, die Bevölkerungspolitik der Nationalsozialisten und andere Themen abhandelten. Meistens verteilte sie sie in schwarzen Wachstuchtäschchen, die wie Geldbörsen aussahen. Mit Gummistempeln brachte sie Inschriften und Symbole – zum Beispiel ein Hakenkreuz an einem Galgen – auf Gehwegen, an Hauswänden und Mauern an. Da die Farbe leicht verschmierte, benutzte sie später eine Silbernitratlösung, die sich bei Tageslicht einätzte und dann nur noch durch Herausmeißeln zu entfernen war. Im Laufe der Jahre fanden in Norddeutschland immer wieder Verhaftungen von ISK-Gruppen statt, die süddeutschen Gruppen blieben merkwürdigerweise verschont. Als Lehnert im Oktober 1937 verhaftet wurde, gelang seinen Freunden ein Trick zu seiner Entlastung: Sie stellten die Flugblätter, die er produziert haben sollte, noch einmal mit denselben Materialien her und verteilten sie, so daß die Gestapo glauben

Tarnbrief des ISK.. Die geheime Nachricht läßt sich mit Hilfe der in den Zeilen nach oben gerückten Buchstaben entschlüsseln: Ludwig Koch teilte seiner Frau (Tarnname Erna Kalkert) mit, daß er sich bei der Augsburger ISK-Gruppe befinde. Er bat um Zusendung von Büchern und Lebensmitteln.

mußte, Lehnert habe tatsächlich mit dieser Sache nichts zu tun. Er wurde freigelassen und konnte fliehen. Doch im Spätsommer 1938 wurden schließlich auch die süddeutschen Gruppen aufgerollt. Der Volksgerichtshof verurteilte Koch im April 1939 zu acht Jahren Zuchthaus; Linsert kam mit zwei Jahren Gefängnis davon. Nach dem Krieg machten beide im deutschen Gewerkschaftsbund Karriere.

Ludwig Koch　　　　　　　　　　　　　　*Ludwig Linsert*

Die Antinazistische Deutsche Volksfront (ADV)

Während die Gruppen der SAPD und des ISK unmittelbar um den Fortbestand ihrer Partei bemüht waren, existierte in München noch eine dritte Gruppe, die zwar ihre Wurzeln in einer der linken Splitterparteien hatte, sich aber als eine parteienübergreifende Volksfront-Bewegung verstand und erst im Krieg den Höhepunkt ihrer Aktivitäten hatte: die seit 1943 so genannte Antinazistische Deutsche Volksfront. Ihr Initiator und Leiter, der Schlosser Karl Zimmet, hatte sich vor 1933 als Kommunist bekannt, strebte aber immer nach überparteilicher Zusammenarbeit, weil er die Spaltung der Arbeiterklasse als Grund für ihr Scheitern erkannte. Er war deshalb aus der KPD ausgetreten und hatte sich seit Ende der 20er Jahre stark für die christlich radikale »Vitus-Heller-Bewegung« engagiert, auch »Christlich-Soziale Partei« genannt, die eine Synthese von Christentum und Sozialismus anstrebte. Dort hatte er das Ehepaar Hans und Emma Hutzelmann und Rupert Huber, einen Buchdrucker, kennengelernt. Seit 1934 begann Zimmet auf eigene Faust, Flugblätter zu produzieren, in denen er gegen das nationalsozialistische Terrorsystem, den Rassenhaß, die Indoktrination der Jugend und die Kriegsvorbereitungen anschrieb. Es ging ihm nicht mehr um die proletarische Revolution, sondern darum, eine geschlossene Arbeiterschaft zum Kern einer allgemeinen Volksbewegung gegen den Nationalsozialismus zu machen. Rupert Huber druckte die Flugblätter in Auflagen von 100 bis 200 Stück.

Der lockere Gesprächskreis, den Zimmet mit Huber, dem Ehepaar Hutzelmann und anderen führte, geriet 1939/40 in die Krise: Man konnte nicht verstehen, wie Hitler in einem Krieg, der doch offensichtlich von vornherein verloren war, solche Erfolge feiern konnte. Erst 1941, mit dem Einmarsch der deutschen Truppen in die Sowjetunion und der Aufkündigung des Hitler-Stalin-Pakts, faßten sie wieder Mut. Im Laufe der nächsten zwei Jahre produzierte und verteilte Zimmet mit Hilfe seiner Freunde acht weitere Flugblätter. Zu einer festen Organisation wurde der Kreis allerdings erst 1943: Zunächst lernte Zimmet den Kommunisten Georg Jahres kennen, der anregte, sich auf breiter Basis weitere Verbündete zu suchen. Entscheidender war aber ein Kontakt, den Emma Hutzelmann an ihrer Arbeitsstelle in der Fettfabrik Saumweber knüpfte: Ein Russe, mit dem sie zusammenarbeitete, erzählte ihr von einer großen Untergrundorganisation russischer Kriegsgefangener und Ostarbeiter namens »Brüderliche Zusammenarbeit russischer Kriegsgefangener« (BZK, russisch BSW), die sich in den Kriegsgefangenenlagern Münchens und Umgebung etabliert hatte, und stellte ihr deren Leiter, Oberleutnant Korbukow, vor.[100] Im Juli 1943 fand das erste Treffen zwischen Korbukow, Zimmet und Jahres in der Wohnung des Ehepaars Hutzelmann statt. Man beschloß zusammenzuarbeiten. Um die Verständigung zu erleichtern, holte man den tschechischen Dolmetscher Karl Mervat hinzu. Jeden Dienstag und Freitag kamen von nun an die Gruppe um Zimmet und eine Delegation der Russen in der Hutzelmannschen Wohnung zusammen, um gemeinsam die sowjetischen »Feindsender« zu hören und Pläne zu schmieden. Besonders Emma Hutzelmann wurde nun immer waghalsiger: Sie entwendete in ihrer Firma größere Mengen an Fett, tauschte sie gegen Kleidungsstücke und Geld um und stattete einige Russen damit aus, so daß sie fliehen konnten. Bei allen Gelegenheiten – selbst wenn sich Nichteingeweihte in der Wohnung befanden – ließ sie die »Feindsender« in ihrer Küche laufen. Der Kreis beschloß, sich wie eine Partei zu organisieren: Er gab sich den Namen »Antinazistische Deutsche Volksfront« und bildete einen Zentralauschuß. Vorsitzender wurde Karl Zimmet. Hans Hutzelmann nahm die Position des ersten, Georg Jahres die des zweiten Stellvertreters ein, und Emma Hutzelmann wurde Kassiererin. Sie verkaufte an die Anhänger blaue »Kampfmarken«; wer 20 solcher »Kampfmarken« erstanden und einen weiteren Gesinnungsgenossen eingebracht hatte, wurde als aktives Mitglied anerkannt und konnte rote Beitragsmarken zum Preis von 50 Pfennigen erwerben. Auch zwei Brüder und eine Schwester Emma Hutzelmanns wurden angeworben. Die aktiven Mitglieder erhielten die sogenannten Leit- und Merkpunkte, die das Programm der ADV zusammenfaßten:

»Die Antinazistische Deutsche Volksfront (ADV) ist aus der Bewegung der deutschen Antifaschisten hervorgegangen. Sie hat den verbrecherischen Hitlerkrieg nicht nur jetzt im Kriege, sondern schon in der Zeit seiner Vorbereitung bekämpft. Die ADV kämpft für die Beseitigung der Naziherrschaft und allen Unheils, das

Hans Hutzelmann

Emma Hutzelmann

Karl Zimmet

diese angerichtet hat. Um diese Aufgabe zu erfüllen, muß sie zu einer mächtigen Volksbewegung werden. Der Krieg hat bereits viele Voraussetzungen dazu erfüllt und er wird sie über kurz oder lang noch vollends schaffen. Jeder denkende Mensch kann heute ziemlich klar die für Deutschland herannahende Katastrophe erkennen und muß hieraus auch seine Konsequenzen ziehen. Entweder er bekennt sich zu den Verantwortlichen dieses Krieges, den Nazisten, und ist bereit, mit diesen unterzugehen, oder aber er will Deutschland und damit auch sich selbst retten. Im letzteren Falle steht er zu unserer Sache, allerdings nur dann, wenn er den Kampf dafür auch tatsächlich unterstützt. Es gibt bereits viele Millionen Deutsche, die sich mit unserer Sache solidarisch *fühlen. Leider fehlt vielen der Mut, aktiv zu sein. Wir müssen diesen Ängstlichen sagen, daß es ohne Kampf niemals eine Rettung geben kann, und daß jeder, der nicht mittut und mit verschränkten Armen beiseite steht, tatsächlich nur Hitler unterstützt. Nur elende Feiglinge können so handeln. In der ADV wird Kampfkraft gesammelt und so organisiert, daß sie zur gegebenen Stunde auch kampfbereit ist. (...)«* [101]

Zimmet plante die regelmäßige Herausgabe einer Zeitschrift mit dem Namen »Der Wecker«, die die Mitglieder schulen sollte. Sie konnte allerdings nur zweimal erscheinen, da im Oktober 1943 Zimmets Wohnung mit allen Unterlagen und Materialien bei einem Luftangriff ausbrannte. Um die Mitgliederbasis zu erweitern, versuchten Zimmet, Hutzelmann, Jahres und einige andere, an ihren Arbeitsplätzen und in Firmen, zu denen sie Kontakt hatten, Betriebsgruppen aufzubauen. Die Tollkühnheit der Russen, die sowieso nichts mehr zu verlieren hatten, wirkte sich auch auf die Deutschen aus: In offensichtlicher Überschätzung der eigenen Kräfte sammelten sie Waffen und dachten gemeinsam mit Vertretern der »Brüderlichen Zusammenarbeit russischer Kriegsgefangener« immer wieder darüber nach, wie man einen Aufstand gegen das NS-Regime bewerkstelligen könnte. Doch zu konkreteren Plänen kam es nicht mehr: Die Gestapo hatte – wahrscheinlich durch Spitzel – von den Aktivitäten der BSW erfahren. Anfang 1944 rollte sie die Organisation der Kriegsgefangenen auf, und wenig später wurden auch die Mitglieder der ADV verhaftet. Im Dezember 1944 verurteilte der Volksgerichtshof Hans Hutzelmann, Huber und Mervat zum Tode. Sie wurden im Januar hingerichtet. Drei weitere Mitglieder wurden zu mehreren Jahren Zuchthaus verurteilt. Jahres beging in der Untersuchungshaft Selbstmord. Emma Hutzelmann konnte fliehen, kam aber kurz darauf bei einem Fliegerangriff ums Leben. Einer ihrer Brüder starb während der Haft. Der einzige aus dem Führungskreis der ADV, der überlebte, war ihr Kopf, Karl Zimmet: Es gelang ihm, gegenüber der Gestapo und dem Gericht erfolgreich den Geisteskranken zu mimen, so daß die Anklage gegen ihn ausgesetzt werden mußte.

Das Attentat Johann Georg Elsers auf Hitler

Am 8. November 1939 wurde München Schauplatz einer spektakulären Widerstandshandlung eines Einzelgängers, der sich keinem Milieu und keiner Gruppierung wirklich zuordnen läßt: Johann Georg Elser versuchte, Adolf Hitler im Münchner Bürgerbräukeller durch einen Bombenanschlag zu töten. Eigentlich Schwabe, zog er extra nach München, um das Attentat auszuführen. Elser war gelernter Schreiner, lebte aber wie so viele nach langen Jahren der Arbeitslosigkeit von Gelegenheitsarbeiten. Sein größtes Anliegen war die Verbesserung der sozialen Lage der Arbeiter; deshalb wählte er vor 1933 die KPD und trat dem kommunistischen »Rotfrontkämpferbund« bei. Gleichzeitig fühlte er sich aber auch religiös gebunden. Den Nationalsozialismus verabscheute er von Anfang an.

Der zerstörte Bürgerbräukeller nach dem Attentatsversuch

Im Herbst 1938, als die Nationalsozialisten während der Sudetenkrise zum Krieg trieben, wuchs sein Entschluß, Hitler auf eigene Faust umzubringen. Er entwendete an seinem Arbeitsplatz Sprengstoff und bastelte monatelang an einer Bombe. Die beste Gelegenheit, an Hitler heranzukommen, schien ihm das alljährliche große Erinnerungstreffen der NSDAP-Veteranen am 8. und 9. November zu sein, wo des gescheiterten Hitler-Putsches von 1923 gedacht wurde. Hitler hielt zu diesem Anlaß traditionellerweise am 8. November eine Rede vor seinen »alten Kämpfern« im Bürgerbräukeller. Elser zog 1939 nach München, wurde Stammgast im Bürgerbräukeller und installierte in über 30 Nächten unbemerkt seine Bombe in einer Säule, die hinter Hitlers Rednerpult stand. Ein Zufall rettete Hitler das Leben: Der »Führer« kürzte am 8. November seine Rede ab und verließ die Veranstaltung etwas früher als vorgesehen. Zehn Minuten, nachdem er gegangen war, explodierte die Bombe und tötete sieben Besucher sowie eine Kellnerin. Daß Hitler entkam, wurde als eine »Fügung Gottes« gefeiert. Auch Kardinal Michael von Faulhaber nahm dies zum Anlaß, um Hitler in einem Telegramm seiner Loyalität zu versichern:

»Eben von dem verabscheuungswürdigen Verbrechen im Bürgerbräukeller in Kenntnis gesetzt, spreche ich als Ortsbischof und im Namen der bayerischen Bischöfe wärmsten Glückwunsch aus für Ihre glückliche Rettung und bitte Gott, er möge auch ferner seinen schützenden Arm über Sie halten.« [102]

Der Attentäter Elser wurde kurze Zeit später verhaftet, als er die Grenze zur Schweiz überqueren wollte. Da die Gestapo nicht glauben konnte, daß er die Tat allein und ohne Hintermänner geplant hatte – es kursierten abenteuerliche Theorien über eine Verwicklung des britischen Geheimdienstes –, prügelte sie ihn fast zu Tode. Als »Sonderhäftling Hitlers« wurde er in den KZs Sachsenhausen und Dachau festgehalten, um nach dem erwarteten »Endsieg« in einem großen Schauprozeß verurteilt zu werden. Am 9. April 1945 brachten ihn Mitglieder der Dachauer Lagermannschaft auf Weisung von höchster Stelle um.

3. Das katholisch-konservative Milieu

»Die (katholisch-konservativen) Führer sind jahrzehntelang so daran gewöhnt gewesen, in Deutschland zu herrschen und ihr eigenes Interesse auch gegen das allgemeine deutsche durchzusetzen, daß sie noch nicht begriffen haben, heute in einer neuen Zeit zu leben, wo einmal auch das gesamte deutsche Volksinteresse über das einseitig konfessionelle und klassenmäßige gestellt wird. (...) Wir begreifen sehr wohl, daß ein revolutionärer Umbruch, wie er sich in Deutschland vollzogen hat, eine lange Zeit braucht, um von den alten Mächten verstanden und anerkannt zu werden. Wir wissen, daß diese alten Mächte nicht ohne weiteres den Schauplatz ihres Kampfes räumen, und der Nationalsozialismus in seinem großen Kampfe ist großzügig genug, um für diese Entwicklung eine längere Spanne Zeit anzusetzen (...).« (Reichsleiter der NSDAP Alfred Rosenberg, 1935)[103]

Vor der nationalsozialistischen »Machtergreifung« waren in Bayern die katholisch-konservativen Kreise tonangebend gewesen. Die Politiker der rechten und mittleren Parteien, die Großindustriellen, die bayerischen Adeligen und die mächtigen Repräsentanten der Kirche teilten ähnliche Anschauungen und Interessen, die durchzusetzen sie sich gegenseitig halfen. Die parlamentarische Demokratie der Weimarer Republik mit ihrem »Parteiengezänk« war den meisten verhaßt: Sie trauerten immer noch der alten Wittelsbacher Monarchie nach, die mit der Revolution 1919 abgesetzt worden war. Gegenüber den häufig wechselnden Regierungen in Berlin pochten sie auf bayerische Sonderrechte und Eigenarten. Gleichzeitig konnten sie sich den nationalistischen Parolen der Zeit kaum entziehen. Völkisches Gedankengut, die Angst vor dem Bolschewismus und oft auch antisemitische Ressentiments fanden breite Zustimmung. Eine Minderheit dieser katholisch-konservativen Kreise war schon beim Hitlerputsch 1923 bereit, mit den Nationalsozialisten zusammenzugehen, um von ihrer Massensuggestion und ihrem nationalistischen Pathos zu profitieren. Die Mehrzahl allerdings blieb distanziert, abgestoßen von dem zur Schau getragenen Rabaukentum der nationalsozialistischen Treiber. Man wünschte zwar ein Ende der Weimarer Republik, nicht jedoch eine Diktatur, die immerhin das Wort »sozialistisch« im Namen trug. Auch wollte man die bayerischen Belange um keinen Preis dem »preußischen« Zentralismus der Nationalsozialisten opfern. Die kirchenfeindlichen Äußerungen vieler Nationalsozialisten vor 1933 taten ihr Übriges, um das Mißtrauen der katholischen Konservativen zu stärken. Um den aufsteigenden Nationalsozialismus wirksam zu bekämpfen, hätte man jedoch ein Bündnis mit der – in Bayern sehr gemäßigten – Sozialdemokratie eingehen müssen; dafür war die Haltung der Konservativen zu zwiespältig. Die letzten Versuche, sich nach der Ernennung

Hitlers zum Reichskanzler von der Entwicklung des Reichs abzukoppeln und eine Gleichschaltung Bayerns zu verhindern, mußten kläglich scheitern.

Als die nationalsozialistische »Machtergreifung« auch in Bayern nicht mehr zu verhindern war, versuchten die meisten Konservativen zunächst, sich mit dem neuen Regime zu arrangieren. Sie hatten zwar starke Vorbehalte, doch ihre Angst, ins nationale Abseits zu geraten, war noch größer. Die Zerstörung des Rechtsstaates, die Ausschaltung der Parteien, die Gleichschaltung aller Behörden erschienen ihnen nach den chaotischen letzten Jahren der Weimarer Republik als akzeptabel. Sie gaben sich der falschen Hoffnung hin, daß die Ausschreitungen und Gewaltexzesse der SA und einiger lokaler Nazi-Größen nur ein Übergangsphänomen seien. Außerdem glaubten sie sowieso nicht an eine lange Lebensdauer des Nationalsozialismus. Jetzt wollten sie zunächst einmal eine gemeinsame Basis schaffen, um weiterarbeiten zu können. Das Konkordat zwischen der NS-Regierung und der katholischen Kirche schien ein Schritt in die richtige Richtung. Erst nach einigen Monaten, als sich herausstellte, daß die alten konservativen Eliten dauerhaft von der Macht ferngehalten werden sollten und manche ihrer Repräsentanten sogar verfolgt wurden, daß die Rechtsbrüche von ganz oben gewollt und geplant waren, daß schließlich auch die Zugeständnisse an die Kirche nur Makulatur gewesen waren, wuchs die Opposition im konservativ-katholischen Milieu. Doch da war der Terrorapparat des Regimes bereits errichtet und das konservative Establishment endgültig aus dem politischen Leben ausgeschaltet.

Resistenz der katholischen Kirche

Die katholische Kirche war in München eine sehr mächtige Institution und stark in der Bevölkerung verwurzelt. 80 Prozent aller Münchnerinnen und Münchner hingen dem katholischen Bekenntnis an. Für ihre Seelsorge standen circa 280 Priester, Kapläne und Diakone in 62 Pfarreien zur Verfügung.

Bis zur »Machtergreifung« verhielten sich die meisten Repräsentanten der katholischen Kirche dem Nationalsozialismus gegenüber ablehnend. Diese Ablehnung bestand allerdings ebenso gegenüber den anderen »gottlosen« politischen Bewegungen der Zeit: Auch der Liberalismus und vor allem der Sozialismus wurden als mit christlicher Weltanschauung unvereinbare Häresie gebrandmarkt. Gleichzeitig fürchtete die Kirche seit Bismarcks Kulturkampf, aus Deutschland ausgegrenzt und als antinational abgestempelt zu werden. Deshalb fand sie sich durchaus dazu bereit, die Regierung der »nationalen Erhebung« anzuerkennen, solange diese nur ihre kirchen- und religionsfeindlichen Angriffe unterließ. Man berief sich dabei auf die Lehre des Apostel Paulus, nach der in weltlichen Dingen der »gottgegebenen Obrigkeit« unbedingt zu gehorchen sei. Als sich Hitler in seiner Regierungserklärung zu einem »positiven Christentum« bekannte, schien einer Zusammenarbeit nichts mehr im Wege zu stehen. Wie brüchig dieser Frieden war, zeigte der Münchner Erste Deutsche Gesellentag im Juni 1933: Als Bekenntnis der katholischen Kolpingvereine zum »neuen Reich« inszeniert, diente er dem bekanntermaßen kirchenfeindlichen Polizeipräsidenten Heinrich Himmler und seinem Stellvertreter Reinhard Heydrich zum Anlaß für eine erste Machtprobe. Vor den Augen der Polizei bespuckten, beraubten und verprügelten Tausende von Hitlerjungen und Angehörigen der SA die Tagungsteilnehmer. Schließlich mußte die Tagung abgebrochen werden, und die über 20 000 Gesellen aus ganz Deutschland reisten unverrichteter Dinge wieder ab.

Mit großen Hoffnungen bedachte die Kirche das Konkordat, das am 20. Juli 1933 zwischen dem Vatikan und der nationalsozialistischen Regierung abgeschlossen wurde. Es sollte die Belange der katholischen Kirche dauerhaft schützen und den Weiterbestand der katholischen Vereine und der konfessionell gebundenen sogenannten Bekenntnisschulen garantieren. Die Kirche mußte dafür versprechen, sich ganz aus dem politischen Bereich zurückzuziehen. Der Nationalsozialismus erhielt durch das Konkordat eine große innen- und außenpolitische Aufwertung. In der Rückschau mag das Konkordat als ein »Pakt mit dem Teufel« erscheinen, doch hatte es damals immerhin den Wert, eine gesetzliche Grundlage zu bilden, auf die sich der kirchliche Widerstand in den späteren Jahren immer wieder berufen konnte. Die inoffizielle Formel, auf die man sich geeinigt hatte – daß nämlich der Staat sich nicht in die Belange der Kirche, und die Kirche sich nicht in die Belange des Staates einmischen würde –, interpretierte das NS-Regime jedoch zunehmend so, daß die Kirche ganz aus dem öffentlichen Leben zu verschwinden habe. In einem ständigen Kleinkrieg versuchte das NS-Regime nun, die Kirche mit Verboten und Verordnungen aus der Jugend- und Vereinsarbeit, aus den Schulen und aus dem Pressewesen hinauszudrängen. In der Großstadt München war dies wesentlich einfacher als auf dem bayerischen Hinterland, wo die Kirche traditionell noch mehr Rückhalt in der Bevölkerung besaß.

Die katholische Kirche im Kirchenkampf

Vor allem die kirchlichen Jugendorganisationen waren dem nationalsozialistischen Regime ein Dorn im Auge. Mit ihren umfangreichen Freizeitprogrammen – Wanderungen, Heimabenden, Sonnwendfeuern, Sport und Spiel – stellten sie eine attraktive Konkurrenz zur Hitlerjugend dar. Bereits im April 1934 verbot die Münchner Polizeidirektion das Tragen von Uniformen und Abzeichen. Im Mai wurden mehrere Angehörige katholischer Jugendorganisationen von der Polizei vernommen, weil sie sich in Uniform auf der Straße hatten blicken lassen. An Fronleichnam mußten die katholischen Jugendlichen erstmals ohne ihre Banner und Wimpel an den Prozessionen teilnehmen. Damit man sie trotzdem in der Menge erkannte, zimmerten sich die Mitglieder des »Jüngerenbund Neudeutschland« ein großes Holzkreuz, das sie blumengeschmückt auf der Prozession durch die Innen-

stadt vor sich hertrugen. Das Kreuz
wurde von der Polizei beschlagnahmt
und erst nach Tagen wieder freigege-
ben. Der Brauch, Holzkreuze auf den
Prozessionen mitzuführen, scheint sich
aber in den nächsten Jahren auch bei
anderen Jugendgruppen in München
durchgesetzt zu haben.

Häufig kam es zu Schlägereien zwischen Hitlerjungen und katholischen
Jugendlichen. Im Juli 1934 wurde
in Haar der katholische Jugendverband
verboten, weil seine Mitglieder einige
Hitlerjungen als »braune Pest« beschimpft und auf ihren Hitlergruß erwidert hatten: »Laßt doch den
Krampf!«. Einen Monat später gerieten
Mitglieder des »Bundes Neudeutschland« und Hitlerjungen anläßlich einer
Filmvorführung in den Isartor-Licht-
spielen aneinander: Der Film zeigte die

*Mitglieder des »Jüngerenbund Neudeutsch-
land« beim Abholen des Holzkreuzes aus der
Polizeidirektion*

»Neudeutschen« einheitlich gekleidet und Wimpel tragend bei einer Gebirgswan-
derung; er wurde umgehend abgesetzt. Nach langen Auseinandersetzungen erfolgte im Januar 1938 schließlich das endgültige Verbot der katholischen Jugendorganisationen in Bayern: Ihre »staatsfeindliche Betätigung« sei angeblich
»erwiesen«. Das Verbot betraf außer den katholischen Jungmännervereinen und
Jungfrauenkongregationen und dem »Bund Neudeutschland« auch die katholischen Arbeitervereine, die Burschenvereine, die Gesellenvereine, Dienst-
mädchenvereine, Müttervereine, Bruderschaften und andere Gruppen. Die Reaktion der bayerischen Bischöfe in ihrem Hirtenwort vom 6. Februar 1938 war
charakteristisch:

*»Wir erheben Einspruch dagegen, daß man unter Berufung auf diese Verordnung
(vom 28. Februar 33 ›zur Abwehr kommunistischer, staatsgefährdender Gewaltakte‹, Anm. d. Verf.) kirchliche Vereine auflöst und verbietet, die nicht kommunistisch, sondern christlich sind, die nicht staatsgefährdend, sondern staatsbejahend
sind, die nicht Gewaltakte planen, sondern bestehende Obrigkeiten anerkennen.«*[104]

Von nun an konnten die Jugendlichen eigentlich nur noch betend in der Kirche
zusammen sein. Selbst gemeinschaftliche Besuche bei ihrem Pfarrer wurden von
der Gestapo mißtrauisch beäugt. Manche der verbotenen Gruppen versteckten
ihre Wimpel, Chroniken und Akten mit Erlaubnis der Pfarrer hinter Altären in

den Kirchen, wo sie in einem überlieferten Fall sogar den Krieg überstanden. Viele Gruppen gliederten sich in die noch existierenden Pfarrjugenden ein. Mitgliedern des »Älterenbundes Neudeutschland« gelang es, ihre Gemeinschaft dadurch aufrecht zu erhalten, daß sie sie als entkonfessionalisierten »Singkreis München-Nord« tarnten. Um die Tarnung abzusichern, öffneten sie sich sogar für Mädchen und Protestanten: ein unbeabsichtigter ökumenischer Effekt.

Am erbittertsten führte die Kirche den Kampf um die konfessionellen »Bekenntnisschulen«. Seit 1935 versuchte der Nationalsozialismus, diese entgegen den Bestimmungen des Konkordats durch entkonfessionalisierte und nationalsozialistische »Gemeinschaftsschulen« zu ersetzen. Die »Bekenntnisschulen« durften nicht öffentlich für sich werben, während das Schulamt und die Parteistellen mit skrupellosen Methoden Druck auf die Eltern ausübten, ihre Kinder in die »Gemeinschaftsschulen« einzuschreiben. Nach einem Bericht der Polizeidirektion München wurden im Februar 1935 Flugblätter von katholischen Elternvereinigungen sichergestellt; zwei Lehrerinnen kamen sogar in »Schutzhaft«, weil sie für die »Bekenntnisschule« geworben hatten. Obwohl die kirchlichen Behörden sich hier über Jahre hinweg mit aller Energie einsetzten und in Kanzelverkündigungen und Seelsorgebriefen an die Bevölkerung appellierten, war ihnen kein Erfolg beschieden: Gingen 1934 noch 84 Prozent aller neu eingeschulten Kinder auf konfessionelle Schulen, so waren es vier Jahre später nur noch vier Prozent.

Mehr Unterstützung von den Eltern erhielt die Kirche, als 1936 Hunderte von Ordensleuten – vor allem Klosterschwestern – aus dem Schuldienst entlassen werden sollten. Das Schicksal der Schulschwestern, die ohne Altersversorgung oder Abfindungen ihre Stellung verloren, rührte die Menschen offenbar mehr als das Thema »Bekenntnisschule«. Am 28. Juni wurden in ganz Bayern Unterschriftensammlungen durchgeführt, die die Beibehaltung der klösterlichen Lehrkräfte forderten. In München sprachen sich in der Maria-Ward-Straße 85 Prozent der Eltern, in der Kistlerstraße 100 Prozent, am Mariahilfplatz 89 Prozent und in Perlach immerhin noch 79 Prozent der Eltern für die Schulschwestern aus. Außerdem richteten manche Eltern spontane Bittschriften an nationalsozialistische Größen. All diese Proteste blieben jedoch wirkungslos.

Während die katholische Kirche im Kampf um ihre Rechte in den 30er Jahren einen Rückschlag nach dem anderen einstecken mußte, konnte sie seit Kriegsbeginn zunehmend Erfolge für sich verbuchen: Das NS-Regime wollte es auf keine Kraftproben mehr ankommen lassen, um nicht die für den Krieg dringend benötigten Sympathien der Bevölkerung zu verscherzen. Am spektakulärsten siegte die Kirche im Konflikt um den »Kruzifix-Erlaß«, mit dem der Innen- und Kultusminister Adolf Wagner im Sommer 1941 anordnete, alle Schulkreuze aus den Klassenzimmern zu entfernen. Vor allem auf dem Land, aber auch in München kam es zu tumultartigen Protesten. Frauen demonstrierten vor den Schulen. In der Gebeleschule zum Beispiel drängten circa 30 Mütter in der Pause in die Klassenzimmer und hängten dort Kreuze auf, die sie selbst mitgebracht hat-

Fronleichnamsprozession vor dem Münchner Dom, 1943

ten. Pfarrer brandmarkten von der Kanzel herab den Erlaß als Gotteslästerung, wie der Oberhachinger Pfarrer Ludwig Huber, der »in aufreizender Form« angekündigt hatte: »Als Sühne für diese zugefügte Schmach findet am Nachmittag eine Sühneandacht statt«.[105] Sogar nationalsozialistische Parteigenossen schlossen sich den Protesten an. Schließlich mußte die ganze Aktion mit einem geheimen Stopp-Erlaß rückgängig gemacht werden. Zähneknirschend verschoben die Nationalsozialisten die Auseinandersetzung auf die Zeit nach dem »Endsieg«.

Doch das Ziel der nationalsozialistischen Kirchenpolitik, die Kirche aus dem öffentlichen Leben zu entfernen, war Ende der 30er Jahre weitgehend erreicht. Nur mehr auf den Fronleichnamsprozessionen und bei den Sammlungen für die Caritas konnte die Kirche ihre Präsenz in der Öffentlichkeit zeigen. Immerhin circa 17 000 Münchnerinnen und Münchner nahmen noch in Kriegszeiten an den Fronleichnamsprozessionen teil. Wer auf der Straße für die Caritas spendete, demonstrierte damit, daß er mit dem nationalsozialistischen »Winterhilfswerk« nicht einverstanden war. Häufig wurden die Sammler und Spender von nationalsozialistischen Passanten angegriffen. Am 18. Mai 1935 kam es am Karlsplatz, am Hauptbahnhof und in der Neuhauser Straße zu regelrechten Ausschreitungen. Die aufgewiegelte Menschenmenge forderte in Sprechchören ein Verbot der Sammlung. Es wurde gegen Mittag ausgesprochen – angeblich um die Sammler zu schützen.

Gezwungenermaßen zog sich die Kirche immer mehr in die bloße Gemeindeseelsorge zurück. Doch auch dort war sie ständigen Repressionen ausgesetzt. Der

125

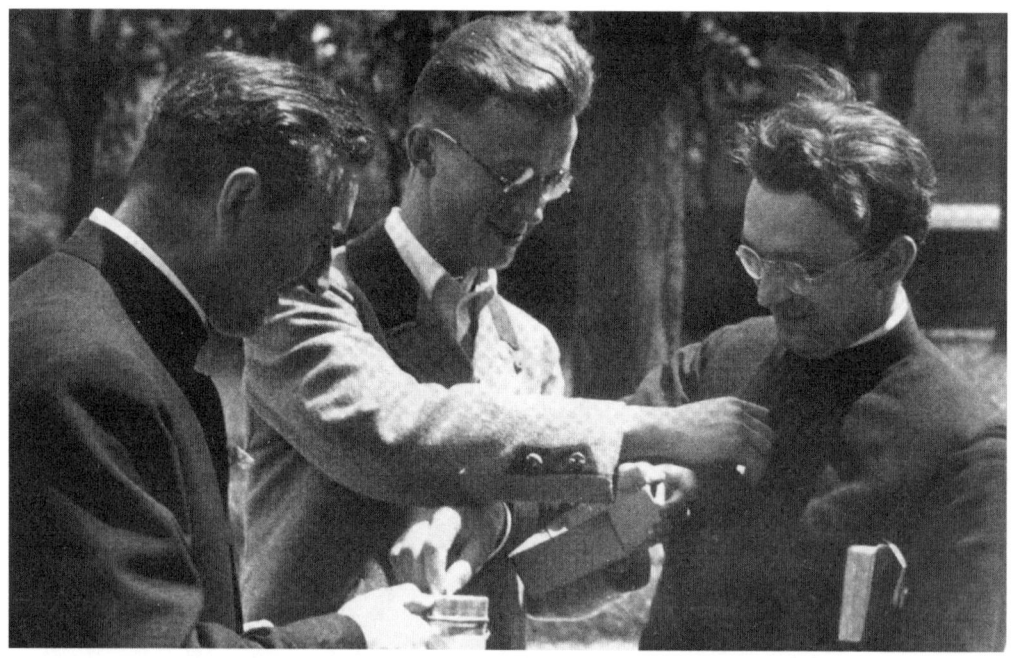

Caritas-Sammlung, 1936

Religionsunterricht, die Predigten und die Gemeindearbeit wurden scharf überwacht. Seit 1938 berichtete die Gestapoleitstelle München regelmäßig über das
Verhalten der Priester. Von den circa 280 Seelsorgegeistlichen in München mußten – den Umfragen zufolge, die nach dem Krieg unter den Priestern durchgeführt wurden – circa 180, also fast 65 Prozent, irgendwelche Verfolgungsmaßnahmen über sich ergehen lassen. Die meisten dieser Priester hatten gar nicht die
Absicht, sich oppositionell zu betätigen. Die NS-Behörden fanden in ihrer religiösen Arbeit Vorwände genug, um sie mit Verwarnungen, Verhören, Reiseverboten,
Hausdurchsuchungen und Beschlagnahmungen zu überziehen. Häufig kamen
Priester ganz unabsichtlich in Konflikt mit dem Regime, wenn sie beispielsweise
mit ihrer Pfarrjugend einen Ausflug unternahmen (verbotene Jugendarbeit) oder
unangemeldet einen Frauenabend veranstalteten (verbotene Versammlung). 1936
starteten die NS-Behörden und die nationalsozialistische Presse eine großangelegte Kampagne gegen Devisenvergehen und Sittlichkeitsverbrechen, die angeblich
in großer Zahl von katholischen Priestern begangen worden seien.

Doch viele Pfarrer bewiesen, daß sie sich auf der Kanzel den Mund nicht verbieten lassen wollten, und nahmen dafür Strafanzeigen wegen »Kanzelmißbrauchs« oder »Verstoßes gegen das Heimtücke-Gesetz« auf sich. Ungefähr
20 Prozent aller Münchner Seelsorger galten den Nazis als wirklich mißliebig: 14
Geistliche wurden mit einem Unterrichtsverbot belegt, fünf mit einem Schreib-
verbot, vier wurden zwangsversetzt, sieben einige Tage inhaftiert, immerhin 18

Wir sind die fröhliche Hitlerjugend.
Wir brauchen keine christliche Tugend
Den unser Führer Adolf Hitler
Ist unser Erlöser unser Hitler

Kein Pfaff kein böser kan uns verhindern
uns zu fühlen wie Hitler Kinder
Nicht Christus folgen wir sondern Horst Wesel
Fort mit dem Weihrauch u. Weihwasserkessel

Wir folgen singend Hitlersfahnen
Nur dann sind wir würdig unserer Ahnen
Ich bin kein Christ u kein Katholik
Ich geh mit SA durch dün u dick

Die Kirche kann mir gestohlen werden.
Das Hakenkreuz macht mich glücklich auf Erden
Ihm will ich folgen auf Schritt u Tritt
Baldur v Schirach nimm mich mit

T i s c h g e b e t .

Es sollen leben
die uns Essen geben!
Heil Hitler!

Alle Menschen sollen sterben
die uns den Frass verderben
Heil Hitler

Bei einem 12jährigen Buben von einer kat. Mutter gefunden

Anti-katholische Lieder der Hitlerjugend (Abschrift aus einem kirchlichen Bericht)

waren mehrere Wochen oder Monate in Gefängnissen, sieben waren im KZ
Dachau und zwei (Alfred Delp und Hermann Wehrle) wurden wegen ihrer In-
volvierung im politischen Widerstand zum Tode verurteilt.

Jenseits der Verfolgung durch den NS-Staat befand sich die Kirche in einem
zermürbenden Kleinkrieg mit nationalsozialistischen Parteiorganisationen. Vor
allem die Hitlerjugend setzte den Priestern mit Drohbriefen zu, warf Kirchen-
fenster ein oder hinderte ihre katholischen Mitglieder daran, an Gottesdiensten
teilzunehmen, indem sie Pflichtdienste auf den Sonntag legte.

Die katholische Kirche als Institution fand nur selten Worte, um auch jenseits
der eigenen Interessen die Rechtsbrüche und Menschenrechtsverletzungen des
NS-Regimes anzuprangern. Die Verfolgung der Kommunisten und Sozialdemo-

kraten wurde zum Teil sogar begrüßt. Mit der Judenverfolgung war man zwar nicht einverstanden, wagte aber aufgrund der eigenen prekären Situation in der Regel nicht, dagegen zu protestieren. Immerhin fiel den nationalsozialistischen Behörden auf, daß das katholische Milieu in München und Bayern in der »Judenfrage« resistent war. 1934 hieß es in einem Lagebericht: »Gegen diese (judenfeindlichen, Anm. d. Verf.) Maßnahmen wird von katholischer Seite zwar nicht offen Stellung genommen, aber aus zahlreichen Äußerungen geht deutlich die Sympathie für das Judentum hervor«[106], und im Dezember 1938: »Nur die von der Kirche beeinflußten Kreise gehen in der Judenfrage noch nicht mit.«[107]

In ihrer Haltung zum nationalsozialistischen Krieg verhielt sich die Kirche ambivalent. Einerseits hätten die meisten Kirchenangehörigen wohl den Frieden vorgezogen. Andererseits teilte man den Irrtum weiter konservativer Kreise, daß der Krieg eine »nationale Aufgabe« sei und auch unter großen Opfern durchgefochten werden müsse. Man verschloß sich der Tatsache, daß der Krieg schließlich von Hitler mit schweren völkerrechtlichen Verstößen angefangen worden war, und interpretierte ihn lieber metaphysisch als Strafe und Sühne für die Sünden der Menschen. Kardinal Michael von Faulhaber empfahl den Priesterkandidaten und Geistlichen an der Kriegsfront folgende Überlegung: »Ich helfe mit, einen Plan Gottes zu verwirklichen, wenn ich auch diesen Plan nicht durchschaue«[108]. Die dienstlichen Hinweise des Ordinariats an den Klerus berichteten bis zum Kriegsende über den »Heldentod« von Priestern, die »in strengster Erfüllung ihrer Pflichten« gefallen seien. Noch im November 1944 schrieb der Regens des erzbischöflichen Priesterseminars an die Eltern der Priesterkandidaten, die an der Front standen:

»Nun gehört Ihr Sohn auch zu den vielen Priestertumskandidaten, die dem Ruf des Vaterlandes Folge leisteten und die schützende Geborgenheit des Seminarlebens mit der Unrast und Gefahr des Soldatenlebens vertauscht haben. (...); die Jugend, auch die theologische weiß, wozu sie opferbereit alle Kampfesnot auf sich nimmt: Es gilt ihr, das Vaterland zu verteidigen, die Heimat von Vater und Mutter, die deutsche und bayerische Erde, die mit dem Schweiß und Blut der Besten getränkt ist; es gilt ihr heute, die christlich europäische Kultur gegen die Weltgefahr des Bolschewismus zu schirmen.«[109]

Einzelne Repräsentanten des Ordinariats

Für die zwiespältige Haltung des bayerischen Katholizismus zum Nationalsozialismus repräsentativ und zugleich mitverantwortlich war der Erzbischof des Erzbistums München-Freising, Kardinal Michael von Faulhaber. Er bestimmte im wesentlichen, welche Maßnahmen des NS-Regimes die Kirche einfach hinnahm oder sogar begrüßte, und gegen welche sie Protest einlegte. Seine Autorität war so groß, daß sich die Nationalsozialisten letztlich nicht an seine Person heranwagten.

128

Faulhaber hatte sich nie mit der Weimarer Republik abgefunden. Er betrachtete sie als eine illegitime, der »bolschewistischen« Revolution entsprungene Staatsform. Von dem nationalsozialistischen Regime erhoffte er sich, daß es endlich mit dem ihm so verhaßten Sozialismus aufräumen und Frieden mit der Kirche schließen würde. Auch als sich herausstellte, daß dieser Frieden nur ein Scheinfrieden gewesen war, kündigte er dem Regime letztlich nie den politischen Gehorsam auf. Bis in die letzten Kriegswochen war er bereit, Adolf Hitler als »gottgesetzte Obrigkeit« und Verkörperung des Staates zu respektieren.

Gleichzeitig jedoch kämpfte er immer wieder mit allen ihm zur Verfügung stehenden Mitteln für die Belange der Kirche und für das »Sitten-

Kardinal Michael von Faulhaber

gesetz«, als dessen Verkünderin sich die Kirche verstand. So verteidigte er in seinen Adventspredigten 1933 das Alte Testament und das vorchristliche Judentum gegen den nationalsozialistischen Rassenwahn – in aller Vorsicht, da er dem Regime keinen Vorwand bieten wollte, die »Judenhetze« in eine »Jesuitenhetze« umzuwandeln. Zum Palmsonntag 1937 verfaßte er den Entwurf für die päpstliche Enzyklika »Mit brennender Sorge«, deren bereits gedruckte Exemplare von der Gestapo beschlagnahmt wurden.

Im Jahr 1938 versuchten die NS-Behörden, massiv gegen Faulhaber vorzugehen. Am 3. März wurde er angezeigt, weil er in einer Predigt gesagt hatte: »Wir schaudern, wenn wir in deutschen Zeitungen auf fast jeder Seite furchtbare Gotteslästerungen lesen. Im Geiste sehen wir, wie die Engel der Apokalypse bereit stehen.« Er hatte die »anwesenden nationalsozialistischen Spione« dazu aufgefordert, »ihre Meldung der Wahrheit gemäß ohne Entstellung zu erstatten«.[110] Bereits zwei Wochen später erhielt er eine neue Anzeige: In einem Fastenhirtenbrief hatte er dazu geraten, die nationalsozialistischen Zeitungen nicht mehr zu lesen. Ende des Jahres kam die dritte Anzeige: Er hatte in einer Predigt bedauert, daß im KZ Dachau keine Gottesdienste mehr gehalten werden durften. Doch schließlich gaben die Nationalsozialisten auf und stellten die Verfahren ein, weil »ein Einschreiten gegen den Kardinal Faulhaber keinen sicheren Erfolg verspricht!«[111]

Faulhabers rechte Hand im Kirchenkampf war der Domkapitular Johannes Neuhäusler: Als Leiter der Öffentlichkeitsarbeit der Erzdiözese focht dieser einen

129

ständigen Kleinkrieg mit den NS-Behörden, um die kirchlichen Interessen zu schützen und durchzusetzen. Obwohl Neuhäusler es sorgfältigst vermied, politisch gegen das Regime Stellung zu nehmen, wurde er Anfang 1941 verhaftet und bis zum Kriegsende im KZ Dachau als Sonderhäftling festgehalten. Gleichzeitig begann Faulhaber, die Spielräume, die er als offenbar unantastbare Person hatte, verstärkt zu nutzen: So unterstützte er 1941 tatkräftig den »Novemberhirtenbrief«, in dem die Kirche auch für den nichtchristlichen Teil Deutschlands die Einhaltung der Menschenrechte einforderte. Die Verlesung dieses Hirtenbriefs scheiterte dann allerdings an dem Veto des Vorsitzenden der deutschen Bischöfe. Im März 1942 verlas Faulhaber im Alleingang einen weiteren Hirtenbrief-Entwurf, der mit den nationalsozialistischen Menschenrechtsverletzungen scharf ins Gericht ging und vor allem die »Euthanasie«-Morde an den Behinderten heftig kritisierte:

»Mit tiefem Erschrecken hat das christlich-deutsche Volk es vernommen, daß auf Anordnung staatlicher Stellen zahlreiche geisteskranke Menschen, die den Heil- und Pflegeanstalten anvertraut waren, als sogenannte unproduktive Volksgenossen ums Leben gebracht sind. (...) Wir deutschen Bischöfe werden nicht nachlassen, gegen die Tötung Unschuldiger Verwahrung einzulegen. Wir legen größten Wert darauf, nicht nur für die religiösen und kirchlichen Rechte an zuständiger Stelle einzutreten, sondern auch für die allgemein-menschlichen gottverliehenen Rechte des Menschen. An der Achtung und Erhaltung auch dieser Rechte ist jeder ehrenhafte Mensch interessiert; ohne sie muß die ganze abendländische Kultur zusammenbrechen. (...) Wir deutschen Bischöfe protestieren gegen jede Mißachtung der persönlichen Freiheit. Wir verlangen gerichtliche Nachprüfung aller Strafmaßnahmen und Freilassung aller Volksgenossen, die ohne Nachweis einer mit Freiheitsberaubung bedrohten Straftat ihrer Freiheit beraubt sind.«[112]

Im April 1943 legte Faulhaber gegen den Massenmord an den europäischen Juden Protest ein. Wahrscheinlich war er in die Arbeit der konservativen Widerstandskreise, die sich seit Ende der 30er Jahre gebildet hatten, zumindest teilweise eingeweiht. Dennoch sah er in dem gescheiterten Attentat des 20. Juli 1944 nicht mehr als einen gemeinen Mordanschlag. Seine unbedingte Staatsgläubigkeit hinderte ihn bis zum Schluß daran, dem NS-Regime die politische Loyalität zu verweigern.

Einer der mutigsten und kompromißlosesten Männer im Ordinariat war Michael Höck, der Chefredakteur der »Münchner Katholischen Kirchenzeitung« (MKKZ). Da die gesamte katholische Tagespresse nach der nationalsozialistischen »Machtergreifung« zerschlagen worden war, hatte die MKKZ, seit 1935 zum Bistumsblatt umgewandelt, ihre Funktionen übernehmen müssen. Obwohl die Zeitung von der Gestapo streng überwacht wurde, reizte Höck alle publizistischen Möglichkeiten aus, um die Kirchenfeindlichkeit und Gottlosigkeit des Regimes wenigstens indirekt zu kritisieren. Die gewundenen und umständlichen sprachlichen Formen, die damals die konservativ-katholische Literatur beherrschten, halfen, diese Kritik zu tarnen und zu verstecken. So konnte der eingeweihte Leser in einem stilisierten Vater-Sohn-Gespräch unter dem Titel »Wem gehörst Du?« eine Zurückweisung des verabsolutierten Nationalismus erkennen:

Michael Höck

»Frage: Mein Sohn, gehörst du Deutschland?
Antwort: Ja, Vater.
Frage: Mein Sohn, gehörst du der Kirche?
Antwort: Ja, Vater.
Frage: Aber niemand kann zwei Herren dienen. Wem gehörst du also?
Antwort: Wem ich gehöre, Deutschland oder der Kirche?...
Zwischenfrage: Wem gehört Deutschland?
Antwort: Deutschland muß Christus gehören.
Zwischenfrage: Wem gehört die Kirche?
Antwort: Die Kirche gehört Christus.
Frage: Wem gehörst du also?
Antwort: Vater, mein Herr ist Christus.*«*[113]

Oft genug wurde die MKKZ wegen solcher Artikel von der Polizei beschlagnahmt. Der Konfrontationskurs, den Höck gegenüber dem nationalsozialistischen Regime fuhr, schien offenbar für die Kirchenleitung bald nicht mehr tragbar. Seit 1936 wurde er aus der Schriftleitung verdrängt, 1937 verschwand er ganz aus dem Impressum. Doch auch später in seiner Arbeit als einfacher Priester legte sich Höck immer wieder mit dem Regime an. Zu Beginn des Krieges wurde er inhaftiert und angeklagt, weil er in einer Predigt den Krieg als »Strafe Gottes für den Abfall vom Glauben« bezeichnet hatte. Die Anklageschrift warf ihm außerdem vor:

»Weiter verglich er das Deutsche Volk mit dem jüdischen, das er bei seiner Vernehmung bei der Geheimen Staatspolizei noch als das ›auserwählte‹ bezeichnete, und das Gott wegen Bruch seines Gelöbnisses heimsuche. Ganz abgesehen davon, daß es dem deutschen Empfinden widerstrebend bezeichnet und für einen Deutschen schimpflich erachtet werden muß, wenn er mit einem Juden auf eine Stufe

gestellt wird, muß das Verhalten des Höck als eine Sabotierung des Wehrwillens des Deutschen Volkes und als ein Angriff auf die innere Geschlossenheit des Reiches bezeichnet werden. Durch polizeiliche Erhebungen ist festgestellt, daß Höck schon wiederholt in seinen Predigten versteckte Angriffe auf das nationalsozialistische Deutschland unternommen hat, jedoch bei der Gewandtheit dieses Hetzgeistlichen nur geringe Aussicht auf Bestrafung bestand. Er mußte auch als Schriftleiter der Münchener Katholischen Kirchenzeitung schon wiederholt beanstandet werden.« [114]

Die heute äußerst sonderbar anmutenden Thesen, Gott wolle mit dem Krieg die Deutschen und mit der Judenverfolgung die Juden für ihre Sünden bestrafen, waren damals in Kirchenkreisen recht verbreitet.

Im Februar 1940 stellte man das Verfahren gegen Höck auf Weisung des Reichsjustizministers ein. Gut ein Jahr später wurde er jedoch erneut verhaftet: Die Gestapo vermutete in ihm einen Hauptverantwortlichen der Una-Sancta-Bewegung zur Verständigung zwischen Katholiken und Protestanten. Nach wochenlanger Einzelhaft im KZ Sachsenhausen kam er ins KZ Dachau, wo er bis kurz vor Kriegsende als Sonderhäftling festgehalten wurde.

Katholische Priester

Die Speerspitze der Münchner katholischen Kirche im Kirchenkampf war der Jesuitenpater Rupert Mayer. Schon in den 20er Jahren hatte Mayer wegen seiner kämpferischen öffentlichen Auftritte gegen die völkischen Nationalisten ebenso wie gegen die Kommunisten weit über München hinaus Berühmtheit erlangt. Daß er im Ersten Weltkrieg sein rechtes Bein verloren hatte und Veteranen um sich sammelte, verlieh ihm zusätzlich die Aura des Kriegshelden. Nach der nationalsozialistischen »Machtergreifung« nutzte er mit voller Rückendeckung des Kardinals Faulhaber jede Predigt und jedes Gespräch, um in konsequentester Weise seinen Widerstand gegen die Kirchenverfolgung deutlich zu machen. Er berief sich dabei auf das Konkordat und seine Gewissenspflicht als Katholik und Priester; ein politisches Engagement stritt er vehement ab.

Seine Predigten in der Michaelskirche enthielten dringende Appelle an die Gottesdienstbesucher, trotz der widrigen Zeiten der Kirche und dem Glauben treu zu bleiben:

»Die Zeiten sind vorbei, wo wir geglaubt haben, was in der Zeitung steht! Glaubt überhaupt keiner Zeitung, wenn sie sich mit sittlich-religiösen Dingen befaßt! Hört nicht darauf! Lest keine Zeitungen! Und jetzt, wenn ihr hinausgeht, dann möchte ich, daß eine religiöse Welle von der Kirche aus sich auf die Straße ergießt und von der Straße aus in die einzelnen Häuser!« [115]

Einmal ließ er die Kirchenbesucher die drei Teile des Glaubensbekenntnisses einzeln vorsprechen und dann mit erhobenen Schwurfingern darauf schwören, daß sie für ihr Glaubensbekenntnis auch in den Tod gehen würden. Das Redeverbot, das die Gestapo über ihn verhängte, beachtete er nicht. Am 5. Juni 1937 wurde er zum ersten Mal verhaftet. Darauf beteten am nächsten Tag in allen Kirchen Münchens die Katholiken ein Vaterunser für ihn, und 400 Kirchgänger zogen zum Untersuchungsgefängnis in die Ettstraße, wo es zu einer Schlägerei kam. In der Michaelskirche wurden allabendliche Betstunden für Mayer abgehalten. Als das Sondergericht ihn zu sechs Monaten Gefängnis verurteilte, erklärte er, er werde »künftig wie bisher die katholische Kirche, ihre Glaubens- und Sittenlehre gegen alle Angriffe, Anfeindungen und Verleumdungen verteidigen. Das halte ich für mein Recht und meine Pflicht als katholischer Priester.« Anfang 1938 wurde er erneut für fünf Monate inhaftiert. Im Juni 1939 erklärte er der Gestapo nochmals schriftlich:

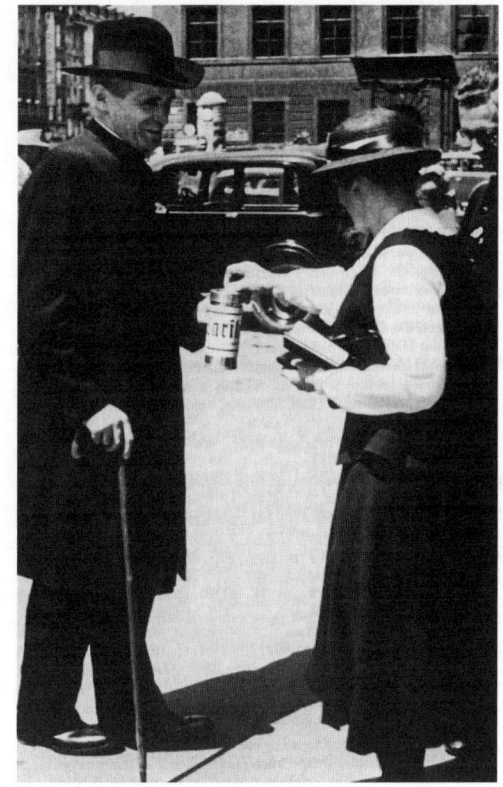

Pater Rupert Mayer bei einer Caritassammlung vor der Michaelskirche

»Ich erkläre, daß ich im Falle meiner Freilassung trotz des gegen mich verhängten Redeverbotes nach wie vor aus grundsätzlichen Erwägungen heraus predigen werde. Ich werde auch weiterhin in der von mir bisher geübten Art und Weise predigen, selbst dann, wenn die staatlichen Behörden, die Polizei und die Gerichte meine Kanzelreden als strafbare Handlungen und als Kanzelmißbrauch bewerten sollten.«[116]

Um ihn endgültig auszuschalten, internierten ihn die Nationalsozialisten Ende 1939 im KZ Sachsenhausen. Als sich dort sein Gesundheitszustand dramatisch verschlechterte, stellte man ihn im Kloster Ettal unter Hausarrest – man wollte ihn nicht als Märtyrer sterben lassen. Schwerkrank und isoliert verbrachte er dort die letzten Kriegsjahre. Am 11. Mai 1945 kehrte er unter dem Jubel der Bevölkerung nach München zurück. Nur ein halbes Jahr später brach er während einer Predigt zusammen und starb. 1987 wurde er vom Papst selig gesprochen.

Kein anderer Münchner Priester hatte Rupert Mayers Wirkungskraft. Von den zahlreichen Priestern, die unter Opfern ihren Glauben verteidigten, aber dafür nie eine Ehrung erfuhren, war Pater Anton Körbling vielleicht noch der bekannteste. Auch er ein Jesuit, hatte er nach Mayers Verhaftung dessen Nachfolge in St. Michael angetreten. Er war schon mehrmals Gestapo-Verhören unterzogen worden. Im Februar 1939 hielt Körbling eine Predigt, die das neutestamentliche Gleichnis vom Sämann auf die Schwierigkeiten bezog, die die gegenwärtige Zeit dem Prediger beim »Säen« von Gottes Wort mache. Der Prediger aber dürfe sich nicht zum Schweigen bringen lassen:

»Sturm erschwert das Schreiten über das Ackerland. Der Bauer bleibt vielleicht an solchen Tagen daheim. Dem Prediger ist der schwere Gang nicht erspart. Es gibt eine Menge von Saatgut, die nach geltenden Gesetzen und Verordnungen nicht mehr angebaut werden sollte, die aber der Herrgott immer noch nicht von seinem Saatplan gestrichen hat. Das gibt notwendigen Kon-

Anton Körbling

flikt, das wird immer wieder Gefängnis und Predigtverbot geben; wenn einer schweigen muß, wird ein anderer auftreten, und wenn Menschen nicht mehr sprechen können, dann werden die Steine reden. Luk. 20,40. Ob gelegen oder ungelegen, kündige das Wort.«[117]

Da er wußte, daß in der Kirche Gestapo-Spitzel anwesend waren, konnte er sich einen Seitenhieb auf diese nicht verkneifen:

»Wende das Wort auf Dich an. Sage nie, heute hat er es ihnen (den Nationalsozialisten, Anm. d. Verf.) aber wieder gesagt; wir predigen nicht für jene, die nicht da sind, auch nicht für den Abgesandten der politischen Polizei, der zufällig da ist. Wir wissen, daß dort für unser Kanzelwort nicht das rechte Erdreich gegeben ist, und daß ein Samenkorn, das auf das Blatt des Beobachters gefallen ist, noch nicht zum Heil aufgegangen ist.«

In der Tat führte dieses »Samenkorn« auf dem Papier des Spitzels zu einer Strafanzeige und einem Verfahren gegen Körbling, in dessen Verlauf er zu fünf Monaten Gefängnis wegen »Kanzelmißbrauchs« und »Heimtücke« verurteilt wurde. Körbling hatte zwar eine einflußreiche Fürsprecherin: Seine Tante Hermine Hoffmann, das sogenannte Hitler-Mutterl, war eine alte Freundin des »Führers«; doch ihr Gnadengesuch brachte keinen Erfolg. Trotzdem blieb Körbling die Haft erspart. Inzwischen herrschte Krieg, und man erließ ihm seine Strafe, weil er sich freiwillig an die Front meldete. Schon 1938 hatte Körbling mehrmals um seine Versetzung als Heeresgeistlicher gebeten, denn »es sei sein sehnlichster Wunsch, dem Vaterland mit seinem Leben zu dienen«. Anton Körbling gehörte zu den Pfarrern, die zwar mutig die nationalsozialistische Kirchenpolitik von der Kanzel herab angriffen, sich jedoch gleichzeitig für den nationalsozialistischen Krieg begeisterten. Es gab aber auch andere: Priester, die, unbeeindruckt von den Erfolgen der Wehrmacht, bereits in den ersten Kriegsjahren zur Einsicht und zum Frieden mahnten.

Der Kaplan Joseph Greinwald war Religionslehrer an der Wilhelmschule und tief bestürzt über die Kriegshetze. Als Mitte Oktober 1939 in den deutschen Zeitungen die Kriegspropaganda gegen England auf vollen Touren lief, dachte er sich für seine achte Mädchenklasse eine Unterrichtsstunde über das Thema »Feindesliebe« aus: »Das Hauptgebot des Herrn ist das Gebot der Liebe. Gottes-Liebe, die Nächstenliebe und die Feindesliebe.«[118] Anhand der Bergpredigt, der Parabel vom barmherzigen Samariter und dem Gleichnis vom Pharisäer und Zöllner führte er vor seinen Schülerinnen aus, daß Deutschland »jetzt hoch hinaus« wolle und wieder zu christlicher Bescheidenheit zurückkehren müsse. Von der tumultartigen Unruhe, die daraufhin in der Klasse entstand, ließ er sich nicht stören. Er zog einen Artikel des »Münchner Tageblatts« vom 13. Oktober hervor, brandmarkte ihn als »unchristliche Beschmutzung des englischen Volkes« und schärfte den Schülerinnen ein: »jeder kehre vor seiner Türe, und das müßte man den Zeitungsschmierern sagen«. Greinwald wurde von einigen seiner Schülerinnen denunziert. Bei seiner Gestapo-Vernehmung bekannte er freimütig:

»Ein Volk soll sich nicht über das andere erheben, sondern wie der Zöllner an die Brust klopfen, Gott sei mir Sünder gnädig. (...) Das Ziel der Religionsstunde war, den Kindern den Grundsatz unserer christlichen Religion einzuschärfen, sich gegenseitig zu achten und zu lieben. Ich habe dabei erwähnt, daß jedes Volk seine Tugenden hat und auch seine Fehler. Es soll sich eben ein Volk nicht über das andere erheben.«

Greinwald hatte Glück im Unglück: Er wurde zwar angezeigt, das Verfahren gegen ihn stellte man jedoch wieder ein. 1940 erhielt er ein Unterrichtsverbot für Oberbayern, ließ sich aber nach Landshut versetzen, wo er unterrichten konnte.

Auch der Pfarrkurat Anton Ferstl, der in Ottobrunn in einer Volksschule unterrichtete, setzte die »Feindesliebe« auf seinen Stundenplan. Im Januar 1940 erzählte er seinen Schülern die Geschichte vom barmherzigen Samariter in etwas abgewandelter Form: Ein Verletzter liegt am Straßenrand. Ein Deutscher, dann ein Pfarrer, danach ein politischer Leiter gehen an ihm vorüber. Zuletzt kommt ein Pole, der sich schließlich des Verletzten annimmt.

Von diesem Gleichnis erfuhr die NSDAP-Ortsgruppe in Ottobrunn. Ferstl wurde angeklagt. Es stellte sich heraus, daß er bei der Gestapo schon ein langes

Nationalsozialistische Deutsche Arbeiterpartei

Gau München-Oberbayern / Kreis München

Ortsgruppengeschäftsstelle
Ottobrunn
über München 2

Ortsgruppe
Stützpunkt Ottobrunn

Fernruf
München 472 373

NSDAP. Stützpunkt Ottobrunn über München 2

Ottobrunn, den 18. Januar 1940.

An die
Geheime Staatspolizei,
Staatspolizei-Leitstelle München,
z.H. v. Krim.Oberinsp. P f e u f f e r ,
M ü n c h e n   M 2

Briennerstr. 5o.

Geheime Staatspolizei
Staatspolizeileitstelle München

Empfangen 20. JAN. 1940

3491/39

Amt: Zeichen: R.   Nummer: 38.   Amt, Zeichen und Nummer sind bei der Antwort anzugeben

Betrifft: Anton Ferstl, Pfarrkurat, Ottobrunn.

Ferstl hat bereits wiederholt zu Beanstandungen Anlaß ge-

geben. Er hat in der vergangenen Woche nun im Religionsunterricht

der 5. Volksschulklasse das Beispiel vom "Barmherzigen Samariter"

wie folgt erklärt :

    " Ein Mann liegt auf der Strasse. Es geht vorüber
             ein Deutscher und läßt in liegen,
             ein Pfarrer   und läßt ihn liegen,
             ein Politischer Leiter und läßt ihn liegen,
             ein P o l e   aber hebt ihn sofort auf, bringt ihn
      mit seinem Wagen in das nächste Krankenhaus und bezahlt
      für ihn gleich 2oo Mark Kosten im voraus. "

Den Kindern legte der Herr Pfarrkurat nahe, nichts aus der

Schule zu plaudern. - Bei anderer Gelegenheit erklärte er, daß es

die gefangenen Deutschen in England und Frankreich sehr gut hätten.

Er wüßte dies aus Briefen.

Die Geduld der hiesigen Nationalsozialisten hängt nur noch

an einem Faden. Ich bin nicht mehr in der Lage, Garantie vor unan-

genehmen Zwischenfällen zu übernehmen.

Ich bitte um Nachricht, ob und was von Jhnen in der Angelegen-

heit unternommen werden kann.

Heil Hitler

Ortsgruppenleiter

Höflichkeitsformeln fallen bei allen parteiamtlichen Schreiben weg

Anzeige der NSDAP-Ortsgruppe Ottobrunn gegen Anton Ferstl

»Sündenregister« hatte: Bereits im August 1933 war er einige Tage in Haft gewesen. 1934 hatte er Heimabende der katholischen Jugend abgehalten, ohne sie anzumelden, um, wie er selber bei der Vernehmung sagte, eine Überwachung durch die Polizei zu verhindern. Mehrmals war er wegen mißliebiger Predigten verwarnt worden. Einmal hatte er eine von Nationalsozialisten am Kirchturm angebrachte Hakenkreuzflagge heruntergeholt und versteckt. Ein andermal hatte er einem nationalsozialistischen Lehrerkollegen das Bilderbuch »Trau keinem Fuchs auf grüner Heid' und keinem Jud' bei seinem Eid« aus dem Schulzimmer gestohlen. 1935 hatte er sich sogar mit Nationalsozialisten eine Prügelei geliefert. Folgerichtig forderte die Gestapo seine besonders harte Bestrafung:

»Diese ganze Reihe Verfehlungen des Benefiziaten Ferstl, nur angeführt zur Charakterisierung seiner Person, zeigen eindeutig, daß es sich bei ihm um einen den Nationalsozialismus aus Überzeugung ablehnenden Hetzgeistlichen handelt, dessen neuerliche Verfehlungen beweisen, daß er unbelehrbar und unversöhnlich in seiner gegnerischen Einstellung zu verharren gedenkt. Nur die volle Schärfe des Gesetzes durch exemplarische Bestrafung eines derartigen Staatsfeindes kann hier eine Besserung bewirken.« [119]

Auch Anton Ferstl kam mit einem Unterrichtsverbot davon. Joseph Schrallhammer, Pfarrer in St. Paul, und Stephan Floetzl, Kaplan in St. Maximilian, waren weitere Münchner Priester, die sich ganz gegen den Zeitgeist öffentlich für den Frieden einsetzten.

Katholische Laien

Während die Priester, durch die Macht der Kirche etwas geschützt, doch einigen Handlungsspielraum besaßen, gingen die katholischen Laien noch größere Risiken ein, wenn sie sich aktiv im Kirchenkampf engagierten. Die pensionierte Volksschullehrerin Therese Thoma geriet 1938 in die Fänge der Gestapo. Sie, die Rupert Mayer glühend verehrte, hatte mit großem Mut und Aktivismus versucht, den Kampf der Nationalsozialisten gegen den Katholizismus wenigstens ausschnittsweise zu dokumentieren. Als »grundsätzliche Verteidigerin der Bekenntnisschule« [120] wurde sie 1935 ihres Dienstes enthoben und nach einem Disziplinarverfahren Anfang 1936 in den dauernden Ruhestand versetzt. Seither lebte sie von einer winzigen Pension. Offenbar war es ihr ein Bedürfnis, ihrem Feind direkt ins Auge zu blicken und seine Untaten festzuhalten: Von Oktober 1937 an besuchte sie die sogenannten religionswissenschaftlichen Vorträge an der nationalsozialistischen Hans-Schemm-Hochschule für Lehrerbildung in Pasing. Sie stenographierte die kirchenfeindlichen Vorträge mit, faßte sie zu Hause auf ihrer Schreibmaschine zusammen und übergab sie Kardinal Faulhaber und Rupert Mayer. Der Dozent Kober, der die Vorträge hielt, war ein katholischer Geistlicher, dem das erzbischöfliche Ordinariat wegen seiner nationalsozialistischen

Einstellung die Lehrerlaubnis entzogen hatte. Als in Schweizer Zeitungen Artikel über die »mustergültige« Hans-Schemm-Schule erschienen, mit Informationen, die nur von einem Eingeweihten kommen konnten, wurde Kober klar, daß unter seinen Hörern ein kirchlicher »Spion« sitzen mußte. Er verbat daraufhin seinen Hörern mitzuschreiben und kündigte gegen »Auslandsagenten« schärfste Maßnahmen an. Offensichtlich war sein Verdacht bereits auf Therese Thoma gefallen. Diese ließ sich jedoch nicht einschüchtern. Sie stenographierte seinen Vortrag »Die religiös getarnte Internationale des politischen Katholizismus« trotz aller Drohungen mit. Unter der nationalsozialistischen Zuhörerschaft entstand darauf ein Tumult; man versuchte, ihr die Stenogramme zu entreißen, und griff sie tätlich an. Der Vorfall endete mit einer Anzeige bei der Gestapo. In den Vernehmungen sagte Therese Thoma lange gar nichts. Schließlich gab sie nur zu, was man ihr beweisen konnte. Andere Namen zu nennen, weigerte sie sich. Obwohl die Gestapo zusammenfaßte: »Nach Sachlage hat Thoma im klerikalen Nachrichtendienst als Mitarbeiter und Verbindungsmann fungiert«, konnte man ihr nicht nachweisen, daß sie ihre Stenogramme tatsächlich fürs Ausland angefertigt hatte. Nach fünf Wochen Polizeihaft mußte Therese Thoma entlassen werden, mit der Auflage, sich bis auf weiteres zur Verfügung der Gestapo zu halten.

Zu derselben Zeit wurde bei Bregenz ein Münchner Arzt, Dr. Joseph Mittendorfer, verhaftet, der in die Schweiz reisen wollte, um dort einen Pfarrer zu besuchen. Die Grenzbeamten hatten bei ihm »zwei Schreiben mit hetzerischem Inhalt vorgefunden, die den Verdacht rechtfertigen, daß Mittendorfer Greuelpropaganda betreibt.«[121] Eines der Flugblätter, »Der ›Arier‹ Alfred Rosenberg«, bezichtigte den nationalsozialistischen Chefideologen eines jüdisch-slawischen Stammbaums. Das zweite Flugblatt kritisierte die »überkluge Vorsicht« und »schwächliche Anpassung« der kirchlichen Amtsträger gegenüber dem NS-Regime – dies sei der tatsächliche »falsche politische Katholizismus« – und forderte von der Kirche eine kompromißlosere Haltung. Bei einer Hausdurchsuchung förderte die Gestapo Abschriften aus beschlagnahmten Hirtenbriefen, mehrere inzwischen verbotene katholische Zeitungen und Zeitschriften und anderes ihr verdächtiges Schriftenmaterial zutage. Sie kam zu dem Schluß: »Nach den bisherigen Ermittlungen besteht begründeter Verdacht, daß Mittendorfer mit klerikalen Kreisen im Auslande in Verbindung steht. Nach den mitgeführten Exemplaren ist er außerdem verdächtigt, im Ausland Greuelpropaganda zu betreiben.« Mittendorfer versuchte, sich zu rechtfertigen: Er habe die Flugblätter anonym zugeschickt bekommen und unbeachtet in seiner Brieftasche vergessen. Woher sie kamen und was er tatsächlich mit ihnen in der Schweiz vorhatte, läßt sich heute nicht mehr feststellen. Mittendorfer wurde wenige Tage später freigelassen.

Therese Thoma und Dr. Mittendorfer waren offensichtlich in ein Netzwerk von Menschen eingebunden, die sich für die katholischen Belange engagierten, ohne daß die Gestapo diesem Netzwerk auf die Spur kommen konnte. Erfolgreicher war sie im Fall Josef Mörschburger und andere: Am 10. Februar 1938 stand ein Dutzend Angeklagte vor dem Sondergericht, die bisher »politisch unbestandet« waren, aber als »überzeugte«, »regsame«, »sich aktivistisch betätigende« oder sogar »fanatische« Katholiken galten.[122] Eigentlich handelte es sich um zwei Kreise, in denen Flugblätter von Hand zu Hand weitergegeben wurden. Ein Flugblatt war von Kaplan Rauscher von St. Ursula in Umlauf gebracht worden. Es kritisierte die Sittlichkeitsprozesse gegen die Priester und die parteiische und unwahre Berichterstattung darüber in der deutschen Presse und zog daraus durchaus auch politische Schlußfolgerungen: »Sie (die Nationalsozialisten, Anm. d. Verf.) halten es (das deutsche Volk, Anm. d. Verf.) für so verlumpt und knechtselig, daß sie es wagen, es mit asiatischer Despotie zu unterdrücken, wie noch kein freies und gebildetes Volk unterdrückt worden ist.« Kaplan Rauscher hatte das Flugblatt einem seiner Gemeindemitglieder mit der Bemerkung übergeben, er solle »nur obacht geben, daß niemand Unrechter das Flugblatt erhalte, weil etwas darinnen stehen würde«. Dieser reichte das Blatt an den kaufmännischen Angestellten Josef Mörschburger weiter, der sich die Mühe machte, es um der besseren Lesbarkeit willen mit mehreren Durchschlägen abzuschreiben. Mörschburger gab das Blatt an eine ihm bekannte Frau, diese zeigte es ihrem Ehemann und gab es einer Freundin, die es wiederum ihrem Ehemann aushändigte. Dieser gab es einem Freund und der seiner Tochter. Mit ihr brach die Kette ab: Sie beging die Unvorsichtigkeit, das Flugblatt in aller Öffentlichkeit in der Straßenbahn zu lesen, und wurde denunziert. Auf ähnliche Weise war das zweite Flugblatt durch verschiedene Hände gegangen. Es bezichtigte in Sachen Kirchenverfolgung »die deutsche Justiz und das Pressewesen des grundsätzlichen Rechtsbruchs und der planmäßigen Vergewaltigung der öffentlichen Meinung.«

Der Gestapo gelang es, die Herkunft der beiden Flugblätter bis zu Kaplan Rauscher und einem Fräulein Buchwieser, der Nichte und Haushälterin des erzbischöflichen Generalvikars Ferdinand Buchwieser, zurückzuverfolgen. Während alle anderen Beteiligten vor dem Sondergericht angeklagt und verurteilt wurden, kamen diese mit einer bloßen Verwarnung davon. Am härtesten bestraft wurde Josef Mörschburger. Er mußte für sechs Monate ins Gefängnis. Mörschburger war selber einmal Nationalsozialist gewesen und hatte sich allein wegen dessen Kirchenfeindlichkeit von ihm abgewandt:

»In religiöser Beziehung ist er ein ausgesprochener Aktivist. Er muß geradezu als fanatischer Katholik bezeichnet werden. Vom Jahre 1929 bis zum September 1931 war er Mitglied der NSDAP sowie Angehöriger der SA. Der Angeklagte will damals in den Reihen der (nationalsozialistischen, Anm. d. Verf.) Bewegung eine katholikenfeindliche Stimmung bemerkt haben. Mit Rücksicht auf seine religiöse Einstellung war er nun der Meinung, die Mitgliedschaft zur Partei nicht mehr aufrecht erhalten zu können. Er hat daher zu dem oben genannten Zeitpunkt seinen Austritt aus der Partei angemeldet und diesen auch vollzogen.«

Urteil. G r ü n d e :

Die 4 Angeklagten sind Mitglieder des kath. Burschn-

vereins München-Perlach. Der Verein beabsichtigte in Perlach einen Maibaum aufzustellen und wollte die erfor-
derlichen Mittel durch eine Geldsammlung aufbringen.
Jm April 1935 sammelten die Angeklagten für diesen Zweck
bei Perlacher Einwohnern Geldspenden . Sie wandten sich
an 2 Mitglieder , 6 Ehrenmitglieder der Vereins, und im
übrigen an eine grössere Anzahl von Personen, meist Ge-
schäftsleute, die zum Verein in keiner Beziehung stehen.
Diese Personen wurden von den 4 Angeklagten aufgesucht
und unter Vorzeigung einer Einzeichnungsliste zur Bei-
steuerung von Geldbeträgen aufgefordert. Von den Nicht-
mitgliedern erhielten die Angeklagten Geldmittel zwische n
o,5o und 15 RM im Einzelfall, ohne dass sich die Spender vor Durchführung der Sammlung zur Zahlung eines
Geldbetrags bereit erklärt hätten. Eine Genehmigung zur
Durchführung der Geldsammlung besassen die Angeklagten
nicht. Die Sammlung, die sie von Haus zu Haus bei einem
nicht von vornherein fest abgegrenzten Personenkreis veranstalteten, war eine öffentliche und somit genehmigungs-
pflichtig. Da die Sammlung ohne Genehmigung durchgeführt
wurde, waren sämtliche Angeklagte je wegen eines gemeinsam begangenen Vergehens nach §§ 1 Abs. 1 , 13 Ziff. 1 ,
Sammlungsgesetzes v. 5.11.1934 , § 47 RSTGB zu verurteilen. Das Vorbringen der Angeklagten , sie hätten das Geld-
sammeln im vorliegenden Fall für erlaubt und frei gehalten,
ist unbehelflich; ein Jrrtum hierüber ist als Strafrechts-
irrtum unbeachtlich. Als schuldangemessen erschien gegen
jeden der Angeklagten eine Geldstrafe von lo RM, ersatz-
weise 2 Tagen Gefängnis.
Von dem Sammelerlös wurden Geldbeträge von 145 und 14 RM
sichergestellt. Diese Beträge waren gem. § 13 Abs. 1
Sammlungsgesetzes einzuziehen.
Kosten: § 464 RSTPO.
Strafumwandlung: § 29 RSTGB. Öffentlich verhandelt.
                    Der Amtsrichter:

                         Amtsgerichtsrat   Der Urk.Beamte:

Aus einem Urteil des Amtsgerichts München, 1935

Katholische Jugendliche

Die Fälle von Münchner Priestern oder katholischen Laien, die sich im Kirchenkampf gegen den Nationalsozialismus wandten, sind relativ zahlreich überliefert.
Demgegenüber erstaunt es, daß nur wenige katholisch organisierte Jugendliche
aktenfällig geworden sind.

Hans Hien war der Bundesleiter des »Älterenbundes Neudeutschland«. Als
die Nationalsozialisten die Macht ergriffen, hatte er gerade sein Jura-Studium abgeschlossen und als Rechtsreferendar angefangen. Hien war politisch sehr interessiert; er dachte viel über das neue Regime nach und rang um eine politische
Standortbestimmung des »Bund Neudeutschland« unter diesen veränderten Bedingungen. Zum 1. Mai 1933 legte er der Zeitschrift des Älterenbundes ein selbst
verfaßtes Rundschreiben bei: »Die politische Haltung von Neudeutschland Äl-
terenbund im neuen Staat«. Anders als die Kirche wollte sich Hien nicht erpres-
sen lassen durch die Forderung nach nationaler Geschlossenheit, die in diesen
Wochen jeden konservativen Widerspruch unterdrückte. Es ging ihm »nicht um
eine Proklamation nach außen, daß ›auch wir national‹ seien, sondern um eine
ehrliche Besinnung und neue Wegweisung innerhalb unserer eigenen Reihen.«
Er war zwar bereit, den neuen Staat um der »nationalen Erhebung« und der »geistigen und politischen Einigung der Volksgesamtheit« willen zu begrüßen und zu
unterstützen. Die Bundesbrüder könnten sogar der NSDAP beitreten, wenn sie
dort Möglichkeiten sähen, »konkret im Sinne der Neudeutschen Idee fruchtbar
und aktiv zu arbeiten«. Doch weigerte er sich, für den neuen Staat jedes kritische
Denken aufzugeben. In all seiner Zwiespältigkeit formulierte Hiens Rundschreiben dabei fast hellseherisch die menschenverachtenden Ziele des Nationalsozialismus:

*»Dieses innerliche Ja-Sagen zu diesen Grundelementen des neuen Staates – das
nicht nur auf Taktik, sondern auf gereifter Überzeugung beruht – berechtigt uns
aber auch, klar die Grenzen und Gefahren, ja offenkundige Fehlkonstruktionen
der neuen Ordnung aufzuzeigen, die da sind, einmal ein vielfach geübter
Macchiavellismus, dem jedes Mittel zur Erreichung der Staatsraison recht ist; so-
dann eine gefährliche militaristische Verzerrung (...); als Folge hievon ein Wieder-
aufflammen der Kriegspsychose im außenpolitischen Bereich; der kollektivistische
Zug der ›Gleichschaltung‹, (...) die tatsächlich und rechtlich bestehende Diktatur
(...); vor allem aber die weltanschauliche Gefährdung durch die Absolutsetzung
der Nation im 'totalen Staat', damit auch der drohende Rückfall in die geistig seit
dem Eintritt des Christentums in die Menschheitsgeschichte überwundene Staats-
omnipotenz, die letztlich die Würde und Freiheit der Persönlichkeit bedroht.*

*All diese sehr ernsten Verwahrungen erheben wir allerdings nicht aus dem Res-
sentiment des längst überholten Liberalismus, sondern aus dem Willen zu einer
gemeinschaftsgebundenen und gemeinschaftstragenden Persönlichkeitskultur.«*[123]

Das Rundschreiben blieb für Hien noch folgenlos. Mit der Polizei zu tun bekam er es erst Ende Juni 1933: Er hatte vor einem Club katholischer Adeliger die These entwickelt, daß alle Revolutionen sich in einem ersten gemäßigten und einem zweiten radikalen Schub vollzögen und der Nationalsozialismus jetzt vor diesem zweiten Schub stünde. Man müsse sich jetzt mit den »gemäßigten« Kräften der NS-Bewegung verbünden, um die radikale Revolution zu verhindern. Diese damals auch in anderen Kreisen zirkulierenden Gedanken hatte Hien in einer Denkschrift zusammengefaßt, drucken und verschicken lassen. Einige Exemplare fand zufällig die Polizei, als sie bei führenden BVP-Mitgliedern Hausdurchsuchungen machte. Hien wurde gewarnt. Da es seinem Ehrenkodex nicht entsprach zu fliehen, meldete er sich freiwillig bei dem Gauleiter und Innenminister Adolf Wagner, der ihn sofort in »Schutzhaft« nahm. Wagner und Himmler wollten die Denkschrift dazu verwenden, den ganzen »Bund Neudeutschland« als staatsfeindlich zu diskreditieren und verbieten zu lassen. Doch Hien ließ sich die persönliche Verantwortung nicht nehmen. Er kam daraufhin nach Stadelheim und wurde erst im Dezember 1933 wieder entlassen.

Daß in den katholischen Jugendorganisationen schon im Frühsommer 1933 die Stimmung an der »Basis« zum Teil sehr pessimistisch war, zeigen die Briefe von Heinrich Hammer. Der 21jährige Theologiestudent schrieb am 20. Juni 1933 einem Freund einen Bericht über die Vorfälle auf dem Münchner Gesellentag.[124] Er schloß mit den Worten:

»Heiner, hast du das kapiert, gefressen? es ist nicht alles gold was glänzt. unsere lage ist durchaus nicht rosig. Heiner, vielleicht hält man wieder haussuchung bei dir und beschlagnahmt diesen brief, dann wird man wenigstens die wahrheit erfahren, die man sonst nicht erfährt.«[125]

Drei Tage später schrieb Hammer dem Freund erneut in höchster Aufregung, er glaube, daß die katholischen Jugendverbände in allernächster Zeit verboten würden (was tatsächlich erst drei Jahre später geschah):

»tritt gefaßt!
ich habe dir heute wichtiges zu berichten! man rechnet hier an maßgebender stelle damit, daß in 8–14 tagen sämtliche katholische jugendverbände aufgelöst sind. die auflösung der katholischen arbeitervereine wird in den nächsten tagen erfolgen. die geistlichkeit wird dieser aktion von seiten der regierung meines erachtens keinen widerstand entgegensetzen! die weisungen vom zweiten thing in bamberg befolgen, zum beispiel SA-leute in den heimabend einladen und dergl. hat auch keinen sinn, denn es gibt leute, die einfach mit blindheit geschlagen sind und die sich nicht überzeugen lassen. was ist nun zu machen? heiner, du wirst mir zugeben, daß die wahrscheinlichkeit einer auflösung zumindest sehr groß ist. die folge davon wäre, daß alles, was eigentum der sturmschar und des katholischen jungmännervereins ist, eigentum der HJ wird. das geht ganz automatisch. darum trefft

sofort vorsorge für den fall des falles. (...) ich würde dir gerne noch einige wonne-
same dinge erzählen, aber ›o lieber herrgott mach mich stumm, daß ich net nach
dachau kumm‹! dachau ist ein schöner kurort, 18 km von münchen, aber konzen-
trationslager für alle, die sich im reden und handeln ›nicht beherrschen‹ können.
freund, ich möchte dir allerhand interessante dinge flüstern, gerüchte, die hier im
umlauf sind; da wärst du einfach sprachlos, aber du weißt ja ... o lieber ... (usw.)
festen treugruß auch allen, Heiner.
... unstete fahrt habt acht, habt acht, die welt ist voller morden ...« [126]

Tatsächlich fand bei dem Briefeempfänger eine Hausdurchsuchung statt, die
Briefe wurden gefunden. Heinrich Hammer kam in Untersuchungshaft und verbrachte einige Monate im KZ Dachau. Im Oktober 1933 wurde er vor dem Sondergericht zu einem Monat Gefängnis verurteilt. Die Strafe trat er im März 1934
an, nachdem er erst im Dezember aus Dachau entlassen worden war.

Resistenz im konservativ-monarchistischen Milieu

Politiker und Anhänger der Bayerischen Volkspartei (BVP)

Während sich die katholische Kirche trotz aller Schikanen und Verbote bis zum
Kriegsende als eigenständige Institution behaupten konnte, wurde der politische
Katholizismus im Frühsommer 1933 völlig ausgeschaltet. Im Konkordat erkaufte
sich die Kirche ihren Schutz dadurch, daß sie auf jede politische Betätigung und
Repräsentation verzichtete.

In Bayern hatte bis 1933 die Bayerische Volkspartei (BVP) die politischen Interessen der katholischen Kirche vertreten. Sie gab sich antipreußisch und bay-
erntreu; auch war sie gegen die Weimarer Republik eingestellt und hielt
grundsätzlich am monarchistischen Gedanken fest, obwohl sie sich andererseits
mit den Gegebenheiten der Republik arrangierte. Bis zur nationalsozialistischen
»Machtergreifung« stellte die BVP unter dem Ministerpräsidenten Heinrich
Held die bayerische Regierungspartei. Sie stand allerdings auf wackeligen Bei-
nen: Schon seit 1930 verfügte sie über keine parlamentarische Mehrheit. Von na-
tionalistisch-völkischen Parteien und den Kommunisten erdrückt, konnte sie sich
dennoch nicht überwinden, ihre Vorbehalte gegenüber der SPD aufzugeben und
mit ihr eine Koalition zu bilden. Furchtsam sah sie auf die politische Entwicklung
im Reich: Seit der Absetzung der preußischen Regierung durch den Reichskanzler Franz von Papen im Juli 1932 ließ sich nicht ausschließen, daß in Bayern etwas
Ähnliches passieren könne. Manche Vertreter der BVP hofften auf eine Gelegenheit, die Wittelsbacher Monarchie wiedereinzusetzen, doch wurde die Restau-
rationsfrage nie besonders konsequent verfolgt. Die BVP zeigte sich hier auch
innerlich gespalten: Die jüngere Generation – vor allem in Gestalt des Landtags-

abgeordneten Alois Hundhammer und des Parteivorsitzenden und Staatsrats Fritz Schäffer – warf dem Ministerpräsidenten Held vor, daß er aus Feigheit die vorhandenen Möglichkeiten nicht ausschöpfe, den Kronprinzen Rupprecht wieder näher an den Thron zu bringen. So gespalten die Führungsriege der BVP, so heterogen war ihre Anhängerschaft. Sie ging quer durch alle soziale Schichten und umfaßte Nationalisten und Monarchisten ebenso wie Republikaner. Die gemeinsamen Bezugsgrößen waren vor allem der Katholizismus und die Angst vor dem Bolschewismus.

Bei der halbfreien Reichstagswahl vom 5. März 1933 erlitt die BVP erhebliche Stimmeneinbußen: In Bayern hatten nur 27 Prozent der Bevölkerung die BVP gewählt, dagegen 43 Prozent die NSDAP. Als die nationalsozialistische Reichsregierung die bayerische Regierung entmachtete und Franz Ritter von Epp als »Reichskommissar«, dann »Reichsstatthalter« einsetzte, verhallten Helds Proteste in Berlin wirkungslos. Am 23. März 1933 stimmten sämtliche Abgeordnete der BVP dem »Ermächtigungsgesetz« zu. Als sie wenige Wochen später plötzlich selber mit Verfolgungsmaßnahmen überzogen wurden – sie, die doch immer staatstragend und allseits geachtet gewesen waren –, waren sie völlig überrascht. Die gezielten Gewaltaktionen der SA, die Hausdurchsuchungen, Verhöre und Verhaftungen erreichten schließlich ihr Ziel: Am 4. Juli 1933 löste sich die BVP selbst auf. Nur eine Minderheit ihrer ehemaligen Anhänger trat aus Opportunismus oder Bequemlichkeit, oder auch weil sie in manchen Punkten mit dem Nationalsozialismus sympathisierte, der NSDAP bei.

Die alte Führungsriege um den Ministerpräsidenten Held ging in den Ruhestand, und auch die jüngeren Politiker zogen sich in die Privatsphäre zurück. Manche Funktionäre fanden eine Anstellung in der katholischen Kirchenverwaltung, andere arbeiteten als Beamte oder Angestellte und bezeugten dem Nationalsozialismus zumindest äußerlich ihre Loyalität, wieder andere lebten von ihrem Vermögen, übernahmen schlecht bezahlte Hilfsarbeiten oder machten sich mit kleinen Geschäften selbständig.

Innerhalb kurzer Zeit hatte es das NS-Regime also geschafft, die bayerisch-katholischen Interessen aus dem politischen und öffentlichen Leben völlig auszuschalten. Der Münchner Humorist Weiß Ferdl ließ im Faschingszug 1934 »die bayerischen Belange eingeweckt«[127], also für bessere Zeiten konserviert, durch München fahren. Dennoch blieben sie in der Bevölkerung lebendig, was sich zum Beispiel in den Auseinandersetzungen um das Hissen der weiß-blauen Fahne – die weiß-blauen Farben waren seit 1935 verboten – oder das Aufstellen des traditionellen Maibaums zeigte.

Keiner der BVP-Politiker wagte es nach 1933, sich in irgendeiner Form zu exponieren. Der erst 33jährige Landtagsabgeordnete Alois Hundhammer verzichtete gänzlich auf eine weitere Karriere. Er hatte sich vor 1933 als Gegner der Nationalsozialisten im Landtag besonders hervorgetan, war im Juni 1933 verhaftet und bis Ende Juli im KZ Dachau festgehalten worden, länger als alle seine

Parteifreunde. Nach der Freilassung eröffnete er eine Schnellsohlerei. Seine zahlreiche Kundschaft aus konservativ-katholischen Kreisen ermöglichte es ihm sogar, eine weitere Filiale aufzumachen. Die Gestapo überwachte seine Post und lud ihn immer wieder zu Verhören vor, doch vermied Hundhammer tunlichst jedes oppositionelle Engagement. Nur einmal erhielt er eine Beanstandung, als er an Allerheiligen 1937 sein Geschäft geschlossen hielt, obwohl dieser Feiertag von den Nationalsozialisten abgeschafft worden war.

Der BVP-Landesvorsitzende und Staatsrat Fritz Schäffer war ebenfalls Ende Juni 1933 einige Tage in Haft. Er wurde im April 1934 in den dauernden Ruhestand versetzt und mußte sich mit der Pension eines Oberregierungsrates begnügen, weil er »in politischer Beziehung eine Belastung«[128] darstellte. Später arbeitete er in München als Rechtsanwalt. Die Gestapo beobachtete auch ihn, hatte aber an seinem Verhalten nichts zu beanstanden:

»Über seine jetzige politische Einstellung gegenüber dem Staat und der Bewegung konnte nichts Nachteiliges in Erfahrung gebracht werden. Er stellt sich nicht außer der Reihe der Volksgemeinschaft, gibt bei jeder Sammlung gerne und reichlich, grüßt mit dem Deutschen Gruß, so daß er in keiner Weise unangenehm auffällt.«[129]

Mehrere kleine Auseinandersetzungen mit dem NS-Regime hatte der ehemalige Bürgermeister von München, Karl Scharnagl, der 1933 in seinen gelernten Beruf als Bäcker zurückkehrte. Sowohl Scharnagl als auch Schäffer wurden nach dem gescheiterten Attentat vom 20. Juli 1944 im KZ Dachau interniert, ohne daß sie mit diesem etwas zu tun gehabt hätten. All diese BVP-Politiker konnten nach 1945 ihre politische Karriere fortsetzen.

In den ersten Jahren nach der »Machtergreifung« gerieten nicht nur die Politiker, sondern immer wieder auch ehemalige Mitglieder und Anhänger der Bayerischen Volkspartei in Konflikt mit dem Regime. Im Juni 1933 wurde der Rentner Johann Rauschopf angeklagt und zu fünf Monaten Gefängnis verurteilt – für den damaligen Zeitpunkt ein sehr hohes Strafmaß –, weil er Hitler »verächtlich gemacht« hatte. Auf dem Weg von seiner Wohnung zu seinem Schrebergärtchen in Obersendling kam er regelmäßig an einem nationalsozialistisch gesinnten Bahnwärter vorbei und ließ sich mit diesem auf offene politische Diskussionen ein. Vor der Polizei sagte er aus:

»Zintl (der Bahnwärter, Anm. d. Verf.) habe ihn jeweils mit dem Hitlergruß begrüßt, obwohl Zintl genau gewußt habe, daß er (Rauschopf, Anm. d. Verf.) gegen die nationale Regierung eingestellt sei. Er sei seit vielen Jahren Anhänger der BVP gewesen und habe aus diesem Grunde diese Partei bei jeder Gelegenheit vertreten. Schon allein durch den Hitlergruß des Zintl sei er beim Vorbeigehen an diesem Bahnwärterhaus verärgert gewesen, weshalb es dann öfters mit ihm zu politischen Meinungsäußerungen gekommen sei.«[130]

Ähnlich freimütig äußerte sich im Mai 1934 der Versicherungsbeamte Theodor Bühler, nachdem er von Kollegen denunziert worden war, weil er das »Dritte Reich« als einen »Zuchthausstaat« bezeichnet hatte:

»Ich war Beamter der bayerischen Versicherungsbank und Allianz München und bin seit 14 Tagen in Pension gegangen, das heißt, ich mußte gehen. In dieser Bank sind einige Beamte, die mich nicht leiden möchten und die ständig gegen mich hetzen. Am 21. April 1934 mischte ich mich in ein Gespräch, das über das Bettler-unwesen geführt wurde, ein. Im Laufe des Gesprächs äußerte ich mich so, wie in der Anzeige geschildert ist. Ich war lange Jahre Mitglied der Bayerischen Volks-partei und vertrete einen anderen politischen Standpunkt, ich bin ein ganz Schwarzer. Über manche Regierungsmaßnahmen, die die Religion betreffen, bin ich sehr verärgert. Insbesondere bin ich gegen die Hetzereien, die gegen die Prie-ster geführt werden. Mein Sohn ist selbst Kaplan, und ich kann diese Hetze nicht vertragen.« [131]

Bühler fand offenbar einen milden Richter, obwohl die denunzierten Äußerun-gen, zu denen er sich ja auch bekannte, an Deftigkeit kaum zu überbieten waren: »... überhaupt wird man direkt stranguliert in diesem herrlichen Dritten Reich, was ich hundertfach und auch an mir selbst erfahren habe. Wir leben ja in einem direkten Zuchthausstaat, es laufen gerade genug Zuchthäusler in brauner Uni-form herum.« Sein Verfahren wurde eingestellt mit der Begründung, die Äuße-rungen seien nur ein »ungehöriges Werturteil« und keine »Behauptung tatsächli-cher Art« gewesen.

Ab Mitte der 30er Jahre wurden solche Oppositionsbekundungen von katho-lisch-konservativer Seite selten. Wie ungern und widerstrebend sich aber doch so mancher dem totalitären Regime gefügt haben mag, wird aus der Aussage eines Vollstreckungsbeamten deutlich, der 1937 wegen Weitergabe von Gerüchten an-geklagt war:

»Ich bin kein Gegner des Nationalsozialismus, sondern mir gefällt im allgemeinen die ganze Politik ganz gut. Nur gefällt mir der Streit mit der Kirche nicht. Ich bin überzeugter Katholik und stehe auch für meine Religion ein. Ich war bis zur Auf-lösung bei der Beamten-Vereinigung der Bayerischen Volkspartei. Ich habe mich aber in politischer Hinsicht noch niemals aktiv betätigt. Es ist mir aber schwer ge-fallen, mich in die heutigen Verhältnisse einzuleben.« [132]

Zwei Einzelgänger: Fritz Gerlich und Edgar Jung

Fritz Gerlich, der langjährige Chefredakteur der »Münchner Neuesten Nach-richten« und seit 1931 Herausgeber des »Geraden Wegs«, zog vor 1933 durch sei-ne provokanten und leidenschaftlichen Artikel den ganz besonderen Haß der Na-tionalsozialisten auf sich. Gerlich hatte eine schillernde und widersprüchliche

Geschichte: Bis weit in die 20er Jahre hinein war er selber ein scharfer Nationalist gewesen. Seine Sympathien für Hitler waren allerdings 1923 beim Hitlerputsch über Nacht einer starken Abneigung gewichen. 1926 geriet er in den Bann der »stigmatisierten Therese von Konnersreuth« – einer Frau, die vorgab, die Wunden Christi am eigenen Körper zu haben, und von weiten Kreisen des bayerischen Katholizismus wie eine Heilige verehrt wurde. Gleichzeitig entfernte er sich zunehmend von dem republikfeindlich-nationalistischen Kurs der »Münchner Neuesten Nachrichten«. 1928 schied er aus ihrer Redaktion aus, 1931 konvertierte er zum Katholizismus. Ein reicher Gönner verschaffte ihm mit dem »Geraden Weg« eine eigene Wochenzeitung. In seinen Artikeln kämpfte er nun ohne irgendwelche konservativen Rücksichten und mit großer Leidenschaftlichkeit gegen den Nationalsozialismus. »Hetzer, Verbrecher und Geistesverwirrte – Führertum und Presse der Hitlerbewegung«, »Untermenschen im Reichstag« und »Sperrt die Führer ein!« – solche Überschriften forderten die Rachsucht der Nationalsozialisten geradezu heraus und wurden auch in katholischen Kreisen unbehaglich aufgenommen. Zugleich wandelte sich Gerlich von einem Feind der Weimarer Republik zu ihrem engagiertesten Verteidiger. Er kämpfte nicht nur gegen die Nationalsozialisten, sondern auch gegen die Versuche der Konservativen, die Krise des Systems für eine Wiedereinführung der Monarchie zu nutzen. Am 9. März 1933, als die Nationalsozialisten auch in Bayern die Macht ergriffen, wurde Gerlich sofort in das Polizeigefängnis an der Ettstraße gebracht. Zwischenzeitlich im KZ Dachau interniert, wurde er am 30. Juni 1934 im Zusammenhang mit der Röhm-Krise erschossen, nachdem SA-Leute ihn schon im Mai fast totgeschlagen hatten.

Auch Edgar Jung besaß eine extrem nationalistische Vergangenheit. Anders als Fritz Gerlich hatte er Anfang der 30er Jahre noch mitgeholfen, die Weimarer Republik zu zerstören und Hitler an die Macht zu bringen. Bei ihm fand ein Gesinnungswandel erst im Sommer 1933 statt. Edgar Jung verstand sich als »konservativer Revolutionär« und hielt von Rechtsstaat und Verfassungstreue gar nichts. 1924 hatte er erfolgreich einen Mord an einem pfälzischen Separatistenführer organisiert. Seit 1925 betrieb er eine Rechtsanwaltskanzlei in München, war aber vor allem publizistisch tätig: In zahlreichen Artikeln und Vorträgen verbreitete er nationalistisches und völkisches, auch antisemitisches Gedankengut. Vom aufsteigenden Nationalsozialismus trennte ihn nur, daß er ihre Ausrichtung auf die Massen und ihren geistlosen Opportunismus verachtete. Jung war für autoritäre Lösungen, nicht für eine »Herrschaft der Minderwertigen« – so der Titel eines Buches, das er 1927 veröffentlichte. 1932 bekam er mit seinen Ideen Einfluß auf den Reichskanzler Franz von Papen. Nach der nationalsozialistischen »Machtergreifung« – für die Papen mitverantwortlich war – gehörte Jung dessen engstem Beraterkreis in Berlin an. Da Papen als Vizekanzler Anlaufstelle für viele Beschwerden aus der Bevölkerung wurde, bekamen seine Mitarbeiter Einblick in die Mißstände, die das neue Regime verursachte. Im Sommer 1933 erkannte Edgar Jung zumindest ansatzweise, welche fatale Entwicklung er und seine Freunde angekurbelt hatten. Er durchlebte eine schwere seelische Krise, wurde krank und trug sich mit Selbstmordabsichten. Seitdem waren in seinen Texten immer kritischere Töne hörbar. In einer geheimen Denkschrift forderte er eine außenpolitische Öffnung, eine freiere Presse und langfristig ein Ende der Einparteiendiktatur. Schließlich verfaßte er das Manuskript für die sogenannte Marburger Rede, die Papen am 17. Juni 1934 vor dem Marburger Universitätsbund hielt. Bei aller oberflächlichen Zustimmung und positiven Formulierungskunst enthielt diese Rede einen Protest gegen den totalitären Staat, der aus dem Inneren des Regimes selbst kam:

»*Die Regierung ist wohl unterrichtet über all das, was an Eigennutz, Charakterlosigkeit, Unwahrhaftigkeit, Unritterlichkeit und Anmaßung sich unter dem Deckmantel der deutschen Revolution ausbreiten möchte. Sie täuscht sich auch nicht darüber hinweg, daß der reiche Schatz an Vertrauen, den ihr das deutsche Volk schenkte, bedroht ist. Wenn man Volksnähe und Volksverbundenheit will, so darf man die Klugheit des Volkes nicht unterschätzen, muß sein Vertrauen erwidern und es nicht unausgesetzt bevormunden wollen. Das deutsche Volk weiß, daß seine Lage eine ernste ist, es spürt die Wirtschaftsnot, es erkennt genau die Mängel mancher aus der Not geborenen Gesetze, es hat ein feines Gefühl für Gewalt und Unrecht, es lächelt über plumpe Versuche, es durch eine falsche Schönfärberei zu täuschen.*«[133]

Die Verbreitung dieser Rede in den Zeitungen und im Radio wurde von Propagandaminister Goebbels sofort verboten. Nur die Abendausgabe der »Frankfurter Zeitung« hatte die Rede bereits herausgebracht. Da sich die Röhm-Krise in diesen Tagen zuspitzte, war absehbar, daß Hitler jetzt gewalttätig gegen jede innere Opposition vorgehen würde. Edgar Jung wollte wohl fliehen, wurde jedoch am 25. Juni in seiner Berliner Wohnung verhaftet. Fünf Tage später wurde er erschossen.

Monarchisten und Königstreue

Innerhalb des Münchner katholisch-konservativen Milieus nahm die monarchistische Bewegung bis 1933 eine Sonderstellung ein: Sie empfand jedes Zugeständnis an die Weimarer Republik als Verrat am bayerischen Königshaus und war nicht bereit, den kompromißlerischen Kurs der BVP mitzutragen. Die bayerischen »Königstreuen« taten sich organisatorisch und propagandistisch sehr hervor. Es existierten zahlreiche Verbände und Vereine, die die monarchistische Sache als spezifisch bayerische Angelegenheit in der Öffentlichkeit vertraten. Der 1921 gegründete »Bayerische Heimat- und Königbund« hatte am meisten Zulauf. Viele seiner Mitglieder gehörten gleichzeitig der »Bayernwacht«, dem Wehrverband der BVP, an. Aber auch kleinere vaterländische Vereine wie die

»Reichsflagge«, der »Bund Bayern und Reich«, der »Bayerische Kriegerbund«
und die Regiments- und Offiziersvereine traten für die Monarchie ein. Große
Teile der Bevölkerung, die nicht organisiert waren, hatten den Wittelsbachern ihre traditionelle Anhänglichkeit bewahrt. Die Monarchie erschien ihnen nicht nur
als Alternative zur Weimarer Republik, sondern auch als einzige Möglichkeit,
dem Bolschewismus und dem Nationalsozialismus zu entgehen. Alle Hoffnungen
richteten sich auf den Kronprinzen Rupprecht, der wegen seiner integren und
volksnahen Art besonders verehrt wurde. Dabei vermieden es die Monarchisten,
aktiv in die Politik einzugreifen: Ein Putsch kam für sie nicht in Frage, da sie um
jeden Preis im Rahmen der Legalität bleiben wollten, und es entsprach ihrem Po-
litikverständnis, dem Kronprinz alle Entscheidungen selbst zu überlassen.

Nachdem man jahrelang vergebens auf eine günstige Gelegenheit für eine Restauration gewartet hatte, kam 1932 plötzlich Schwung in die Ereignisse. Die
ständigen Verfassungsverletzungen der Reichsregierung ließen die bayerischen
Politiker darüber nachdenken, ob sie nicht selber die Verfassung im Sinne der
Monarchie verändern könnten. Auch in der Bevölkerung erhielt die monarchistische Idee neuen Auftrieb. Als die Nationalsozialisten im Januar 1933 im Reich an
die Macht kamen, versuchten einige einflußreiche Hochadelige aus dem Umkreis des Kronprinzen, den »Königsgedanken« nun endlich umzusetzen und dadurch eine Gleichschaltung Bayerns zu verhindern. Sie rechneten dabei sogar
mit der Unterstützung der Sozialdemokratie, die eine rechtsstaatliche Monarchie
gegenüber dem Nationalsozialismus als das kleinere Übel betrachtete.

Der monarchistische »Bund Bayern und Reich« auf dem »Reichsfrontsoldatentag« in München, 1929

Am 20. Februar 1933 machten diese monarchistischen Herren einen Vorstoß beim Ministerpräsidenten Held, um ihn dafür zu gewinnen, den Kronprinzen unter Verkündigung des Ausnahmezustandes zum Generalstaatskommissar in Bayern zu ernennen. Damit hätte sich Bayern von der Entwicklung im Reich abkoppeln können. Held zögerte jedoch und lehnte schließlich ab. Er glaubte nicht, daß die Aktion erfolgreich ablaufen würde – sie hätte der nationalsozialistischen Reichsregierung einen willkommenen Anlaß geboten, gewaltsam in Bayern einzuschreiten und einen Bürgerkrieg zu entfesseln. Da auch der Reichspräsident Paul von Hindenburg, auf dessen Rückendeckung man gehofft hatte, seine Unterstützung versagte, gaben die Monarchisten schließlich auf.

Drei Wochen später waren die Nationalsozialisten auch in Bayern an der Macht. Den Monarchisten blieb nur die Hoffnung, daß das »Dritte Reich« bald zusammenbrechen würde und die Monarchie in dem dann zu erwartenden Chaos als einzige Ordnungsmacht endlich zum Zuge kommen könne. Es gab allerdings auch einige sehr Leichtgläubige, die nun ihre Erwartungen auf die Nationalsozialisten setzten: Bis zum Sommer 1934 hielt sich das Gerücht, daß bayerische Nationalsozialisten wie Ritter von Epp, Ernst Röhm und Hermann Göring oder sogar Adolf Hitler selbst die bayerische Monarchie wiedereinführen würden.

Einer der einflußreichsten Monarchisten, der die Monarchie mit dem Nationalsozialismus versöhnen wollte, war Enoch Freiherr zu Guttenberg, seit 1927 der Vorsitzende des »Bayerischen Heimat- und Königbunds« (BHKB). Obwohl er dem NS-Regime im März 1933 mehrmals seine Loyalität und Kooperationsbereitschaft signalisierte, wurde dem BHKB Anfang April jede öffentliche Tätigkeit verboten. Im Mai 1933 gab Guttenberg ein Flugblatt heraus, das die ganze Zwiespältigkeit seiner Haltung angesichts dieser Situation zeigte:

»Geduld verlangt diese Zeit von uns. Wir dürfen sie auch haben; denn diejenigen, die sie uns von Staats wegen befehlen, sie arbeiten an einem guten Ziel: Es gilt den nationalen Willen im ganzen deutschen Volke zu erneuern. Wir in Bayern wissen, daß solche Erneuerung, wenn sie uns nicht in ihrem weiteren Verlauf König und Staat gewinnt, des Fundaments entbehren wird, das ihre Zukunft sichert. Darum leugnen wir auch nicht, daß die uns anbefohlene Geduld, das Gebot des Statthalters, vom Könige zu schweigen, schwere Härte bedeutet. Aber wir sind bereit, sie zu ertragen. (...) Und wenn einer wie Hitler dem Volke seine besten Kräfte zurückgeben soll, dann vertrauen wir darauf, daß er dem Bayern seine Treue nicht nehmen will, die seinem Land und seinem König gehört. (...) Zu Kleinmut ist kein Anlaß in diesen Tagen, mögen sie auch Erscheinungen bringen, die uns grämen und bestürzen. Tragt sie mannhaft und würdig um Bayern und des Reiches willen. So helft Ihr den schweren Übergang überbrücken.«[134]

Schon im April 1933 hatte sich der monarchistische Wehrverband »Bayernwacht« selbst aufgelöst. Im Juli 1933 löste Guttenberg nach Absprache mit Ernst Röhm

An die königstreuen Bayern!

Geduld verlangt diese Zeit von uns.

Wir dürfen sie auch haben; denn diejenigen, die sie uns von Staats wegen befehlen, sie arbeiten an einem guten Ziel: Es gilt den nationalen Willen im ganzen deutschen Volke zu erneuern.

Wir in Bayern wissen, daß solche Erneuerung, wenn sie uns nicht in ihrem weiteren Verlauf König und Staat gewinnt, des Fundamentes entbehren wird, das ihre Zukunft sichert. Darum leugnen wir auch nicht, daß die uns anbefohlene Geduld, das Gebot des Statthalters, vom Könige zu schweigen, schwere Härte bedeutet. Aber wir sind bereit, sie zu ertragen.

Betrachten wir die Arbeit, vor der Hitler steht. Das Vertrauen des deutschen Volkes hat ihm ermöglicht, die Lösung seiner Aufgabe in einem Zuge über das ganze Reich in Angriff zu nehmen. Eine geschichtliche Fügung, die der Opfer wert ist. Bayern bringt sie bewußt der gemeinsamen deutschen Sache.

Die dem gesunden bodenständigen Sinne unseres Volkes verbundene Treue zur Krone, dieses kostbare Voraus, das Bayern sich gewahrt hat, wir sind mit diesem Opfer bereit, es den Geschehnissen einzuordnen, weil wir wissen, daß deren Entwicklung nur dann erfolgreich bleiben wird, wenn sie im ganzen Raum des Reiches den Gleichschritt wahrt.

Es hat nicht wenige gegeben, die uns dieses Voraus geneidet haben, viele haben es falsch verstanden und mancher hat es falsch gedeutet. Der Zwiespalt, den wir gerade in den letzten Ereignissen in Bayern erleben müssen, er hat in diesem Vorgang seinen Grund. Wollen wir hoffen, daß fortschreitende Zeit und Erkenntnis diese Vergangenheit überwindet und damit auch uns die Mitarbeit erleichtert, die wir suchen.

Wir sind bereit, das Unsrige dazu zu tun, und konnten dies nicht besser beweisen als durch die Entsagung, die wir für unsere Wünsche gebracht haben im gleichen Augenblick bereits, in dem wir Gesundung und Erneuerung im ganzen Reiche ermöglicht sahen. Wir ordnen uns ein, um dem Ganzen zu dienen.

Einordnen aber heißt nicht aufgeben.

Schweigen für eine Zeit kann die Treue, aber verleugnen wird sie sich niemals.

Und wenn einer wie Hitler dem Volke seine besten Kräfte zurückgeben soll, dann vertrauen wir darauf, daß er dem Bayern seine Treue nicht nehmen will, die seinem Land und seinem König gehört. Im Gegenteil, die Sehnsucht nach der Krone und der Wille zum eigenen verantwortlichen Leben unseres Staates, mit jedem Tage müssen und werden sie wachsen, der uns der Gesundung näher bringt, die von dem Aufbruch unseres Volkes ausgeht.

Zu Kleinmut ist kein Anlaß in diesen Tagen, mögen sie auch Erscheinungen bringen, die uns grämen und bestürzen. Tragt sie mannhaft und würdig um Bayern und des Reiches willen. So helft Ihr den schweren Übergang überbrücken.

Wir wissen, fleckenlos ist der Schild, auf den wir unseren König heben wollen.

Mit reinem Willen sind wir in diese Zeit getreten,
wollen selbstlos an ihr mitschaffen,
um aber von ihrem Werden auch zu fordern,
daß Bayerns Farben wieder frei und unbeschwert wehen dürfen,
um den zu grüßen, der unser König ist.

Freiherr zu Guttenberg.

Flugblatt Enoch Freiherr zu Guttenbergs an die Mitglieder des Bayerischen Heimat- und Königbundes, 1933

auch den BHKB auf – immer noch in der Illusion, der monarchistischen Bewegung einen Dienst dadurch zu erweisen, daß er einen »unversöhnlichen Gegensatz« zur NSDAP vermied. Im Februar 1934 ließ Hitler alle noch übrigen monarchistischen Verbände sowie die monarchistischen Zeitschriften und Periodika verbieten.

Enoch Freiherr zu Guttenbergs Vorgänger im Vorsitz des BHKB, Erwein Freiherr von Aretin, war zugleich sein Gegenspieler, was die Haltung zum Nationalsozialismus anbelangte. Der sehr vielseitige Publizist und Wissenschaftler gehörte seit 1923 zu Hitlers entschiedensten Gegnern. Seit 1927 leitete er das Ressort Innenpolitik bei den »Münchner Neuesten Nachrichten«. Als strenger Katholik – und wie Fritz Gerlich tief beeindruckt von der stigmatisierten Therese von Konnersreuth – verurteilte er die Glaubenslosigkeit und die Rechtsbrüche der Nationalsozialisten und lehnte jeden Kompromiß mit ihnen ab. Im Februar 1933 beteiligte er sich an den Versuchen, die Gleichschaltung Bayerns durch eine Restauration der Monarchie zu verhindern. Angeblich deshalb wurde er am 13. März 1933 in »Schutzhaft« genommen. Da jedoch die anderen Drahtzieher dieser Aktion unbehelligt blieben, dafür aber ein Dutzend seiner Redakteurskollegen ebenfalls verhaftet wurde, lag schon damals der Verdacht nahe, daß es den Nationalsozialisten eigentlich nicht um den Putschversuch ging, sondern darum, die konservativ-monarchistische Redaktion der »Münchner Neuesten Nachrichten« auszuheben. Auch der Herausgeber der »Münchner Neuesten Nachrichten«, Nikolaus Cossmann, kam in Haft. Diese Verhaftungen erregten im katholisch-konservativen Establishment großes Aufsehen. Man konnte sich vielleicht damit abfinden, daß die Kommunisten im KZ Dachau verschwanden, aber daß eine geachtete Honoratiorenpersönlichkeit ohne Anklage und Prozeß festgehalten wurde, wirkte schockierend. Der Fall »Aretin, Cossmann und Genossen« entwickelte sich nun zu einem Zankapfel zwischen den als »gemäßigter« geltenden bayerischen Nationalsozialisten – Ritter von Epp, Ministerpräsident Siebert und Reichsjustizminister Gürtner – und den »Radikalen« Heydrich und Himmler. Vor allem Heydrich wollte an Aretin und Cossmann ein Exempel statuieren. Da das Reichsgericht, vor das Aretin gestellt werden sollte, in diesem Fall nicht bereit war, Recht zu beugen, schaltete sich im November 1933 Adolf Hitler persönlich ein: Er verfügte, daß Aretin und Cossmann trotz Epps ständiger Bemühungen zuerst nach Dachau und später ins Gefängnis Stadelheim kamen. Erst im Mai 1934 wurde Aretin entlassen, Cossmann noch im April. Beide erhielten Berufsverbot. Cossmann wurde 1938 erneut verhaftet, diesmal nicht mehr wegen seiner monarchistischen Vergangenheit, sondern weil er Jude war. Er starb 1942 in Theresienstadt. Aretin lebte zurückgezogen und hielt sich konsequent vom Nationalsozialismus fern. Als ihn ein alter Freund im Juni 1934 beschwor, er solle sich doch als Adeliger dem neuen Staat anschließen und seinen vier Söhnen nicht die Zukunft verbauen, war seine Antwort:

*»Sie erinnern mich an meine vier Bu-
ben. Ich habe sie in den vielen Tagen
meiner Haft immer vor mir gesehen,
und ihre Gesichter haben mich abgehalten, etwas zu tun oder zu sagen, wo-
mit ich mich einmal vor ihnen hätte
schämen müssen.«* [135]

Am maßgeblichsten dafür, wie sich die
monarchistischen Bevölkerungsteile
zum Nationalsozialismus verhalten
würden, war die Person des Thronprä-
tendenten selber. Kronprinz Rupprecht und seine Berater zogen sich auf
den Standpunkt absoluter Neutralität
zurück. Sie vermieden sorgfältig jede
Annäherung an das Regime. Nach der
nationalsozialistischen Machtübernahme in Bayern wandte sich Rupprecht
an den Reichspräsidenten Hindenburg
und den Reichsstatthalter von Epp,

Erwein Frhr. von Aretin

um »gegen diese Vergewaltigung der deutschen Staaten«[136] Protest einzulegen.
Als er nur ausweichende Antworten bekam, ließ er sich im öffentlichen Leben
kaum mehr blicken. Bei der Reichstagswahl vom 12. November 1933 blieb er demonstrativ zu Hause. Standhaft verweigerte er, auf dem Leuchtenbergpalais die
Hakenkreuzfahne hissen zu lassen. Kein Wittelsbacher trat irgendeiner Formati-
on der NSDAP bei. Für die nationalsozialistischen Behörden bestand kein Zweifel, daß sie in Rupprecht einen Gegner hatten. Alle monarchistischen Widerstandskreise, die sich später bildeten, suchten die Verbindung zu ihm. Sie
verhielten sich dabei allerdings äußerst vorsichtig, um ihn nicht in irgendeiner
Weise zu kompromittieren: Da er nach dem Zusammenbruch des Nationalsozialismus unbeschadet als König zur Verfügung zu stehen sollte, durfte man ihn auf
keinen Fall gefährden. Als im August 1939 der monarchistische Widerstandskreis
um den Freiherrn Adolf von Harnier aufflog, wurde der Kronprinz von der Gestapo verhört, konnte aber seine Ahnungslosigkeit beteuern.[137] Ende 1939 folgte
er mit seiner Familie einer Einladung des italienischen Königs, um nicht mehr
nach Deutschland zurückzukehren. Von Italien aus nahm Rupprecht spätestens
im Frühjahr 1943 geheime Kontakte mit der britischen Regierung auf. Über den
Vatikan vermittelte er den Briten eine Denkschrift, die offen für eine Wiederer-
richtung der Monarchie in Bayern plädierte:

*»Ich habe die Absicht und bin entschlossen, wenn die gegenwärtige Regierung ab-
tritt, sofort in die Heimat zurückzukehren, die mir von ihr seit drei Jahren ver-*

153

Kronprinz Rupprecht und seine Frau

schlossen ist. Ich hoffe, mit der jahr-
hundertealten Tradition unserer Dyna-
stie und meiner eigenen Autorität von
ihr das Chaos abzuwenden. Ich weiß,
daß Millionen darauf warten, was wohl
der Grund ist, warum man die Verban-
nung über mich verhängt hat, und ich
werde mich dieser mir aus meiner
fürstlichen Stellung gestellten Aufgabe
nicht entziehen.«[138]

Die Denkschrift wurde von den Sach-
bearbeitern im britischen Foreign Of-
fice allerdings nicht besonders ernst
genommen, wie ihre handschriftlichen
Kommentare zeigen: »All rather vague
and naive«, »He hopes for the Crown,
not only of Bavaria, but of the whole
country«, »he is, I believe, a harmless
old boy of advanced age«. Der Kronprinz verschwieg nach dem Krieg diese
frühen Kontakte zu den Alliierten.

Im Juni 1944 tauchte Rupprecht in
Florenz unter, um einer Verhaftung durch die Deutschen zu entgehen. Zwei Monate später befreiten ihn die Alliierten aus seinem Versteck. Seine Familienan-
gehörigen wurden jedoch nach Deutschland verschleppt und verbrachten die
Monate bis zum Kriegsende als Sippenhäftlinge in verschiedenen KZs.

Rupprechts von Anfang an ablehnende Haltung trug bestimmt dazu bei, daß
die monarchistisch gesinnten Bevölkerungsteile sich gegenüber dem Nationalsozialismus als weitgehend resistent erwiesen. Wo immer der Kronprinz auftrat,
wurde er demonstrativ gefeiert. Als er am 10. Februar 1935 nach einem Gottesdienst Faulhabers nach Hause fahren wollte, verabschiedete ihn eine Menschenmenge mit Hochrufen – und das direkt vor dem Gebäude des Polizeipräsidiums. Einige Hitlerjungen, die die Hochrufe mit »Heil Hitler«-Rufen störten,
bekamen Prügel ab. Ebenfalls nach einem Gottesdienst zog am 14. November
1937 der Verein »Kameradschaft des ehemaligen königlich-bayerischen 1. Infan-
terie-Regiments König« salutierend an Rupprecht vorbei. Daraufhin wurde der
Kameradschaftsführer verhaftet und der Verein verboten. Den Nationalsozialisten blieb nicht verborgen, welche Wirkung der Kronprinz auf die Bevölkerung
ausübte. Heydrich bezeichnete ihn sogar als »Kristallisationspunkt aller monarchistischen bzw. legitimistischen Bestrebungen in Bayern und zum Teil auch in
den angrenzenden süddeutschen katholischen Gebieten«: »Diese Tatsache wird

durch verschiedene Gerüchte, die sich mit seiner Person befaßten, wie auch durch zahlreiche Ergebenheits- und Glückwunschschreiben sowie die seit Jahren beim Portier des Leuchtenberg-Palais ausgelegten Audienzbücher belegt, die die Namenszüge von Tausenden von Verehrern enthalten.«[139]

Welch wirre Vorstellungen sich allerdings in der einfachen Bevölkerung bei vielen mit der »Königsidee« verbanden, zeigt der Fall des ledigen Postangestellten Karl Haslinger. Er wurde im Januar 1934 angeklagt, weil er behauptet hatte:

»Hitler hält sein Programm nicht ein, das die jetzige Regierung den Marxismus unterstützt, weil es jetzt genauso ist wie vorher, und daß wir bis in zwei Jahren den alten Marxismus genau so haben wie es war, daß die Regierung die Juden unterstützt, daß die versprochene Freiheit erst recht genommen ist, zuerst hätten wir mehr Freiheit gehabt wie bis jetzt. Wir Kriegsbeschädigten werden enttäuscht sein, was uns noch abgezogen wird. Jede Republik gehört weg, nur die Monarchie kanns uns besser machen. (...)«[140]

Es stellte sich heraus, daß Haslinger bereits eine bewegte politische Geschichte hinter sich hatte: Bis 1919 gehörte er der Sozialistischen Arbeiterjugend, seit 1920 der Königspartei, dann dem Bayerischen Heimat- und Königbund an. Im Mai 1933 trat er der NSDAP und der SA bei. Haslinger gab zu, Monarchist zu sein. Er sei aber kein bayerischer Separatist, sondern »meine Anschauungen bewegten sich in der Linie der NSDAP, Ludendorffbewegung und Heimat- und Königbund«. Als für ihn ausschlaggebendes Argument für die Monarchie führte er an, daß diese durch ihre dynastische Herrscherfolge die »Nachfolgefrage« und den »Streit um den Führerposten« besser regele als der Nationalsozialismus. Das Verfahren gegen Haslinger wurde nach langem Hin und Her und zahlreichen ärztlichen und politischen Gutachten eingestellt. Auch Freiherr Enoch zu Guttenberg hatte sich für ihn verwandt.

Die monarchistische Idee, die bis weit in die Kriegsjahre in den Köpfen der Menschen haften blieb, bedeutete vielen einfachen Leuten nicht wirklich ein politisches Ideal. Sie diente eher als eine vage Alternative zum Nationalsozialismus, mit der man drohen oder auf die man sich trotzig zurückziehen konnte, wenn man mit bestimmten Maßnahmen des Regimes nicht einverstanden war. Im Februar 1940 bekam eine alte Rentnerin Besuch von der Polizei, weil sie vergessen hatte, ihre Fenster abzudunkeln. In ihrer Erregung schimpfte sie los: »Tuts mich nach Dachau oder in ein Narrenhaus, ich wills haben, Saubande verreckte, jede monarchistische Regierung wär mir lieber wie die heutige.«[141] Daraufhin wurde sie von der Gestapo zu ihrer politischen Haltung vernommen. Sie konnte glaubhaft machen, daß nur ihre Armut und Einsamkeit sie zu diesem monarchistischen Bekenntnis gebracht hatten: »An und für sich ist mir die Staatsform gleichgültig.«

Bayerische Föderalisten im Exil

Es gab in München einen Kreis von überzeugten Föderalisten, die trotz ihres konservativen Zuschnitts die nationalistische Grundeinstellung ihrer Zeitgenossen nicht teilten. Sie erkannten den Versailler Vertrag an, setzten sich für eine Aussöhnung mit den europäischen Nachbarn ein, bekannten sich als Pazifisten und wurden deshalb auch von nicht-nationalsozialistischen Konservativen stark angefeindet. In ihren Augen war der Nationalsozialismus eine Ausgeburt des preußischen Nationalstaates, wie ihn Bismarck geschaffen hatte und wie er in der Weimarer Republik weiterlebte. Dabei waren auch ihre Anschauungen alles andere als demokratisch: Sie wünschten einen autoritären Ständestaat, standen dem Austrofaschismus nahe und liebäugelten mit Mussolini, bis dieser sie durch seine imperialistischen Aktionen enttäuschte.

Der Philosoph und Hochschullehrer Dietrich von Hildebrand, der Priester und Publizist Georg Moenius und der Publizist Klaus Dohrn hatten sich vor 1933 mit ihren antipreußischen, bayerisch-partikularistischen Veröffentlichungen gegen den Nationalsozialismus gestellt und mußten fürchten, nach der »Machtergreifung« in Bayern als eine der ersten ins KZ Dachau zu kommen. Sie emigrierten nach Österreich, das sie seit langem als Bollwerk christlich-abendländischer Kultur bewunderten. Dort gründeten sie die Zeitschrift »Der christliche Ständestaat« und engagierten sich in den Kreisen der österreichischen Monarchisten. Beim Anschluß Österreichs 1938 flohen sie und ihre Gesinnungsgenossen nach Paris, dann über Spanien und Portugal in die Vereinigten Staaten. In Paris und in New York arbeiteten sie an einer bayerischen Exilorganisation, weil sie hofften, mit ihr im Sinne eines föderalistischen, konservativen Nachkriegsdeutschlands auf die Alliierten Einfluß nehmen zu können.

Ihr wichtigster Mitstreiter in Paris war Joseph Panholzer, ein Münchner Rechtsanwalt, der schon seit 1918 als Vorstandsmitglied des »Friedensbundes deutscher Katholiken« gegen den preußischen Zentralismus und Militarismus gekämpft hatte. Während der Kreis um Hildebrand trotz seiner starken föderalistischen Überzeugung den deutschen Nationalstaat nicht in Frage stellte, forderte Panholzer tatsächlich einen eigenen bayerischen Staat, der mit den anderen deutschen Ländern höchstens in einem losen Staatenbund verknüpft sein sollte. Zudem war er ein glühender Verehrer Frankreichs: Er hoffte auf Frankreich als dem historischen Bündnispartner Bayerns, um nach Hitlers Niederlage das bismarcksche Reich – in seinen Augen die Ursache des Nationalsozialismus – wieder in seine Bestandteile zu zerlegen.

Nach der nationalsozialistischen »Machtergreifung« emigrierte Panholzer vorerst noch nicht, hielt aber mit Hildebrand und dem Kreis um die Zeitschrift »Christlicher Ständestaat« in Wien Verbindung. Erst als er 1937 als »Pazifistenschwein« und »Royalist« aus der Münchner Anwaltschaft ausgeschlossen und für drei Monate im KZ Dachau interniert wurde, plante er, Deutschland zu verlassen. Im Sommer 1939 kam er einer erneuten Verhaftung zuvor und reiste in die Schweiz aus.

Panholzer war es nun sehr wichtig, vom Ausland aus etwas gegen das NS-Regime zu unternehmen. Deshalb blieb er nicht in der Schweiz, die den Emigranten jede politische Tätigkeit verbot, sondern reiste nach Frankreich weiter. Hier traf er Hildebrand und seinen Kreis wieder. Man zeigte sich sehr froh über seine Ankunft, da er ausgezeichnete Kontakte zu regierungsnahen Kreisen in Frankreich besaß. Während die meisten anderen deutschen Emigranten wegen des Kriegszustandes in Internierungslagern festgehalten wurden, konnte er sich relativ frei bewegen. Im Auftrag Klaus Dohrns machte er sich nun daran, ein »Bayerisches Komitee« zu gründen, das sich den Alliierten als bayerische Exilregierung zur Verfügung stellen sollte. Er und seine Freunde glaubten fest, daß die Niederlage Deutschlands nicht lange auf sich warten lassen würde und sie dann bei der Neuordnung eine wichtige Rolle spielen könnten. Panholzer verfaßte mehrere Memoranden über die besondere Stellung Bayerns im Reich. Außerdem plante er ein »Centre d'Etudes et de Documentation sur le Fédéralisme Allemand«, um – gestützt durch einen französisch zusammengesetzten Beirat und die bedeutenden Namen von emigrierten deutschen Kulturträgern – Material für eine föderalistische Neuordnung Deutschlands zu sammeln.

Der Einmarsch der deutschen Armeen im Juni 1940 machte all diese Pläne zunichte. Panholzer floh in das nicht besetzte Südwestfrankreich, er legte sich einen französischen Tarnnamen zu und fand eine Arbeit als Lehrer. Auch wenn er dies später leugnete, gilt es als sicher, daß er sich damals der französischen Résistance anschloß und am bewaffneten Kampf gegen die deutsche Besatzung teilnahm. Als die Alliierten im Sommer 1944 Frankreich befreiten, fuhr er zurück nach Paris und stellte sich der Regierung Charles de Gaulles zur Verfügung. In ihrem Auftrag agitierte er nun unter bayerischen Kriegsgefangenen in französischen Lagern, um sie für ein dezentralisiertes, anti-nationalsozialistisches und anti-preußisches Deutschland zu gewinnen. Zu diesem Zweck gründete er die Flugblatt-Zeitung »Das bayerische Vaterland«. Auch ein »Ausschuß für bayerische Selbständigkeit« war von ihm geplant. In Begleitung eines französischen Mitarbeiters besuchte Panholzer mehrmals andere bayerische Emigranten – zum Beispiel Kronprinz Rupprecht in Rom und Wilhelm Hoegner in der Schweiz –, die nach dem Zusammenbruch Deutschlands für die bayerische Sache wichtig werden sollten.

Nach dem Krieg kehrte Panholzer in französischer Uniform nach München zurück. Auch wenn seine Träume von einem selbständigen Bayern nicht wahr wurden, machte er als Mitglied der CSU, dann der Bayernpartei eine politische Karriere. Sein Fall wurde ein besonders trauriges Beispiel für den Umgang der frühen Bundesrepublik mit der Geschichte des Widerstands: Als sich in den 50er Jahren die öffentliche Stimmung gegen die ehemaligen NS-Gegner wandte – sie galten nun vielen als »Landesverräter« – wurde auch Panholzer massiv angegriffen. Er distanzierte sich daraufhin öffentlich von seiner Vergangenheit: Nie habe er »mit der Waffe gegen Deutsche« gekämpft und die französische Uniform nur angezogen, um in die amerikanische Zone einreisen zu können. Nach dieser »politischen Lebensbeichte«[142] 1954 stand seiner Ernennung zum Staatssekretär im Finanzministerium nichts mehr im Wege.

Die außergewöhnlichste Figur der bayerischen Emigration war der katholische Priester Carl-Oskar Freiherr von Soden. Soden machte nie eine politische Karriere, er starb im Exil. Für ihn bedeutete die Emigration ein Martyrium, ein in größter Einsamkeit und Demut getroffener Entschluß, auf alles zu verzichten, was ihm das Leben lebenswert machte. 1941 verfaßte er in Erwartung seines baldigen Todes eine »Erklärung«:

»Ich habe in meinem Leben sehr wenig Nützliches getan. Daran ist zum einen Teil die Zeit schuld, die jede individuelle Initiative vernichtet hat. Unsere Zeit ist dem Individuum feindlich, sie liebt nur die Masse. Deswegen sind so ziemlich alle meine Versuche, Gutes zu tun, früher oder später erstickt. Das einzig wirklich Gute und Nützliche, das ich habe vollbringen dürfen, ist meine Abreise aus Deutschland im Sommer 1939 gewesen. Das ist die Tat meines Lebens. Im Vergleich zu ihr war alles andere kleinliche Betriebsamkeit, alles andere an Wert weit zurück. Diese Tat enthält freilich auch das größte Opfer meines Lebens. Nichts hat mich so sehr leiden machen. Allein gerade das ist das Kriterium ihres wahren Nutzens und ihrer echten Größe.

Im Besitz dieses Bekenntnisses sterbe ich ruhig. Ich denke, es ist nicht vermessen, mich seit dem 25. Juli 1939 zu denen zu rechnen, die die Stelle Mt 19,29[143] erfüllt haben. Daher meine Hoffnung. Gott helfe mir mit seiner Gnade, daß ich auch bis zum Ende treu bleibe und siege. Amen.«[144]

Soden hatte schon als Schüler Zeitungs- und Zeitschriftenartikel über politische Themen publiziert. Seine föderalistische Grundeinstellung ließ ihn schon sehr früh zu Überzeugungen kommen, mit denen er in seinem konservativen Umfeld allein stand: Das Individuum habe immer Vorrang vor der Gemeinschaft und dem Staat; alle Rassentheorien seien gefährliche Irrlehren; der Erste Weltkrieg sei »die naturnotwendige Folge der großkapitalistisch-imperialistisch-militaristischen Machtpolitik der europäischen Großmächte und der von nationalistischem Wahnsinn besessenen europäischen ›Gernegroße‹ «[145] gewesen; Politik müsse »demokratisch und sozial« sein; der Weimarer Republik müsse man eine Chance geben. Als Mitglied des »Friedensbundes deutscher Katholiken« dachte Soden pazifistisch. Er setzte sich für die deutsch-polnische, deutsch-französische und deutsch-tschechische Verständigung ein. Nach seinem Studium ging er 1925 für ein Jahr nach Polen und berichtete als Osteuropa-Korrespondent für verschiedene Zeitungen. In diese Zeit fiel sein Entschluß, sich ganz aus der Politik zurückzuziehen und Priester zu werden, da ihm die bayerische Politik und das politische Leben überhaupt unerträglich erschienen. Nach seiner Priesterweihe kam er

1931 als Seelsorger in ein Dorf bei Landshut. Dort predigte er vor seiner Gemeinde jeden Sonntag gegen den »wahnwitzigen Stolz«, gegen »Paraderausch«, »Haß« und »kindischen Dünkel« im Volk und bei den Politikern, gegen Kriegshetze, Führerglauben und Diskriminierung.

Nach der nationalsozialistischen »Machtergreifung« sah sich Soden zunehmend isoliert. Er war entsetzt über die Zustimmung der BVP zum »Ermächtigungsgesetz«; das Konkordat durchschaute er als einen Versuch, den Katholizismus vor den Wagen des »Dritten Reichs« zu spannen. Inzwischen nach München berufen, mußte er als Präses eines katholischen Vereins

Carl-Oskar Frhr. von Soden, circa 1938

in Verhandlungen mit den Nationalsozialisten über die Zukunft der Vereine treten. Die Kompromisse, die ihm auch von kirchlicher Seite dabei aufgenötigt wurden, waren ihm so zuwider, daß er mehrmals um Amtsenthebung bat. Er geriet in heftige Konflikte mit dem erzbischöflichen Ordinariat. Im März 1936 wurde er schließlich seinem Wunsch gemäß auf eine kleine Landpfarrei im Freisinger Hinterland versetzt.

All diese Jahre quälte er sich mit der Frage, ob er emigrieren und zu seinen Gesinnungsfreunden um Dietrich von Hildebrand nach Österreich stoßen solle. Soden zerbrach förmlich an seiner Zeit. Eine Krankheit nach der anderen warf ihn aufs Bett, und der Ton seiner Predigten wurde zunehmend verzweifelt und resigniert. Als die österreichischen Bischöfe nach dem nationalsozialistischen Einmarsch in Österreich eine freudig-zustimmende Erklärung über die Zeitungen verbreiteten, notierte sich Soden: »eines der schwärzesten Blätter der Kirchengeschichte, über die wir uns mehr schämen als über (Papst, Anm. d. Verf.) Alexander VI. Was ist größer – die Dummheit oder die Charakterlosigkeit?« Als am 20. April 1939 alle Priester auf die Anordnung der Bischöfe hin für »Führers Geburtstag« im Gottesdienst ein Gebet sprechen mußten, tat dies Soden mit einem sehr doppeldeutigen Text und verfaßte noch am selben Tag einen verzweifelten Aufsatz »Der Affe des Reiches«, den er natürlich nie veröffentlichen konnte:

»Nie ist der deutsche Name so entehrt worden, als heut durch den unerhörten Zwang und Betrug, der namens Deutschlands an diesen Völkern (der Tschechoslowakei, Anm. d. Verf.) vollführt wird. Nie mußten wir, die Getreuen des Heiligen

Reichs, so schamrot werden als heute, da der Affe seine Insignien trägt und sie zu seinen Räubereien benutzt.«[146]

Anders als den meisten seiner Priesterkollegen bedeutete ihm der bevorstehende Krieg keine »vaterländische Pflicht«, sondern unerträgliches Unrecht. Kurz vor Kriegsausbruch entschloß er sich doch noch zur Emigration: Am 25. Juli 1939 reiste er nach Luzern ab, offiziell, um seine Krankheiten zu kurieren, tatsächlich, um nie zurückzukehren. In einem Brief an einen Freund schilderte er seine verzweifelte Situation:

»*Der Entschluß war wohl der schwerste meines Lebens. Du weißt, wie ich an der Heimat und meinen alten Eltern hänge. Ich habe moralisch und materiell alles verlassen, was ich besaß. (...) Ich glaubte, ich mußte meinem Gewissen folgen. Für die Geradheit meiner Haltung, meine Ehre, meine Überzeugung habe ich nun alles bezahlt, was ich hatte.*«[147]

In der Schweiz hielt sich Soden nur notdürftig als Aushilfsgeistlicher über Wasser. Im September 1940 floh er weiter nach Brasilien, da damals die Gefahr bestand, daß auch die Schweiz von Deutschland überfallen und besetzt würde. Schwer malaria- und zuckerkrank und von Heimweh gequält schloß er dort mit seinem Leben ab. Doch inzwischen waren seine Freunde aus dem Hildebrand-Kreis in New York eingetroffen. Sie holten ihn im April 1941 zu sich, und mit ihrer Hilfe und der finanziellen Unterstützung von ausgewanderten Münchner Juden konnte Soden noch zwei Jahre bis zu seinem Tod für seine politischen Ideale arbeiten. Er leitete den »Bavarian Council«, die Hauptinteressensvertretung der exilierten Bayern in New York, und verfaßte ein 200seitiges Manuskript über sein Lebensthema, den Föderalismus.

Während Soden und Panholzer, Hildebrand und Dohrn sich als Vertreter des bayerischen Konservatismus im Exil verstanden und enge Kontakte zu den Alliierten besaßen, handelte Fritz Josef Berthold als Einzelgänger. Eigentlich Rechtsanwalt in München, leistete er nach dem Polenfeldzug 1939 seinen Wehrdienst als Verwaltungsangestellter im Generalgouvernement Polen. Dort erlebte er die Vernichtung der Juden im Warschauer Ghetto. Um sich diesen für ihn unerträglichen Eindrücken zu entziehen, meldete er sich 1941 oder 1942 an die Westfront. Im besetzten Frankreich stationiert, knüpfte Berthold konspirative Kontakte zur Résistance. Er organisierte im

»O Bayern teure Heimat
In tiefster Schwäche und Not
Von Hitlers braunen Banden
Dein Volk geführt zum Tod.
In Rußlands fernen Landen
Für Preußens Gier und Macht
Ja schmeißt die Nazis aussi
Und haut ös,
daß grad kracht.«

Das »Weihelied« der österreichisch-bayerischen Legion, gesungen auf die Melodie des Kaiserjägermarsches (Abschrift)

Februar 1944 innerhalb der deutschen Truppen einen Widerstandskreis, der einen »österreichisch-bayerischen Alpenstaat« zum Ziel hatte. Schließlich desertierte er, um auf der Seite der Résistance in der österreichisch-bayerischen Legion gegen das nationalsozialistische Deutschland zu kämpfen. Im August 1945 kehrte Berthold nach München zurück.

Politischer Widerstand von konservativ-katholischen Kreisen

Anders als im sozialistischen Bereich war der politische Widerstand im konservativ-katholischen Milieu – bis auf eine wichtige Ausnahme, den Harnier-Kreis – eine Sache von Einzelpersonen, die isoliert und auf sich alleine gestellt handelten und über keine breitere Basis in der Bevölkerung verfügten. Ihr Weg in den politischen Widerstand verlief sehr individuell. Bei manchen von ihnen überwog in den Jahren nach der nationalsozialistischen »Machtergreifung« die Anpassung, und ihre oppositionelle Haltung wuchs erst seit Kriegsbeginn. Bei anderen stand die Gegnerschaft zum Nationalsozialismus seit 1933 fest. Sie alle hingen an der Eigenständigkeit Bayerns und waren empört über die Verfolgung der Kirche. Sie dachten gleichzeitig national und bekämpften das NS-Regime auch deshalb, weil es Deutschlands nationale Interessen in ihren Augen schädigte. Was den Schritt in den Widerstand anbelangt, hatten sie einen Loyalitätskonflikt durchzustehen, den sie allerdings unterschiedlich stark empfanden: Jeder Widerstand gegen das Regime konnte gleichzeitig bedeuten, daß man die Position Deutschlands schwächte und vielleicht sogar Anarchie, Bürgerkrieg und eine bolschewistische Revolution herbeiführen half – ein Schreckgespenst, das die Konservativen im Zweifelsfall mehr fürchteten als nationalsozialistischen Terror. Dieser Konflikt verstärkte sich noch mit Kriegsausbruch. Es war für einen Konservativen ein ungeheurer Schritt, dem eigenen Land die Niederlage zu wünschen. Nur sehr wenige gingen soweit; die meisten machten ihren Widerstand davon abhängig, daß man von den alliierten »Feindmächten« verbindliche Zusagen erhalten müsse, daß diese einen Regierungsumschwung in Deutschland nicht kriegerisch zu ihrem Vorteil ausnutzen würden.

Frauen gab es im Münchner konservativen Widerstand nicht - bis auf eine einzige Ausnahme, die Freiin Margarethe von Stengel, die wegen ihres Adels und ihrer sozialen Stellung von den kleinbürgerlichen Mitgliedern der Vorläufergruppe des Harnier-Kreises als Führerfigur akzeptiert wurde. Es widersprach der damaligen Geschlechterrollenverteilung, daß sich Frauen politisch betätigten. Wieviele Ehefrauen, Mütter, Schwestern und Freundinnen allerdings aus dem Hintergrund heraus handelten und den Männern seelische Unterstützung und logistische oder materielle Hilfe boten, oft ohne in deren Widerstandtätigkeit vollständig eingeweiht zu sein, ist unbekannt.

Politischer Widerstand von Priestern

Eigentlich verstießen Priester, die sich im politischen Widerstand betätigten, gegen die Vorgabe der Kirche, daß die Politik Sache des Staates sei und sich die Kirchenleute in allen politischen Dingen der Obrigkeit fügen bzw. sich heraushalten sollten. Es war äußerst selten, daß ein Priester den rein kirchlichen Bereich verließ und ins Politische vordrang. Nur Außenseiter machten diesen Schritt ganz bewußt: in stärkstem Maße Carl-Oskar Freiherr von Soden, aber auch der Stadtpfarrer Emil Muhler, der in Kirchenkreisen deshalb als Querulant galt. Die Jesuitenpatres um Augustinus Rösch sowie Kaplan Wehrle hatten nicht die Absicht, politisch tätig zu werden; sie wurden es gegen ihre Intention. Augustinus Rösch und Lothar König, die das »Dritte Reich« überlebten, stritten folgerichtig später auch immer ab, politischen Widerstand geleistet zu haben. Sie beanspruchten, nur Kämpfer für den Glauben gewesen zu sein.

Pfarrer Emil Muhler war schon immer sozialpolitisch sehr interessiert gewesen. Nach seiner Priesterweihe promovierte er 1923 in Volkswirtschaft zum Thema »Die Idee des gerechten Lohnes nach katholischer Auffassung mit besonderer Berücksichtigung des Familienlohnes«. Seit 1924 war er Stadtpfarrer von St. Andreas im Glockenbachviertel, wo er viel mit den Nöten der armen Bevölkerungsschichten in Berührung kam. Als Mitglied der Bayerischen Volkspartei saß Muhler von 1930 bis zur nationalsozialistischen »Machtergreifung« im Münchner Stadtrat.

Im Herbst 1933 geriet Muhler zum ersten Mal mit dem nationalsozialistischen Regime in Konflikt. Er hatte einen engen Kontakt zu Kommunisten in seiner Gemeinde, die er in den Schoß der Kirche zurückführen wollte und deshalb moralisch und auch materiell unterstützte. Von ihnen erfuhr er, daß die Kommunisten, die im Frühjahr und Sommer 1933 zu Hunderten inhaftiert worden waren, in den Gefängnissen und im KZ Dachau nicht nur in Gewahrsam gehalten, sondern auch mißhandelt und getötet wurden. Eines Abends erzählte er seinen Kaplänen beim Essen, was er an diesem Tag von einem Kommunisten gehört hatte: Im KZ Dachau sei ein Häftling mit einem Strick und einem Rasiermesser zum Selbstmord aufgefordert worden; auch erschieße man Häftlinge angeblich auf der Flucht, nachdem man sie selber aus der Lagerumzäunung herausgeschickt habe. Einer der Kapläne erzählte diese Geschichten einem anderen Kaplan weiter, und dieser verbreitete sie unter den Lehrern der Alfons-Schule, wo er Religionsunterricht erteilte. Einige Lehrer denunzierten ihn, und die nationalsozialistische Verfolgungsmaschinerie rollte den Fall auf. Pfarrer Muhler, als Gelenk in der Nachrichtenkette zwischen den Kommunisten und den kirchlichen Kreisen, geriet besonders unter Beschuß – vor allem auch, weil er offen eingestand, daß er »mit den weltanschaulichen Ideen der heutigen Regierung nicht in allen Dingen einverstanden«[148] sei. Bei einer Hausdurchsuchung fand man bei ihm zahlreiche sozialistische Broschüren und Zeitschriften, die er sich zwar nur zu Studienzwecken angeschafft hatte, die ihn aber zusätzlich verdächtig machten. Muhler weigerte sich, den Namen des Kommunisten zu nennen, der ihm das »Greuel-märchen« erzählt hatte. Auch sein Kaplan und eine Pfarrschwester ließen sich von den Drohungen der Polizei nicht einschüchtern und schwiegen. Dennoch fand man den Kommunisten und nahm ihn in »Schutzhaft«. Im Januar 1934 wurden die drei Priester zu mehreren Monaten Gefängnisstrafe verurteilt. Dieser Prozeß verursachte in der Öffentlichkeit erhebliches Aufsehen. Die Haltung des erzbischöflichen Ordinariats dazu war zwiespältig: Es setzte sich zwar bei den Behörden für die Freilassung der Priester ein, vermied aber eine Konfrontation und ermahnte die Priester laut einem Brief des Generalvikars Buchwieser an Muhler, daß sie in Zukunft »jede Reibungsfläche bei der Fortführung Ihres ver-antwortungsvollen Amtes vermeiden«[149] sollten.

Muhler hatte von der Kirche einen Aufschrei der Empörung erwartet. Er fühl-te sich vom Ordinariat und besonders von Kardinal Faulhaber im Stich gelassen. Das ihm zugefügte Unrecht ließ ihm in den folgenden Jahren keine Ruhe mehr. Wie sehr es ihn dazu trieb, mit dem ihm so verhaßten Nationalsozialismus abzu-rechnen, zeigt ein Artikel über den christlichen Standpunkt zur »Rassenfrage«, den er 1937 für die Münchner Katholische Kirchenzeitung schrieb: Darin redu-zierte er die Rasse auf ein rein körperliches Phänomen, im geistigen Sinne habe sie keine Bedeutung. Natürlich durfte der Artikel nicht veröffentlicht werden. Muhler begann einen Briefwechsel mit Kardinal Faulhaber, dessen ausweichen-de Antworten ihn zutiefst enttäuschten. Um das Ordinariat zu einer Reaktion zu zwingen, faßte Muhler seine Kritik am Nationalsozialismus, an der zögernden Haltung der Kirche und an dem Gerichtsverfahren gegen ihn in einer Denk-schrift zusammen. Unter dem Titel »Erlebtes und Erlittenes« ließ er es in drei Exemplaren binden und übergab eines davon dem Domkapitular Neuhäusler. Dieser ließ die Denkschrift verschwinden und fand in der folgenden Zeit immer wieder Ausreden, wenn Muhler ihn darauf ansprach.

Im April 1940 geriet Muhler erneut in die Fänge der Gestapo: Weil er in einer Luftschutzangelegenheit dem Polizeipräsidium einen kritisierenden Brief ge-schrieben hatte, kam er in »Schutzhaft«. Bei einer Hausdurchsuchung fand man nun die Denkschrift. Monatelang wurde Muhler Verhören ausgesetzt. Zunächst beharrte er standhaft auf der Kritik, die er in der Denkschrift geäußert hatte:

»(Ich) glaube nach wie vor, daß die mir von Donhauser erzählte Geschichte über Greueltaten im Konzentrationslager Dachau wahr ist. (...) Ich bin fest davon überzeugt, daß meine auf S. 40/41 enthaltene Kritik an der Zusammensetzung des Sondergerichtes und dem Verhalten der Gerichtsmitglieder berechtigt war. Die auf S. 41 ausgesprochene Ablehnung der nationalsozialistischen Weltanschauung halte ich auch heute noch aufrecht. Ich bin der Meinung, daß die deutschen Bischöfe die gleiche Ansicht in einer besonderen Erklärung hätten niederlegen müssen. (...) Ich habe keinen Anlaß, meine auf S. 68 gebrachte Ansicht über Kar-

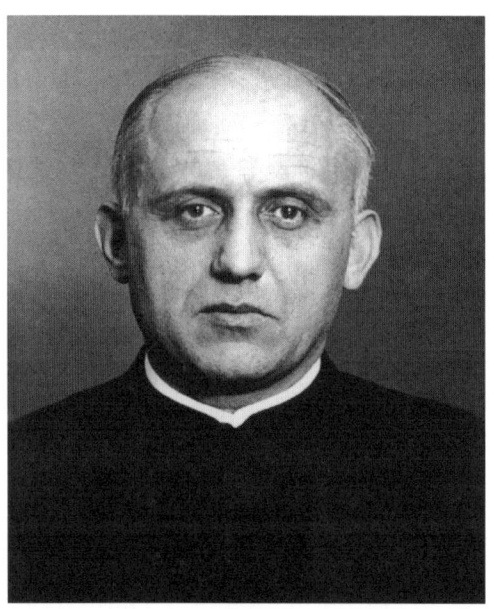
Haftbild von Emil Muhler

dinal Faulhaber zu ändern. Ich berücksichtige hierbei natürlich, daß er inzwischen 72 Jahre alt geworden ist. (...) Kardinal Faulhaber hat es bis heute unterlassen, das Unrecht, das er mir (...) zugefügt hat, wieder gutzumachen. (...) Ich habe keine Hoffnung mehr, daß dieser Streit jemals bereinigt werden kann.«[150]

Ende August 1940 hatten ihn die Gestapo-Verhöre zermürbt: Er verfaßte eine für ihn persönlich sicherlich äußerst demütigende »Entschuldigung« an das Sondergericht. Nachdem auch das Ordinariat um Milde gebeten hatte – »dabei spielt ihm bei allem subjektiven Gerechtigkeitsgefühl sein Temperament manchen üblen Streich und reißt ihn zu Äußerungen hin, die sachlich ganz und gar nicht berechtigt und in der Form sehr unglücklich und ungehörig sind« – wurde er schließlich zum Jahresende freigelassen.

Muhler ließ sich durch diese Erlebnisse nicht davon abschrecken, auch später noch gegen den Nationalsozialismus tätig zu werden, wo er konnte. So informierte er im Sommer 1943 in konspirativer Manier den Rösch-Kreis davon, daß das NS-Regime die Klöster im Elsaß auflösen wolle, und half damit, dies zu verhindern. Nach dem gescheiterten Hitler-Attentat vom 20. Juli 1944 wurde Muhler ins KZ Dachau eingeliefert – allerdings ohne mit dem Attentat etwas zu gehabt zu haben. Er entkam Ende April 1945 auf einem der Todesmärsche. Nach dem Krieg trat Muhler der CSU bei und engagierte sich wieder rege in Politik und Publizistik. Er blieb in der Kirche weiterhin ein streitbarer Mann.

Während Muhler ein Einzelgänger war und von der Kirchenleitung keinen Rückhalt hatte, begriffen sich die Jesuitenpatres Augustinus Rösch, Lothar König und Alfred Delp immer als Repräsentanten der Kirche, die für die Kirche Politik machten. Rösch war Provinzial der Oberdeutschen Provinz der Jesuiten, nahm also kirchenhierarchisch eine hohe Stellung ein. Als transnationale Gemeinschaft besaßen die Jesuiten eine größere Unabhängigkeit als die anderen Orden, fürchteten jedoch immer, in eine Außenseiterposition zu geraten. Rösch und König verschwiegen auch vor 1933 in offiziellen Schreiben und Lebensläufen häufig ihre Zugehörigkeit zum Jesuitenorden. Dem nationalsozialistischen Regime waren die Jesuiten wegen ihrer internationalen Ausrichtung besonders verhaßt. Rösch, König und Delp dachten zwar alles andere als pazifistisch: Rösch hatte begeistert im Ersten Weltkrieg gekämpft und später an der Bildung der Dolchstoßlegende mitgewirkt. König verbreitete 1935 in seiner Dissertation über »die Deutschtumsinsel an der Wolga« durchaus zeitgemäß völkisch-nationalistische Ansichten. Delp wiederum meldete sich im Herbst 1939 mit »ungestüme(m) Verlangen« als Kriegspfarrer, weil er sich »schäme, zu Hause zu sitzen«: »Außerdem wollte ich gerade als Priester und Jesuit unter Beweis stellen, daß mir die Anliegen und Sorgen meines Volkes immer eine ernste Pflicht sind.«[151] Mit dem nationalsozialistischen Angriffskrieg hatten die drei Jesuitenpatres offensichtlich kein Problem. Gerade Rösch verstand es als Teil seines Kampfes für die Kirche durchzusetzen, daß die Jesuiten als vollwertige Soldaten akzeptiert und

Augustinus Rösch

nicht aus der Wehrmacht ausgeschlossen würden. Gleichzeitig aber waren Rösch, Delp und König in ihren religiös fundierten Überzeugungen sehr bedingungslos und opferbereit: Sie setzten sich nicht nur für die Rechte der Kirche und ihres Ordens ein – es stand zu befürchten, daß der ganze Jesuitenorden in seiner Existenz bedroht würde –, sondern auch für die Menschenwürde allgemein. Die Konzentrationslager, die Verfolgung und Vernichtung der Juden, die unmenschliche Behandlung der Kriegsgefangenen waren für sie ein Verrat an Christus, den sie nicht zu dulden bereit waren. So gerieten sie in den letzten Kriegsjahren in den politischen Widerstand, ohne je die Absicht zum politischen Handeln gehabt zu haben.

Wie die meisten konservativen Widerstandskreise zielte auch der Rösch-Kreis über sein unmittelbares lokales Umnfeld hinaus. Rösch, König und Delp betrachteten München zwar als wichtigen Rückzugsort: Hier waren sie in ein dichtes katholisches Milieu eingebettet, hier wußten sie viele Freunde, auf deren Unterstützung sie sich verlassen konnten. Für ihre politische Arbeit entscheidender wurden jedoch die Kontakte und Wirkungsmöglichkeiten, die sie überall im deutschen Reich besaßen.

Augustinus Rösch stand bereits seit Mitte der 30er Jahre in einem Dauerkonflikt mit dem NS-Regime. 1935 zum Provinzial der Oberdeutschen Provinz berufen und für 605 Jesuiten verantwortlich, mußte er ständig mit Behörden verhandeln, um Predigtverbote und Verhaftungen seiner Mitbrüder abzuwenden. Er ließ sich dabei weder von Hausdurchsuchungen noch von Gestapo-Verhören abschrecken. Seine fast kindliche Frömmigkeit – er glaubte, daß »Schutzengel« ihn leiteten – machte ihn allen Kompromissen und Ausweichmanövern gegenüber abgeneigt; er war bereit, für die Kirche und für seinen Glauben massive Verfolgungsmaßnahmen hinzunehmen. Seine kämpferische Haltung zeigte auch einige Erfolge: Zum Beispiel konnte er 1940 verhindern, daß alle Jesuiten mit Namen karteimäßig erfaßt wurden. So erfuhr er, daß es gegenüber dem nationalsozialistischen Regime durchaus Handlungsspielräume gab, die es auszureizen galt. Die zögerliche Haltung der Kirchenoberen ließ ihn zunehmend verzweifeln: »Aber Eminenz (Faulhaber, Anm. d. Verf.) wagt nichts mehr.«[152]

Deshalb tat sich Rösch 1941 mit seinem Münchner Mitbruder Pater Lothar König sowie mit dem in Berlin tätigen Dominikaner Pater Odilo Braun und dem Justitiar der Diözese Würzburg, Georg Angermeier, zusammen, um die Bischöfe zu konsequenterem Handeln gegen das NS-Regime zu veranlassen. Unermüdlich reisten König und Braun quer durch das Reich von einem Bischof zum anderen und unterbreiteten ihnen Lageberichte. Schließlich erreichten sie, daß die Bischöfe im Sommer 1941 einen »Ausschuß für Ordensangelegenheiten« schufen, der das Vorgehen der Kirche gegen den nationalsozialistischen »Klostersturm« koordinieren sollte. Dieser Ausschuß, dem die Gruppe um Rösch sowie zwei Bischöfe und ein weiterer Dominikaner angehörten, wurde nun äußerst aktiv darin, die katholische Abwehrfront zu sammeln. Seine Mitglieder scheuten dabei keine Opfer: König reiste allein 1941 77 000 Kilometer, und dies, obwohl er an Kehlkopfkrebs litt und ihm die Nachtzüge und die schlechte Verpflegung auf Reisen schwer zu schaffen machten. Häufig trafen sich die Ausschuß-Mitglieder konspirativ in München und an anderen Orten, zivil gekleidet und mit Tarnausweisen versehen. Besonders König war es daran gelegen, nicht nur das Unrecht an der katholischen Kirche, sondern auch die Menschenrechtsverletzungen des Nationalsozialismus zu dokumentieren: Er beschaffte sich Fotonegative der Totenlisten des KZs Dachau sowie fast 2 000 Leichenschauscheine und leitete seine Informationen nach Rom und an die Bischöfe weiter – ohne daß allerdings vom Papst oder von den Bischöfen eine angemessene Reaktion darauf erfolgt wäre.

Sehr viel Energie verwandte der Ausschuß darauf, die Bischöfe zu einer wirkungsvolleren Protestform zu bewegen: Während die nicht-öffentlichen Eingaben der Bischöfe von der NS-Regierung einfach ignoriert werden konnten, sollte eine öffentliche Verlesung von Hirtenbriefen die Bevölkerung in Aufruhr versetzen. Für den November 1941 plante der Ausschuß einen spektakulären Hirtenbrief, der auch das Unrecht an den Juden thematisieren sollte. Die Entwürfe von Rösch, König, Braun und Angermeier enthielten sehr deutliche politische Aussagen:

»Tausende von Männern und Frauen schmachten in den Sammellagern der Geheimen Staatspolizei, ohne jemals vor einem unabhängigen Richter einer Schuld

überführt worden zu sein. Wir Bischöfe verwahren uns vor Gott und vor dem deutschen Volk feierlich gegen diese ungerechte Vernichtung der persönlichen Freiheit. Wir tun es unserer verhafteten Brüder wegen. (...) Wir tun es, weil die daraus entstandene Rechtsunsicherheit den Bestand des Staates untergräbt. Wir tun es, weil diese Vergewaltigung der persönlichen Freiheit der Würde des Menschen als Ebenbild Gottes widerspricht. (...) Ebenso wie in Deutschland jeder ohne Schuld und ohne Richter seiner Freiheit beraubt werden kann, so kann er auch ohne Schuld und ohne Richter Gesundheit und Leben verlieren. Niemand kann die Gewaltmaßnahmen der Geheimen Staatspolizei überprüfen und niemand hindert sie, nach Belieben über Tod und Leben zu verfügen.«[153]

Lothar König

Obwohl König und Braun alle Bischöfe einzeln zu überzeugen versuchten, scheiterte die Verlesung dieses Hirtenbriefs. Im Frühjahr 1942 wurde ein weit weniger deutlicher Hirtenbrief in verschiedenen Fassungen von einigen Bischöfen verlesen. König und Braun waren diesmal beide so krank, daß sie das Vorgehen der Bischöfe nicht koordinieren konnten. Dabei erschien es den Jesuiten immer dringlicher, auf die Menschenrechtsverletzungen öffentlich aufmerksam zu machen, auch weil sie fürchteten, daß ihnen bald das »Judenschicksal« zuteil werde. Im Februar 1943 schrieb Rösch in einem Brief:

»Im Dezember kam vertraulichste Mitteilung, daß das sogenannte ›Judenkommissariat‹ – das die Deportationen der Juden mit all dem furchtbaren physischen Vernichtungsfeldzug, sehr oft schon unterwegs mit allem Drum und Dran besorgt – die Angelegenheit der SJ (des Jesuitenordens, Anm. d. Verf.) übertragen bekommen hat. (...) Was wir in dieser großen Not und Gefahr tun? Zunächst beten und opfern wir und lassen viel, viel beten und vertrauen ganz auf Gottes allmächtigen Schutz. (...) Ferner machen wir einigen Bischöfen und den beiden Kardinälen von München und Breslau Mitteilung, bitten um wohlwollende Erwägung, ob es nicht gut wäre, ihrerseits der Regierung Kenntnis zu geben, daß sie von den geplanten Maßnahmen Kenntnis haben, auf das Ungeheuerliche der Maßnahmen hinweisen usw. Aber - unter uns gesagt - wir haben zunächst wenig Hoffnung, daß wir da viel Hilfe finden; denn man hat ja leider entsetzlich geschwiegen zu so vielem und *furchtbarem in Polen, Slowenien, Luxemburg, von den Juden und Kommunisten ganz zu schweigen.«*[154]

Den einzigen Erfolg, den der Ausschuß noch verzeichnete, war, daß im Sommer 1943 die Auflösung der Klöster im Elsaß durch einige schnelle, koordinierte Aktionen verhindert werden konnte. An dem sogenannten Dekalog-Hirtenbrief, der in entschärfter Form die Zehn Gebote auf das Hitler-Regime anwandte und im Frühherbst 1943 von den protestwilligen Bischöfen verlesen wurde, war der Ausschuß nicht mehr direkt beteiligt. Er hatte sein Äußerstes geleistet, mehr ließ sich mit den Bischöfen nicht erreichen.

Neben ihrer rein kirchlichen Arbeit im »Ausschuß für Ordensangelegenheiten« engagierten sich Rösch und König seit Ende 1941 auch im politischen Widerstand: im sogenannten Kreisauer Kreis, benannt nach dem oberschlesischen Gut Kreisau des Grafen von Moltke, auf dem die wichtigsten Tagungen und Besprechungen des Kreises stattfanden. Der Kreis war eine Initiative zweier Adeliger, Helmuth James Graf von Moltke und Peter Graf von Yorck, und als Diskussionsforum und Kontaktbörse gedacht, um anti-nationalsozialistische Fachleute und Repräsentanten verschiedener sozialer und politischer Gruppen aus ganz Deutschland zusammenzuführen. Er diskutierte die staatsrechtlichen, wirtschaftspolitischen und volkspädagogischen Themen, die unter dem Nationalsozialismus tabu waren, und arbeitete Grundsatzpapiere aus, wie Deutschland nach dem Zusammenbruch des NS-Regimes neu geordnet werden könnte. Moltke suchte dabei besonders den Kontakt zu Arbeitervertretern und zu Vertretern der Kirchen. Er lernte Rösch im Oktober 1941 zufällig kennen, erkannte in ihm den idealen Vertreter der katholischen Kirche und warb ihn als einen solchen regelrecht an. Es ging dem »Kreisauer Kreis« nie um aktiven Widerstand gegen die Staatsgewalt – daran hätten auch die Jesuiten sich niemals beteiligt. Doch daß man sich traf und konspirativ über ein Deutschland nach dem Nationalsozialismus nachdachte, genügte, um im totalitären Staat »Hochverrat« zu begehen.

An Pfingsten 1942 fand die erste große Tagung in Kreisau statt. Rösch hatte mitgeholfen, sie inhaltlich vorzubereiten. Die verschiedenen Teilnehmer hielten Referate, anschließend kam es zu Diskussionen, die Ergebnisse wurden in Protokollen festgehalten. Rösch referierte über die Fragen, die die katholische Kirche berührten, und berichtete von seinen Erfahrungen mit der Gestapo. Bei der zweiten großen Kreisauer Zusammenkunft im Oktober 1943, als es um Staats- und Wirtschaftsaufbau ging, war Rösch nicht mehr dabei, obwohl er bei zahlreichen Vorbesprechungen teilgenommen hatte. Wahrscheinlich wollte er seine Mitarbeit auf seine Funktionen als Kirchenmann beschränken; es hätte seinem Selbstverständnis nicht entsprochen, sich aktiv an staatspolitischen Besprechungen zu beteiligen. Dafür hatte er auf Anfragen Moltkes seinen Mitbruder Alfred Delp in den Kreis eingeführt: Dieser sollte als Soziologe die staats- und wirtschaftspolitischen Themen von katholischer Warte aus behandeln und sich vor allem darüber Gedanken machen, wie man die Arbeiterschaft weg von Nationalsozialismus und Kommunismus hin zum Christentum bringen könne. Auch Lothar König wurde von Rösch dem Kreis zugeführt: Er fungierte als Kurier zwischen den verschiedenen Beteiligten, arbeitete aber auch an den Grundsatzpapieren mit, die zwischen den Mitgliedern des Kreises hin- und hergingen und laufend umformuliert wurden.

Alfred Delp, der sich bis dahin als Gegner des Nationalsozialismus noch nicht exponiert hatte, scheint unter dem Einfluß der Kreisauer eine bedeutende politische Entwicklung gemacht zu haben. Er engagierte sich sehr, nicht nur bei Themen, die die Kirche betrafen, und lieferte wichtige

Alfred Delp vor dem Volksgerichtshof, 1945

Beiträge bei der dritten großen Kreisauer Tagung an Pfingsten 1943, als es um Wirtschaft, die Wiederherstellung des Rechts und die Bestrafung der NS-Verbrecher ging. Im August 1943 hatte man das Programm der Kreisauer vollendet: Alle verhandelten Ergebnisse waren in den »Grundsätzen für die Neuordnung« schriftlich fixiert, König hatte eine Deutschlandkarte mit einer neuen Ländereinteilung hergestellt, und die zukünftige personelle Besetzung einer Reichsregierung war in den »Ersten Weisungen an die Landesverweser« festgelegt. Delp hatte offensichtlich die katholischen Positionen stark in das Programm der Kreisauer einbringen können: Während Moltke und Yorck bei ihrem ersten brieflichen Gedankenaustausch 1940/41 die Kirchen nur im Nebensatz erwähnten, waren Verchristlichung und religiöse Bindung in den »Grundsätzen zur Neuordnung« tragende Pfeiler. Delp war es auch, der den Kontakt der Kreisauer zu dem bayerischen Widerstandskreis um Franz Sperr herstellte[155] und die gemeinsamen Besprechungen in München organisierte.

Im Januar 1944 wurde Moltke, der sich in der Wehrmacht als Oppositioneller exponiert hatte, verhaftet. Ohne ihn konnte der »Kreisauer Kreis« nicht mehr in alter Form weiterarbeiten. Angesichts der erzwungenen Untätigkeit ergriff Delp nun eine wachsende Ungeduld. Schließlich entschloß er sich, auf eigene Faust und entgegen allen konspirativen Spielregeln den Grafen Claus Schenk von Stauffenberg in Bamberg zu besuchen, von dessen Attentatsplänen er allerdings nichts wußte. Stauffenberg war über den unvorsichtigen Besuch empört. Tatsächlich wurde dieser Besuch Delp zum Verhängnis: Wenige Tage nach dem

gescheiterten Attentat des 20. Juli holte ihn die Gestapo ab. Vom Volksgerichtshof zum Tode verurteilt, wurde Delp im Februar 1945 gehenkt. Rösch und König
blieben zunächst unbehelligt. Erst Ende August 1944 kam die Gestapo ihrer Verbindung zu den Widerstandskreisen auf die Spur. Es gelang ihnen, rechtzeitig zu
fliehen. König überlebte bis zum Kriegsende in mehreren Verstecken, doch da
seine schwere Krankheit nicht behandelt werden konnte, starb er bereits ein Jahr
nach der Befreiung. Rösch wurde im Januar 1945 zusammen mit der Bauernfa-
milie, die ihn aufgenommen hatte, verhaftet und nach Berlin gebracht. Er konnte
bei Kriegsende aus dem Gefängnis entkommen.

Röschs Haltung zu seiner eigenen Vergangenheit im Widerstand zeigte sich
nach dem Krieg durchaus zwiespältig: Er wies es weit von sich, im »Kreisauer
Kreis« politische Ziele verfolgt zu haben – es sei ihm nur um die Verteidigung der
Kirche und der christlichen Humanität gegangen. Über seine enttäuschenden
Erfahrungen mit den Bischöfen ließ er nie ein Wort verlauten. Die Dossiers des
»Kreisauer Kreises«, die »Grundsätze zur Neuordnung«, die die Jesuiten im August 1943 von Moltke zugesandt bekommen hatten, wurden erst in den 70er Jahren zufällig in einem Tresor gefunden. Rösch und König hatten sie der nach-
kriegsdeutschen Öffentlichkeit, für die sie geschrieben worden waren, einfach
vorenthalten.

Bayerisch-monarchistische Widerstandskreise

Im Laufe der Jahre formierten sich in München zwei Kreise, die sich auch im totalitären Staat nicht davon abhalten ließen, für ihre monarchistische Überzeugung zu arbeiten: eine große Gruppe um den Rechtsanwalt Adolf Freiherr von
Harnier und ein kleiner Kreis um den ehemaligen bayerischen Gesandten in Berlin Franz Sperr. Beide verstanden sich als Auffangorganisationen für die Zeit,
wenn der Nationalsozialismus zusammenbrechen würde. Aktivem Widerstand
gegen die Staatsgewalt standen sie ursprünglich ablehnend gegenüber. Während
der Sperr-Kreis, seinem elitären Selbstverständnis entsprechend, nur zur konservativen Prominenz Kontakt suchte, sammelte der Harnier-Kreis bayernweit in
großem Stil Anhänger. Seine Mitglieder stammten alle aus der einfachen Bevölkerung und waren dankbar, nach der Zerschlagung der monarchistischen Organisationen wieder in eine Art »Partei« eintreten zu können, die ihre Überzeugungen vertrat – wenn auch nur im Verborgenen. Die größere Volkstümlichkeit des
Harnier-Kreises machte seinen Widerstand zugleich auch konsequenter und ra-
dikaler. Dafür wurde er – ähnlich den meisten sozialistischen Gruppen, die »Massenagitation« betrieben – sehr früh von Spitzeln unterwandert und fünf Jahre
früher ausgeschaltet als der Sperr-Kreis.

Der Vorläufer des Harnier-Kreises konstituierte sich bereits 1933, über drei
Jahre, bevor Freiherr von Harnier die Führung übernahm: Schon kurz nach der
nationalsozialistischen »Machtergreifung« lud die Bildhauerin und aktive Monar-

chistin Margarethe Freiin von Stengel häufig Gesinnungsgenossen in ihre Wohnung in Nymphenburg ein, um mit ihnen das monarchistische Ideal zu pflegen. Sie war verzweifelt über die Untätigkeit des Kronprinzen und der ehemaligen monarchistischen Führer. Als sie im Herbst 1933 am Nymphenburger Schloß den »Bayernwachtler« und Schloßgärtner Heinrich Weiß wiedertraf und in ihm einen eifrigen Mitstreiter fand, beschloß sie, die früheren Mitglieder der konservativ-monarchistischen Verbände systematisch zu sammeln und in ihrer Treue zum Königshaus zu stärken. Weiß hatte an seinem Wohnort, in Schleißheim, schon einen Kreis von Gleichgesinnten aufgebaut. Beide dachten, daß das NS-Regime bald zusammenbrechen würde und man die monarchistisch gesinnte Bevölkerung auf diesen Zeitpunkt vorbereiten müsse, um dann endlich die Wittelsbacher Restauration durchzusetzen. Weiß sammelte nun im Auftrag der Freiin von Stengel eine Gruppe von Männern, die aus dem Umfeld der BVP, der »Bayernwacht« und des »Bayerischen Heimat- und Königbundes« kamen: den Kraftwagenführer Wilhelm Seutter von Lötzen, den Elektromonteur Franz Xaver Falch, den Kaufmann Eduard Basch, den Schriftleiter Johann Früchtl, den Ingenieur Otto Obermeier, den Bankangestellten Dr. Josef Stürmann und den städtischen Bauaufseher Josef Zott. Die Anhängerschaft wuchs schnell auf einige Dutzend Personen. Frauen wurden nicht angeworben. Man traf sich zur Gesinnungspflege und zum freien Meinungsaustausch in Wohnungen, vor allem aber in Gasthäusern wie den »Drei Rosen« am Rindermarkt und dem »Weißbräuhaus« im Tal, wo man sich als Stammtischrunde oder Kartenspielrunde tarnte.

Bald spielte Josef Zott in dem Kreis eine immer wichtigere Rolle: Der sehr temperamentvolle und eigensinnige Mann wünschte zwar die Monarchie und den bayerischen Föderalismus wie die anderen, hatte aber zusätzlich ein starkes sozialpolitisches Interesse: Der König müsse von der Arbeiterschaft getragen werden und in ihrem Sinne handeln, und der Adel dürfe nicht soviele Vorrechte genießen. Solche Ansichten waren der Freiin von Stengel höchst suspekt. Außerdem drängte Zott darauf, nicht nur Gesinnungspflege zu betreiben, sondern aktiv etwas gegen das NS-Regime zu unternehmen. Dabei schwebte ihm vor allem die Verteilung von Flugblättern vor. Er verfaßte einen Entwurf: »Tausend Tage Drittes Reich«, der die Schuldenpolitik des Regimes anprangerte und prophezeite, daß Hitler das Volk an den Bettelstab bringen würde. Dieses Flugblatt sollte auf einem von der Freiin gekauften Abziehapparat vervielfältigt und an die Anhängerschaft verteilt werden. Da den anderen Bedenken kamen, entschloß man sich, lieber ein harmloseres Spottgedicht zu vervielfältigen, das einmal an einem feucht-fröhlichen Abend von der Gruppe gemeinsam gedichtet worden war. Schließlich unterblieb die Flugblattaktion jedoch ganz: Die Risiken und auch der finanzielle Aufwand erschienen den meisten Mitgliedern zu hoch.

Ende 1935 nahmen die Aktivitäten des Kreises ein abruptes Ende: Die Freiin wurde am 14. November verhaftet. Wahrscheinlich hatte ein Mitglied des Kreises sie denunziert, ohne daß die Polizei den Umfang und die Tragweite ihres Tuns durchschaute. Da man ihr nichts beweisen konnte, wurde das Verfahren eingestellt. Dennoch brach der Kontakt zwischen ihr und ihren Anhängern ab, und der Kreis fiel, seiner Führungsfigur beraubt, auseinander.

Zott hatte sich schon im Spätsommer 1935 von dem Kreis entfernt und war eigene Wege gegangen, die später für alle Beteiligten verhängnisvoll wurden. Da die Monarchisten noch zu keinem aktiven Widerstand gegen das NS-Regime zu bewegen waren, suchte er Anschluß an den sozialistischen Untergrund. Er traf sich mehrmals mit Gottlieb Branz und Berthold Feuchtwanger, die für »Neu Beginnen« arbeiteten[156] und ihm Kontakt zu einem Kommunisten vermittelten, der sich als »Theo« vorstellte. Zott ahnte nicht, daß er in »Theo« den Spitzel vor sich hatte, der in diesen Monaten fast den gesamten Münchner kommunistischen Untergrund der Gestapo auslieferte. Zweimal fuhren Zott und »Theo« gemeinsam in die Schweiz zu dem emigrierten Kommunistenführer Hans Beimler[157] und besprachen mit ihm, welche Möglichkeiten der Zusammenarbeit es zwischen Konservativen und Kommunisten geben könnte. Man kam überein, eine gemeinsame Flugblattaktion zu versuchen. Wieder in München, schickte Zott Beimler über »Theo« das Spottgedicht und den von ihm verfaßten Flugblattentwurf. Beimler korrigierte den Flugblattentwurf und sandte ihn mit der Post zurück. Der Brief wurde von der Polizei, die durch »Theo« natürlich informiert war, abgefangen; damit riß der Kontakt Zotts zu den Kommunisten ab. Doch die Gestapo wollte sichergehen, daß Zott auch ohne »Theo« weiter beobachtet würde: Sie führte ihm einen Mann zu, der sich als Monarchist ausgab, in Wirklichkeit aber ebenfalls Polizeispitzel war. Als sich 1936 der monarchistische Widerstandskreis neu formierte, war also fast von Anfang an die Gestapo dabei.

Heinrich Weiß hatte es nach der Verhaftung der Freiin von Stengel nicht lange ausgehalten, untätig zu sein. Im Frühsommer 1936 begann er erneut, Gleichgesinnte zu sammeln. Er warb den Melker Albert Ramsauer, den Lehrer Georg Jung, den Gärtner Jakob Schlammer, den Gärtnergehilfen Albert Bernhardt und seinen eigenen Bruder, den Schreinermeister Franz Weiß an. Bis Ende 1936 kamen fast zwei Dutzend Männer zusammen. Unter ihnen waren auch der Schneider Gebhard Fahrner, der später eine sehr erfolgreiche und rührige Werbetätigkeit entwickelte, und Heinrich Pflüger, der seinen Vater und vier seiner Brüder mitbrachte. Ungefähr alle 14 Tage traf sich der Kreis, als Stammtischgesellschaft getarnt, in Wirtshäusern. Auch Josef Zott stieß wieder dazu, mit ihm der Spitzel Michael Fischer und zwei weitere Spitzel, Franz Paulus und Eduard Angermeier, die sich im Auftrag der Gestapo einschleusten.

Dem Kreis fehlte nun eine kompetente und respektgebietende Führungsfigur. Um die Jahreswende bat deshalb Weiß den Freiherrn Adolf von Harnier, die Leitung des Kreises zu übernehmen. Harnier pflegte bereits seit 1934 Kontakt zu Weiß. Von seinen aristokratischen Standesgenossen schwer enttäuscht, suchte er Menschen, die nicht dem ihm so verhaßten Opportunismus verfallen und trotz der widrigen Zeitumstände »anständig« geblieben waren. Harnier lehnte das NS-

Regime ohne jede Zugeständnisse ab, obwohl er wie die meisten Konservativen manche ihrer revisionistischen und nationalen Ziele teilte. Als Jurist ging ihm der Nationalsozialismus nicht nur gegen seine monarchistische Überzeugung, sondern auch gegen sein Rechtsstaats-Verständnis. Nach der nationalsozialistischen »Machtergreifung« brach er mit allen Freunden, die mit dem Regime kooperierten. Er weigerte sich, irgendeiner NS-Formation beizutreten, und trat aus allen in seinen Augen kompromittierten Vereinen und Clubs aus, so auch aus der Deutschen Adelsgenossenschaft:

»... Ich befinde mich damit in ausgesprochenem Gegensatz zu der heute aufoktroyierten sog. öffentlichen Meinung, der sich nicht nur ein erheblicher Teil des deutschen Volkes, sondern bedauerlicherweise auch ein großer Teil unserer Standesgenossen in wenig malerischer Weise unterworfen hat. Ganz abgesehen davon, daß meine Überzeugung in politischen Dingen bereits endgültig engagiert ist und ich deshalb für die Modeüberzeugung unzugänglich bin, müßte ich mich der letzteren auch im Falle völliger Unvoreingenommenheit versagen, weil sie allem göttlichen und natürlichen Recht widerstreitet. Dazu kommt noch, daß selbst ihre äußere Erscheinung alles eher als gewinnend ist.« [158]

Die Erfahrungen, die er in den folgenden Jahren mit dem Nationalsozialismus machte, bestärkten ihn noch in seiner unbedingten Gegnerschaft: 1936 mußte seine Familie ihr Schloßgut bei Regensburg räumen und verkaufen, aufgrund von Intrigen der örtlichen nationalsozialistischen Behörden gegen die als anti-nationalsozialistisch bekannte Familie. Für Harnier, der jahrelang um den Bestand des Gutes gekämpft hatte, war das ein schwerer Schlag. Seinen Bruder hatte man im Sommer 1933 einige Zeit in »Schutzhaft« gehalten, gegen ihn selber wurde ein Verfahren wegen »Verächtlichmachung des Deutschen Grußes« angestrengt. 1934 konvertierte Harnier zum Katholizismus. Das Unverständnis seiner Familie für diesen Schritt verstärkte noch die Isolierung, in der er sich seit 1933 zunehmend empfand. Ende 1936 zog er mit seiner Frau nach München, um dort eine Anwaltspraxis aufzumachen. Da er dem NS-Rechtswahrerbund nicht beigetreten war, bemühten sich vor allem jüdische Mandanten um seine Rechtsvertretung. Während der Jahre, in denen er durch seine intensive Führungsarbeit der illegalen monarchistischen Bewegung Form und Richtung gab, setzte er sich gleichzeitig als Rechtsanwalt unermüdlich dafür ein, seinen jüdischen Mandanten die Ausreise aus Deutschland zu ermöglichen und ihr Eigentum vor dem nationalsozialistischen Zugriff zu schützen.

Seine Aufgabe in dem monarchistischen Kreis sah er zunächst vor allem darin, den meist unstudierten Mitgliedern eine Art »politische Seelsorge« [159] zu bieten und ihnen »in schwerer Zeit Wegweiser« [160] zu sein. Er plante nicht, das NS-Regime aktiv zu bekämpfen, gewaltsame Umsturzbestrebungen hätten seinen Vorstellungen von Legalität widersprochen. Ihm war daran gelegen, die Restauration der Monarchie für den gegebenen Zeitpunkt vorzubereiten, nicht aber, diesen

Zeitpunkt aktiv herbeizuführen. Der Kreis sollte einen freien, dem totalitären Staat entzogenen Raum für offenen Meinungsaustausch und Diskussionen bieten. Um seine Mitglieder politisch zu bilden, hielt Harnier in Privatwohnungen zahlreiche Vorträge über verschiedene Aspekte der NS-Herrschaft: über die selbstmörderische Außen- und Wirtschaftspolitik, die ständigen Rechtsbrüche, das pathologische Wesen Hitlers, die fragwürdigen Gestalten in der Umgebung des »Führers«. Außerdem kommentierte er laufend die aktuellen Ereignisse und ordnete sie vor seinen Zuhörern in Zusammenhänge ein. Eigene politische Konzepte und Zukunftsprogramme trug er dabei nicht vor. Das Fehlen eigener Konzepte wurde nun von Zott, der sich in dem Kreis bald wieder sehr rege betätigte, als großer Mangel empfunden. Zott konnte sich nicht damit zufrieden geben, einfach nur der Monarchie die Treue zu bewahren. Er hatte deutliche sozialpolitische Vorstellungen, die er in dem Kreis auch durchsetzen wollte: Der König sollte, noch bevor er den Thron bestieg, die Rechte der Arbeiterschaft und die Grenzen seiner eigenen Macht festlegen. Im September 1937 trug er diese Ideen zum ersten Mal in größerer Runde vor. Bei Harnier stieß er damit auf wenig Begeisterung, obwohl dieser ihn durchaus respektierte und frei gewähren ließ. In der Folge verfaßte Zott mehrere Papiere zu sozialpolitischen Themen und besprach sie vor allem mit einem eigenen kleinen Kreis von Anhängern, dem auch die drei Spitzel angehörten.

Die Haupttätigkeit des Harnier-Kreises bestand weiterhin darin, neue Mitglieder anzuwerben – nicht nur in München, sondern in ganz Oberbayern und darüber hinaus. Der wichtigste Neuzugang des Jahres 1937 war der kaufmännische Angestellte Franz Xaver Fackler: ein Mann mit einem riesigen Bekanntenkreis und ein berühmter Erzähler von Gerüchten und Flüsterwitzen. Er warb vor allem in Wirtshäusern wiederum zahlreiche neue Mitglieder an. Noch vor der Gestapo bezeichnete er sich »als einen Schwarzen, der so schwarz ist, daß der Ruß davongeht«[161]. Fackler, Seutter, Weiß, Pflüger, Fahrner und Zott fuhren allein oder im Team, per Fahrrad, Bahn oder Auto in die Dörfer und Kleinstädte, spürten dort oftmals ortsbekannte Regimegegner auf, trafen sich mit ihnen zu Gesprächen und luden sie schließlich zu einem Treffen des Kreises in eine Gaststätte ein. Wenn soweit alles gut verlief, wurde der Neuangeworbene ganz in den Kreis integriert und zu Besprechungen in Privatwohnungen hinzugezogen. Im Laufe der Zeit wuchs der Kreis auf mindestens 130 Mitglieder an. Sie stellten einen Querschnitt durch alle Bevölkerungsschichten dar. Die meisten waren überzeugte und entschlossene Katholiken, denen der Kampf für die Kirche mindestens so wichtig war wie die Treue zur Monarchie; über zehn Prozent waren katholische Geistliche. Alle diese Mitglieder mußten nun in einer Organisation zusammengefaßt werden – eine schwierige Aufgabe, da nur Harnier ein Telefon besaß und jeder Schriftverkehr zu gefährlich war. Vor allem Zott übernahm es, die große Anhängerschaft nach dem Vorbild der KPD zellenmäßig zu erfassen und geographisch nach Ortsgruppen, Bezirken und Kreisen zu gliedern. Oberstes Organ war die Landesleitung – der sogenannte Ausschuß – mit Harnier, Weiß, Zott, Seutter und Fackler. Außerdem wurde ständig überlegt, wie man Geldbeiträge von den Mitgliedern sammeln könnte, um die in hohem Maße anfallenden Fahrtkosten zu finanzieren. Zunächst sollten die Mitgliedsbeiträge auf freiwilliger Basis erfolgen: Man verkaufte Lichtbilder des Kronprinzenpaares, dann vergab man einfache Zigarettenbilder als Marken. Um die Geldnot zu lindern, verlangte Zott, daß man die Wittelsbacher selbst zur Kasse bitten sollte – ein Ansinnen, das Harnier entschieden zurückwies. Immerhin spendete Erich Fürst von Waldburg-Zeil, der schon den »Geraden Weg« von Fritz Gerlich finanziert hatte, einen Geldbetrag.

Ein weiteres Thema, das den Kreis ausdauernd beschäftigte, waren die propagandistischen Aktionen, zu denen besonders Zott und Fackler drängten. Harnier verfaßte einen Flugblattentwurf »Wie lange noch?«, der zum 1. Mai 1937 vervielfältigt und verteilt werden sollte:

»Wie lange noch?
Die Staatsgewalt ist in Händen eines Irren; der Irre in Händen von Verbrechern!
Der Staatsschatz wird von ihnen geplündert,
die Interessen der Nation werden verraten;
Menschen werden gemordet, unser Volk wird vergewaltigt.
Auf Kameraden, zu Hilfe! Der Staat ist in Gefahr!
Es geht ums Vaterland! Es geht um Bayern!...«[162]

Die Pläne für Flugblattaktionen scheiterten immer daran, daß sie den Beteiligten letztlich zu teuer und vor allem zu gefährlich erschienen. Realistischer war es, für die eigenen Mitglieder ein internes Nachrichtenblatt zu produzieren. Im Herbst 1937 wurden von einem bayerisch-patriotisch gehaltenen Aufruf von Weiß: »Kameraden! Bayern!« 25 Abschriften gemacht und als Zirkulare verteilt (»Bayerns Farben sind weiß und blau und nie werden sie vergessen sein! Nur wankelmütige Kreaturen sind unbeständig. Der Bayer aber ist seiner Fahne stets treu!«). Harniers Entwurf »Wie lange noch?« fand als zweites Nachrichtenblatt Verwendung. Anfang 1938 machte Zott einen erneuten Versuch, mit einem Flugblatt propagandistisch nach außen zu gehen. Er verfaßte zum 30. Januar den Aufruf »Dem III. Reich ins neue Lebensjahr«, der aber wieder an den Vorsichtsbedenken der anderen scheiterte. Schließlich griff Harnier von oben ein und verbot kategorisch alle Flugblattaktionen.

Um die Jahreswende 1937/38 veränderte sich das Gefüge des Harnier-Kreises: Heinrich Weiß schied aus, weil bekannt wurde, daß er außereheliche Beziehungen hatte, und viele der streng katholischen Gesinnungsgenossen einen weiteren Umgang mit ihm verweigerten. Zott übernahm nun die organisatorische Führung, gleichzeitig zog sich Harnier etwas zurück, weil er beruflich mit der Vertretung seiner jüdischen Mandanten sehr eingespannt war. Zott ging mit äußerstem Einsatz ans Werk: Er organisierte fast wöchentlich Treffen, fuhr in je-

Die Hauptbeschuldigten

Freiin
Margarethe v. Stengel

Freiherr
Adolf v. Harnier

Wilhelm
Seutter v. Lötzen

Heinrich Weiß

Josef Zott

Frz. Xaver Fackler

Gebhard Fahrner

Heinr. Pflüger

Hans Kröner

Alb. Ramsauer

Frz. Xaver Huber

Ludw. Reindl

Von der Gestapo aufgenommene und zusammengestellte Fotos der »Hauptbeschuldig-
ten« des Harnier-Kreises

176

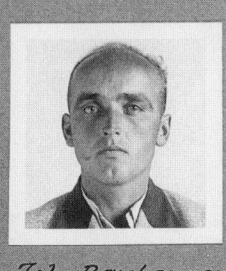  

Joh. Bauberger   Josef Pongratz   Jos. Ostermaier

Erich Chrambach   Josef Nößl   Albert Kaifer

 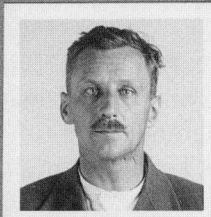 

Alois Fuchs   Frz. Xaver Eberth   Georg Knott

Karl Schuster   Siegfried Huber   Alfons Loritz

177

```
Denkt nach!

Was    waren einst
       Hitler,
       Hess,
       Himmler,

Was    waren
Göring, Ribbentrop, der bayer. Minister Wagner,
Schmid, gen. Baldur v. Schirach, Fiehler, Weber
Christian usw. usw.

Wer von diesen Bonzen
hat keine Villa, kein Landgut,
kein Auto ect.?

woher, Woher
haben diese Grossbonzen das Geld für
ihren Luxus?

                    Antwort an den
                    Schmied von Kochel.
```

Polizeiliche Abschrift eines Flugblattentwurfs des Harnier-Kreises

der freien Stunde auf Werbefahrt, baute die Mitgliederorganisation um und führte systematische Beitragserhebungen ein, um die steigenden Kosten des Kreises zu bewältigen. Im Frühjahr 1939 konnte von dem eingesammelten Geld sogar ein Wagen und ein Fahrkurs für Heinrich Pflüger bezahlt werden. Es ging jetzt nicht mehr darum, nur Konservative und Monarchisten für den Kreis zu werben; alle Regimegegner – mit Ausnahme der Kommunisten – sollten in dem Kreis Aufnahme finden. So wurde in Thalkirchen ein sozialdemokratischer Zirkel für den Kreis gewonnen. Je mehr Zott die Aktivitäten des Kreises steigerte, desto größer wurden aber auch die Spannungen zwischen den Mitgliedern. Seit Ende 1938 kam es immer öfter zu Auseinandersetzungen zwischen Harnier und Zott: Zott klagte über Harniers chronischen Zeitmangel, forderte finanzielle Opfer des bayerischen Adels und klare Stellungnahmen Harniers und des Kronprinzen zu sozialen Fragen, außerdem drängte er zu einem radikaleren Vorgehen, wobei er auch an Attentatspläne dachte. Harnier organisierte für Zott zwei Audienzen beim Kronprinzen, die Zott jedoch als äußerst unbefriedigend empfand.

Die Radikalisierung und wachsende Ungeduld mancher Mitglieder des Harnier-Kreises wirkten sich gefährlich aus: Im Juli 1939 machte sich ein Außenseiter und Sonderling, Alfred Loritz, unter falschem Namen an die Unzufriedenen heran. Er erzählte ihnen von einer angeblichen »demokratischen Bewegung«, die deutschlandweit existiere und allein in München 3 000 Mitglieder habe, über finanzkräftige Unterstützer verfüge, bewaffnet sei und gewalttätige Aktionen plane. Obwohl er bei einigen durchaus Eindruck machte, ließ sich letztlich aber nur

Fahrner abwerben, verlockt durch einen hochdotierten Posten, der ihm in dem neuen Kreis in Aussicht gestellt wurde.

Wenige Wochen später, am 4. August 1939, griff die Gestapo zu. Die drei Polizeispitzel – sie waren unter Zott sogar zu Hauptbezirksleitern avanciert – hatten die Gestapo all die Jahre genauestens über die Aktivitäten des Kreises informiert. Innerhalb von zwei Wochen wurden 125 Personen verhaftet, weitere Verhaftungen folgten. Eine Sonderkommission der Gestapo lieferte im Oktober einen über 200seitigen Ermittlungsbericht ab. Da das Gerichtsverfahren vor dem Volksgerichtshof verschleppt wurde, erhielten die am meisten belasteten Mitglieder erst im Juni 1944 ihr Urteil: Harnier wurde zu zehn Jahren Zuchthaus verurteilt, die anderen bekamen Strafen zwischen zwei und neun Jahren Gefängnis oder Zuchthaus. Auch die Minderbeschuldigten, mindestens 62 Personen, blieben ohne Prozeß bis zu 44 Monaten in Haft. Josef Zott, dessen Verfahren erst nach den Ereignissen des 20. Juli 1944 stattfand, wurde zum Tode verurteilt und am 15. Januar 1945 hingerichtet. Harnier starb am 12. Mai 1945 kurz nach dem Einmarsch der Amerikaner im Zuchthaus Straubing an Hungertyphus. Die Aufdeckung und Verhaftung des Harnier-Kreises verursachten in der Bevölkerung großes Aufsehen. Es entwickelten sich »die tollsten Gerüchte«[163], daß bis zu 3 000 Mitglieder einer »Königspartei« verhaftet worden seien, man sprach von »einer Million Anhänger«, es seien »Ritter von Epp verhaftet und eine Menge Offiziere bereits erschossen«[164] oder »Ritter von Epp und Kardinal Faulhaber eingesperrt und 300 Mann erschossen«[165].

In seiner Breitenwirkung, seinem Organisationsgrad und seinem konsequenten Widerstandswillen war der Harnier-Kreis im Münchner katholisch-konservativen Milieu einmalig. Der Kreis um Franz Sperr verfolgte zwar einige ähnliche Ziele, hatte aber ein völlig anderes, elitäres Selbstverständnis: Er plante ebenfalls eine monarchistische Auffangorganisation für den zu erwartenden Zusammenbruch des Nationalsozialismus, doch nicht, um die breite Bevölkerung darin zu erfassen, sondern um die eigene Regierungsfähigkeit vorzubereiten.

Der Kreis ging hervor aus einer freundschaftlichen Nachbarschaft zweier Männer, die beide in der Weimarer Republik wichtige Politiker gewesen waren und sich nach der nationalsozialistischen »Machtergreifung« im Münchner Villenviertel Bogenhausen zur Ruhe gesetzt hatten: Franz Sperr hatte als Gesandter der bayerischen Regierung in Berlin bei der Gleichschaltung Bayerns im März 1933 eine wenig rühmliche Rolle gespielt. Ende 1934 wurde er vorzeitig in den Ruhestand versetzt und zog nach München um. Dort war sein Nachbar der langjährige ehemalige Reichswehrminister Otto Gessler, der sich ebenfalls aus der Politik zurückgezogen hatte. Die beiden einigten sich schnell darauf, daß der Nationalsozialismus über kurz oder lang zusammenbrechen werde und dann nur die bayerische Monarchie als starke Orientierungsmacht verhindern könne, daß Anarchie ausbreche oder die Kommunisten bzw. die »Unterwelt« oder die »Straße«[166] wie 1918/19 das Machtvakuum ausnutzten.

Joseph Ernst Fürst Fugger-Glött vor dem Volksgerichtshof, 1945

Im Laufe des Jahres 1936 arrangierten Sperr und Gessler Gespräche mit Franz Freiherrn von Redwitz, dem Kabinettschef des Kronprinzen Rupprecht. Ohne den Kronprinzen zu sehr einzubeziehen und dadurch zu gefährden, wollte man sich ganz behutsam auf den Zeitpunkt der Machtübernahme vorbereiten und staatsrechtliche Überlegungen anstellen, wie ein Regierungswechsel vonstatten gehen könne. Vor allem brauchte man Kontakte zu Persönlichkeiten, die Ämter und Führungsfunktionen übernehmen sollten. Im Laufe der Jahre stießen zu dem Kreis Eduard Hamm, der ebenfalls vor 1933 Politiker gewesen war, der Augsburger Rechtsanwalt Franz Reisert, sowie Joseph Ernst Fürst Fugger-Glött, Georg Deininger und Ernst Meier, die zur Bogenhausener Nachbarschaft gehörten. Man traf sich zu Besprechungen in Wohnungen und im Schloß Leutstetten beim Kronprinzen. Es gelang Sperr, gute Beziehungen zu oppositionellen Militärs und Personen aus dem »Amt Ausland/Abwehr« – der Spionage-Abteilung der Wehrmacht – zu knüpfen, von denen er wichtige Informationen erhielt.

Aktive Widerstandsmöglichkeiten boten sich dem Sperr-Kreis erst 1943, als der »Kreisauer Kreis« auf ihn zukam. Die Kreisauer suchten für Südbayern noch einen »Landesverweser«, der nach einem Staatsstreich oder Zusammenbruch des

Franz Sperr

Eduard Hamm

NS-Regimes die Regierungsvollmach-
ten in Südbayern übernehmen sollte.
Über Alfred Delp kam der Kontakt zu
Reisert und Sperr zustande. Nach einer ersten Begegnung Reiserts mit
Helmuth James Graf von Moltke trafen sich Vertreter des Sperr-Kreises
und des »Kreisauer Kreises« im Frühsommer 1943 bei Delp im Pfarrhof von
St. Georg zu einer ersten eingehenden
Besprechung. Hierbei und bei weiteren Treffen stellte sich jedoch heraus,
daß es kaum überwindbare Differenzen zwischen den beiden Kreisen gab:
Moltkes politische Vorstellungen waren Sperr und Fugger-Glött bei weitem zu »sozialistisch«. Völlig unverein-
bar mit ihrem bayerischen Patriotismus
erschien ihnen der Plan der Kreisauer,
Franken von Bayern abzutrennen und
zu einem eigenen Land zu machen.

Otto Gessler

Darüber kam es zu heftigen Auseinandersetzungen. Letztlich scheiterte die Zusammenarbeit daran, daß der Sperr-Kreis sich immer als Vertreter spezifisch bayerischer Interessen sah, auf einem selbständigen Vorgehen in Bayern beharrte und nicht bereit war, sich an den gesamtdeutschen Widerstand zu binden. Reisert, Sperr und Fugger-Glött schlugen es nacheinander aus, sich als »Landesverweser« zur Verfügung zu stellen. Sperr wollte im Falle eines Zusammenbruchs des NS-Regimes zwar die politische Führung in Bayern übernehmen, sich aber nicht von der Reichsentwicklung abhängig machen. Die gemeinsamen Besprechungen brachen ab, nur mit Reisert hielt Moltke bis zu seiner Verhaftung Anfang 1944 Kontakt.

Eine weitere Differenz des Sperr-Kreises zum nationalkonservativen Widerstand bestand darin, daß Sperr bis zuletzt alle Pläne, Hitler gewaltsam zu stürzen, kategorisch ablehnte. Aus welchen Gründen, ist nicht ganz klar: Vielleicht bereitete es ihm Schwierigkeiten, daß ein Regimesturz den Sieg der Alliierten befördern würde und somit »Landesverrat« sei. Vielleicht glaubte er tatsächlich nicht, daß ein Staatsstreich Erfolg haben könnte. Späteren Aussagen von Zeitzeugen zufolge wollte Sperr warten, bis die Alliierten am Rhein stünden, um dann im Moment des allgemeinen Zusammenbruchs einen General an die Spitze der Militärs zu setzen, der Bayern den Alliierten »ordentlich«[167] übergeben sollte. Über zwei oppositionelle Offiziere der Wehrmacht – sie spielten später in der »Freiheitsaktion Bayern« eine wichtige Rolle – nahm Sperr Kontakt mit Franz Halder auf, dem ehemaligen Generalstabschef des Heeres, der 1942 von Hitler wegen seiner kritischen Haltung entlassen worden war und zurückgezogen am Chiemsee lebte. Halder erklärte sich bereit, zu gegebener Zeit die militärische Führung zu übernehmen.

Das gescheiterte Attentat am 20. Juli 1944 machte all diese Pläne zunichte. Sperr hatte sich 14 Tage vorher auf Vermittlung Delps mit Stauffenberg in dessen Bamberger Wohnung getroffen. In den dem Attentat folgenden Ermittlungen wurden Sperr, Reisert, Hamm, Fugger-Glött und Gessler verhaftet, weil sie für die Gestapo ersichtlich Kontakt mit dem nationalkonservativen Widerstand gehabt hatten. Hamm und Gessler waren auf Namenslisten des Stauffenberg-Kreises und Karl Goerdelers mit politischen Funktionen aufgeführt, wahrscheinlich ohne daß sie davon wußten. Der Sperr-Kreis als solcher flog jedoch nicht auf, seine anderen Mitglieder blieben unbehelligt. Daß dies auch der Standhaftigkeit und Verschwiegenheit der Verhafteten zu verdanken ist, zeigt das Schicksal Hamms: Da er die Mißhandlungen bei den Gestapo-Verhören nicht mehr aushielt, stürzte er sich Ende September 1944 aus dem Fenster und nahm sich so das Leben. Franz Sperr wurde im Januar 1945 zum Tode verurteilt und hingerichtet. Reisert war bis zum Kriegsende im Zuchthaus, Gessler wurde kurz vorher aus dem Konzentrationslager entlassen.

Einzelpersonen im nationalkonservativen Widerstand

Wohl die schillerndste Figur des Münchner katholisch-konservativen Widerstands war Josef Müller, allgemein bekannt unter dem Spitznamen »Ochsensepp«.

Müller stammte aus einer oberfränkischen Häuslerfamilie und hatte sich mit äußerstem Einsatz und Ehrgeiz hochgearbeitet. Seinen Spitznamen trug er, seit seine gutbetuchten Mitgymnasiasten ihn einmal in den Schulferien dabei gesehen hatten, wie er als Bauersknecht mit einem Ochsenfuhrwerk Mist karrte. Nach dem Ersten Weltkrieg studierte er in München Jura. Er wurde Mitglied der BVP; seine politische Überzeugung war, anders als die vieler seiner Parteifreunde, dezidiert liberal und republikanisch. Seit 1927 arbeitete er als Wirtschaftsanwalt. Er schuf sich vielfältige Verbindungen in Kirchen- und Politikerkrei-

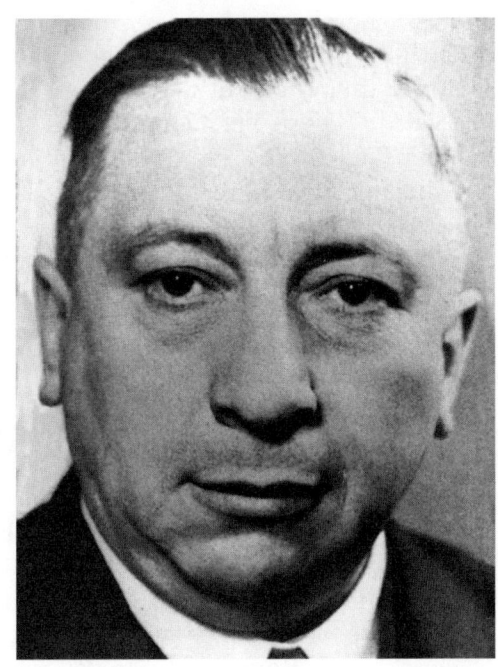

Der »Ochsensepp« Josef Müller

sen, mit der Familie des bayerischen Ministerpräsidenten Held war er eng befreundet. Während und nach der nationalsozialistischen »Machtergreifung« in Bayern spielte Müller eine Rolle, die bis heute undurchsichtig geblieben ist: Obwohl er keinerlei ideologische Affinitäten zur NSDAP besaß, hatte er auch keine Berührungsängste, mit nationalsozialistischen Persönlichkeiten umzugehen. Diese Beziehungen pflegte er zu seinem eigenen Vorteil, aber auch, weil er dachte, sie für die Kirche und den gemäßigteren Konservativismus nutzen zu können. Da er oft im Ausland zu tun hatte, nahm er auf Bitten des Domkapitulars Neuhäusler Informationen und Nachrichten über die Verfolgung der Kirche über die Grenze, um sie dem Vatikan zuzuleiten.

Die engen Kontakte, die er dabei zu vatikanischen Würdenträgern knüpfte, machten ihn nun interessant für einen Verschwörerkreis, der sich im Zuge der kriegstreibenden Politik Hitlers unter hochrangigen Wehrmachtsoffizieren gebildet hatte. Im September 1939, kurz nach Kriegsausbruch, wurde Müller nach Berlin ins »Amt Ausland/Abwehr« – die Spionageabteilung der Wehrmacht – eingeladen. Dort stellten sich ihm Hans Oster, Hans von Dohnanyi und Wilhelm Canaris als Führer der Militäropposition vor und warben ihn für einen gefährlichen Auftrag an: Müller sollte über Papst Pius XII. bei der englischen Regierung sondieren, ob diese zu Friedensgesprächen bereit sei. England mußte davon überzeugt werden, daß es innerhalb der Wehrmacht eine mächtige Opposition gebe, die bereit sei, Hitler zu stürzen und den Krieg zu beenden. Um den Putsch durchzuführen, brauchte man aber eine Garantieerklärung Englands, daß es die Umsturzsituation nicht mit kriegerischen Vorstößen gegen Deutschland ausnutzen würde. Diese Versicherung war nötig, weil die Militäropposition fürchtete, daß der Putsch sonst die »vitalen Interessen« Deutschlands schädigen, vor allem aber bei der Bevölkerung keinen Rückhalt finden würde.

Das war Geheimdiplomatie, wie sie dem »Ochsensepp« schmeckte. 1939 und 1940 reiste er immer wieder nach Rom. Seine vatikanischen Gesprächspartner vermittelten ihm, daß die Alliierten wohl zu einem Frieden bereit wären, wenn in Deutschland nur ein Regierungswechsel stattfinden würde. Der englische Botschafter im Vatikan signalisierte allerdings äußerstes Mißtrauen. Er glaubte vorerst weder an die ehrlichen Absichten dieser Fühlungnahme, noch an den Erfolg eines Putsches. Mehrmals wäre Müllers Mission fast gescheitert; nur durch geschickte Winkelzüge konnte die Militäropposition seine Enttarnung und Verhaftung verhindern. Erst als sich der Papst selber in die hochgeheimen und konspirativen Gespräche einschaltete, zeichnete sich ein Erfolg ab. Doch schließlich scheiterten alle Pläne daran, daß die Wehrmachtsgeneräle, die den Staatsstreich gegen Hitler hätten durchführen sollen, sich unwiderruflich auf die Seite des Regimes zurückzogen. Müller blieb nichts anderes übrig, als Ende April 1940 mit der peinlichen Nachricht nach Rom zu fahren, daß seine Mission umsonst gewesen sei. Um dennoch die eigene Glaubwürdigkeit nicht zu verlieren, warnte er im Auftrag der Militäropposition seine Gesprächspartner, daß eine Westoffensive Deutschlands über Belgien und Holland kurz bevorstehe.

Erst drei Jahre später und in einem ganz anderen Zusammenhang – wegen einer Devisenangelegenheit – wurde Müller verhaftet; seine Freunde im »Amt Ausland/Abwehr« wurden abgesetzt. Obwohl die Gestapo von der Verschwörertätigkeit des Kreises ahnte, konnten die Gerichtsverfahren verschleppt werden. Müller verhielt sich bei den Vernehmungen äußerst geschickt: Er gab nur Unwesentliches zu, redete sich immer wieder heraus, drohte mit kompromittierendem Wissen und spielte wahrscheinlich auch seine Kontakte zu hochrangigen Nationalsozialisten aus. Im Februar 1945 kam er ins KZ Buchenwald, Anfang April nach Flossenbürg. Dort wurden seine Freunde Canaris, Oster, Dohnanyi und andere ermordet. Müller entging diesem Schicksal. Er wurde Anfang Mai 1945 mit anderen Sondergefangenen der SS in Südtirol von amerikanischen Truppen befreit.

Nach dem Krieg machte Müller als Parteivorsitzender der CSU politische Karriere. In seiner Partei war er zeitlebens sehr umstritten, nicht nur wegen seiner Vorliebe für Konspiration und skrupellose politische Taktik, sondern auch, weil ihm viele den »Landesverrat« nicht verziehen.

Ein anderer Münchner, der dem oppositionellen Kreis um Canaris und Oster angehörte, war Karl-Ludwig Freiherr zu Guttenberg. Auch er verfügte über unzählige Verbindungen, arbeitete aber nie so exponiert wie der »Ochsensepp« im Widerstand. Guttenbergs geistiger Hintergrund war deutschnational, monarchistisch und scharf antirepublikanisch. Doch anders als sein Bruder Enoch, der letzte Vorsitzende des »Heimat- und Königbundes«[168], wahrte er zum Nationalsozialismus eine kritische Distanz, die sich im Lauf der 30er Jahre zur Opposition festigte. Seit seiner Heirat mit einer österreichischen Prinzessin entfernte er sich mehr und mehr vom preußisch orientierten Deutschnationalismus und fand im habsburgisch orientierten föderalistischen Monarchismus seine geistige Heimat. Gleichzeitig verschaffte ihm diese Ehe eine materielle Unabhängigkeit, ohne die seine weitere Entwicklung wahrscheinlich nicht möglich ge-

Karl-Ludwig Frhr. zu Guttenberg

wesen wäre. 1932 gründete er auf seinem Familienschloß, der Salzburg an der fränkischen Saale, die Zeitschrift »Monarchie – Zeitschrift für deutsche Tradition«. Sie erschien nicht im Buchhandel, sondern wurde an einen weiten Kreis von Interessenten einzeln verschickt. Anfang 1934 sollte die Zeitschrift verboten werden. Guttenberg kam dem Verbot geschickt zuvor, indem er das Gesuch stellte, ihren Namen in »Weiße Blätter, Monatsschrift für Geschichte, Tradition und Staat« umzuändern. So wurde sie, als längst alle anderen Zeitungen und Zeitschriften vom NS-Regime gleichgeschaltet oder verboten waren, das einzige halbwegs unabhängige Sprachrohr der konservativ-monarchistischen Kreise. Erst 1943 wurden die »Weißen Blätter« eingestellt.

Im Sommer 1939 kam Guttenberg in Kontakt mit der deutschen Militäropposition. 1940 wurde er nach Berlin in das »Amt Ausland/Abwehr« berufen, wo er unter Canaris und Oster politische Geheimberichte sichten und ordnen sollte. Es ist nicht überliefert, inwieweit er in die Details der Widerstandstätigkeit eingeweiht war und wieviel er von Josef Müllers Mission beim Vatikan wußte. Guttenberg hatte auch Verbindung zum »Kreisauer Kreis«. Er war es, der im Oktober 1941 Augustinus Rösch mit dem Grafen Moltke zusammenbrachte.[169] Zu der ersten Tagung des »Kreisauer Kreises« war Guttenberg eingeladen. Daß er wegen seines 40. Geburtstages absagte, zog ihm den Ärger der Kreisauer zu. Wahrscheinlich gab es einige Differenzen: Die Kreisauer hielten ihn letztlich für nicht genügend engagiert und konsequent, umgekehrt empfand Guttenberg national-

Ludwig Frhr. von Leonrod

konservatives Unbehagen angesichts ihres Programms.

Im Januar 1943, kurz bevor der Widerstandskreis im »Amt Ausland/Abwehr« aufgerollt wurde, erhielt Guttenberg einen Versetzungsbefehl nach Zagreb. Nach dem 20. Juli 1944 wurde er aufgrund seiner zahlreichen Verbindungen zum Widerstand verhaftet, obwohl er wahrscheinlich von den Attentatsplänen Stauffenbergs nichts gewußt hatte. Kurz vor Kriegsende, am 23. April 1945, holte ihn ein Begleitkommando aus dem Berliner Gefängnis Lehrter Straße ab und ermordete ihn.

Nicht alle am nationalkonservativen Widerstand beteiligten Personen waren überzeugte Oppositionelle: Ludwig Freiherr von Leonrod wurde nur aus seiner persönlichen Freundschaft zu Stauffenberg in die Attentats- und Umsturzpläne des 20. Juli verwickelt. Leonrod war Berufsoffizier wie alle männlichen Mitglieder seiner Familie und Militarist durch und durch. Stauffenberg hatte er Ende der 20er Jahre im 17. Bayerischen Reiterregiment in Bamberg kennengelernt – die »Bamberger Reiter« galten allgemein als draufgängerisch und besonders soldatisch. Er bewunderte ihn seitdem. Im Juli 1933 zum Oberleutnant befördert, leistete Leonrod wie jeder Soldat einen Eid auf Hitler, an den er sich als gläubiger Katholik besonders gebunden fühlte. 1939 an die Front versetzt, erhielt er zahlreiche militärische Auszeichnungen. Anfang 1942 wurde er schwer verwundet und in die Heimat nach München zum Wehrkreis VII versetzt. Im Frühjahr 1943 heiratete er und bezog mit seiner Frau ein Haus in Bogenhausen.

Ende 1943 erhielt er von Stauffenberg eine überraschende Einladung nach Berlin: Stauffenberg war auf der Suche nach vertrauenswürdigen Offizieren in den einzelnen Wehrkreisen, die nach dem geplanten Attentat für eine Übergangs-Militärdiktatur zur Verfügung stehen sollten, und hatte sich dabei an Leonrod erinnert. Leonrod vertraute und glaubte Stauffenberg. Er gab seine Unterstützung zu erkennen, obwohl er mit dem Attentat nicht wirklich einverstanden war. Vor allem der Eidbruch gegenüber dem »Führer« bereitete ihm Probleme, die er später vor der Gestapo schilderte:

»Als mir im Dezember 1943 der Oberst Graf von Stauffenberg gelegentlich einer Besprechung mitgeteilt hatte, daß ein Attentat auf den Führer geplant sei, hatte ich ihm gegenüber eingewandt, daß ich immerhin als Offizier durch meinen Eid gebunden sei. Stauffenberg versuchte mich davon zu überzeugen, daß in einem derartigen Falle und in einer derartigen Notlage auch ein an und für sich als heilig anzusehender Eid nicht mehr gültig sei. Als gläubiger Katholik sei ich auf Grund der Ausführungen über die politische und militärische Lage schon gewissensmäßig verpflichtet, entgegen diesem Eid zu handeln. Trotzdem hatte ich auf meiner Heimreise (...) Gewissensqualen, ob die Handlungsweise richtig sei und ich nicht in einem Zustand der Sünde stehe, da ich von dem geplanten Attentat auf den Führer Kenntnis hatte.« [170]

Ein Seelsorgegespräch mit seinem Beichtvater, Kaplan Hermann Wehrle, konnte ihm die Gewissensnöte in Bezug auf seine Mitwisserschaft etwas erleichtern. Leonrod hörte nun monatelang nichts mehr von Stauffenberg. Erst im Juni 1944 wurde er nach Berlin beordert. Stauffenberg wünschte ihn in seiner unmittelbaren Nähe und meldete ihn für einen Adjutantur-Lehrgang südlich von Berlin an. In den Zeitpunkt und Ablauf des Attentats und der »Operation Walküre« war Leonrod nicht eingeweiht. Als er sich am 20. Juli auf Befehl Stauffenbergs im Allgemeinen Heeresamt einfand, war er völlig überrascht von den Vorgängen, die dort inzwischen von den Verschwörern in Gang gesetzt worden waren. Leonrod wurde als Wachposten eingesetzt. Nach stundenlangem Warten und Hoffen stellte sich am Abend heraus, daß das Unternehmen gescheitert war. Leonrod verließ den Schauplatz dieser Ereignisse und fuhr zurück zu seinem Lehrgang. Dort wurde er am nächsten Tag verhaftet. Dem Volksgerichtshof gegenüber sagte Leonrod, es sei ein »sehr großer Fehler« gewesen, daß er sich von Stauffenberg habe »überreden« lassen. Zum Tode verurteilt, wurde er am 26. August 1944 hingerichtet.

Auch der Kaplan Hermann Wehrle, den Leonrod in seiner Gewissensnot im Dezember 1943 um Rat gefragt hatte, wurde vom Volksgerichtshof zum Tode verurteilt und hingerichtet. Wehrle hatte Leonrods abstrakt gefaßte Frage, ob die Mitwisserschaft an einem Attentatsplan Sünde sei, sofort auf Hitler bezogen. Er fand, daß dieses Problem sich mit der Frage des Tyrannenmords decke, und las Leonrod als Antwort darauf aus dem »Lexikon für Theologie und Kirche« vor: Nach Auffassung der Kirche dürfe keine Privatperson einen Tyrannen töten, doch sei Mitwisserschaft allein noch keine Sünde. Am 18. August 1944 wurde Wehrle verhaftet und nach Berlin transportiert. Vor der Gestapo machte er nun politische Aussagen, die weit über die Verteidigung seiner kirchenrechtlichen Position hinausgingen:

»Frage: Wie kamen Sie dazu, sofort an das Problem des Tyrannenmordes zu denken? Was verstehen Sie unter einem Tyrannen?

Hermann Wehrle und Ludwig Frhr. von Leonrod (rechts) vor dem Volksgerichtshof, 1945

Antwort: Aus der Geschichte der Antike einen Alleinherrscher, der seine Macht nicht zum Guten, sondern allein zum Schaden des Volkes ausnutzt.
Frage: Sie haben bei der Frage Leonrods sofort an den Führer gedacht. Sie sahen also in dem Führer einen Mann, der seine Macht zum Schaden des Volkes ausnutzt.
Antwort: Jawohl. Auch nach meiner Auffassung hat der Führer sehr viel Gutes geschaffen, aber beispielsweise auf dem Gebiet des Geistigen und Geistlichen sind Maßnahmen durchgeführt worden, für die der Führer letztlich verantwortlich ist und die den altgewohnten Begriffen von Freiheit und Recht zuwiderlaufen. In dieser Hinsicht muß ich allerdings sagen, daß der Begriff des Tyrannen, wie ihn die Antike versteht und wie auch ich ihn verstehe, auf den Führer zutrifft.«[171]

So unfreiwillig und plötzlich dieser Widerstand Wehrles war, so war er doch in seiner Biographie nicht unbegründet: Wehrle hatte sein Leben immer als »Kreuzweg« erfahren. Schwere Krankheiten und eine depressive Veranlagung ließen ihn sich in der Welt fremd fühlen. Obwohl es für ihn seit seiner Kindheit feststand, daß er Priester werden wollte, war er erst 1942, mit 43 Jahren, zum Priester geweiht worden. Davor hatte er mehrere Anläufe in verschiedenen Priesterseminaren und Klöstern gemacht, die er immer wieder mit großer Enttäuschung abbrach. Er verbrachte Jahrzehnte mit Studien an der Universität. Da er

188

für seinen Lebensunterhalt selber aufkommen mußte, versuchte er, Anfang der 30er Jahre als Journalist und Schriftsteller Fuß zu fassen. Nach der nationalsozialistischen »Machtergreifung« hätte er in die Reichsschrifttumskammer eintreten müssen; zu solchen Kompromissen nicht bereit und nicht imstande, gab er den Beruf wieder auf. Er schlug sich die folgenden Jahre als Nachhilfe- und Aushilfslehrer durch. 1940 wurde er wegen seiner antinationalsozialistischen Haltung aus seiner letzten Anstellung entlassen. Die Priesterweihe erschien ihm schließlich als Höhepunkt und Erfüllung seines Lebens. Im November 1942 kam er als Kaplan in die Pfarrei Heilig Blut nach Bogenhausen. Mit Alfred Delp, dem Rektor der benachbarten St. Georgs-Kirche, arbeitete Wehrle eng und gerne zusammen. Trotzdem war er nicht glücklich. Er spielte bis zu seiner Verhaftung immer wieder mit dem Gedanken, den Priesterberuf aufzugeben. Vor seiner Hinrichtung schrieb er in einem Abschiedsbrief an seine Schwester: »Ich bin eben zum Tode verurteilt. Welch schöner Tag – heute Kreuzerhöhung.«[172]

4. Jugendliche

»Diese Jugend, die lernt ja nichts anderes als deutsch denken, deutsch handeln. Und wenn nun dieser Knabe und dieses Mädchen mit ihren zehn Jahren in unsere Organisationen hineinkommen und dort nun so oft zum erstenmal überhaupt eine frische Luft bekommen und fühlen, dann kommen sie vier Jahre später vom Jungvolk in die Hitlerjugend, und dort behalten wir sie wieder vier Jahre, und dann geben wir sie erst recht nicht zurück in die Hände unserer alten Klassen- und Standeserzeuger, sondern dann nehmen wir sie sofort in die Partei oder in die Arbeitsfront, in die SA oder in die SS, in das NSKK und so weiter. Und wenn sie dort noch nicht ganz Nationalsozialisten geworden sein sollten, dann kommen sie in den Arbeitsdienst und werden dort wieder sechs bis sieben Monate geschliffen. Und was dann noch an Klassenbewußtsein oder Standesdünkel da oder da noch vorhanden sein sollte, das übernimmt die Wehrmacht zur weiteren Behandlung. Und sie werden nicht mehr frei, ihr ganzes Leben.«

(Adolf Hitler, 1938) 1[173]

Jugend bedeutete für das NS-Regime die Zukunft: Die Jugend mußte man gewinnen, wollte man die nationalsozialistischen Ideale verwirklichen. Die Prägungen und Traditionen der Älteren, die diese aus der Kaiserzeit, dem Ersten Weltkrieg und der Weimarer Republik mitbrachten, konnte man nicht mehr rückgängig machen. Solange sie die politische Entwicklung widerstandslos hinnahmen, ließ man ihnen weitgehend ihre kulturellen Freiräume. Anders bei den Jugendlichen: ihre Erfassung wurde konsequent vorangetrieben. Mit dem »Gesetz über die Hitlerjugend« vom Dezember 1936 wurde die Mitgliedschaft im Jungvolk und in der Hitlerjugend (HJ) Pflicht. Organisierte Freizeitbeschäftigungen außerhalb der HJ wurden mit äußerstem Mißtrauen beäugt. In den 30er Jahren schien die Rechnung aufzugehen: Die HJ übte mit ihrer Lagerfeuerromantik, ihrem scheinbaren Idealismus und ihren zahlreichen Aktivitäten eine große Anziehungskraft aus. Viele Jugendliche engagierten sich begeistert, in dem Gefühl, einen wichtigen Beitrag für den Aufbau des neuen Deutschlands zu leisten. Alle anderen Jugendorganisationen wurden nach und nach verboten oder gingen in der HJ auf. Im Verborgenen versuchten zwar einige der verbotenen Gruppen, ihre Arbeit fortzusetzen, doch der Widerstand, den vor allem die sozialistische Jugend, aber auch bündische und christliche Jugendliche gegen den Nationalsozialismus betrieben, war in wenigen Jahren gebrochen.[174]

Erst Ende der 30er Jahre und vor allem seit Kriegsbeginn, als sich der Reiz der HJ verflüchtigt hatte und ihr paramilitärischer Zwangscharakter offensichtlich geworden war, bildete sich wieder Opposition aus jugendlichen Kreisen. Die Nationalsozialisten mußten die Erfahrung machen, daß sie mit ihren in der Erwachsenenwelt bewährten Methoden des Terrors bei den oppositionellen Jugendlichen kaum Erfolg hatten. Da die Jugendlichen noch nicht im Berufsleben standen und keine Familie hatten, für die sie Verantwortung trugen, waren ihre Handlungsspielräume weniger durch Kompromisse und Rücksichten eingeschränkt, waren sie weniger leicht erpreßbar. Jugendliche Abenteuerlust und Unbedenklichkeit ließen sie oft die Risiken ihres Tuns vergessen. Außerdem bewegten sie sich in Cliquen und Freundeskreisen, die unabhängig von äußeren Zwängen funktionierten und gegenüber Spitzeln und Denunzianten relativ immun waren. Auch Mitwisser, die nur am Rande standen oder einmal vergeblich angeworben worden waren, verrieten meistens nichts. Die Denunziationen, aufgrund derer in München Jugendliche den NS-Gerichten ausgeliefert wurden, kamen in aller Regel von Erwachsenen.

Resistenz von Jugendmilieus

Ende der 30er Jahre wurde das NS-Regime mit einem Phänomen konfrontiert, das es sich nicht erklären konnte: Eine größere Anzahl von Jugendlichen schien keine Motivation mehr zu haben, sich für den Nationalsozialismus zu engagieren. Im Gegenteil, sie versuchten, sich den einengenden Ansprüchen und Zumutungen des Nationalsozialismus zu entziehen. Besonders beunruhigend für das Regime war, daß diese Verweigerungshaltungen sich nicht mehr aus den Traditionen der Zeit vor 1933 speisten, sondern neu entstanden waren – als eine originär jugendliche Form von Opposition, die sich vor allem in Großstädten verbreitete. Allein die Tatsache, daß die Jugendlichen selber ihre Freizeit gestalteten und eigenständig Feste feierten, auf Wanderungen gingen oder in den Straßen »herumstreunten«, machte sie den Nationalsozialisten verdächtig. Wenn überhaupt, leisteten sie ihren HJ-Dienst nur gezwungenermaßen. Diese Verweigerungsformen waren unterschiedlich ausgeprägt, je nachdem, ob es sich um Jugendliche aus wohlsituierten, bürgerlichen Häusern handelte, oder um Kinder von Arbeitern und Handwerkern. Gemeinsam war ihnen, daß sie mit kulturellen Normen der Erwachsenenwelt brachen – besonders mit ihrer Sexual- und Arbeitsmoral –, in Haartracht und Kleidung einen »lässigeren«, aufmüpfigen Stil pflegten und gerne zu der im Nationalsozialismus besonders verpönten amerikanischen und englischen Jazz-Musik tanzten. Die »Swing-Jugend« der bürgerlichen Kreise war oft auch intellektuell und künstlerisch interessiert und sehnte sich danach, die kulturelle Abschottung zu sprengen, die der Nationalsozialismus Deutschland auferlegt hatte. Sich aus Arbeiterjugendlichen zusammensetzende »wilde« Banden – in München die sogenannten Blasen – streiften durch die Stadtzentren und Vorstädte und lieferten sich untereinander oder mit der HJ Schlägereien. Diese Jugendlichen, die so provozierend die nationalsozialistischen Erziehungsideale

Fotos zweier Angehöriger der sogenannten Swing-Jugend, aus einem Bericht des Reichsjugendführers, 1941

konterkarierten, waren in der Minderheit und standen einem Heer von angepaßten oder noch immer für den Nationalsozialismus begeisterten HJ-Angehörigen gegenüber. Aber ihre Zahl war doch genügend groß, um die Behörden massiv zu beunruhigen.

Manchmal wurden die Jugendlichen in ihrem Verhalten auch von den Eltern unterstützt. In einem besonders krassen Fall ließ sich ein Vater zu sechs Monaten Gefängnis verurteilen. Sein Sohn war im Juni 1942 mit zwei Wochenenden Jugendarrest bestraft worden, weil er trotz wiederholter Aufforderung nicht zum HJ-Dienst angetreten war:

»Der Junge mußte durch die Schutzpolizei zum Dienst vorgeführt werden. Er erklärte dabei, daß er auch in Zukunft seinen Dienstverpflichtungen nicht nachkommen werde, weil sein Vater ihm die Teilnahme am HJ-Dienst ausdrücklich verboten habe.«[175]

Der Vater erhob gegen diese Strafe Einspruch und erklärte, daß sein Sohn auch weiterhin nicht zur HJ gehen werde. Die Staatsanwaltschaft vermutete hinter einer solchen Handlungweise eine »ausgesprochen staatsfeindliche Einstellung« und überzog ihn mit einem Gerichtsverfahren.

Die »Blasen«

»Seit ungefähr einem halben Jahr mußte in München beobachtet werden, daß sich Burschen im Alter von 15-20 Jahren zusammenfinden und abends die Straßenecken bevölkern sowie die Passanten anpöbeln. Darauf wurde anfänglich kein besonderes Augenmerk gegeben in der Annahme, es handle sich um jugendliche Auswüchse. Da aber in letzter Zeit auch HJ-Angehörige während der Verdunkelung von halbwüchsigen Burschen überfallen und grundlos niedergeschlagen worden sind, wurde auf die sogenannten Eckensteher ein besonderes Augenmerk gerichtet. Wie durch die Ermittlungen festgestellt werden konnte, haben sich in München verschiedene 'Stenzenblasen', wie z. B. die Spitzblase, Glockenbachblase, Auermühlbachblase, Malzhausblase, Rioblase usw. gebildet. Bei den Blasenangehörigen handelt es sich vorwiegend um mehrfach vorbestrafte halbwüchsige Burschen, die einer geregelten Beschäftigung aus dem Wege gingen. (...) Nach dem Ermittlungsergebnis sind die sogenannten Stenzenblasen als keine Organisation, die politische Hintergründe verfolgt, anzusehen. Sie sind mehr oder weniger Rauforganisationen, und teils haben sie sich auch zur Verübung von Einbrüchen zusammengeschlossen.« [176]

Solche »wilden« Jugendbanden, wie sie der Gestapobericht vom Februar 1940 für München erwähnte, existierten in vielen deutschen Großstädten. Sie hießen je nach Region auch »Meuten«, »Cliquen«, »Edelweißpiraten«, »Gangs«, »Mobs«, »Schlurfs« usw. Die »Blasen« in München benannten sich meistens nach ihrem Treffpunkt: »Heimeranblase«, »Schoberblase«, »Eisdieleblase«, »Platzlblase«, »Nizzablase« und weitere. Seit dem Ende der 30er Jahre verstärkte sich ihre Präsenz. Sie gerieten mehr und mehr in Opposition zur HJ, weil sie sich der Jugenddienstpflicht in der HJ nicht unterwerfen wollten. Im Krieg entwickelten sich die Blasen zu einer regelrechten »Modeseuche«. Ihre Mitglieder paßten in keinster Weise in das nationalsozialistische Idealbild des schnittigen Jugendlichen. Ähnlich wie die bürgerliche Swing-Jugend hatten sie eine »Tangofrisur« oder »Künstlermähne« anstelle des soldatischen Kurzhaarschnitts und bevorzugten saloppe Kleidung. Manche trugen im Anklang an bündische Traditionen Gleichtracht, zum Beispiel Pullover mit dem eingestickten Namenszug der Blase, und führten als Abzeichen einen 17zackigen Stern, einen Fisch, einen Anker oder ein Edelweiß. Den Hitlergruß lehnten sie ab. Stattdessen grüßten sie sich mit »Servus« oder anderen Floskeln. Ihre Versammlungen hielten sie in Luftschutzkellern oder verlassenen Häusern ab. Sexualität spielte eine große Rolle, obwohl diese von den nationalsozialistischen Behörden bestimmt auch überbewertet und hochstilisiert wurde.

Die Reaktionen des nationalsozialistischen Regimes auf diese jugendliche Bandenbildung waren heftig. Seit 1940 läßt sich eine dramatische Verschärfung im Jugendstrafrecht feststellen: Zuchthaus- und Todesstrafen konnten verhängt werden, Jugendliche wurden auf unbestimmte Dauer verurteilt oder in sogenannte Jugendschutzlager wie das Lager Moringen eingewiesen. Die Polizei konnte ohne rechtliche Grundlage Jugendarrest verhängen. So berichtet eine Denkschrift der Reichsjugendführung 1942:

»In München wurde im Frühjahr 1942 ein Jugenddienstarrest als Wochenend-Sammelarrest vollstreckt, zu dem 214 Jugendliche geladen wurden. Die Schutzpolizei hatte die Räume zur Verfügung gestellt, die Gebietsführung sorgte für die Einrichtung (Betten usw.). Ausbilder für den durchgeführten Geländedienst wurden von der Waffen-SS gestellt. Der Erfolg, besonders die Schockwirkung dieser Aktion war gut. (...) Alle hier genannten Versuche waren Behelfsmaßnahmen, die schon deshalb auf die Dauer nicht Bestand haben konnten, weil ihnen eine sichere und brauchbare Rechtsgrundlage fehlte. Außerdem vermochten diese Einrichtungen wohl im Augenblick gefährliche Entwicklungen zu hemmen. Durch einmalige – wenn auch scharfe – Eingriffe läßt sich aber das Cliquenwesen nicht nachhaltig zurückdämmen.«[177]

Neue Straftatbestände wurden geschaffen, um die Verurteilung von Jugendlichen zu erleichtern. Indem man sie unter den Tätertypus des »Volksschädlings«, des »jugendlichen Schwerverbrechers« oder des »Gewaltverbrechers« einordnete, konnten Bagatellvergehen politisch gedeutet werden. Schlechte Schulleistungen, »grundlose Aufgabe eines Arbeitsplatzes«, »Durchbrennen aus der Lehre«, »Arbeitsscheu« verschärften die Strafe ebenso wie »gemeinschaftsschädliche Einstellung« oder »Unkameradschaftlichkeit«.

Zwischen 1940 und 1943 wurde in München eine Reihe von Verfahren gegen »Blasen«-Angehörige geführt, die in kleinkriminelle Aktionen verwickelt waren. Die Beschuldigten bekamen, ungeachtet ihres jugendlichen Alters und der Geringfügigkeit ihrer Vergehen, Zuchthausstrafen zwischen zwei und vier Jahren. In den Urteilen finden sich wüste Beschimpfungen, die deutlich machen, daß die Jugendlichen weniger wegen ihrer kleinen Diebstähle als wegen ihrer grundsätzlichen Verweigerungshaltung zu derart hohen Strafen verurteilt wurden:

»Straferschwerend die Zugehörigkeit zu einer Blase, die Notwendigkeit der rücksichtslosen Bekämpfung dieser Erscheinungen, die Schädigung eines Gemeinschaftswerkes, das fast volksschädlingshafte Verhalten, nächtliches Streunen, die Entwendung zwangsbewirtschafteter Sachen, die große Disziplinlosigkeit während des Krieges, bei Franz F. eine Bestrafung wegen Unzucht mit einem Knaben (er steckte ihm sein Geschlechtsteil in den Mund), (...).«[178]

Für München am besten dokumentiert ist der Fall Heinrich Steigenberger: Im Oktober 1940 wurde Steigenberger festgenommen, als er zusammen mit einem anderen Mitglied seiner »Blase« versuchte, illegal über die Grenze nach Ungarn zu kommen. Es stellte sich heraus, daß er mehrere kleinere Einbrüche verübt und vor der drohenden Verhaftung hatte fliehen wollen. Daß sein Abrutschen in die Kriminalität zumindest subjektiv durchaus im Zusammenhang mit den Verhältnissen im »Dritten Reich« stand, bemerkte sogar die Gestapo:

Name: Steigenberger Gef.-B.-Nr. München, den 16. II. 41.

Lieber Sepp!

[handschriftlicher Brief]

Brief Steigenbergers aus dem Gefängnis an einen Freund: »Du, ich hätte gern gewußt was aus den anderen geworden ist ob sie sich noch immer unten am ›Spitz‹ treffen.«

»Steigenberger macht einen verkommenen Eindruck. Er vertritt die Meinung, daß er in Deutschland wenig zu erhoffen hätte. Wenn er auch einen Beruf erlernt hätte, so wäre das für ihn wenig aussichtsreich gewesen, denn er hätte seine Arbeitsdienst- und Militärpflichtzeit ableisten müssen und wäre dann zuletzt doch nur erschossen worden. Er trägt sich mit Selbstmordgedanken.«[179]

Ungewöhnlich akribisch für einen Fall, der schließlich nur vor dem Amtsgericht verhandelt wurde, recherchierten die Behörden das ganze bisherige Leben des Heinrich Steigenberger: Er kam aus ärmlichen Verhältnissen, seine fünfköpfige Familie lebte in zwei Zimmern und einer Küche. Obwohl er in der Schule »nicht schlecht begabt« war, häuften sich in seinen Zeugnissen Bemerkungen wie: »Der Schüler braucht stramme Zucht, da er gerne über die Schnur hauen möchte« oder: »Ein unangenehmer Tändler und Spieler, ein eigensinniger Dickkopf, der nur durch äußerste Strenge Willigkeit zeigt.« Von 1934 bis 1936 war er Angehöriger des katholischen Jugendvereins. Die HJ mied er, solange es ging. Im Mai 1939 wurde er zur Feuerwehr-HJ zwangsverpflichtet, doch erschien er – wie auch sein Bruder – kaum je zum Dienst. Seine Freunde suchte er anderswo, nämlich in der »Platzlblase«, die sich auf dem Platzl vor dem Hofbräuhaus traf. Die Lehre als Mechaniker, die er nach dem Abgang von der Volksschule 1938 begonnen hatte, gab er im Januar 1940 wieder auf: »und zwar auf Anraten meiner Spiesgesellen von der Platzlblase. Diese sagten, wenn ich Hilfsarbeiter machen würde, könnte ich viel mehr verdienen und an den Sonntagen immer ausgehen.« Im Juni 1940 trat die »Platzlblase« geschlossen zur »Nizzablase« über. Steigenberger wurde Stellvertreter ihres Anführers Adolf Pfister. Die »Nizzablase« umfaßte damals 35 bis 40 Mitglieder: »wenn es Rauferein gab, waren wir immer vollzählig beisammen. Unser Versammlungsplatz war der Spitz, unweit der Mariannenbrücke. Unsere Hauptbetätigung war das Abspielen von Schallplatten, Tanz mit den Mädchen und Raufereien mit anderen Blasenmitgliedern.« So erzählte Steigenberger von einem Überfall auf die »Auerblase«, wo er »einigen Mitgliedern Faustschläge versetzte«. Für die Kämpfe mit der HJ interessierte sich die Gestapo besonders:

»Bei dem Überfall in der Kanalstraße auf die HJ war ich auch anwesend, habe jedoch selbst nicht zugeschlagen. Mir ist bekannt, daß ein Mitglied unserer Blase mit Spitznamen ›Pedro‹ bei allen Fahrrädern von HJ-Angehörigen die Ventile bei den Rädern herausgeschraubt hat. Was er mit den Ventilen gemacht hat, weiß ich nicht. Josef Scheucher, auch ein Mitglied unserer Blase, hat bei dieser Gelegenheit einen Hitlerjungen geschlagen.«

Um die Jahresmitte 1940 begann Steigenberger, mit seinen Freunden kleine Einbrüche zu verüben. Während der Verdunkelung stiegen sie in Kolonialwarengeschäfte ein und entwendeten einmal 1,80 Reichsmark, dann 12 Reichsmark. Auch in eine Gastwirtschaft brachen sie ein: »Dort drehten wir das Licht auf, tranken dann einige Gläser Bier und durchsuchten die Schenke und das Gastzimmer«. Immer heftiger geriet Steigenberger mit seinen Eltern aneinander. Schließlich lief er von zu Hause weg und versteckte sich mit zwei Freunden in einem halbabgebrochenen Haus. Nach drei weiteren erfolglosen Einbruchsversuchen beschlossen Steigenberger und zwei seiner Freunde zu fliehen. Acht Tage später wurden sie an der Grenze nach Ungarn verhaftet. Ihre ganze »Blase« wurde aufgerollt, und die Mitglieder in Untersuchungshaft genommen. In der Hauptverhandlung im März 1941 erhielt Steigenberger, 17jährig, drei Jahre Zuchthaus wegen »Verbrechens gegen die Volksschädlingsverordnung«. Er saß zwei Monate in Einzelhaft. Im Sommer 1942 wurde seine Strafe in einen Arrest auf unbestimmte Dauer umgewandelt, da Steigenberger trotz seines »guten Kerns« und obwohl er sich »offen und anständig gegen die Vorgesetzten« verhalte, »unglaublich leichtsinnig und flatterhaft« sei und mitten »in den Flegeljahren mit ihrem Drang zum Abenteuerlichen« stecke. Doch schon im Oktober 1942 wollte die »harte Schule der Wehrmacht« nicht mehr auf ihn verzichten: »Die Strafvollstreckung wird einstweilen bis Kriegsende ausgesetzt, um ihm Gelegenheit zur Feindbewährung zu geben.« Heinrich Steigenberger überlebte den Krieg. In seiner Akte ist ein Schreiben des Polizeipräsidiums vom November 1946 enthalten, das darauf schließen läßt, daß er erst 1947 »auf dem Gnadenwege« ganz entlassen wurde.

Studentische Kreise

Während die »Blasen« durch ihr Abrutschen in die Kriminalität den nationalsozialistischen Behörden genügend Gelegenheit boten, sie strafrechtlich zu verfolgen, waren die Jugendlichen aus wohlsituierten Verhältnissen weniger leicht in den Griff zu bekommen. Vor allem im Umkreis der Universitäten – die allerdings von der NS-Studentenschaft beherrscht waren – bildeten sich Kreise, die dem Nationalsozialismus reserviert oder ablehnend gegenüberstanden. Politische Überzeugungen spielten dabei weniger eine Rolle als der Wunsch, in Ruhe und unbelästigt von nationalsozialistischen Pflichtveranstaltungen studieren zu können. Im Juni 1934 kam es an der Münchner Universität zu tumultartigen Protesten gegen die Pflichtvorlesungen, die von der nationalsozialistischen Studentenführung angesetzt worden waren. Die Redner wurden »mit eisigem Schweigen« begrüßt und durch »Geheul, Getrampel, Gepfeife«[180] am Reden gehindert. Als der sehr beliebte Juraprofessor Heinrich Mitteis in die Schußlinie geriet, weil er in seinen Vorlesungen spöttische Bemerkungen über den Nationalsozialismus gemacht hatte, kam es unter den Jurastudenten zu Solidaritätskundgebungen. Eine Studentengruppe um Alexander Böker und Hubert von Welser war hier besonders engagiert. Die Studenten legten Mitteis in einer Vorlesung einen Blumenstrauß aufs Pult, der prompt von einem SS-Mann zerpflückt wurde, und es kam zu einer Prügelei. In den darauffolgenden Tagen hingen an den Wänden der Universität handgemalte Plakate, die es an deutlicher Sprache nicht fehlen ließen:

»Täglich wächst die Empörung und Erbitterung über die Knebelung der studentischen Freiheit! Überlegt! Seid ihr auf der Universität, um euch von Studentenbonzen schikanieren zu lassen oder um das Erbe der deutschen Wissenschaft anzutreten? Seid ihr auf der Universität, um unproduktive Fachschaften mitzumachen oder um zu studieren? (...) Nieder das SA-Hochschulamt, nieder die Fachschaften, nieder die Studentenbonzen, es lebe die studentische Freiheit.« [181]

Flugblätter mit der Parole: »Im 3. Reich marschieren wir – im 4. Reich studieren wir« lagen herum, auf einem anderen Plakat war zu lesen: »Schießt, stecht und schlagt sie tot, diese Bonzen im Braunhemd«. Hinter diesen Protesten stand offenbar, einem Zeitungsbericht des »Stürmer« zufolge, die große Mehrheit der Studenten. Mit dem sogenannten Röhm-Putsch am 30. Juni 1934 ebbte der Aufruhr ab. Die Entmachtung der SA wurde von den Studenten positiv aufgenommen.

Der Freundeskreis an der juristischen Fakultät löste sich auf: Alexander Böker ging zum Studium ins Ausland und entschloß sich 1938 nach den Pogromen der »Reichskristallnacht« endgültig zur Emigration. Hubert von Welser machte im Luftfahrtministerium unter Göring Karriere.

Auch nach 1934 gibt es Hinweise, daß die Münchner Studentenschaft nicht ganz so linientreu hinter dem Nationalsozialismus stand, wie es die offiziellen Zahlen und Meldungen glauben machen wollten. Ende 1937 wurde der Student der Zeitungswissenschaften Josef Knott vom Gaustudentenführer aufgrund verschiedener kritischer Bemerkungen denunziert. Es ging dabei vor allem um den nationalsozialistischen Fachschaftsleiter der zeitungswissenschaftlichen Fakultät, der »die Fachschaft in zwei Lager gespalten«, aber schließlich »eingesehen (hätte), daß es eine Unmöglichkeit sei, die zeitungswissenschaftliche Fachschaft nationalsozialistisch zu machen.« Der Denunziant beendete sein Schreiben mit einer Forderung, die darauf schließen läßt, daß Knott mit seiner Meinung nicht allein stand:

»Da gerade in der zeitungswissenschaftlichen Fachschaft der Universität München mehr derartige Elemente sich herumtreiben, die allerdings in mancher Beziehung weit vorsichtiger sind als Knott, ist es wichtig, daß einmal von der Staatspolizei ein Exempel statuiert wird, damit sich die Herren langsam überlegen, entweder das Studium aufzugeben oder eine positive Einstellung zum Dritten Reich zu bekommen.« [182]

Knott wurde zweimal von der Gestapo vernommen, konnte sich aber geschickt verteidigen. Das Verfahren gegen ihn wurde eingestellt.

Am 13. Januar 1943 kam es zu krawallartigen Protesten von Studenten: Anläßlich der 470-Jahr-Feier der Münchner Universität hielt Gauleiter Giesler im Kongreßsaal des Deutschen Museums eine Rede vor der versammelten Studentenschaft, in der er die weiblichen Studierenden auf plumpeste Weise dazu aufforderte, sich den Soldaten hinzugeben und dem »Führer« Kinder zu ge-

Das »Weinhaus Brennessel« an der Ecke Leopold- und Hohenzollernstraße

bären, statt zu studieren. Er wurde daraufhin öffentlich ausgepfiffen und ausge-
buht. Da die meisten Studenten in ihrer Wehrmachtsuniform erschienen waren,
scheute die herbeigerufene Polizei davor zurück, Verhaftungen vorzunehmen.
Zeitzeugenberichten zufolge breitete sich in den Tagen danach fast eine prärevo-
lutionäre Stimmung in Studentenkreisen aus. Als Anfang Februar der Untergang
der VI. Armee in Stalingrad bekannt gegeben wurde, verstärkte sich noch das Gefühl, daß ein Ende des Regimes bevorstehe.

Außerhalb der Universität war es für Studenten leichter, sich Freiräume zu
schaffen. In kleinen Kreisen taten sich solche zusammen, die intellektuell neugie-
rig waren, ungezwungen über Kunst, Literatur und die politische Entwicklung
diskutieren oder auch einfach abseits von Nationalsozialismus und Krieg ihr
Vergnügen haben wollten. Vor allem in Schwabing gab es ein ausgeprägtes Stu-
dentenmilieu mit Kneipen, Tanzbars und privaten Festen, das den nationalsozialistischen Normen und Vorstellungen einer disziplinierten, gleichgeschalteten Jugend zuwider lief. Stammkneipen waren zum Beispiel der »Alte Simpel«, oder
das »Allotria«, beide in der Türkenstraße, oder die »Brennessel« an der Ecke
Leopold-/Hohenzollernstraße. Eine große Rolle spielte der aus England und
Amerika kommende Swing und Jazz. In der Adalbertstraße gab es hinter der
Kneipe »Papa Steinicke« einen Theatersaal, in dem noch bis in die 40er Jahre

Jazz-Veranstaltungen stattfanden. Als im Mai 1940 ein generelles Tanzverbot erlassen wurde, wichen die Jugendlichen auf private »Hausfeste« aus. Gepfiffene Melodien des »St. Louis-Blues«, von »I can't give you anything but love« und andere einschlägige Hits dienten Gleichgesinnten auf der Straße als Erkennungszeichen, denn »wer den Jazz liebte, konnte kein Nazi sein«[183].

Eine Gruppe, in der diese kulturellen Verweigerungsformen besonders weit getrieben wurden, war der Freundeskreis von Franz Geiger und Lorenz Cosmann. Die nationalsozialistischen Behörden wurden aufgrund einer Denunziation auf ihn aufmerksam. Im Februar 1943 erschien die Hausgehilfin Maria Spiegel bei der Gestapo und gab zu Protokoll: Sie sei eines morgens in die Wohnung ihrer Arbeitgeberin gekommen, die verreist war. Es habe eine »verheerende Unordnung« geherrscht, 20 bis 30 leere Weinflaschen hätten auf dem Küchentisch gestanden, und auf den Sofas und in den Betten hätten junge Leute geschlafen. Der Sohn des Hauses, der damals gerade 22 Jahre alt gewordene Cosmann, hatte offensichtlich ein Faschingsfest gefeiert und mit seinen Freunden »bis zum Morgen gesoffen«. Wenn schon dies der Gestapo kurz nach Stalingrad verdächtig vorkommen mußte, so noch mehr die Anschuldigungen, die das Dienstmädchen weiter vorbrachte:

»Beim Aufräumen des Wohnzimmers habe ich mehrere auf dem Tisch liegende Zettel vorgefunden. Auf den einzelnen Zetteln war der Führer, Reichsmarschall Göring, Dr. Goebbels, Mussolini und Roosevelt mit Bleistift gezeichnet. Wer die Zeichnungen gefertigt hat, kann ich nicht sagen. Auf der Zeichnung des Führers stand unten mit Bleistift geschrieben folgender Vermerk: ›Das ist unser Untergang! Lorenz Cosmann‹. Am unteren Rand der Zeichnung des Roosevelt stand ebenfalls mit Bleistift geschrieben: ›Soll leben!‹. Die Zeichnungen des Reichsmarschalls Göring, Dr. Goebbels und Mussolini waren mit Vermerken in fremder Sprache versehen.«[184]

Als das Dienstmädchen später von Cosmann erfuhr, daß er »Halbjude« war, beschloß sie, ihn zu denunzieren. Sie schnüffelte ihm hinterher, überprüfte sein Bett nach Spuren von Geschlechtsverkehr und notierte sich regimefeindliche Äußerungen, die er ihr gegenüber gemacht hatte. Auf ihre Denunziation hin ließ die Gestapo Cosmann und sechs seiner engeren Freunde sowie andere nur mittelbar beteiligte Personen mehrmals vernehmen. Cosmann kam in Untersuchungshaft. Die jungen Leute mußten zugeben, daß sie in den letzten Wochen bei mehreren Gelegenheiten gefeiert, sich zum Teil maskiert und dabei auch getanzt hatten. Die Gestapo stellte Strafanzeige gegen Cosmann, da sie gegen ihn als »Halbjuden« am leichtesten eine Handhabe hatte:

»Weiter wurde festgestellt, daß Cosmann in echt jüdischer Weise die Zechgelage für sich zu seiner geschlechtlichen Befriedigung ausgenützt hatte. (...) Ein strafbarer Tatbestand ist in diesem Falle zwar nicht gegeben, jedoch ist der Geschlechtsverkehr zwischen Halbjuden und Deutschblütigen nicht erwünscht und wird mit

staatspolizeilichen Maßnahmen geahndet. Das Verhalten des Halbjuden Cosmann, insbesondere die Bemerkung auf der Zeichnung des Führers, die Veranstaltung der Zechgelage mit dem Motto ›Fasching in Schwabing‹ zu einer Zeit, in der im Osten unsere Soldaten, namentlich die der VI. Armee auf Leben und Tod kämpfen, muß als verwerflich bezeichnet und kann nicht hart genug beurteilt werden.«

In der wichtigsten Sache hielten die Freunde Cosmanns dicht: Sie bestanden darauf, daß niemals politische Gespräche geführt und keine Karikaturen von Hitler oder Goebbels angefertigt worden seien. Als es nach Monaten Cosmanns Mutter gelang, frühere Arbeitgeber der Denunziantin herbeizuschaffen, die bescheinigten, daß es sich um eine »lügnerische«, »rachsüchtige« und »unzuverlässige« Person handele, wurde das Verfahren eingestellt.

Was die Gestapo ahnte, aber nicht beweisen konnte: Die Freunde trafen sich oft und waren sich völlig einig in der Ablehnung des NS-Regimes – nicht so sehr aus einem konkreten politischen Bewußtsein heraus als aus einem Gefühl für die Verlogenheit und Borniertheit der nationalsozialistischen Parolen. Bei ihren Faschingsfesten wurden die selbstgemalten Karikaturen von Nazi-Größen, die das Dienstmädchen auf dem Wohnzimmertisch gesehen hatte, als Wandschmuck verwendet. Aus Provokationslust begingen sie Streiche, die manchmal durchaus eine politische Stoßrichtung hatten: Im Winter 1942/43 demolierten sie mehrmals nachts während der Verdunkelung die Auslagen der Stürmer-Kästen und verstreuten Flugblätter, die zum Sturz der Hitler-Regierung aufriefen. Bei anderen Gelegenheiten produzierten sie auch Flugblätter dadaistischer Art mit Texten wie: »Warum haben Sie eigentlich keine schönere Frau? Es laufen doch genug herum! Na also!«. Cosmanns Freunde Franz Geiger und Hans Brückner hatten eine besondere Vorliebe für absurd-komische Aktionen, die die Nationalsozialisten ärgern sollten: So stellte sich Brückner einmal in einer SS-Uniform mit einem Fleischermesser zwischen den Zähnen grimassierend an ein Fenster, um die draußen vorbeigehenden Leute zu erschrecken, und Geiger hielt die Wette, daß er splitternackt von seiner Wohnung in der Franz-Joseph-Straße bis zum Eingang des Englischen Gartens und zurück laufen könne, ohne daß ihm etwas passiere. Auch führten die Freunde eine Art Chronik mit dem Tarntitel »Wilhelm Busch«, in der sie neben Zeichnungen und albernen Sprüchen auch Spottgedichte auf den Nationalsozialismus niederlegten:

> *»Wenn irgendwo das freie Wort verboten,*
> *Und wenn die Dummheit schönste Früchte trägt;*
> *Wenn in den Ämtern dummfreche Heloten*
> *Ein blödes Schlagwort für das Volk geprägt;*
> *Wenn die Gerechtigkeit zurechtgebogen,*
> *Und ein Freund Großmaul große Reden schwingt,*
> *Kann man vom Volk, das man erst ausgezogen,*
> *nicht noch verlangen, daß es fröhlich singt.*
> ....
> *Nevertheless: we sing still!«*[185]

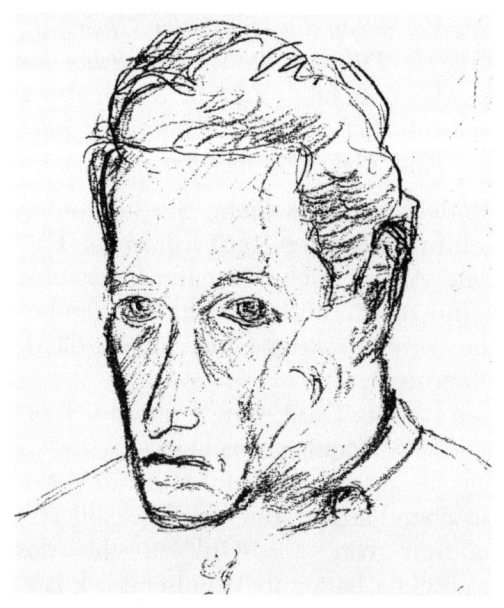
Selbstportrait von Lorenz Cosmann

Der glimpfliche Ausgang, den das Verfahren vor dem Sondergericht für Cosmann nahm, täuscht. Bereits vor der Denunziation durch das Dienstmädchen war er in Haft gewesen: Er hatte im August 1942 für seinen Vater, der als »Volljude« deportiert werden sollte, einen Fluchtweg über die grüne Grenze in die Schweiz erkundschaften wollen und war dabei gefaßt worden. Der Vater kam nach Theresienstadt und von dort nach Auschwitz, wo er ermordet wurde. Lorenz Cosmann saß wegen »Paßvergehens« drei Monate im Gefängnis – nur der Anfang einer langen Odyssee durch verschiedene Gefängnisse und Lager des Reichs. Die zehn Wochen Freiheit im Winter 1942/43, als er mit seinen Freunden Feste feierte und Flugblätter verteilte, waren nur ein kurzes Intermezzo: Denn nach seiner Entlassung aus der Untersuchungshaft im Herbst 1943 internierte man ihn sofort in einem Lager für »Halbjuden«. Von dort floh er im August 1944 zu seiner Freundin nach Marburg. Er wurde nach wenigen Tagen verraten, von der Gestapo festgenommen und in ein Außenlager Buchenwalds verbracht. Er unternahm im Dezember 1944 einen weiteren Fluchtversuch, der zunächst auch glückte. Doch schließlich verließen ihn die Kräfte, und er mußte sich einer SS-Wache stellen. Zurück in Buchenwald, sollte er eigentlich sofort gehängt werden. Doch die illegale Lagerleitung rettete ihn vor dem Galgen und versteckte ihn in einem Außenkommando. Er gehörte, schwerkrank und auf 40 Kilo abgemagert, zu den 21 000 überlebenden Häftlingen Buchenwalds, die die amerikanischen Truppen am 11. April empfingen. Nach dem Krieg fand Lorenz Cosmann nie mehr in die Normalität zurück. Enttäuscht wandte er sich in den 60er Jahren ganz von der Bundesrepublik ab und zog in die DDR.

Wie fließend die Grenzen zwischen organisiertem, politischem Widerstand und jugendlicher Resistenz sein konnten, zeigt die Geschichte von Cosmanns Freund Franz Geiger. Durch sein ganz nach Frankreich und England hin orientiertes Elternhaus war Geiger von Anfang an gegen den Nationalsozialismus immunisiert. Sein Vater, ein bekannter Kunstmaler, hatte ihm die Respektlosigkeit gegenüber jeder Art von äußerer Autorität regelrecht anerzogen. Im Atelier des Lebensgefährten der Mutter – die Eltern waren geschieden – produzierte die »Weiße Rose« ihre Flugblätter.[186]

Als 16jähriger Bub radelte Franz Geiger in den Sommerferien 1937 nach Marseille, um bei der Fremdenlegion anzuheuern, wurde aber zu seinem großen Bedauern wegen seines jugendlichen Alters abgewiesen. Den HJ-Dienst wußte er geschickt zu vermeiden, indem er einen befreundeten HJ-Gefolgschaftsführer bat, ihm die nötigen Bescheinigungen auszuschreiben. Bei jeder sich bietenden Gelegenheit suchte er die Provokation: Als der Krieg gegen England ausbrach, schlenderte er mit einem Freund – »und jetzt gehen wir ganz englisch« – in schwarzem Anzug und weißen Gamaschen, den obligatorischen Regenschirm schwingend, aufreizend-lässig durch Schwabing. Im Sommer 1941, nach seinem Abitur, wurde er eingezogen und kam an die Ostfront. Verwundet und krank wurde er ein Jahr später nach München in die Dolmetscher-Kompanie versetzt, die später maßgeblich an der »Freiheitsaktion Bayern« beteiligt war.[187] Da er gut französisch sprach, dolmetschte er in den französischen Kriegsgefangenenlagern rund um München und am Kriegsgericht. Im Wintersemester 1942/43 erhielt er Studienurlaub, um an der Universität Romanistik zu studieren. In diese Zeit fielen die Faschingsfeste bei ihm und Lorenz Cosmann, und Cosmanns Verhaftung. Ende Februar wurde Geiger von der Gestapo vernommen, weil er über Manfred Eickemeyer die Mitglieder der »Weißen Rose« kennengelernt und an ihren Lese- und Diskussionsabenden teilgenommen hatte. Obwohl er heute sagt, in ihre Flugblattproduktion eingeweiht gewesen zu sein, konnte ihm eine Mitwisserschaft nicht nachgewiesen werden. Doch durch seine Arbeit in den Kriegsgefangenenlagern geriet er bald darauf selber in den Widerstand. Er bekam Kontakt zu Mitgliedern der Résistance und fungierte als Mittelsmann zu einem Militärarzt, der die von der Résistance angeforderten Franzosen krankschrieb und entließ. Im Oktober 1943 wurde er von seinem Freund Hans Brückner darauf angesprochen, ob er Informationen und Gerüchte über NS-Kreise in München sammeln und an einen Sender im Ausland weitergeben wolle. Als er gerade dabei war, einen Code für die Übermittlung seiner Nachrichten herzustellen, wurden er, Hans Brückner und ein weiterer Freund, der in diese Aktion verwickelt war, verhaftet. Nachdem er einige Wochen im Untersuchungsgefängnis der Wehrmacht in der Leonrodstraße gesessen hatte, wurde er im Mai 1944 in die Festung Torgau verlegt, wohin sich das ausgebombte Reichskriegsgericht aus Berlin zurückgezogen hatte. Dort sollte das Gerichtsverfahren stattfinden, die Todesstrafe war beantragt. Aufgrund der guten Beziehungen seiner Eltern bekam er einen ausgezeichneten Anwalt, dem es gelang, die Verhandlung bis zur utopischen, aber öffentlich nicht gut zu leugnenden »Rückeroberung von Paris« zu vertagen, weil dort angeblich wichtige Entlastungszeugen säßen. Als die Russen in Torgau ankamen, flüchtete Geiger und tauchte bei einer Freundin unter, wo er das Kriegsende abwartete.

Politischer Widerstand von Jugendlichen

Aus jugendlichen Cliquen und Freundeskreisen, die sich den Ansprüchen des Nationalsozialismus verweigerten, konnte in vereinzelten Fällen auch politischer Widerstand entstehen. Dieser brauchte – anders als der Widerstand von Erwachsenen – nicht an politische Traditionen der Weimarer Zeit anzuknüpfen. Er war eigenständig, wenn auch natürlich geprägt von Ideen- und Glaubensinhalten, die die Jugendlichen von ihren Eltern oder auch aus der Literatur übernahmen.

Der Klingenbeck-Kreis

»Klingenbeck hat seit dem September 1939 fortgesetzt die Nachrichtenübertragungen ausländischer Sender, insbesondere des englischen Rundfunks und anderer Feindsender abgehört. Seit Anfang 1941 hat er hierzu auch wiederholt die Mitangeschuldigten hinzugezogen und ferner die abgehörten Meldungen mündlich weitergegeben. Außerdem hat er die auf die Zersetzung des deutschen Widerstandswillens und den Sturz der deutschen Staatsführung gerichteten Ziele der feindlichen Kriegspropaganda dadurch gefördert, daß er nach den Weisungen des feindlichen Rundfunks Schmierpropaganda betrieben sowie die Herstellung von Flugblättern vorbereitet hat, durch die der Inhalt der feindlichen Sendungen und andere hetzerische Nachrichten in der Öffentlichkeit verbreitet werden sollten. Weiter hat er die Errichtung eines eigenen Schwarzsenders in Angriff genommen, mit dem er Hetzsendungen nach dem Vorbild der feindlichen Rundfunkpropaganda durchführen wollte, und zu diesem Zweck mehrere Sendeanlagen gebaut und in Betrieb gesetzt.«[188]

Liest man die ersten Sätze der Anklageschrift des Volksgerichtshofs gegen Walter Klingenbeck und seine Freunde, so meint man, es mit einem hochkonspirativen Unternehmen zu tun zu haben. In Wirklichkeit handelte es sich um eine Gruppe von Lehrlingen, fast noch Kinder, die zum Zeitpunkt ihrer Verhaftung im Januar 1942 erst 16 oder 17 Jahre alt waren. Zusammengehalten wurden sie durch ihre technische Leidenschaft für das Radio. Walter Klingenbeck arbeitete als Anlernschaltmechaniker bei der Firma Rohde & Schwarz. Dort lernte er den Praktikanten Daniel von Recklinghausen kennen. Der Dritte im Bunde, Hans Haberl, war Hochfrequenztechniker. Er teilte sich ein gemietetes Zimmer mit Erwin Eidel, der eine Lehre als Flugmotorenschlosser machte und ihm sein Radio für Abhörversuche zur Verfügung stellte. Klingenbeck, Haberl und Eidel kamen aus einem katholisch-kleinbürgerlichen Milieu. Recklinghausen stammte aus einer bedeutenden Naturwissenschaftlerfamilie, wurde in den USA geboren und kam mit seiner Familie erst in den 30er Jahren nach Deutschland.

Klingenbeck war der eigentliche Initiator und Organisator des Kreises, seine treibende Kraft. Das katholische Bekenntnis spielte für ihn eine große Rolle. Als

Walter Klingenbeck

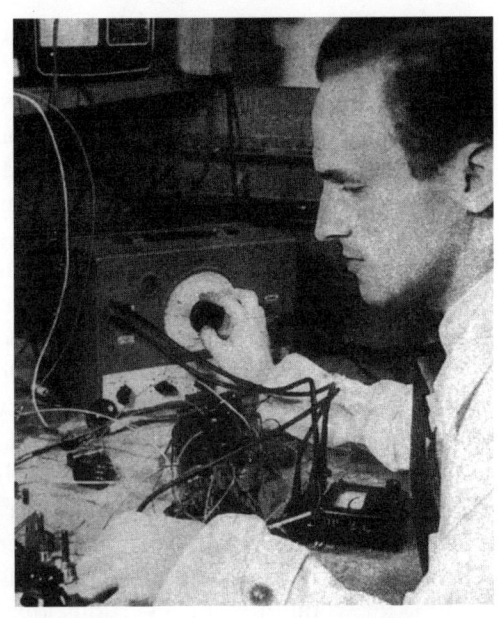

Hans Haberl

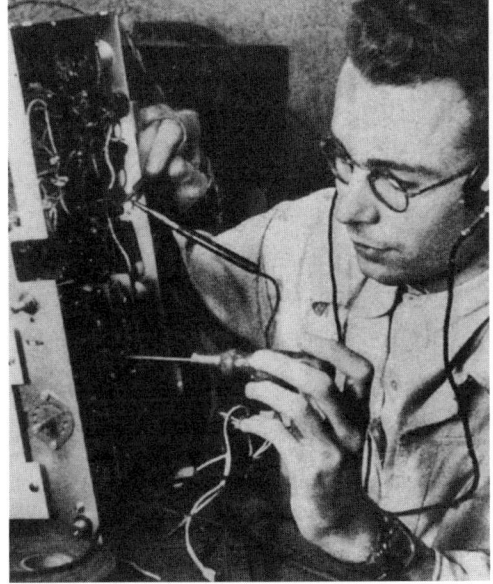

Daniel von Recklinghausen

Erwin Eidel

Mitglied der katholischen Jungschar von St. Ludwig erlebte er in den 30er Jahren die zahlreichen Konfrontationen und Schikanen, denen die christliche Jugend ausgesetzt war, hautnah mit. Schon als Elfjähriger beschäftigte er sich intensiv mit den Bestimmungen des Konkordats. Zusammen mit seinem Vater hörte er die Sendungen von Radio Vatikan, in denen die nationalsozialistischen Verstöße gegen das Konkordat und die Verfolgung der Kirche angeprangert wurden. 1936 wurde Klingenbecks Jungschargruppe ganz aufgelöst und dem Jungvolk der HJ eingegliedert. Als sein Vater 1939 aufhörte, die verfemten und verbotenen »Feindsender« zu hören, machte der Sohn alleine weiter. Aus den ausländischen Radioprogrammen holte er sich seine politische Orientierung – sie waren das einzige Medium, mit dem das Informationsmonopol des Regimes durchbrochen werden konnte. In Klingenbeck wuchs die Überzeugung, daß der Nationalsozialismus ein verbrecherisches Regime sei und der Krieg niemals gewonnen werden könne. Schließlich begnügte er sich nicht mehr damit, diese Informationen zu rezipieren: Er wollte dem Sieg der Alliierten selber Vorschub leisten und sein Wissen und seine Überzeugung propagandistisch verbreiten. Konkrete Planungen wurden ihm erst möglich, als er sich mit Gleichaltrigen zusammentat, die wie er mehr oder weniger fest im katholischen Milieu verwurzelt waren und den Nationalsozialismus ablehnten, die besonders aber seine Radioleidenschaft teilten.

Der Widerstand der Jungen gegen das nationalsozialistische Regime nahm seinen Anfang in einer Abhörgemeinschaft. Im Frühjahr 1941 erzählte Klingenbeck seinem Freund Hans Haberl von seinen Versuchen mit den verbotenen Sendern, und Haberl begann daraufhin selber mit dem Radio seines Zimmergenossen Eidel zu experimentieren. Im Sommer stieß Recklinghausen dazu. Oft trafen sich die drei zum gemeinsamen Abhören und tauschten Meldungen und Erfahrungen aus. Es konnte für sie kein Zweifel mehr bestehen, daß Deutschland den Krieg verlieren würde. Besonders fasziniert waren die Jungen von haarsträubenden Gerüchten, die vor allem der Sender »Gustav Siegfried 1« verbreitete: Die Abstürze der berühmten Militärflieger Udet und Mölders seien von der NSDAP absichtlich herbeigeführt worden; an der Ostfront sei der Flecktyphus ausgebrochen; hohe Funktionäre würden sich wilden sexuellen Ausschweifungen hingeben, z. B. hätten »SS-Männer in Norwegen einen Pfarrer auf ein Schiff gebracht und dort gezwungen (...), in ihrer Gegenwart mit Frauen geschlechtlich zu verkehren«, auch sei in Paris von drei SS-Männern ein sogenannter Schweineklub gegründet worden, und es gebe eine »Meldung, daß der in Plön bei Kiel wohnende Admiral a. D. Albrecht mit der Filmschauspielerin Jutta Freybe zusammenlebe und sie veranlaßt habe, sich bei Zechgelagen mit Matrosen diesen in seiner Gegenwart hinzugeben.« Diese und andere Gerüchte, die sie wahrscheinlich selbst nicht glaubten, erzählten sie wiederum ihren Freunden und jugendlichen Kollegen weiter.

Im Spätsommer 1941 begannen die Jungen mit eigenen Aktionen. Klingenbeck und Recklinghausen gingen mit einem Eimer schwarzer Lackfarbe nach Bogenhausen, und während Recklinghausen Wache stand, malte Klingenbeck an mehrere Stellen große V-Zeichen. Auf diese Idee waren sie gekommen, weil der englische Sender BBC im Rahmen der sogenannten V-Kampagne seit Januar 1941 die Bewohner der von den Deutschen besetzten Gebiete aufgefordert hatte, V-Zeichen anzubringen, die für »Victoire« oder »Victory«, also für den Sieg der Alliierten standen. Klingenbeck wollte nun auch ein eigenes Flugblatt vervielfältigen, und zwar unter dem von der BBC verbreiteten Motto »Hitler kann den Krieg nie gewinnen, er kann ihn nur verlängern«. Zur Illustration besorgte er Photos gefallener Soldaten. Zusammen mit Haberl plante er ein weiteres Flugblatt, um das selbstfabrizierte Gerücht zu verbreiten, der Reichspropagandami-

Polizeiliches Foto der V-Zeichen, die Klingenbeck an gut sichtbaren Stellen anbrachte

nister Goebbels habe durch seine amourösen Nachstellungen eine Tänzerin in den Selbstmord getrieben. Haberl schlug vor, die Flugblätter mit einem selbstgebauten ferngesteuerten Modellflugzeug abzuwerfen, mit dessen Konstruktion sein Zimmergenosse Eidel gerade beschäftigt war.

Ihrer technischen Leidenschaft entsprach der Plan, einen eigenen Schwarzsender zu errichten, der die Nachrichten der ausländischen Sender sammeln und in deutscher, französischer und italienischer Sprache weiterverbreiten sollte. Die Jungen dachten sich mehrere Namen für den Sender aus: Er sollte »Radio Rotterdam« heißen, um an die Vernichtung der Stadt durch deutsche Luftangriffe zu erinnern, oder »Sender der Freiheit« oder »Gustav Siegfried 8«. Haberl und Klingenbeck bauten einen Kurz- und zwei Mittelwellensender, die sie im Dreieck in ihren jeweiligen Wohnungen aufstellen wollten, um der Polizei die Verortung des Senders zu erschweren. Zusammen mit anderen jugendlichen Bekannten, die aber wohl vom politischen Hintergrund dieser Experimente wenig wußten, machten sie mehrere Sendeversuche, wobei sie Schallplattenmusik, telegraphische Zeichen und gesprochenen Text sendeten. Die Schallplatten waren von Recklinghausen selbst hergestellt und mit Text und Musik aus dem französischen Radio bespielt worden. Die Probesendungen waren noch nicht über das Stadium allererster kleiner Erfolge hinaus, als leichtsinnige Äußerungen Klingenbecks dem Kreis zum Verhängnis wurden. Klingenbeck hatte in einem Geschäft, in dem er aushilfsweise arbeitete, anläßlich einer Radioübertragung einer Hitler-Rede geäußert: »Der soll sein Maul nicht so voll nehmen und lieber an seinen siegreichen Rückzug denken«. Außerdem hatte er gegenüber einem mit der Geschäftsinhaberin befreundeten Ingenieur damit angegeben, daß er sich getraut habe, vor der SS-Kaserne in Freimann ein »V« hinzumalen und am nächsten Morgen zuzuschauen, wie es wieder weggewaschen wurde. Er wurde denunziert und am 26. Januar 1942 festgenommen. Wenige Tage später kamen auch Haberl und Recklinghausen in Haft. Angeblich beschlagnahmte die Gestapo in ihren Wohnungen ganze Wäschekörbe voller Radiomaterial.

Acht Monate saßen die Jungen in Untersuchungshaft. Klingenbeck nahm die ganze Verantwortung auf sich. Im September 1942 kam es zur Verhandlung vor dem Volksgerichtshof. Dessen Vizepräsident, der fanatische Nationalsozialist Karl Engert, verurteilte Klingenbeck, Recklinghausen und Haberl zum Tode, Eidel zu acht Jahren Zuchthaus. In dem Urteil hieß es:

»*Klingenbeck hat geltend gemacht, er sei streng katholisch erzogen worden und habe aus dieser Einstellung heraus gehandelt. Dabei sei er sich darüber klar gewesen, daß seine Tat ihn den Kopf kosten könne. Die nationalsozialistische Ideenwelt sei ihm ihrem wesentlichen Inhalt nach zur Zeit der Tat fremd gewesen. (...) Sämtliche Angeklagten waren zur Tatzeit jugendlich, aber über 16 Jahre alt und sind ihrer geistigen und sittlichen Entwicklung nach einer über 18 Jahre alten Person gleich zu achten.*«[189]

Elf Monate warteten sie in Stadelheim auf den Tod. Im August 1943 wurden Recklinghausen und Haberl zu acht Jahren Zuchthaus begnadigt. Klingenbeck wurde drei Tage später hingerichtet. Haberl, Recklinghausen und Eidel blieben bis zum Kriegsende in Haft. Von den Alliierten befreit, traten sie als 22jährige wieder ins Leben. Haberl errichtete mit einem Freund eine Rundfunkwerkstätte. Recklinghausen arbeitete als Radiomechaniker in der Werkstatt einer amerikanischen Einheit und wanderte später in die Vereinigten Staaten aus.

Die »Weiße Rose«

Ein gutes Jahr nach der Verhaftung des Klingenbeck-Kreises wurden die Mitglieder der »Weißen Rose« gefangen genommen, verurteilt und hingerichtet. Sie waren wesentlich älter, gebildet und belesen, hatten einen hohen moralischen und intellektuellen Anspruch und fühlten sich zu Außerordentlichem berufen. Trotz ihres ausgeprägten Elitebewußtseins und des hohen Reflexionsniveaus, auf dem sich ihre Widerstandsaktionen abspielten, waren sie doch auch Jugendliche: Bis auf Christoph Probst, der mit 24 Jahren schon drei Kinder hatte und deswegen eigentlich aus der Widerstandstätigkeit herausgehalten werden sollte, waren alle jungen Mitglieder der »Weißen Rose« noch ohne feste Bindungen und ohne Beruf, für den sie Kompromisse hätten machen müssen. Man war befreundet, suchte gemeinsam nach Wahrheit und Glück, es gab Liebesaffairen und emotionale Wirrungen, man entwickelte sich zusammen, und erst aus diesem formlosen und lebendigen Miteinander entstanden die Widerstandsaktionen. In einem Brief von Probst an Hans Scholl kommt zum Ausdruck, wie wichtig Freundschaft für die Beteiligten war:

»Es ist merkwürdig, daß gerade jetzt der erste Brief von Dir kam, denn gerade in der letzten Woche ist ein so starkes Gefühl der Sehnsucht nach Euch in mir erwacht. Es ist wahr: Ich habe alles erlebt und gesehen, als sei es mit Euch zusammen, und ich habe die Trennung oft so schmerzlich empfunden. Immermehr habe ich gespürt, wie sehr mein Leben dieser echten männlichen Freundschaft bedarf, des geistigen Austausches – aber noch viel mehr dessen der Herzen.«[190]

Obwohl Sophie Scholl dagegen ankämpfte, herrschten in der »Weißen Rose« die zeitüblichen traditionellen Geschlechterrollen vor. Mädchen sollten aus der Widerstandstätigkeit herausgehalten werden.

Ihre Kontakte knüpften und pflegten diese Jugendlichen weniger in den Hörsälen der Universität, wo sie studierten, als in den Studentenkompanien und bei nicht-öffentlichen kulturellen Veranstaltungen – beim Chorsingen, Fechten, im Zeichenunterricht und vor allem auf privaten Diskussionsabenden. Das gemeinsame Interesse für Literatur und Kunst, auch die vom Nationalsozialismus verfemte, galt als Erkennungszeichen. Die Beteiligten stammten alle aus bildungsbürgerlichen Elternhäusern, die gegenüber Kunst und Wissenschaft aufgeschlossen waren. Keiner von ihnen gehörte zu einer alteingesessenen Münchner Familie. Sie waren Idealisten, die sich auch in der Vergangenheit nie angepaßt oder bequem verhalten und die Freiheit ihres Gewissens immer hoch geschätzt hatten. Gerade aus ihrem Idealismus heraus hatten sich allerdings die Geschwister Scholl in Ulm, wo sie aufwuchsen, nach der »Machtergreifung« für den Nationalsozialismus engagiert. Hans Scholl war im Mai 1933 gegen den Willen seiner Eltern in die HJ eingetreten und hatte mit seiner Begeisterung die Geschwister mitgezogen. Seit 1934 führte er im »Jungvolk« eine Gruppe von zehn bis 15 Jungen, die sich elitär verstand und eigentlich verbotene bündische Traditionen pflegte. Als die Aufbruchstimmung in der HJ immer deutlicher ihrem Zwangscharakter und ihrer weltanschaulichen Borniertheit wich, bekam Hans Scholl Probleme. Seine Gruppe wurde im Frühjahr 1935 aufgelöst, heimlich führte er sie noch eine Zeitlang weiter. Im Dezember 1937 verhaftete man ihn und seine vier Geschwister wegen »bündischer Umtriebe«. Auch Sophie Scholl war – damals noch ein Kind – 1933 beim »Bund Deutscher Mädchen«, wandte sich aber später mit großer Konsequenz gegen den Nationalsozialismus und seinen Krieg, dessen Ungerechtigkeit und Bösartigkeit sie stark empfand. Willi Graf war durch seinen starken christlichen Glauben von Anfang an gegen den Nationalsozialismus eingestellt. Er strich alle Bekannten, die Anfang der 30er Jahre der HJ beitraten, aus seinem Adreßbuch. Als Mitglied der katholischen Jugendorganisation »Bund Neudeutschland« und der illegalen bündischen Jugendgruppe »Grauer Orden« wurde er 1938 inhaftiert. Christoph Probst und Alexander Schmorell verstanden sich, bis zu ihrem Schritt in den Wider-

Hans Scholl   Sophie Scholl

stand, als unpolitische Menschen. Sie beugten sich nur sehr widerwillig den Ansprüchen des Nationalsozialismus und zogen sich, so weit es ging, in Wissenschaft und Kunst zurück.

Kein Mitglied der »Weißen Rose« vertrat einen demokratischen Parlamentarismus, keiner von ihnen wollte zurück zur Weimarer Verfassung. Auch eine sozialistische Staatsform strebten sie nicht an. Sie hatten nur vage Alternativvorstellungen eines auf christlicher Grundlage errichteten, föderalen Rechtsstaates und einer ständisch aufgebauten Volksvertretung. Ihre Haltung zum Krieg war durchaus widersprüchlich und veränderte sich im Lauf der Jahre. Hans Scholl verband noch 1939 mit dem Krieg die metaphysische Hoffnung auf eine Rettung Europas. Doch sie sahen mit einer seltenen Klarheit, daß sie in einem verbrecherischen Staat lebten, der ihnen ihre persönliche geistige Freiheit raubte und Deutschland und Europa in den Untergang zog. Zunächst beschäftigte sie daran weniger die politische als die moralisch-ethisch-philosophische Seite. Sie stellten sich sehr grundsätzliche Fragen: Was ist Sinn und Zweck des Staates? Wie kommt der Staat überhaupt zustande? Welche Rolle spielt das Individuum darin? Was muß der einzelne Mensch für den Staat tun? Auch metaphysische Fragen knüpften sich daran: Was ist das Böse? Wo beginnt Schuld? Wie kann der Mensch zum Guten kommen? Um Antworten zu finden, lasen sie alte Literatur: die deutschen Klassiker, Aristoteles, Lao-Tse, den Kirchenvater Augustinus. Viele Zitate aus diesen Werken arbeiteten sie in die Flugblätter ein. Sie diskutierten und lernten bei

Alexander Schmorell

Christoph Probst

Willi Graf

den geistigen Größen Münchens, bei Carl Muth, Theodor Haecker und Kurt Huber, und fanden so in die liberale, rechtsstaatliche Tradition des Christentums, das an die Verankerung des Sittlichen im Menschen glaubt.[191] Die Schlußfolgerung, die sie schließlich zogen, war eindeutig: Aufruf zum Widerstand, bevor es zu spät ist.

Den engsten Kern in der Widerstandtätigkeit bildeten Hans Scholl und Alexander Schmorell. Sie lernten sich im Herbst 1940 als Mitglieder der zweiten Studentenkompanie, in der sie für den Militärdienst erfaßt waren, kennen. Im Frühjahr 1941 lud Schmorell Hans Scholl auf Leseabende ein, die er mit seinem Schulfreund Christoph Probst im Haus seines Vaters arrangierte. Traute Lafrenz und andere Freunde, die sich zum Teil

211

auch aus der Studentenkompanie rekrutierten, fanden sich an diesen Abenden ein. Seit der Jahreswende 1941/42 pflegte Hans Scholl intensiven Austausch mit den Privatgelehrten Carl Muth und Theodor Haecker. Religiöse Themen, die Suche nach Gott und dem wahren Leben, rückten für ihn in den Vordergrund. Im April 1942 kam auch Willi Graf zum Medizinstudium nach München. Einen Monat später stieß Hans Scholls Schwester, die 21jährige Sophie, dazu. Hans Scholl lernte den Architekten Manfred Eickemeyer kennen, der sein Atelier für Treffen und Diskussionsabende zur Verfügung stellte und dem Kreis von den deutschen Verbrechen an der polnischen Zivilbevölkerung erzählte. Professor Kurt Huber kannten die Geschwister Scholl und Willi Graf schon aus seinen Philosophievorlesungen. Persönlich lernten sie ihn auf einer privat veranstalteten Lesung kennen, wo er sie dadurch beeindruckte, daß er sich in einer plötzlich entfachten politischen Diskussion entschieden gegen den Nationalsozialismus wandte.[192]

Das erste Flugblatt der »Weißen Rose« verfaßten Hans Scholl und Alexander Schmorell im Frühsommer 1942. Sie vervielfältigten ihren Entwurf im Keller des Ateliers von Eickemeyer.

»Nichts ist eines Kulturvolkes unwürdiger, als sich ohne Widerstand von einer verantwortungslosen und dunklen Trieben ergebenen Herrscherclique ›regieren‹ zu lassen. Ist es nicht so, daß sich jeder ehrliche Deutsche heute seiner Regierung schämt, und wer von uns ahnt das Ausmaß der Schmach, die über uns und unsere Kinder kommen wird, wenn einst der Schleier von unseren Augen gefallen ist und die grauenvollsten und jegliches Maß unendlich überschreitenden Verbrechen ans Tageslicht treten? Wenn das deutsche Volk schon so in seinem tiefsten Wesen korrumpiert und zerfallen ist, daß es ohne eine Hand zu regen, im leichtsinnigen Vertrauen auf eine fragwürdige Gesetzmäßigkeit der Geschichte, das Höchste, das ein Mensch besitzt, und das ihn über jede andere Kreatur erhöht, nämlich den freien Willen, preisgibt, die Freiheit des Menschen preisgibt, selbst miteinzugreifen in das Rad der Geschichte und es seiner vernünftigen Entscheidung unterzuordnen, wenn die Deutschen so jeder Individualität bar, schon so sehr zur geistlosen und feigen Masse geworden sind, dann, ja dann verdienen sie den Untergang. (...) Leistet passiven Widerstand – Widerstand – wo immer Ihr auch seid, verhindert das Weiterlaufen dieser atheistischen Kriegsmaschine, ehe es zu spät ist, ehe die letzten Städte ein Trümmerhaufen sind, gleich Köln, und ehe die letzte Jugend des Volkes irgendwo für die Hybris eines Untermenschen verblutet ist. Vergeßt nicht, daß ein jedes Volk diejenige Regierung verdient, die es erträgt. (...)«[193]

Mehrere hundert Exemplare dieses Flugblatts verschickten Scholl und Schmorell mit der Post. In schneller Folge produzierten und verschickten sie während der nächsten sechs Wochen im Juni/Juli 1942 drei weitere Flugblätter. Die Flugblätter waren auf beiden Seiten eng bedruckt mit Zitaten und eigenen Texten, deren Sprache und Inhalt so komplex und dicht waren, daß sie eindeutig nur auf Akademiker abzielten. Das zweite Flugblatt empörte sich über die massenhafte Ermordung von Juden und Polen seit Beginn des Krieges und wies auf die Schuld hin, die jeder auf sich lade, der angesichts dieser Verbrechen schweige. Im dritten Flugblatt ging es um Grundfragen der Rechtsstaatlichkeit, gegen die der Nationalsozialismus so offensichtlich verstieß. Es gebe eine sittliche Pflicht, für einen gerechten Staat und die eigene Freiheit zu kämpfen; wer dies nicht tue und die »Diktatur des Bösen« aus Feigheit dulde, werde verdientermaßen untergehen. In allen Bereichen müsse Sabotage geleistet werden. Das vierte Flugblatt beschrieb den Widerstand im Sinne von Hans Scholls philosophisch-metaphysischer Weltsicht als einen Kampf um die höchsten Güter der Menschheit gegen das Irrationale, die »dämonischen Mächte«.

Christoph Probst und Manfred Eickemeyer wurden von Scholl und Schmorell eingeweiht, wahrscheinlich war auch Willi Graf schon informiert. Sophie Scholl und Traute Lafrenz, die damalige Freundin Hans Scholls, sollten eigentlich als »Mädchen« aus der Sache ganz herausgehalten werden. Da sie auf ihrer Mitwirkung bestanden, wurde Traute Lafrenz an der Verteilung der Flugblätter beteiligt. Sophie Scholl bekam die Verwaltung der gemeinsamen Kasse anvertraut.

Man kann sich heute kaum vorstellen, wie spektakulär diese Flugblätter auf die Personen gewirkt haben müssen, die sie zu lesen bekamen. In einer Zeit, als jeder noch so harmlose politische Witz mit Zuchthausstrafen geahndet wurde, mußten Texte einer solchen intellektuellen Brillanz und moralischen Eindringlichkeit ungeheuerlich erscheinen.

Ende Juli erfuhr die Widerstandsarbeit eine Unterbrechung: Scholl, Schmorell und Graf wurden zur Famulatur an die Ostfront kommandiert. Bei einem Abschiedsabend im Atelier Eickemeyers kam es zu einer Grundsatzdiskussion darüber, wie man sich an der Front verhalten solle. Schmorell, der sich wegen seiner halbrussischen Abstammung Rußland sehr verbunden fühlte, bekannte offen, daß er passiven Widerstand leisten und weder auf Russen noch auf Deutsche schießen werde. Darüber, wie sich die anderen Freunde zum Kriegseinsatz stellten, gibt es eine widersprüchliche Überlieferung. Kurt Huber sagte später in einem Gestapo-Verhör, daß er selber und alle anderen Anwesenden den Kriegseinsatz gegenüber Schmorell verteidigt hätten:

»Von den jungen Leuten wurde insbesondere davon gesprochen, wie sie sich im Felde verhalten werden. Schmorell hat dabei hervorgehoben, daß er sich ganz passiv verhalten wolle, während Scholl, alle Studentinnen, (Otl, Anm. d. Verf.) Aicher und ich der Auffassung waren, daß sie im Kampf ihren Mann stellen müssen. Scholl, Eickemeyer und ich vertraten den Standpunkt, daß die Tätigkeit der SS-Verbände im Feld das Ansehen der allgemeinen Wehrmacht beeinträchtige. Durch die uns bekannt gewordenen Erschießungen von Polen und Russen waren wir zu dieser Ansicht gekommen. Schmorell vertrat ganz offen den Standpunkt, daß ein passiver Widerstand das zweckmäßigste sei. In seiner Auffassung wurde er aber von allen übrigen Anwesenden überstimmt.« [194]

Die Monate in Rußland waren für Scholl, Schmorell und Graf sehr prägend. Sie scheinen selber in keine Kampfhandlungen verwickelt gewesen zu sein, doch sahen sie das Warschauer Ghetto und die überall sichtbaren Folgen des deutschen Raubkrieges. Wahrscheinlich gewann hier auch Hans Scholl, der zuvor eine »schärfste Kampfstellung gegen Rußland«[195] befürwortet hatte, ein kritisches Verhältnis zur Wehrmacht. Darüber hinaus waren die Freunde tief berührt von der Weite und Schönheit der russischen Landschaft. Schmorell, der in Rußland seine Heimat wiedergefunden hatte, dolmetschte, so daß immer wieder freundschaftliche Kontakte zur russischen Bevölkerung zustande kamen. Zusätzlich beeinflußt durch intensive Dostojewski-Lektüre wurde ihnen das Land, das sie eigentlich als feindliche Besatzer hatten betreten müssen, zum Ort der Sehnsucht nach einer besseren Welt. Den Kommunismus hingegen betrachteten sie als ein vorübergehendes, von der Bevölkerung sowieso nicht akzeptiertes Phänomen.

Im November 1942 kehrte die Studentenkompanie nach München zurück. Sophie Scholl hatte inzwischen über einen Ulmer Freund, einen Gymnasiasten, ein neues Vervielfältigungsgerät organisiert. Der Kreis führte sein ausgefülltes Studentenleben weiter: Neben dem Studium traf man sich zu Diskussions- und Leseabenden, engagierte sich im Chor, ging in Konzerte, pflegte ausgedehnte Lektüre und war in Freundschaften und Liebschaften verwickelt. Dazu kam die Widerstandstätigkeit, die nun verstärkt vorangetrieben und über ganz Deutschland ausgeweitet werden sollte. Traute Lafrenz stellte einen Kontakt zu einer Studentengruppe in Hamburg her. Alte Bekannte und Freunde der Scholls in Ulm und Stuttgart wurden um Hilfe gebeten. Lilo Ramdohr, eine Freundin Schmorells, vermittelte ein Treffen in Chemnitz mit Falk Harnack, der enge Verbindungen zum kommunistischen Widerstand und zur »Bekennenden Kirche« hatte. Auch in Freiburg, Saarbrücken und Berlin kamen Verbindungen zustande. Zum Jahresbeginn 1943 wurde schließlich auch Professor Kurt Huber eingeweiht. Zwischen ihm und Hans Scholl kam es zu gelegentlichen Diskussionen, bei denen deutliche Differenzen aufschienen, zum Beispiel über die Frage, ob man Nationalsozialisten in eine neue Regierung einbinden – wie Huber meinte –, oder ob man sie ganz ausschließen müsse. Auch zu der Wirkung und dem Sinn der Flugblattaktionen äußerte sich Huber skeptisch. Doch er war unbestritten ein wichtiger Ratgeber der Gruppe geworden.

Mitte Januar brachten ihm Scholl, Schmorell und Graf Entwürfe für ein neues Flugblatt und baten ihn um seine Meinung. Den Entwurf Schmorells lehnte Huber »als kommunistisch klingend« ab – wovon dieser bestimmt weit entfernt war. Den Alternativentwurf Scholls redigierte er, ohne daß allerdings die Studenten alle seine Änderungsvorschläge akzeptierten.

»(...) *Hitler kann den Krieg nicht gewinnen, sondern nur noch verlängern! Seine und seiner Helfer Schuld hat jedes Maß unendlich überschritten. Die gerechte Strafe rückt näher und näher!*

Was aber tut das deutsche Volk? Es sieht nicht und es hört nicht. Blindlings folgt es seinen Verführern ins Verderben. (...) Deutsche! Wollt Ihr und Eure Kinder dasselbe Schicksal erleiden, das den Juden widerfahren ist? Wollt Ihr mit dem gleichen Maße gemessen werden wie Eure Verführer? Sollen wir auf ewig das von aller Welt gehaßte und ausgestoßene Volk sein? Nein! Darum trennt Euch vom nationalsozialistischen Untermenschentum! Beweist durch die Tat, daß Ihr anders denkt! Ein neuer Befreiungskrieg bricht an. Der bessere Teil des Volkes kämpft auf unserer Seite. Zerreißt den Mantel der Gleichgültigkeit, den Ihr um Euer Herz gelegt! Entscheidet Euch, <u>eh' es zu spät ist!</u> (...)«

Im Keller des Eickemeyerschen Ateliers wurden nun nachts mehrere tausend Flugblätter hergestellt. Alexander Schmorell und Sophie Scholl fuhren mit der gefährlichen Fracht in süddeutsche und österreichische Städte, um sie dort in Briefkästen zu verteilen und damit den Eindruck zu erwecken, daß eine weitverzweigte Widerstandsorganisation zugange sei. Der Widerstand der »Weißen Rose« radikalisierte sich deutlich. Als die Niederlage von Stalingrad bekanntgegeben wurde, bemalten in mehreren nächtlichen Aktionen Scholl, Schmorell und Graf öffentliche Gebäude in der Ludwigstraße mit Parolen: »Nieder mit Hitler«, »Hitler, der Massenmörder« und »Freiheit«. Sophie Scholl wollte an diesen Aktionen unbedingt mitwirken, wurde aber nicht zugelassen. Die Gruppe hatte unter dem Eindruck von Stalingrad und der Krawalle, die die Rede des Gauleiters Giesler ausgelöst hatte[196], die unrealistische Hoffnung, die ganze Studentenschaft aufzurütteln und zum Widerstand zu bewegen.

Diese wenigen Wochen im Januar und Februar 1943 müssen ungeheuer intensiv und anstrengend für die Beteiligten gewesen sein: Tagsüber und abends führten sie ihr gewohntes Leben, sie schrieben sogar zum Teil Staatsexamen. Die Flugblattproduktion fand in den Nächten statt, und danach saß man noch bei einer Flasche Wein bis in den Morgen zusammen. Nebenher hatten sie mit den Belastungen des Bombenkrieges fertigzuwerden.

Mitte Februar schrieb Professor Huber das sechste Flugblatt der »Weißen Rose«. Es richtete sich direkt an die Studentenschaft. Als Huber den Entwurf Scholl und Schmorell übergab, führte ein Absatz des Flugblattes, der die Studenten aufforderte, sich weiterhin »unserer herrlichen Wehrmacht« zu unterstellen, zum Streit. Ohne daß eine Einigung darüber erzielt worden wäre, nahmen Scholl und Schmorell das Flugblatt mit und strichen die Passage auf eigene Faust. Nachts zog die Gruppe insgesamt 3 000 Blätter ab. 1 000 Flugblätter wurden verschickt, den Rest wollte Hans Scholl in der Universität verteilen. Am 18. Februar 1943 gingen Hans und Sophie Scholl gegen 11 Uhr vormittags in den Lichthof, um dort kurz vor Ende der Vorlesungen ihre Pakete loszuwerden. Als Sophie Scholl die restlichen Blätter einfach von der Brüstung flattern ließ, entdeckte sie der Pedell. Ohne jede Gegenwehr ließen sich die Scholls vor den Augen der aus den Vorlesungssälen strömenden Studentenscharen festnehmen und abführen.

Kommilitoninnen! Kommilitonen!

Erschüttert steht unser Volk vor dem Untergang der Männer von Stalingrad. Dreihundertdreißigtausend deutsche Männer hat die geniale Strategie des Weltkriegsgefreiten sinn- und verantwortungslos in Tod und Verderben gehetzt. Führer, wir danken dir!

Es gärt im deutschen Volk: Wollen wir weiter einem Dilettanten das Schicksal unserer Armeen anvertrauen? Wollen wir den niedrigen Machtinstinkten einer Parteiclique den Rest der deutschen Jugend opfern? Nimmermehr! Der Tag der Abrechnung ist gekommen, der Abrechnung unserer deutschen Jugend mit der verabscheuungswürdigsten Tyrannis, die unser Volk je erduldet hat. Im Namen der ganzen deutschen Jugend fordern wir von dem Staat Adolf Hitlers die persönliche Freiheit, das kostbarste Gut des Deutschen zurück, um das er uns in der erbärmlichsten Weise betrogen hat.

In einem Staat rücksichtsloser Knebelung jeder freien Meinungsäusserung sind wir aufgewachsen. HJ, SA, SS haben uns in den fruchtbarsten Bildungsjahren unseres Lebens zu uniformieren, zu revolutionieren, zu narkotisieren versucht. „Weltanschauliche Schulung" hiess die verächtliche Methode, das aufkeimende Selbstdenken und Selbstwerten in einem Nebel leerer Phrasen zu ersticken. Eine Führerauslese, wie sie teuflischer und bornierter zugleich nicht gedacht werden kann, zieht ihre künftigen Parteibonzen auf Ordensburgen zu gottlosen, schamlosen und gewissenlosen Ausbeutern und Mordbuben heran, zur blinden, stupiden Führergefolgschaft. Wir „Arbeiter des Geistes" wären gerade recht, dieser neuen Herrenschicht den Knüppel zu machen. Frontkämpfer werden von Studentenführern und Gauleiteraspiranten wie Schuljungen gemaßregelt, Gauleiter greifen mit geilen Spässen den Studentinnen an die Ehre. Deutsche Studentinnen haben an der Münchner Hochschule auf die Besudelung ihrer Ehre eine würdige Antwort gegeben, deutsche Studenten haben sich für ihre Kameradinnen eingesetzt und standgehalten. Das ist ein Anfang zur Erkämpfung unserer freien Selbstbestimmung, ohne die geistige Werte nicht geschaffen werden können. Unser Dank gilt den tapferen Kameradinnen und Kameraden, die mit leuchtendem Beispiel vorangegangen sind!

Es gibt für uns nur eine Parole: Kampf gegen die Partei! Heraus aus den Parteigliederungen, in denen man uns politisch weiter mundtot halten will! Heraus aus den Hörsälen der SS- Unter- oder Oberführer und Parteikriecher! Es geht uns um wahre Wissenschaft und echte Geistesfreiheit! Kein Drohmittel kann uns schrecken, auch nicht die Schliessung unserer Hochschulen. Es gilt den Kampf jedes einzelnen von uns um unsere Zukunft, unsere Freiheit und Ehre in einem seiner sittlichen Verantwortung bewussten Staatswesen.

Freiheit und Ehre! Zehn lange Jahre haben Hitler und seine Genossen die beiden herrlichen deutschen Worte bis zum Ekel ausgequetscht, abgedroschen, verdreht, wie es nur Dilettanten vermögen, die die höchsten Werte einer Nation vor die Säue werfen. Was ihnen Freiheit und Ehre gilt, haben sie in zehn Jahren der Zerstörung aller materiellen und geistigen Freiheit, aller sittlichen Substanz im deutschen Volk genugsam gezeigt. Auch dem dümmsten Deutschen hat das furchtbare Blutbad die Augen geöffnet, das sie im Namen von Freiheit und Ehre der deutschen Nation in ganz Europa angerichtet haben und täglich neu anrichten. Der deutsche Name bleibt für immer geschändet, wenn nicht die deutsche Jugend endlich aufsteht, rächt und sühnt zugleich, seine Peiniger zerschmettert und ein neues, geistiges Europa aufrichtet.

Studentinnen! Studenten! Auf uns sieht das sieht das deutsche Volk! Von uns erwartet es, wie 1813 die Brechung des Napoleonischen, so 1943 die Brechung des nationalsozialistischen Terrors aus der Macht des Geistes. Beresina und Stalingrad flammen im Osten auf, die Toten von Stalingrad beschwören uns!

„Frisch auf, mein Volk, die Flammenzeichen rauchen!"

Unser Volk steht im Aufbruch gegen die Verknechtung Europas durch den Nationalsozialismus, im neven gläubigen Durchbruch vor Freiheit und Ehre!

Das letzte Flugblatt der »Weißen Rose«

Die Geschwister Scholl hatten vor dieser leichtsinnigen Aktion keinerlei Vorsichtsmaßnahmen getroffen, obwohl offenbar in dem Kreis über baldige Verhaftungen und über Fluchtmöglichkeiten gesprochen worden war. Die Gestapo fand sofort alles belastende Material in der Schollschen Wohnung und im Atelier Eickemeyers. Hans Scholl trug in seiner Hosentasche einen handschriftlichen Flugblattentwurf von Christoph Probst mit sich herum, der diesen aufs Äußerste gefährdete. Es gibt nur Spekulationen, wie es zu einem solchen Ende kommen konnte: Wollte die »Weiße Rose« in einem letzten, verzweifelten Aufbäumen märtyrerhaft ein Zeichen setzen? Wußte Hans Scholl, daß seine Verhaftung kurz bevorstand, da eine Stelle in Ulm undicht geworden war? Wollten Hans und Sophie Scholl nicht mehr weiter im Verborgenen arbeiten? Hofften sie auf das Kriegsende, das scheinbar so nahe war?

Von nun an rollte die Ermittlungsmaschine. Alle Beteiligten und Mitwisser wurden nach und nach verhaftet. In einem ersten Prozeß schon drei Tage später wurden die Scholls und Christoph Probst von dem nach München angereisten Präsidenten des Volksgerichtshofs Freisler zum Tode verurteilt und noch am selben Tag hingerichtet. Am 19. April fand der zweite Prozeß statt: Alexander Schmorell, Willi Graf und Kurt Huber wurden ebenfalls zum Tode verurteilt, die übrigen Angeklagten bekamen Zuchthaus- oder Gefängnisstrafen. Weitere Mitwisser aus dem Umkreis der »Weißen Rose« wurden vor dem Sondergericht München angeklagt. Der erhoffte Aufstand der Münchner Studentenschaft blieb aus. Dennoch waren die Flugblätter der »Weißen Rose« nicht wirkungslos. Der führende Kopf der Widerstandsgruppe des »Kreisauer Kreises«[197], Helmuth Graf von Moltke, leitete das letzte Flugblatt über Skandinavien nach England weiter. Es wurde dort, mit einer Einleitung versehen, vervielfältigt und von der Royal Air Force im Sommer 1943 über Deutschland abgeworfen.

Der Leipelt-Kreis

Auch wenn die Verhaftung und Verurteilung der »Weißen Rose« unter der Münchner Studentenschaft keinen Proteststurm auslöste, so führte sie doch zu einer Fortsetzungstat: Hans Leipelt, ein Chemiestudent an der Technischen Universität, trat zusammen mit seinen Freunden das unmittelbare Erbe der »Weißen Rose« an.

Leipelt war in Hamburg in einem bildungsbürgerlichen Elternhaus aufgewachsen. Da seine Mutter Jüdin war, erlebte er schon in der Schule Diskriminierungen und Demütigungen, die bei ihm tiefe Wunden hinterließen. Vielleicht wollte er die Erniedrigungen kompensieren: Nach dem Abitur 1938 meldete er sich freiwillig zum Reichsarbeitsdienst und wurde für seinen Fleiß mit dem Westwallabzeichen belohnt. Anschließend meldete er sich – wieder freiwillig – zum Militär und machte als Mitglied eines Panzerregiments den Feldzug in Polen und Frankreich mit. Obwohl er noch im Juni 1940 das Eiserne Kreuz II. Klasse und das Panzerkampfabzeichen erhielt, wurde er im August als »jüdischer Mischling« zwangsweise aus der Wehrmacht entlassen. Dies empfand er als eine große Schande. Weiter erlebte er in seinem Familienkreis die Etappen der Verfolgung, der die Juden ausgesetzt waren: Fast alle seine Verwandten verloren ihre berufliche Stellung und ihren Besitz, mußten ihre Wohnungen verlassen und in sogenannte Judenhäuser ziehen. Diese Erfahrungen erzeugten bei Leipelt einen starken Haß auf das nationalsozialistische Regime.

Im Herbst 1940 begann Leipelt ein Chemiestudium an der Universität Hamburg. Dort befreundete er sich mit Heinz Kucharski und anderen Studenten, die später über Traute Lafrenz Kontakt zur »Weißen Rose« in München bekommen sollten. Der Kreis traf sich, um offen über die politische Lage zu diskutieren, gemeinsam verbotene Schriften zu lesen und die »Feindsender« der Alliierten zu hören. Leipelt, der zwei Jahre jünger war als die anderen, wurde hier mit dem Kommunismus vertraut gemacht. Er las viel und baute sich eine kleine Bibliothek mit sozialistischen und pazifistischen Titeln auf, die ihm Kucharski vermittelte. Es festigte sich in ihm die Überzeugung, daß Deutschland schuld am Krieg sei, der Nationalsozialismus beseitigt werden müsse, daß er und seine Freunde verpflichtet seien, dabei mitzuwirken.

Im Winter 1941 wechselte Leipelt an die Technische Universität München. Er hatte gehört, daß am Chemischen Institut von Professor Heinrich Wieland eine besonders freie Atmosphäre herrschte, die den Nationalsozialisten nicht günstig war. Professor Wieland ermöglichte einer ganzen Reihe von »Halbjuden«, bei ihm zu studieren, obwohl diese eigentlich nicht mehr an der Universität sein durften. Er konnte sich dies unter anderem auch deswegen leisten, weil er seine chemischen Forschungen als kriegswichtig deklarierte und dafür viele Zugeständnisse von den Nationalsozialisten einforderte.[198] Hans Leipelt fand im Laboratorium schnell Anschluß an Kommilitonen, die zum Teil als »Halbjuden« in derselben Situation waren wie er und das Regime offen ablehnten. In diesem Kreis übernahm Leipelt bald eine Initiativ- und Führungsrolle. Er teilte den anderen seine kommunistischen Ideen mit, wegen derer er scherzhaft »Kommissar« genannt wurde, und las mit ihnen oppositionelle Literatur oder selbstverfaßte Texte. Die drei Jahre ältere Chemiestudentin Marie-Luise Jahn wurde seine Freundin und engste Vertraute. Als Leipelts Hamburger Freunde nach München zu Besuch kamen, lud er die beiden Kreise zusammen ein und trug ihnen einen selbstverfaßten satirischen »Fragebogen im Vierten Reich« vor.

Im Laufe des Jahres 1942 zerbrach Leipelts Familie: Die Großmutter und andere Verwandte wurden deportiert. Der Vater starb. Damit verlor die Mutter den schützenden Status als »privilegierte Jüdin«, und ihre Deportation war nur noch eine Frage der Zeit. Das verstärkte Leipelts Widerstandswillen. Der Kampf gegen das Regime wurde für ihn eine Sache auf Leben und Tod. Bei seinen Freunden im Chemischen Institut war er immer die treibende Kraft, wenn es darum ging, das Unrecht beim Namen zu nennen, Abhörgemeinschaften zu organisieren, nach aktiven Handlungsmöglichkeiten zu suchen. Erst durch ihn verwandelte sich die Opposition der Studenten am Wieland-Institut in Widerstand. Der Kreis wurde im Winter 1942/43 von derselben revolutionären Stimmung erfaßt

Hans Leipelt und Marie-Luise Jahn in der ausgebombten Wohnung von Marie-Luise Jahn

wie die »Weiße Rose« und die Freunde Cosmanns und Geigers. Menschen, die sich bisher fremd waren, lernten sich plötzlich kennen. So stießen im Januar 1943 der schon etwas ältere Schriftsteller Hans Schulz und seine Frau Hedwig Schulz dazu, die neben Marie-Luise Jahn zu den aktivsten Mitstreitern Leipelts wurden. Die Giesler-Rede und den Studentenkrawall am 13. Januar erlebte Leipelt zwar selbst nicht mit, ließ sich aber von seinen Freunden detailliert davon erzählen und verfaßte daraufhin einen Bericht, den er wiederum anderen Freunden vorlas. Häufig hörten sie gemeinsam die Auslandssender ab. Hedwig Schulz stenographierte die Nachrichten mit, um sie weitergeben zu können. Im Februar 1943 fand Leipelt bei Schulz die von den Engländern über München abgeworfene Broschüre »Die andere Seite«. Er lieh sie sich aus, schrieb darin enthaltene Texte von Brecht, Thomas Mann und anderen ab und gab die Abschriften den Freunden.

Die Nachricht von der Verhaftung und Hinrichtung der »Weißen Rose« traf Leipelt schwer. Er oder Marie-Luise Jahn hatten am Tag der Verhaftung der Geschwister Scholl per Post das sechste Flugblatt der »Weißen Rose« erhalten. Bis dahin hatten sie von deren Aktivitäten nichts gewußt, obwohl Leipelt in Hamburg über Kucharski Traute Lafrenz begegnet war und obwohl der Hamburger Kreis im Sommer 1942 Flugblätter von dieser erhalten hatte. Leipelt und Jahn waren tief beeindruckt. Sie fühlten sich durch den Tod der Scholls und ihrer Freunde verpflichtet, deren Arbeit weiterzuführen. Auf einer Schreibmaschine schrieben sie das Flugblatt mehrmals ab und versahen es mit der Überschrift: »Und ihr Geist lebt trotzdem weiter«. Die Abschriften zeigten sie ihren Bekannten, lasen sie vor und gaben sie weiter. In den Osterferien nahm Leipelt Marie-Luise Jahn nach Hamburg mit. Zusammen mit Kucharski wollten sie die »Münchner Vorgänge« um die »Weiße Rose« zu einem weiteren Flugblatt verarbeiten und an den englischen Rundfunk vermitteln. Leipelt drängte darauf, zur Tat zu schreiten. Er war tief verstört davon, daß das deutsche Volk nicht fähig oder willens war, sich selbst von der nationalsozialistischen Diktatur zu befreien. Attentat und Sabotage schienen Leipelt das einzige Mittel, um das Volk zur Vernunft zu bringen. An Pfingsten fuhr er wieder nach Hamburg und dachte sich mit Kucharski weitere Pläne aus. So wollten sie Starrkrampfbazillen in die Hamburger Wasserleitung geben und die große Lombardbrücke sprengen. Doch mit dem Münchner Kreis waren solche radikalen Aktionen nicht zu machen. Keiner der Angehörigen des Instituts erklärte sich dazu bereit, das für eine Sprengung nötige Nitroglyzerin herzustellen. Dem Münchner Kreis ging es mehr um internen Austausch und Informationsvermittlung als um spektakuläre Außenwirkung. Im Sommer 1943 initiierte der Chemie-Laborant Wolfgang Erlenbach unter den Studenten eine regelmäßige Geldsammlung, um die in Not geratene Familie des hingerichteten Professors Huber zu unterstützen. Leipelt, der sich der »Weißen Rose« besonders verpflichtet fühlte, übernahm mit Erlenbach die Organisation der Spenden, die der Familie Huber anonym in den Briefkasten gesteckt wurden. Im September sammelte Leipelt auch in Hamburg.

Am 8. Oktober 1943 wurde Hans Leipelt von der Gestapo in München verhaftet. Es ist unklar, ob er aus den Reihen des Instituts denunziert worden war oder sich durch eigene Unvorsichtigkeiten verraten hatte. In seiner Wohnung fand die Gestapo genügend Material, um eine großangelegte Verhaftungswelle zu starten. Über 40 Menschen wurden im Lauf der nächsten Monate inhaftiert, darunter etliche Institutsangehörige. Leipelts Mutter und Schwester wurden in Sippenhaft genommen, die Mutter nahm sich im Gefängnis das Leben. Am 13. Oktober 1944 fand der Prozeß vor dem Volksgerichtshof statt. Leipelt wurde zum Tode verurteilt. Da er alle Verantwortung auf sich nahm und es gelang, Marie-Luise Jahn als Verführte darzustellen, kam sie mit zwölf Jahren Zuchthaus davon. Die restlichen sechs Angeklagten wurden bis auf eine Person zu Gefängnisstrafen verurteilt.

Ende Oktober verfaßte Leipelt ein Gnadengesuch, das auf die jugendliche Unbedachtheit und Harmlosigkeit seines Tuns hinwies. Er bat um Verständnis für die besondere seelische Situation, in die ihn die Judenverfolgung gebracht hatte, und führte Punkt für Punkt alle Diskriminierungen und Rechtsverletzungen auf, mit denen seine Familie ins Unglück gestürzt worden war:

»Daher beruht meine Hoffnung darauf, (...) man werde berücksichtigen, wie groß der psychische Druck der Verhältnisse gewesen ist, der mich zu meiner Einstellung geführt hat. Ich bitte zu bedenken, daß die gegen meine Familie mütterlicherseits, wie in geringerem Grade auch gegen meine Schwester und mich gerichteten Maßnahmen mir notwendigerweise als Unrecht erscheinen mußten.«[199]

Daß eine solche Argumentation die nationalsozialistischen Richter nicht beeindruckte, versteht sich von selbst. Leipelt wurde am 29. Januar 1945 in Stadelheim durchs Fallbeil hingerichtet.

5. Wissenschaftler, Intellektuelle und Künstler

Jedenfalls können wir mit Fug und Recht behaupten, daß der deutsche Geist kaum in einem Zeitalter eine breitere Entfaltungsmöglichkeit gefunden hat als in dem des Nationalsozialismus. Das weiß bei uns auch jeder geistige Arbeiter und künstlerische Mensch. Wer das Gegenteil behauptet, rechnet meistens zu jener zahlenmäßig kleinen Schicht von Intellektuellen, die wahre Geistigkeit mit intellektueller Kompliziertheit verwechseln und dabei die starken und bewegenden Kräfte des Herzens dem kalt berechnenden Verstand unterordnen.«

(Reichspropagandaminister Joseph Goebbels, 1939)[200]

München galt mit seinen Universitäten, Theatern, seiner Oper und den vielen hier ansässigen Künstlern und Gelehrten weithin als Stadt der Kunst und Wissenschaft. Diesen Ruhm hatte es vor allem der Kunst- und Wissenschaftsszenerie der 20er Jahre zu verdanken, in der sich fortschrittliche und bürgerlich-traditionelle Strömungen vermischten. Bereits bis Anfang der 30er Jahre hatte sich gerade die avantgardistische Kunstszene aufgrund des zunehmend reaktionärer werdenden Klimas nach Berlin, in die Provinz oder ins Ausland verflüchtigt. Mit der nationalsozialistischen »Machtergreifung« setzte erneut ein «brain drain» der jüdischen und politisch links stehenden Künstler und Gelehrten ein. Aus ihren Ämtern entlassen und ohne Beschäftigungsmöglichkeiten emigrierten viele von ihnen.

Auch der Nationalsozialismus propagierte München als «Hauptstadt der deutschen Kunst» und verhielt sich nicht per se kunst- und wissenschaftsfeindlich. Im Gegenteil bot er denjenigen Künstlern und Gelehrten, die sich von ihm politisch instrumentalisieren ließen, zahlreiche Fördermöglichkeiten. Die ästhetischen und wissenschaftlichen Kriterien der nationalsozialistischen Kulturpolitik waren dabei alles andere als klar. Einerseits vertrat sie eine Ideologie der «deutschen» Kunst und Wissenschaft gegen eine «jüdisch-entartete» oder «bolschewistische», andererseits konnte sie diese Begriffe nicht mit Inhalten füllen. Immer wieder kam es darüber zu systeminternen Konflikten.

In der Kunst wurde die Unsicherheit über ästhetische Kriterien zunächst durch die Unterscheidung jüdisch-nichtjüdisch ersetzt, um die Ideale der «nordischen Rasse» und des «Deutschtums» öffentlichkeitswirksam zu propagieren. Bei den von den NS-Studentenschaften organisierten Bücherverbrennungen am 10. Mai 1933, die man als «Aktionen wider den undeutschen Geist» bezeichnete, fielen neben der aus politischen Gründen geächteten linksgerichteten, sozialistischen Literatur vor allem die Werke von jüdischen Schriftstellern den Flammen zum Opfer.

Im Herbst 1933 wurde als Organ des Propagandaministeriums die «Reichskulturkammer« geschaffen. Aufgeteilt in verschiedene Kammern für Schrifttum, Presse, Rundfunk, Film, Musik, Bildende Kunst und Theater sollte diese Zwangsvereinigung aller Kulturschaffenden es ermöglichen, die Kulturproduktion zu kontrollieren und durch Ausschließung faktische Berufsverbote auszusprechen. Wer ihr beitrat, mußte den »Ariernachweis« erbringen. Ansonsten war die kulturpolitische Wirkung der Reichskulturkammer jedoch eher gering. Inwieweit man die Kunst nicht nur politisch, sondern auch ästhetisch normieren sollte, darüber gab es innerhalb des NS-Regimes in den Anfangsjahren sehr verschiedene Auffassungen. Der »Kampfbund für deutsche Kultur« unter Alfred Rosenberg setzte sich fanatisch für ein ganz traditionalistisches Verständnis von Kunst ein: Kult, Mythos, Ritual und eine heroische Lebensauffassung sollten die Kunst beherrschen; die Avantgarde wurde wegen ihres »Nihilismus«, ihres «artistischen Snobismus« und ihres «kulturbolschewistischen Untermenschentums« heftigst abgelehnt. Dieses Kunstverständnis konnte sich auf die weitverbreiteten antimodernen Ressentiments in der Bevölkerung stützen. Rosenbergs Gegenspieler, unter anderem auch der Propagandaminister Joseph Goebbels, verteidigten die künstlerische Avantgarde, soweit sie nur »deutsch« und «volksnah« sei. Deutsche Expressionisten wie Barlach, Kirchner, Mueller, Rohlfs, Schmidt-Rottluff und Nolde, die von Rosenberg als «entartet« verfemt wurden, galten diesen als höchster Ausdruck angeblich deutschen Kunstwillens. Auch in der Musik stritt man sich über den Wert oder Unwert von avantgardistischen Komponisten wie Paul Hindemith.

Erst Mitte der 30er Jahre trug die traditionalistische Strömung innerhalb des NS-Regimes den Sieg davon, und auch Goebbels schwenkte auf die neoklassizistischen, protzig-repräsentativen Formen ein, die heute als charakteristisch für nationalsozialistische Kunst gelten. 1936 wurde jede Kunstkritik in den Zeitungen verboten; nur noch «Kunstbetrachtung« war erlaubt. Tausende von «entarteten« Kunstwerken verschwanden aus Museen und Sammlungen. Über drei Millionen Besucher besichtigten 1937 in München die Ausstellung »Entartete Kunst«, die prominente Werke der Avantgarde in diffamierender Weise aufgehängt und mit gehässigen Texten versehen der Öffentlichkeit präsentierte, bevor sie vernichtet oder verramscht wurden. Die jährlich stattfindende »Große Deutsche Kunstausstellung« im »Haus der Deutschen Kunst« zeigte seit 1937 die nationalsozialistische Kunst, wie sie von Hitler persönlich favorisiert und ausgewählt wurde.

Im Wissenschaftsbereich gestaltete sich die nationalsozialistische Gleichschaltung noch diffuser als im Kunstbereich. Einerseits ließen sich die Gesellschafts- und Humanwissenschaften 1933 wegen ihrer unvermeidbaren politischen Bezüge leichter kontrollieren und im nationalsozialistischen Sinne säubern. Das »Gesetz zur Wiederherstellung des Berufsbeamtentums« vom 7. April 1933 gab die rechtliche Handhabe, um Hochschullehrer aus »rassischen« oder politischen

Die Ausstellung »Entartete Kunst«, 1937

Gründen von den Universitäten zu entfernen. Wer vor 1933 in seinen Publikationen und Lehrveranstaltungen liberale Ansichten geäußert hatte, mußte nach der »Machtergreifung« früher oder später die Universitäten verlassen oder wurde zumindest in seiner Arbeit ständig schikaniert. In den Naturwissenschaften war die Situation komplizierter. Nationalsozialistische Naturwissenschaftler propagierten hier eine »deutsche Physik«, die Einsteins Relativitätstheorie und alle damit verbundenen Forschungsergebnisse als »jüdisch« und »dogmatisch« ablehnte. Die «Einsteinianer« an den Universitäten wurden jedoch – solange sie nicht jüdisch waren – nicht ihrer Positionen enthoben und konnten trotz ihres angeblich »verjudeten Denkens« die Wissenschaft weiterentwickeln. Selbst wenn sie und ihre Studenten sich über das Unvermögen und die Dummheit der Anhänger der »deutschen Physik« lustig machten, ließ sie das Regime gewähren – in dem Wissen, daß ihre Forschungsergebnisse in einem kommenden Krieg gebraucht werden würden.

Das Resistenzpotential von Kunst und Wissenschaft bestand vor allem darin, daß eine Reihe von Künstlern und Wissenschaftlern die Freiheit von Forschung, Lehre und künstlerischer Produktion gegen den Totalitätsanspruch des Nationalsozialismus zum Teil sehr erfolgreich verteidigte. So entstanden an den Universitäten und in privaten Netzwerken Nischen, auf die der Nationalsozialismus keinen Zugriff hatte und in denen man relativ ungezwungen Meinungen austauschen konnte. Ohne die Existenz solcher Nischen hätte sich zum Beispiel der Widerstand der »Weißen Rose« nicht entwickeln können.

Universitäre Institute

Da in München schon vor 1933 der Anteil an jüdischen Professoren gering war, fanden im Vergleich zu anderen Universitäten relativ wenige Entlassungen statt; folglich konnten nur einige Nationalsozialisten neu berufen werden. Auch wenn die Universitäten nach außen hin gleichgeschaltet waren, verhielten sich viele Dozenten im täglichen Forschungs- und Lehrbetrieb ganz «unpolitisch« und setzten sich zum Teil sogar erfolgreich gegen Instrumentalisierungsversuche des Regimes zur Wehr. Dafür war die Studentenschaft bereits 1930 vom NS-Studentenbund dominiert. Vor und nach der «Machtergreifung« gingen die nationalsozialistischen Studenten öfters in rabiater Weise gegen Professoren vor: Gegen den Staatsrechtler Hans Nawiasky, einen Demokraten und profilierten Gegner des Nationalsozialismus, wurden regelrechte Krawalle inszeniert, bevor er wegen »politischer Unzuverlässigkeit« aus dem Staatsdienst entlassen wurde. Nawiasky emigrierte in die Schweiz und nahm eine Professur in St. Gallen an, von wo aus er mit publizistischen Mitteln den Kampf gegen den Nationalsozialismus fortsetzte. Der Rechtshistoriker Heinrich Mitteis, der 1934 von Heidelberg nach München kam, mußte nach wenigen Monaten seinen Lehrstuhl wieder aufgeben, weil seine Vorlesungen immer wieder von nationalsozialistischen Studenten gesprengt wurden.[201]

Eine Reihe von naturwissenschaftlichen Instituten an beiden Münchner Hochschulen stellten in besonderer Weise Refugien dar, wo ohne nennenswerte nationalsozialistische Einflußnahme geforscht und gelehrt werden konnte. Hier waren die nationalsozialistischen Dozenten und Studenten, die eine »völkische« Ausrichtung der Wissenschaften, eine «deutsche Physik« oder «deutsche Chemie« forderten, eindeutig in der Minderzahl. Da das Regime vor allem an den Ergebnissen der naturwissenschaftlichen Forschung interessiert war, die Deutschland «autark«, also von Importen aus dem Ausland unabhängig machen sollten, ließ es die Wissenschaftler von ideologischen Forderungen weitgehend unbehelligt. Erst mit Kriegsausbruch kam es zu latenten Konflikten: Die Forschung sollte nun umgestellt werden auf kriegswichtige Bereiche. Die Wissenschaftler, die weiter ungestört ihre Grundlagenforschung betreiben wollten, versuchten, diese als kriegsentscheidend zu definieren, auch wenn dies nicht der Realität entsprach.

Als besonders resistent gegenüber den nationalsozialistischen Ansprüchen gilt heute das Chemische Institut der Ludwig-Maximilians-Universität unter dem Nobelpreisträger Professor Heinrich Wieland. Zeitzeugenberichten zufolge grüßte

Wieland niemals mit dem Hitlergruß und ließ in seinen Vorlesungen häufig kritische Anspielungen gegen das Regime und das «Dritte Reich» fallen. Auch pochte er öffentlich darauf, daß Wissenschaftler nicht nach politischen Gesichtspunkten gefördert oder berufen werden dürften, sondern rein nach ihrer fachlichen Qualifikation, und setzte sich für aus rassischen Gründen entlassene Kollegen ein. Bei Kriegsbeginn gelang es Wieland, seine Forschungen im Bereich der Schmetterlingsflügelfarbstoffe und der Hormone als kriegswichtig zu erklären. Damit konnte er zum einen viele seiner Studenten und Mitarbeiter «uk« (unabkömmlich) stellen lassen und vom Kriegsdienst befreien. Zum anderen erhielt er so leichter Sondergenehmigungen, um «rassisch

Heinrich Wieland

belastete« Studenten bei sich studieren zu lassen, denen seit 1940 eigentlich ein Studium verwehrt war. Bis zu einem Viertel der Studenten und Mitarbeiter Wielands soll »halbjüdisch« gewesen sein. Manche, für die sich keine Sondergenehmigung erlangen ließ, beschäftigte Wieland auf eigene Verantwortung inoffiziell. Dabei stellte er sich immer wieder schützend vor diese Menschen und nahm erhebliche Risiken in Kauf, um ihnen in bedrängten Situationen zu helfen.

Ohne daß Wieland selbst an politischen Widerstand gegen den Nationalsozialismus gedacht hätte, wurde sein Institut in den 40er Jahren zum Schauplatz von Widerstandsaktivitäten. In der freiheitlichen Atmosphäre gediehen politische Diskussionen; die Studenten und Mitarbeiter tauschten untereinander verbotene Literatur und die Nachrichten der Auslandssender aus und bestärkten sich in ihrer antinationalsozialistischen Haltung. Einige der Studenten zerstörten gezielt Zeitungskästen des «Stürmer« in Schwabing und Bogenhausen. Zentrum all dieser Aktivitäten war Hans Leipelt, ein »halbjüdischer« Student, der 1941 aus Hamburg nach München gekommen war, weil er von den günstigen Bedingungen am Wieland-Institut gehört hatte. Zusammen mit seiner Freundin Marie-Luise Jahn beschloß er, die Widerstandsarbeit der verhafteten und hingerichteten Mitglieder der «Weißen Rose« fortzuführen.[202] Im Oktober 1943 wurden Leipelt, Jahn und ein weiteres halbes Dutzend von Institutsangehörgen verhaftet. In den nun folgenden Ermittlungen setzte sich Wieland – der von den Widerstandsaktivitäten wohl nichts gewußte hatte – sehr für die Inhaftierten ein. Er trat sogar bei dem Prozeß vor dem Volksgerichtshof als Entlastungszeuge auf und unterstützte die

Oskar Neumann nach dem Krieg

Angeklagten moralisch dadurch, daß er mit jedem von ihnen vor Prozeßbeginn einige Worte wechselte. Während Hans Leipelt zum Tode verurteilt wurde, blieben die Urteile der anderen zum Teil weit unterhalb der Anträge des Staatsanwalts.

Ein anderes naturwissenschaftliches Institut, an dem sich wohl – allerdings bisher noch nicht erforscht – ein Widerstandskreis bilden konnte, war das Chemische Institut an der Technischen Hochschule unter Hans Fischer. Auch hier scheint die Atmosphäre sehr freiheitlich und offen gewesen zu sein, auch hier konnten »Halbjuden« wie Oskar Neumann, der eigentlich Jurist werden wollte, studieren und ein Diplom erlangen.

Da einer der Forschungsschwerpunkte Fischers in organischer Farbchemie lag, konstruierten die Mitarbeiter aus den schwarzen Absorptionsbanden des Blattfarbstoffs Chlorophyll ein völlig unverwendbares Nachrichtensystem für die Marine, um diese Forschungen als kriegswichtig anerkennen zu lassen. Den Berichten Neumanns zufolge kam es 1939 wegen geplanter Ernteeinsätze der Studenten zu zum Teil recht raffinierten Protestaktionen:

»Und so entwickelte sich dann der Widerstand dagegen, also auf einer politisch keineswegs sehr hohen Stufe (...), aber immerhin haben damals die Fakultäten zum ersten Mal den Ehrgeiz entwickelt, offizielle Nazi-Veranstaltungen zu sprengen. Ja, und wir haben das als einigermaßen ambitionierte Chemiker natürlich mit sehr perfekten chemischen Mitteln gemacht. Also von Geheimhaltung konnte man wirklich nicht reden, das ganze Labor hatte acht Tage derartig impertinent gestunken, denn wir haben nichts anderes fabriziert als einerseits Tränengas und andererseits Methylmerkaptan, also Stinkbomben, und die wurden dann in Fleißarbeit in Glasampullen eingeschmolzen, und da die Nazis einen wunderschönen roten Teppich ausgelegt hatten für den Einmarsch ihrer Bonzen, bot sich das also geradezu zwanghaft an, die Glasampullen unter den roten Teppich zu legen. Alle Leute, die Bescheid wußten, haben sich also weiter oben in dem steil ansteigenden Chemiehörsaal hingesetzt, und die Nazis sind unten reinmarschiert, und es machte immer ›klirre, klirre‹, und nach wenigen Minuten war das natürlich ein Sumpf von Reizgas und Gestank da unten, und die Sache war beendet.«[203]

Neumanns Bericht zufolge knüpften er und einige Kommilitonen in den 40er Jahren über einen Mechaniker am Institut auch Kontakt zu einem kommunistischen Widerstandskreis und versuchten sich in Methoden der Wehrmachtssabotage: So entwickelten sie Medikamente, die bestimmte Krankheitsbilder hervorriefen, um Soldaten von der Wehrpflicht zu befreien, oder machten ungültig gestempelte Lebensmittelkarten wieder gültig, indem sie die Stempelfarbe mit Lösungsmitteln entfernten. 1944 wurde Neumann als »Halbjude« und »Politischer« im KZ Buchenwald interniert, wo er in einem der berüchtigten Außenkommandos arbeitete. Fischer beging im März 1945 Selbstmord. Neumann überlebte und kehrte im Frühsommer 1945 wieder nach München zurück. Nach dem Krieg arbeitete er einige Jahre erneut am Chemischen Institut und engagierte sich seit 1949 hauptberuflich für die KPD, später für die DKP.

Wissenschaftler und Gelehrte im Umkreis der »Weißen Rose«

Gerade im philosophischen und geisteswissenschaftlichen Bereich, der an den Universitäten im Nationalsozialismus völlig verkümmerte, wurde ein privat und informell organisierter Austausch von Gedanken und Ideen immer wichtiger. Das Geistesleben, das außerhalb der gleichgeschalteten Institutionen in München noch existierte, war vor allem geprägt durch eine katholisch-moraltheologische Richtung: Sie gab sich apolitisch und lehnte die «moderne glaubenslose Welt« der westlichen Parteiendemokratien und des Sozialismus ebenso ab wie den «gottlosen« völkischen Nationalismus und den Führerglauben des NS-Regimes. Die Repräsentanten dieser Richtung nahmen später großen Einfluß auf das Denken im Widerstandskreis der »Weißen Rose«.

Einer ihrer wichtigsten Vertreter war der Schriftsteller und Publizist Theodor Haecker. Haecker, der 1921 zum Katholizismus konvertiert war, schrieb schon seit 1923 gegen die Verabsolutierung des Staates durch die europäischen Faschismen an. Den Nationalsozialismus hielt er für eine Ausgeburt protestantischen Preußentums. Nach der nationalsozialistischen »Machtergreifung« wurde Haecker für einen Tag inhaftiert und seine Wohnung durchsucht – wegen eines Artikels gegen das Hakenkreuz, den er noch 1932 in der Innsbrucker Zeitschrift «Der Brenner« veröffentlicht hatte. Seitdem versuchte er, sich möglichst unauffällig zu verhalten, um wenigstens die Spielräume, die er noch besaß, nicht zu gefährden. 1934 wurde er in die Reichsschrifttumskammer aufgenommen. In den folgenden Jahren konnte er eine Reihe von Büchern veröffentlichen, die sich mit rein theologischen und moralphilosphischen Themen beschäftigten. Allerdings wurde Haecker immer wieder mit Redeverboten belegt und durfte seit 1936 in Bayern überhaupt keine Vorträge mehr halten. Wie dramatisch er die Situation für sich einschätzte, belegt ein Brief an einen Freund vom 5. Februar 1936:

Theodor Haecker

Carl Muth

»(...) *in meinem eigenen Vaterlande darf ich kein Wort mehr öffentlich reden, und da meine Bücher Erfolg haben und an Einfluß gewinnen, bin ich zum ›Staatsfeind‹ ernannt... Jedenfalls werde ich die Wahrheit nicht mehr schreiben können.*«[204]

1938 erhielt Haecker teilweise auch Schreibverbote. Er lebte nun vor allem von Übersetzungen, verfaßte aber weiterhin Essays, die als Typoskripte im Freundeskreis kursierten. Seit Kriegsbeginn schrieb er in Tagebuchform die »Tag- und Nachtbücher« mit zahlreichen religiös gefärbten Notaten über «das Wesen der modernen Diktatur». Nationalsozialismus und Krieg deutete er nun als Symptom des Abfalls vom Christentum. Anfang 1942 kam der erste Kontakt zu den Mitgliedern der «Weißen Rose» zustande. Vor allem Willi Graf hatte sich schon in den 30er Jahren intensiv mit den Schriften Haeckers beschäftigt. Mehrmals las Haecker auf den literarischen Abenden der «Weißen Rose» aus seinem Werk vor. Nach Verhaftung der Geschwister Scholl wurde er von der Gestapo verhört, er war aber wohl tatsächlich nicht in deren Widerstandstätigkeit eingeweiht gewesen. Auch zum Rösch-Kreis bestand eine lose Verbindung:
Haecker kannte Alfred Delp, da er nicht weit von dessen Pfarrei in der Bogenhausener Möhlstraße wohnte. Selber war er jedoch nicht mehr von Verfolgungsmaßnahmen des Regimes betroffen. 1944 gelang es ihm sogar, bei einem kleinen elsässischen Verlag zwei Bücher zu veröffentlichen, die al-

lerdings nur über Direktbestellung zu erhalten waren. Haecker starb kurz vor Kriegsende am 9. April 1945.

Mit Haecker eng befreundet war der Verleger der katholischen Monatszeitschrift »Hochland«, Carl Muth. Das »Hochland« – bereits 1903 gegründet – wurde in der Zeit des Nationalsozialismus zu einem Sammelbecken für katholisch orientierte Intellektuelle, die sich hier unter Vermeidung aller politischen Fallstricke über philosophische, historische und theologische Themen äußern konnten. Als eines der wenigen nicht gleichgeschalteten Presseorgane konnte die Zeitschrift seit 1933 ihre Auflage fast verdoppeln. Besonders die geschichtlichen Themen dienten dazu, auf versteckte Weise Kritik an der Gegenwart zu üben, etwa wenn aus einem Beitrag über Napoleon auch auf den Größenwahn Hitlers geschlossen werden konnte. Im Juni 1941 wurde das »Hochland« angeblich wegen Papiermangels von den NS-Behörden eingestellt. Wenige Monate später lernten sich Muth und Hans Scholl kennen. Muth gab Hans Scholl den Auftrag, seine Bibliothek zu ordnen, so daß sich die beiden eine Zeitlang fast täglich sahen. Erst durch Muth gelangte Scholl zu einer intensiven Beschäftigung mit Religion. Nach den Verhaftungen der «Weißen Rose« wurde auch Muth verhört und sein Haus durchsucht. Es konnte ihm jedoch eine Mitwisserschaft an den Widerstandsaktionen nicht nachgewiesen werden.

Am weitesten in den Widerstand der »Weißen Rose« verstrickt wurde der Philosoph, Musikwissenschaftler und Psychologe Kurt Huber. Anders als Haecker und Muth war Huber auf regelmäßige Einkünfte angewiesen, um seine Familie zu ernähren. Ein schlecht bezahlter Lehrauftrag an der Universität München reichte nur zum Allernötigsten. Huber mußte immer wieder mit nationalsozialistischen Institutionen kooperieren und beantragte 1940 sogar die Aufnahme in die NSDAP, weil er hoffte, auf diese Weise endlich den Geldsorgen zu entgehen. Davor hatten die NS-Behörden mehrmals seine Festanstellung an Universitäten hintertrieben. Hubers wissenschaftliches Spezialgebiet war die Volksmusikforschung, die er durchaus zeitgemäß unter »völkischen« Gesichtspunkten betrieb, ohne dabei jedoch dem Rassismus der nationalsozialistischen Volkskunde zu verfallen. Er hielt auch Philosophievorlesungen, die bei NS-kritischen Studenten wegen ihrer zahlreichen Anspielungen und sarkastischen Bemerkungen über den Nationalsozialismus sehr beliebt waren. In diesen Vorlesungen lernten ihn auch die Mitglieder der «Weißen Rose« kennen. Zu einem ersten engeren Kontakt kam es im Frühsommer 1942 auf einer privaten Autorenlesung, als Huber die Anwesenden dadurch beeindruckte, daß er sich offen gegen die Rechtsverletzungen des Nationalsozialismus wandte. In die Widerstandsarbeit der «Weißen Rose« eingeweiht wurde Huber erst Anfang 1943. Immer wieder kam es allerdings zwischen ihm und den Jugendlichen zu Konflikten, weil der konservativ-ständisch denkende Huber die Widerstandsaktionen doch als sehr radikal empfand. Besonders über die Rolle der Wehrmacht, deren verbrecherische Kriegführung Scholl, Schmorell und Graf in Rußland miterlebt hatten, konnten sie sich nicht

Kurt Huber

einigen. Im Februar 1943 verfaßte Huber das sechste Flugblatt der «Weißen Rose«. Scholl und Schmorell vervielfältigten es, nachdem sie ohne Hubers Zustimmung einen Absatz über die «herrliche Wehrmacht« darin gestrichen hatten. Wenige Tage später wurden die Geschwister Scholl in der Universität verhaftet. Huber wurde zusammen mit Graf und Schmorell am 19. April zum Tode verurteilt. In seiner Verteidigungsrede berief er sich auf die sittliche Verantwortlichkeit jedes Menschen, die ihn zum Widerspruch gegen einen rechtlosen, lügnerischen, in Hubers Terminologie «bolschewisierten« Staat aufgefordert habe:

»Ich glaube im Namen all der jungen Akademiker, die hier angeklagt sind, zu sprechen, wenn ich behaupte: Die Bekämpfung des inneren Bolschewismus, der im nationalsozialistischen Staat von heute immer bedrohlicher sich ausbreitet, war das sittliche Ziel unseres Handelns. (...) Was ich bezweckte, war die Weckung der studentischen Kreise nicht durch eine Organisation, sondern durch das schlichte Wort; nicht zu irgend einem Akt der Gewalt, sondern zur sittlichen Einsicht in bestehende schwere Schäden des politischen Lebens. Rückkehr zu klaren sittlichen Grundsätzen, zum Rechtsstaat, zu gegenseitigem Vertrauen von Mensch zu Mensch; das ist nicht illegal, sondern umgekehrt die Wiederherstellung der Legalität. (...) Die innere Würde des Hochschullehrers, des offenen, mutigen Bekenners seiner Welt- und Staatsanschauung kann mir kein Hochverratsverfahren rauben.« [205]

Künstler und Kunstsinnige

Wegen politischer Aktivitäten für die KPD verfolgt wurde der seit 1930 in München ansässige Maler Erwin Oehl. Seine Bilder ließen sich als Propaganda und Kampfikonographie für die von ihm heiß ersehnte Revolution der Arbeiterklasse lesen. Oehl wurde nach der nationalsozialistischen »Machtergreifung« einen Monat lang inhaftiert und dann mit einem Berufs- und Aufenthaltsverbot für München belegt. Seine Freundin und spätere Frau Louise Brod, die sich politisch noch mehr engagiert hatte, kam erst im Dezember 1933 wieder frei. Aufgrund der andauernden Repressalien emigrierten beide 1936 nach Paris. Nach

230

dem Einmarsch der deutschen Truppen 1940 wurden sie erneut verhaftet, nach München zurückgebracht und wegen »Vorbereitung zum Hochverrat« angeklagt. Während Oehl 1942 frei kam, wurde seine Frau bis zum Kriegsende im KZ Ravensbrück festgehalten.

Weitere Künstler, die sich im nationalsozialistischen München aktiv im politischen Widerstand betätigt hätten, sind nicht bekannt. Die antinationalsozialistische literarische Avantgarde war 1933 bereits emigriert: Thomas Mann zog mit seiner Familie in die Schweiz. Lion Feuchtwanger, dessen Bücher aufgrund seines Judentums sofort auf den Index kamen, emigrierte nach Frankreich. Oskar Maria Graf ging schon im Februar 1933 nach Österreich und protestierte von dort aus in der »Wiener Arbeiterzeitung« gegen die »Schmach«, von den nationalsozialistischen Bücherverbrennungen ausgenommen worden zu sein:

»(...) Das ›Dritte Reich‹ hat fast das ganze deutsche Schrifttum von Bedeutung ausgestoßen, hat sich losgesagt von der wirklichen deutschen Dichtung, hat die größte Zahl ihrer wesentlichsten Schriftsteller ins Exil gejagt und das Erscheinen ihrer Werke in Deutschland unmöglich gemacht. (...) Und die Vertreter dieses barbarischen Nationalismus, der mit Deutschsein nichts, aber auch rein gar nichts zu tun hat, unterstehen sich, mich als einen ihrer ›Geistigen‹ zu beanspruchen, mich auf ihre sogenannte ›weiße Liste‹ zu setzen, die vor dem Weltgewissen nur eine schwarze Liste sein kann! Diese Unehre habe ich nicht verdient! Nach meinem ganzen Leben und nach meinem ganzen Schreiben habe ich das Recht, zu verlangen, daß meine Bücher der reinen Flamme des Scheiterhaufens überantwortet werden und nicht in die blutigen Hände und die verdorbenen Hirne der braunen Mordbanden gelangen. Verbrennt die Werke des deutschen Geistes! Er selber wird unauslöschlich sein wie eure Schmach!«[206]

Der »halbjüdische« Verleger Kurt Wolff verließ Deutschland im März 1933. All diese Emigranten wurden vom NS-Regime ausgebürgert, sie alle kämpften weiterhin vom Ausland aus mit publizistischen Mitteln gegen den Nationalsozialismus. Nach oft abenteuerlichen Odysseen durch verschiedene europäische Länder, immer auf der Flucht vor der deutschen Besetzung, landeten sie Anfang der 40er Jahre in Amerika, wo manche von ihnen dauerhaft eine neue Heimat fanden.

Die Künstler, die gegen das NS-Regime oppositionell eingestellt waren, aber nicht emigrieren wollten, mußten einen schwierigen Weg zwischen Anpassung und Resistenz gehen. Soweit sie sich nicht politisch exponiert hatten, litten sie dabei weniger unter den Verfolgungsdrohungen des Regimes als unter ihrer zunehmenden Isolierung und Ausschaltung aus dem Kunstbetrieb. Der avantgardistische Komponist Carl Amadeus Hartmann versuchte mit verzweifelter Anstrengung, seine Verbindungen ins Ausland zu nutzen, um sich weiterhin Aufführungs- und Veröffentlichungsmöglichkeiten zu verschaffen. Als Pazifist und Linksintellektueller hatte er noch 1933 eine »Kantate für Männerchor a ca-

Carl Amadeus Hartmann

pella nach Worten von Becher und Marx« komponiert.[207] Ein dänischer Komponistenkollege schrieb ihm im Mai 1933: »Ihre Schwierigkeiten habe ich schon erwartet, ich verstehe, was Sie erleben müssen, und bin überzeugt, daß das Schlimmste noch nicht gekommen ist.«[208] Für Hartmann verbanden sich seine politisch prekäre Situation und die allgemein äußerst schlechten Bedingungen für neue Musik im nationalsozialistischem Deutschland zu einem einzigen Debakel. Immer wieder ist in den Briefen an seine ausländischen Freunde von den »besonderen Umständen bei uns«, von den «besonderen schwierigen Verhältnissen«, von seinem »schweren Existenzkampf« die Rede. Für die nationalsozialistische Kunstpolitik hatte Hartmann nichts als Verachtung übrig:

»Wenn es nicht so tieftraurig wäre, müßte es lächerlich wirken, daß man alles das, was auf künstlerischem Gebiet neue Wege sucht und auf das Denkvermögen der Zuhörer, Zu- und Beschauer einige Anforderungen stellt, mit dem geflügelten Wort 'Kulturbolschewismus' abtut. Dabei bleibt es jedem selbst überlassen, was er sich darunter vorstellen will. Jedenfalls aber soll diese Bezeichnung der Inbegriff alles Verwerflichen und Furchtbaren sein. Für den Spießer, der ja leider nicht in der Minderzahl ist, mag es bequem sein, ein Schlagwort zu besitzen, das ihn jeden Nachdenkens über neue Probleme (ernste Kunst) von vorneherein enthebt.«[209]

1934 mußte er sich um Aufnahme in die Reichsmusikkammer bemühen, um überhaupt noch seine Urheberrechte verwerten zu können. Wie schwer ihm dies fiel, zeigen die zahlreichen Mahnungen der Reichsmusikkammer 1935 und 1936, endlich den ausgefüllten politischen Fragebogen und den »Ariernachweis« beizubringen. Die meisten Versuche Hartmanns, an internationalen Musikfesten teilzunehmen, scheiterten am Einspruch der Reichsmusikkammer. Der Kriegsausbruch machte schließlich alle Möglichkeiten, wenigstens im Ausland noch aufgeführt zu werden, zunichte. In den 40er Jahren zog Hartmann mit seiner Familie in eine Kellerwohnung nach Starnberg. Es gelang ihm, einen Arzt zu finden, der ihn dauerhaft krank schrieb, so daß er nicht in den von ihm so verabscheuten Krieg ziehen mußte. Als das Kriegsende abzusehen war, komponierte er eine »Klagegesang Symphonie«, die er seinem Berliner Freund Robert Havemann widmete: »auch Sie, lieber Freund, haben für die Freiheit gekämpft und mußten dafür leiden. 1944«[210]. Im Mai 1945 schrieb Hartmann eine Sonate über den Todesmarsch der Dachauer Häftlinge, den er in Starnberg beobachtet hatte.

In die nationalsozialistische Verfolgungsmaschinerie gerieten nur Künstler, die sich kritisch über den Nationalsozialismus und seine Kunstpolitik geäußert hatten und dabei aus Zufall oder Unvorsichtigkeit einer Denunziation anheim fielen. Der Kunstmaler Botho Schmidt wurde Opfer einer typischen Denunziationskette: 1940 trug ein Nationalsozialist zur Gestapo, daß eine Bekannte von ihm mit einem Herrn durch die »Große Deutsche Kunstausstellung« gegangen sei, der sich ihr gegenüber abfällig über die Ausstellung geäußert habe:

»(...) weil die gezeigten Bilder meistenteils nur eine Kopie der äußeren Natur darstellten, die einfach abgemalt würde. Die großen alten Maler hätten wohl immer versucht, ihr eigenes Wesen in die gemalte Landschaft mit hineinzugeben, weil sonst die Photographie schließlich noch genauer sei als die nur kopierte Landschaft. Aber man müsse wohl berücksichtigen, daß dies eine Ausstellung von zeitgenössischen Malern sei, die mit ihren Werken nicht mit den alten großen Malern ohne weiteres zu vergleichen seien.«[211]

Weiterhin habe der Mann seiner Begleiterin ein Gerücht erzählt – und dies war der eigentlich strafbare Teil –, daß bei der »Großen Deutschen Kunstausstellung« alleine »der Führer bestimme, was gezeigt und nicht gezeigt werden darf«, daß »in diesem Jahre der Führer auf einem kleinen Fahrzeug durch die Ausstellungsräume gefahren sei, um bei der Vielzahl der Kunstwerke vor Übermüdung geschützt zu sein«, und daß er einmal ein Bild, das ihm besonders mißfiel, »in seiner Erregung mit dem Fuß durchstoßen habe.« Von der Gestapo vernommen, sagte der denunzierte Kunstliebhaber aus, daß ihm diese Gerüchte ein ihm bekannter Maler, Botho Schmidt, erzählt habe. Gegen Schmidt wurde daraufhin ein Verfahren vor dem Sondergericht eingeleitet. Er hatte in den letzten Jahren immer wieder Bilder für die «Große Deutsche Kunstausstellung» eingereicht, die jedoch abgelehnt worden waren. Als Künstler lebte er in äußerst bedrängten Verhältnissen. Politisch verdächtig machte ihn zusätzlich, daß er 1919 einen führenden Revolutionär, Eugen Leviné, zehn Tage bei sich versteckt hatte. Dennoch gelang es Schmidt, die Ermittlungsbehörden davon zu überzeugen, daß er mit seinen Äußerungen keine «Heimtücke» verbunden habe: »Mit diesen Äusserungen wollte ich sagen, daß der Führer ein großes Interesse an der Kunstausstellung hat.« Das Verfahren wurde eingestellt, und Schmidt kam mit einer Verwarnung davon.

Auch Künstler, die eigentlich völlig unpolitisch waren oder sogar mit dem Nationalsozialismus sympathisiert hatten, wurden zum Teil durch die nationalsozialistische Kunstpolitik und die ihnen daraus erwachsenden Nachteile in die Opposition gedrängt. Der Musiker und Schriftsteller Georg Köhler unternahm 1940 mit Unterstützung der Reichskulturkammer eine Auslandsreise, um in Ungarn und Griechenland mit Bühnen und Verlagen zu verhandeln, da ihm der schriftstellerische Erfolg in Deutschland versagt blieb. Nach einigen Wochen schrieb er seiner Mutter aus Athen einen wütenden und verzweifelten Brief, der von der Zensurstelle abgefangen wurde. Köhler hatte sich zum einen über mangelnde Devisen beklagt, zum anderen aber auch das NS-Regime heftig angegriffen. Vor der Gestapo dazu vernommen sagte er aus:

»Wenn ich weiter geschrieben habe: ›*Wenn wir Deutschen uns in der Welt unbeliebt gemacht haben, so ist das nicht meine Schuld, sondern die der deutschen Staatsführung – die unschuldigen Opfer sind freilich wir*‹, *so bezieht sich dies auf meine Erfahrungen, die ich im Ausland als Deutscher machen mußte, und die Anpöbelungen, denen ich als Deutscher ausgesetzt war. So wurden wir Deutsche in Griechenland von Gebildeten häufig als* ›*Barbaren*‹ *abqualifiziert, in Ungarn sagte man mir, das Theater würde vor leeren Stühlen spielen, wenn das Werk eines deutschen Schriftstellers aufgeführt würde, woraus die Einstellung der Ungarn deutlich hervorgeht. Ferner habe ich in meinem Brief u. a. mitgeteilt:* ›*Ich weiß es wohl, wir deutschen Intellektuellen stehen auf einem verlorenen Posten, denn Kultur und Barbarei können nebeneinander nicht existieren, eines von den beiden muß dem andern weichen.*‹ *Hiermit wollte ich zum Ausdruck bringen, daß ich im Ausland unter dem Einfluß neuer Eindrücke und im Hinblick auf meine bitteren Lebenserfahrungen gewissen engherzigen Maßnahmen der Staatsführung gegenüber uns Intellektuellen verbittert war. In anderen Ländern macht man einen grundsätzlichen Trennungsstrich zwischen Politik und Weltanschauung, eine Überwachung des Geisteslebens, wie sie in Deutschland üblich ist, ist dort unbekannt (...).«*[212]

Im Februar 1941 wurde Köhler zu fünf Monaten Gefängnis verurteilt.

Oft wurde in denunzierten Äußerungen im Zusammenhang mit Kunstfragen auch die Judenverfolgung kritisch thematisiert. Im Dezember 1937 ließ sich der Münchner Schauspieler Ludwig Huber in einem Gasthaus am Tegernsee in eine Diskussion mit zwei SS-Unterscharführern ein. Die beiden nahmen an ihm »Ärgernis«, weil er »als Schauspieler öffentlich in einer Bierwirtschaft die Juden als kunstverständig und das deutsche Volk als dumm hingestellt hat«, und zeigten ihn bei der Gestapo an:

»Nach den Angaben des Dumböck wurde über Kunst, die Ausstellungen ‹*Der ewige Jude*›, ›*Entartete Kunst*‹ *und über Musik gesprochen. Dabei äußerte Huber, daß der Musiker Eisler (Jude) doch noch die beste Musik schreibe, und bis jetzt hat noch kein deutscher Künstler den Juden erreicht. (...) Im Laufe des weiteren Gesprächs über die Ausstellung* ›*Entartete Kunst*‹ *erklärte Huber, daß nur die Juden von der Kunst etwas verstehen. Wenn 100 Juden da seien, verstehen 60 von der Kunst etwas, von 100 Deutschen aber keiner etwas.«*[213]

Aufgrund einer Amnestie wurde ein Verfahren gegen den Schauspieler Huber nicht eingeleitet. Der Denunziant Dumböck machte später in der Kommandantur des KZ Buchenwald Karriere.

Ein ganz besonderer Fall, in welchem nicht nur ein einzelner Künstler, sondern gleich eine ganze Gruppe in die Fänge der Gestapo geriet, weil sie sich über die Dummheit des Nationalsozialismus lustig gemacht, die Juden in Schutz genommen und sich auch sonst abfällig über das Regime geäußert hatte, war die «Herberge fahrender Gesellen« – eine logenähnliche Vereinigung, die sich seit Anfang 1938 monatlich im »Corpshaus Vitruvia« in der Heßstraße traf. Ihre Mitglieder setzten sich aus einem Dutzend älterer Künstler und Kunstliebhaber zusammen, die offenbar alle beruflich erfolgreich waren und auf standesgemäße Weise «künstlerische Geselligkeit« pflegen wollten. Neben dem Schriftsteller Max Rohrer, dem Komponisten Richard Mors, dem Bildhauer Johannes Schwegerle und dem Kunstmaler Richard Ferdinand Schmitz gehörten dem Kreis auch ein Oberstudiendirektor, ein Prokurist, ein Buchdruckereibesitzer, ein Facharzt, ein Professor und ein Generaldirektor an. Die meisten kannten sich von früher, aus der freimaurerähnlichen Gesellschaft «Schlaraffia«, die 1936 verboten worden war. Eigentlich hatte man nur vor, sich gegenseitig mit künstlerischen, literarischen und musikalischen Vorträgen zu unterhalten und die alten Rituale wieder aufleben zu lassen: Man wählte einen Vorstand als «Oberaltgesellen«, bestellte bei jeder Sitzung wechselnde «Tafelmeister«, die in möglichst mittelalterlich anmutendem Deutsch Protokolle der Sitzungen zu schreiben hatten, begrüßte sich gegenseitig mit «Halloh«, gab Trinksprüche aus und trampelte mit den Füßen, um einem besonders gelungenen Bonmot Beifall zu zollen. Auf der Eröffnungsveranstaltung am 13. Januar 1938 verkündete ein Redner, «daß sie den heutigen Staat nicht bekämpfen wollen, wenn sie auch nicht mit allem, was heute vom Staat aus getan wird, voll und ganz einverstanden seien.«[214] Doch ihre freien Reden genügten: Sie wurden von dem Hausmeister belauscht, dessen Frau sie mit der kulinarischen Verpflegung beauftragt hatten. Der Hausmeister verständigte die Gestapo, und die Gestapo beschattete daraufhin knapp ein Jahr lang alle Treffen und baute sogar eine Lauschanlage im Versammlungszimmer ein. Bei fast jeder Sitzung fielen «staatsfeindliche« Bemerkungen. Man empörte sich über das KZ Dachau ebenso wie über den «Anschluß« Österreichs, die allgegenwärtige Bespitzelung und die hohen Preise. Hitler wurde als «krankhafter Mensch« bezeichnet und die Nationalsozialisten allgemein als «Emporkömmlinge« verlacht. Die neuesten politischen Witze belohnte man mit begeistertem Fußgetrampel.

»Ein Mitglied mit stark norddeutscher Aussprache erwähnte dann, daß er in einer Schrift, die im freien Handel nicht zu haben sei, gelesen habe, daß für den ›Führer‹ eine neue Bezeichnung gewählt werden solle, weil das Wort Führer schon zu stark abgegriffen sei. In der Schrift sei das Wort ›Führig‹ oder ›Führoll‹ in Vorschlag gebracht worden. Es wurde dann noch die beim Militär neu eingeführte Anrede der Offiziere unter Weglassung der Anrede in der dritten Person glossiert.«

Besonders kritisiert wurden die antijüdischen Maßnahmen und die Vertreibung der jüdischen Dichter und Literaten. Einen Tag nach der «Reichskristallnacht» beherrschten die Ausschreitungen das Gespräch:

»Es erfolgte dann eine sehr lebhafte Aussprache über die Empörung des Volkes gegen die Juden. Es wurde davon gesprochen, daß es eine Schande für die Nation sei, es seien im ganzen Reich die Geschäfte demoliert und ausgeraubt worden, es würden etwa 70 Synagogen brennen und es sei doch wirklich schade für die alte reizende Synagoge in München an der Herzog-Rudolf-Straße.«

Am selben Tag erfolgten, von langer Hand geplant, die Festnahmen. Mehrere Monate lang wurden die Beschuldigten verhört. Doch es gelang ihnen, sich so geschickt zu verteidigen, daß entweder nicht mehr feststellbar war, von wem die einzelnen «staatsfeindlichen» Äußerungen getan worden waren, oder ihr «staatsfeindlicher» Sinn nicht bewiesen werden konnte. Wahrscheinlich spielte auch eine Rolle, daß alle Beschuldigten aus der gehobenen Gesellschaftsschicht stammten und ihre persönlichen Verbindungen nutzen konnten. Im September 1940 wurde das Verfahren gegen acht Mitglieder der »Herberge der fahrenden Gesellen« eingestellt, die drei übrigen wurden in der Gerichtsverhandlung Ende 1940 freigesprochen. Der Oberstudiendirektor und der Facharzt, die sich durch «besonders gehässige Äußerungen» hervorgetan hatten, kamen wohl allerdings, einem Schreiben der Gestapo an den Ermittlungsrichter zufolge, ins KZ.

6. Die Zeugen Jehovas

»Es darf nicht mehr vorkommen, daß die Bibelforscher als eine religiöse Sekte angesehen werden. Sie sind eine absolut staatsgefährliche Vereinigung geworden, die zum Teil vom Auslande aus geleitet wird. Sie haben auf ihre Fahne u. a. die Verweigerung des Wehrdienstes geschrieben, darüber hinaus aber auch die Verweigerung der Mitarbeit in den für die Wehrmacht arbeitenden Betrieben. (...) Der Kampf gegen die Internationalen Bibelforscher muß schärfer und schärfer werden.«

(Abteilungsleiter im Reichsjustizministerium Wilhelm Crohne, 1937)[215]

Die Religionsgemeinschaft der Zeugen Jehovas gehörte zu den am schlimmsten verfolgten und sich am konsequentesten auflehnenden Gruppen im »Dritten Reich«. Da ihnen ihr starker Glaube verbot, den totalitären Ansprüchen des Regimes zu entsprechen, ließen sich sehr viele Zeugen Jehovas auch durch KZ-Haft und Todesurteil nicht zur Anpassung bewegen. Gleichzeitig standen sie in der deutschen Gesellschaft völlig allein, ohne eine Möglichkeit, mit anderen oppositionellen Gruppen zusammenzuarbeiten: Sowohl mit den beiden großen Kirchen als auch mit der sozialdemokratischen und kommunistischen Arbeiterbewegung waren sie verfeindet. Obwohl die Zeugen Jehovas politisches Handeln für sich ablehnten und nur ihrer religiösen Betätigung nachgehen wollten, scheuten sie sich nicht, ihre eigene Verfolgung und das NS-Unrechtsregime mit eminent politischen Aussagen anzuprangern. Im Gegensatz zur katholischen und protestantischen Kirche nannten sie in ihren Zeitschriften Hitler und Mussolini als »Diktatoren« und »Gewaltmenschen« durchaus beim Namen.

Seit Anfang des Jahrhunderts gab es in Deutschland Zweigniederlassungen der Gemeinschaft der »Internationalen Bibelforschervereinigung« (IBV). Die aus Amerika kommende Organisation hatte vor allem in den 20er Jahren in Deutschland zahlreiche neue Mitglieder gewonnen und war auf circa 25 000 Gläubige angewachsen. 1931 benannten sich die »Bibelforscher« oder »Ernsten Bibelforscher« in »Zeugen Jehovas« um. Die Zeugen Jehovas erkannten für sich Regeln und Gesetze an, die sie aus Bibelstellen nahezu wörtlich ableiteten. Diese Gesetze schrieben ihnen nicht nur Missionstätigkeit und organisierte Bibelbesprechungen vor, sondern auch Kriegsdienst- und Eidesverweigerung. So lautete die fast stereotype Verteidigung der verfolgten Zeugen Jehovas in den Gestapovernehmungen:

»Ich wende den deutschen Gruß (Hitlergruß) nicht an, weil in der Bibel steht : ›Es ist in keinem anderen Heil als in Jesus Christus‹. Zum Wählen bin ich seit dem Jahre 1923 nicht mehr gegangen. Ich war Kriegsteilnehmer (...), heute ist meine

Politische Karikaturen in Zeitschriften der Zeugen Jehovas, die nach Deutschland geschmuggelt wurden

Überzeugung die, daß ich niemals mehr Deutschland mit der Waffe in der Hand verteidigen würde, da in der Bibel steht: ›Du sollst nicht töten‹. Diese meine Einstellung gründet sich darauf, daß ich die Gesetze des Staates nur insoweit anerkennen kann, als diese mit den Geboten Gottes nicht in Widerspruch stehen.«[216]

Wegen dieser grundsätzlichen Verweigerungshaltung waren die Zeugen Jehovas schon in der Weimarer Republik Schikanen und Diskriminierungen ausgesetzt gewesen. Ihre Betonung der Gehorsamspflicht gegenüber Gott und nicht gegenüber dem Staat sowie ihre Agitation gegen die großen Kirchen, vor allem die angeblich vom Satan eingesetzte »römisch-katholische Hierarchie«, brachten sie in völlige gesellschaftliche Isolation. Da sie an einen baldigen Untergang der von »teuflischen« Mächten regierten »alten Welt« in der Endzeitschlacht »Harmagedon« glaubten, fühlten sie sich durch die Krisensymptome und die sich verschlechternde Weltlage Anfang der 30er Jahre bestätigt und waren – ähnlich wie die Kommunisten – bereit, bis zu diesem ersehnten Zeitpunkt große persönliche Opfer auf sich zu nehmen.

Unmittelbar nach der nationalsozialistischen »Machtergreifung« wurden die Zeugen Jehovas als erste Religionsgemeinschaft nach und nach in allen deutschen Ländern verboten. In Bayern erfolgte das Verbot durch Bekanntmachung des Bayerischen Innenministeriums am 13. April 1933. Ihre »Staatsfeindlichkeit« stand nicht nur für die Gestapo außer Frage: »Die Staatsfeindlichkeit der Sekte der IBV (Internationalen Bibelforschervereinigung) besteht darin, daß die Lehre der Bibel von den Funktionären der IBV bewußt eine pazifistisch-edelkommunistische Auslegung erhält, die sich gegen jede staatliche Ordnung und hauptsächlich gegen Heeres- und Kriegsdienst richtet.«[217] Eine Zeitlang hielt die reichsweit etwa 25 000 Mitglieder zählende Gemeinschaft still, da man glaubte, daß das Verbot nur vorübergehend sei. Um allerdings trotzdem nicht auf das Schriftgut der IBV – dem als »geistiger Speise« in der religiösen Praxis ein hoher Stellenwert zukam – verzichten zu müssen, schmuggelte man die Literatur aus der deutschsprachigen Schweiz und der Tschechoslowakei ins Reich. Vor allem die Ausgaben des »Wachtturms«, anhand dessen die Bibel ausgelegt wurde, kamen mit Tarnnamen und Tarnadressen meist auf dem Postweg an die Gläubigen. Um die häufigen Beschlagnahmungen zu umgehen, begannen manche Zeugen Jehovas, auf eigene Faust »Wachtturm«-Artikel zu vervielfältigen. Viele waren bereits Verfolgungsmaßnahmen ausgesetzt oder verloren ihre Arbeit, weil sie sich weigerten, einen Eid auf Hitler zu leisten oder den Hitlergruß anzuwenden. Doch erst Anfang September 1934 beschloß die IBV auf einem Kongreß in Basel, daß »Gottes Wort« nun auch unter den Bedingungen der Verfolgung im nationalsozialistischen Deutschland in organisierter Form weiter befolgt werden müsse. Dieser Beschluß wurde in einem Brief an die NS-Regierung formuliert. Die Delegierten aus Deutschland kehrten mit dem Auftrag heim, in allen Städten »Zellen« zu bilden, die sich von nun an wieder wöchentlich treffen sollten. Am 7. Oktober 1934 wurde in einer reichsweiten, spektakulären Aktion der »Beschluß von Basel« kundgetan: Alle Zellen trafen sich am gleichen Tag und schickten eine Abschrift des Briefes an die Regierung, in dem sie sich zum Widerstand bekannten:

»Wir Zeugen Jehovas müssen Gott mehr gehorchen als den Menschen. Aus diesem Grunde werden wir uns nach seinem Worte trotz des bestehenden Verbotes weiterhin versammeln. Wir können die Gesetze der Regierung nur soweit achten, soweit sie nicht im Gegensatz zur Bibel stehen.«[218]

Anfang 1935 wurde mit dem Aufbau einer hierarchischen illegalen Organisation begonnen, die sich von dem Leiter des deutschen Werkes über Bezirksleiter, Gruppenleiter und Untergruppenleiter bis hinunter zu den Zellen staffelte. Diese straffe Organisation und die märtyrerhafte Opferbereitschaft ihrer Mitglieder ermöglichten es lange, nicht nur immer wieder große Verhaftungswellen zu überstehen, sondern auch noch weitere ähnlich spektakuläre Aktionen wie die Briefaktion vom 7. Oktober 1934 durchzuführen. Dennoch gelang es dem NS-Regime durch Terror und Massenverhaftungen, die illegale Organisation bis 1937/38 weitgehend zu zerschlagen.

Seit Kriegsbeginn kamen erneut viele männliche Zeugen Jehovas in die KZs, die den Kriegsdienst verweigerten. Manche zogen es vor, sich zum Tode verurteilen zu lassen, als selber eine Waffe in die Hand zu nehmen. Besonders die Frauen – die auch schon in den 30er Jahren eine wesentlich größere Rolle gespielt hatten als in anderen oppositionellen Gruppen – bauten wieder ein organisatorisches Netz auf, das den Austausch von Schriftenmaterial ermöglichte.

Die Untergrundorganisation der Zeugen Jehovas in München

In München gab es zum Zeitpunkt der nationalsozialistischen »Machtergreifung« einige hundert Zeugen Jehovas. Die meisten von ihnen hatten sich Anfang der 20er Jahre taufen lassen. Der Anteil an älteren und alten Leuten überwog deutlich. Viele litten an körperlichen Gebrechen und Krankheiten und lebten in kargen Verhältnissen. Ein Großteil der Männer hatte im Ersten Weltkrieg mitgekämpft und war wohl auch durch das Kriegserlebnis dazu bekehrt worden, nie wieder den Dienst an der Waffe zu tun. Die Frauen hatten in der Organisation der IBV zwar keine führenden Positionen inne, spielten aber an der Basis eine wichtige Rolle. Obwohl der Anteil an Ehepaaren hoch war, traten viele Frauen auch ohne ihre Ehemänner der Glaubensgemeinschaft bei.

Bis zum Verbot traf man sich in München – abgesehen von den privat organisierten Bibelstunden – im »Kolosseum«, einem Versammlungsort in der Kolosseumstraße. In der Illegalität waren solche großen Versammlungen nicht mehr möglich. Man beschränkte sich darauf, in »Zellen« von circa sechs Personen reihum in den Wohnzimmern zusammenzukommen, um angeleitet von »dienenden Brüdern« mit Hilfe des »Wachtturms« die Bibel auszulegen. Die »dienenden Brüder« hielten auch den Kontakt zwischen den Zellen aufrecht und erstatteten monatlich Zellenberichte. Diese Berichte wurden, ebenso wie die in den Zellen gesammelten Spenden für das Spendenwerk »Gute Hoffnung« oder die Armen der IBV, über die Untergruppenleiter und Gruppenleiter dem Bezirksleiter zugestellt. Auf dem umgekehrten Weg erfolgten die Versorgung mit illegaler Literatur und die Anweisungen für größere Aktionen.

Die Literaturversorgung funktionierte in München sehr gut. Noch kurz vor dem Verbot im April 1933 hatte man in einem Lagerhaus in der Implerstraße ein geheimes Bücherlager eingerichtet, in dem bis zu seiner Entdeckung durch die Gestapo etwa 160 Zentner Literatur aufbewahrt wurden. Ein kleineres Lager gab es in der Wilhelmstraße. Die meisten Schriften kamen aus dem Ausland – neben dem »Wachtturm« zum Beispiel »Die Zeitenwende«, »Der Ausblick«, »Der neue Sproß«, »Erkenntnis«, »Freudengesänge« oder »Das Verstehen der Prophetie«. Gerade der »Wachtturm« wurde jedoch auch in München vervielfältigt, um von den Unwägbarkeiten der Belieferung aus dem Ausland unabhängig zu sein. Bis zuletzt gelang es der Gestapo nicht, alle Kanäle, über die die Literatur weitertransportiert und verbreitet wurde, aufzudecken. Einige Male machte die Gestapo bei Hausdurchsuchungen zwar größere Zufallsfunde oder konnte bestimmte Transportwege ins oberbayerische Umland aufdecken, doch das gesamte Netz blieb ihr letztlich verborgen.

Allerdings lagen die organisatorischen Strukturen den Behörden bald offen zutage: Bis zu seiner Verhaftung im April 1936 fungierte als Bezirksleiter für ganz Bayern Otto Lehmann, der wohl gleichzeitig auch als Gruppenleiter Münchens arbeitete. Seine Aufgabe war, neben der Beschaffung und Herstellung der »Speise«, also der Literatur, den Kontakt zum Reichsleiter Erich Frost aufrechtzuerhalten. Das Stadtgebiet Münchens wurde in mehrere Untergruppen unterteilt, so zum Beispiel Schwabing, München rechts der Isar, Sendling, Schwanthaler Höhe, Neuhausen/Nymphenburg usw., für die sogenannte Untergruppenleiter verantwortlich waren. Die Untergruppen wiederum gliederten sich in die Zellen, in denen die eigentliche Bibelarbeit stattfand. So umfaßte die sehr große Untergruppe rechts der Isar insgesamt 23 Zellen mit jeweils vier bis acht Personen, die von sechs »dienenden Brüdern« seelsorgerisch betreut wurden.

Im Frühjahr und Sommer 1936 fanden in München – wie auch in anderen Städten – die ersten großen Verhaftungswellen statt. Auch Lehmann wurde gefaßt, vier Monate später sein Nachfolger Johann Kölbl. Dutzende von Personen erhielten in verschiedenen Verfahren vor dem Sondergericht Gefängnisstrafen bis zu zwei Jahren. Die meisten blieben auch vor der Gestapo standhaft: »Ich werde auch fernerhin meiner Überzeugung treu bleiben und werde diese Überzeugung jedem, der sich dafür interessiert, kund tun.«[219] Offenbar führten diese Verhaftungen innerhalb der Münchner Organisation wie auch in anderen Städten

Von der Polizei aufgenommenes Foto des Schriftenlagers in der Implerstraße

dennoch zu einer Krise. Der Untergruppenleiter rechts der Isar, der Justizange-
stellte Johann Karl Zimmermann, legte seine Funktion nieder und wandte sich
von der IBV ab, weil er mit den manchmal scharf politisch formulierten, antinationalsozialistischen Aussagen in den Schriften der Zeugen Jehovas nicht mehr
einverstanden war und weitere illegale Arbeit für aussichtslos hielt. Die IBV übte
keinen Druck auf ihn aus, sondern ließ ihn ohne weiteres ziehen. Auch andere
Münchner Zeugen Jehovas kritisierten die antinationalsozialistische Richtung der
IBV und wünschten eine Rückkehr zur reinen religiösen Betätigung.

Als Folge der Bibelforscherverbote auch in Danzig und Österreich veranstaltete die IBV Anfang September 1936 in Luzern wieder einen internationalen Kongreß, der durch die Massenverhaftungen in Deutschland eine besondere Brisanz
bekam. Einigen Münchnern gelang es unter großen Schwierigkeiten, an dem
Kongreß teilzunehmen. Die »Resolution«, die zum Abschluß des Kongresses verabschiedet wurde, legte für die Zukunft fest, wie man die Verfolgungen der Zeugen Jehovas in Deutschland zu interpretieren habe und in welcher Richtung man
weiter handeln würde. Irrtümlicherweise wurde dabei die NS-Regierung als von
der katholischen Kirche gelenkt gedeutet – wobei diese durchaus die Verfol-
gungskampagne gegen die Zeugen Jehovas gutgeheißen und mitvorangetrieben
hatte:

»Wir rufen alle gutgesinnten Menschen auf, davon Kenntnis zu nehmen, daß Je-hovas Zeugen in Deutschland, Österreich und anderswo grausam verfolgt, mit Gefängnis bestraft und auf teuflische Weise mißhandelt und manche von ihnen getötet werden. Alle diese verruchten Taten werden gegen sie von einer grausa-men, heimtückischen und bösen Macht verübt, wozu diese durch jene religiöse Organisation, nämlich die römisch-katholische Hierarchie, welche viele Jahre lang das Volk getäuscht und den heiligen Namen Gottes gelästert hat, veranlaßt wird. Die Hitlerregierung, die von den Jesuiten der römisch-katholischen Hierar-chie unterstützt und beeinflußt wird, hat wahren Christen jede Art grausamer Be-strafung auferlegt und fährt fort, dies zu tun, gleichwie auch Christus Jesus und seine Apostel um der Gerechtigkeit willen verfolgt wurden. Jehova Gott hat seinen Knechten befohlen, diese Bösen (Hesekiel 33:8,9) zu warnen, damit die volle Ver-antwortung für ihr verkehrtes Handeln auf ihnen selbst ruhe. (...)

Als Nachfolger Christi beteiligen wir <u>uns</u> nicht an den politischen Angelegen-heiten dieser Welt; auch besitzen wir <u>kein</u> Interesse daran. Unser <u>einziger</u> Zweck und Auftrag besteht darin, den Namen und das Königreich Gottes unter Christus bekannt zu machen, damit die Menschen darüber Klarheit erhalten und in völli-ger Kenntnis der Sachlage entscheiden können, wem sie dienen wollen. Wir sen-den herzliche Grüße an unsere verfolgten Geschwister in Deutschland und bitten sie, guten Mutes zu sein (...).«[220]

Diese »Resolution« sollte an Hitler und den Papst geschickt und an einem be-stimmten Tag im ganzen Reichsgebiet als Flugblatt auf den Straßen verteilt wer-den. Weiterhin wurde beschlossen, die Organisation der Zeugen Jehovas in Deutschland neu aufzubauen, die Funktionsträger jedoch nicht mehr »Leiter«, sondern ihrer religiösen Zielsetzung entsprechend »Diener« zu nennen.

Viele der Münchner Delegierten auf dem Kongreß wurden sofort nach ihrer Rückkehr verhaftet, so auch Johann Burger, der in der Untergruppe Schwantha-ler Höhe einer Zelle angehörte, die sich in der Landsberger Straße traf. Nach Verbüßung seiner Gefängnisstrafe wurde er nicht etwa freigelassen, sondern auf Jahre im KZ Dachau interniert, »mit Rücksicht auf sein hartnäckiges Festhalten an den staatsfeindlichen Bestrebungen der IBV«[221]. Sein Bruder Karl Burger war schon im Juli 1936 nach Dachau gekommen, weil er nach seiner Einziehung zum Arbeitsdienst den Hitlergruß und die Eidesleistung verweigert hatte.

Die IBV setzte nun im Herbst 1936 als neuen Bezirksdiener für Bayern den aus Sachsen stammenden Karl Siebeneichler ein, der ohne festen Wohnsitz mit äußer-stem Einsatz die Münchner Organisation völlig umstrukturierte. Er bestimmte Martin Pötzinger als Gruppendiener für München und die Untergruppendiener für die einzelnen Stadtteile. Außerdem führte er ein, daß die Zellen nicht mehr von »dienenden Brüdern« vesorgt würden, sondern sich von nun an selber »be-dienten«. Seine schwierigste Aufgabe war, die Verteilung der »Resolution«, die reichsweit für den 12. Dezember 1936 festgesetzt war, in München zu leiten und

Martin und Gertrud Pötzinger

zu koordinieren. Unter den Bedingungen der Illegalität, mit dem Zwang zur Konspiration und den fortgesetzten Verhaftungen der Untergruppendiener, bedeutete diese Aktion ein ungeheures Wagnis. In den Wochen davor kamen 10 000 bis 15 000 der Flugblätter, als Reisegepäck aus der Schweiz getarnt, auf dem Münchner Hauptbahnhof an. Zusätzlich ließ Siebeneichler 4 000 »Resolutionen« mit einem Handabziehapparat herstellen. Die Flugblätter wurden in Pakete von je 50 Stück verschnürt und diese mit genauen Anweisungen versehen, in welchen Straßen und Häuserblöcken sie zu verteilen seien. Die Untergruppendiener leiteten die Pakete dann an die ihnen unterstellten Zellen weiter, deren Mitglieder schließlich die Verteilung übernahmen. So gelang es, daß ganz München am 12. Dezember mit der »Resolution« überschwemmt wurde.

Beim Verteilen erwischt wurde allein Martin Pötzinger. Da dieser – obwohl er wahrscheinlich gefoltert wurde – keine anderen Namen preisgab, führte die alarmierte Gestapo bei allen ihr bekannten »Bibelforschern« – etwa 160 Familien – Hausdurchsuchungen durch. Schließlich nahm sie sich wahllos fünf Personen vor, die sich auf andere Weise bereits verdächtig gemacht hatten, und vernahm sie unter »verschärften« Verhörmethoden. Als eine Frau nach mehrstündiger Vernehmung gestand, konnte die Gestapo die Untergruppe rechts der Isar, circa 60 Personen, aufrollen. Auch einige andere Gruppen wurden verhaftet.

Dennoch gelang es Siebeneichler, die Organisation in München noch einige Wochen weiterzuführen und die verhafteten Untergruppendiener erneut zu ersetzen. Für den 12. Februar 1937 hatte die IBV eine Wiederholung der reichsweiten Verteilaktion der »Resolution« vorgesehen. Diese scheiterte jedoch in München aufgrund eines Mißverständnisses: Manche Zellen hatten ein falsches Datum mitgeteilt bekommen und verteilten ihre Pakete bereits einen Tag vorher. Die Gestapo war gewarnt. Im Februar und März 1937 wurden Karl Siebeneichler und fast alle noch übrig gebliebenen illegal tätigen Zeugen Jehovas in München verhaftet.

Es bestand nun nur noch eine kleine Gruppe von etwa 20 Personen – vor allem Frauen, von denen einige schon 1936 inhaftiert gewesen waren. Eine Frau übernahm auch die Funktion des Bezirks-dieners: Elfriede Löhr, die sich den Decknamen »Nelly« zugelegt hatte, schaffte es, für die Gruppe mehrere Exemplare des »Wachtturms« zu be-sorgen und gesammeltes Geld ins Aus-land weiterzuleiten. Die Gruppe rich-tete sich sogar ein neues Bücherlager in der Baaderstraße ein. Da »Nelly« versteckt leben mußte und oft außer-halb Münchens konspirativ arbeitete, übergab sie die Münchner Leitung an Anna Gerig: »Herren wurden nicht mehr genommen, weil keine mehr da sind, die sich für die Angelegenheit eigneten.«[222] Anna Gerig organisierte für München noch die reichsweit ge-plante Verteilaktion eines »Offenen Briefes« am 20. Juni 1937, einem ver-zweifelten Aufschrei gegen die Verfol-gungen und Mißhandlungen:

Elfriede Löhr

» Seit vielen Jahren haben wir, Jehovas Zeugen, früher Bibelforscher genannt, in Deutschland unseren Volksgenossen die Bibel und ihre trostreichen Wahrheiten gelehrt und dabei in selbstloser Weise zur Linderung materieller und geistiger Not Millionen verausgabt. Als Dank dafür sind Tausende von Zeugen Jehovas in Deutschland aufs grausamste verfolgt, mißhandelt und in Gefängnisse und Kon-zentrationslager eingesperrt worden. Trotz größtem seelischen Druck und trotz sadistischer körperlicher Mißhandlung, auch an deutschen Frauen, Müttern und Kindern im zarten Alter, hat man in vier Jahren nicht vermocht, die Zeugen Jeho-vas auszurotten; denn sie lassen sich nicht einschüchtern, sondern fahren fort, Gott mehr zu gehorchen als den Menschen, wie es seinerzeit die Apostel Christi auch taten, als man ihnen verbot, das Evangelium zu verkündigen. (...)«[223]

Der »Offene Brief« wurde von Anna Gerig und drei weiteren Frauen in 300 bis 400 Exemplaren kuvertiert und teils an willkürliche Adressen, teils an frühere, noch nicht verhaftete Anhänger verschickt und auf den Straßen verteilt. Wenig später nahm die Gestapo die Gruppe fest. Damit war die Münchner Organisation der Zeugen Jehovas endgültig zerstört.

Obwohl sich die Funktionsträger der Zeugen Jehovas durchaus der Illegalität und politischen Brisanz ihrer Arbeit bewußt waren, war diese doch vor allem nur darauf ausgerichtet, den Mitgliedern der Religionsgemeinschaft kontinuierlich die Religionsausübung zu ermöglichen. Den einfachen Zellenmitgliedern war es

RESOLUTION

JEHOVAS ZEUGEN, die sich nun in Luzern, Schweiz, versammelt haben, sind von vielen Teilen der Erde zusammengekommen, um Jehova im Geist und in der Wahrheit anzubeten und um dem allmächtigen Gott, dessen Name allein Jehova ist, für seine vielen Segnungen zu danken.

Indem wir wissen, daß Jehova immer treulich seine Verheißungen erfüllt, und daß er vor vielen Jahrhunderten versprach, auf Erden sein Königreich der Gerechtigkeit mit Christus Jesus als dem rechtmäßigen Herrscher der Welt aufzurichten, und wir nun aus der Erfüllung der Prophezeiung erkennen, daß der Tag des Königreiches Jehovas herbeigekommen ist, freuen wir uns des Vorrechtes, seine Knechte und Zeugen zu sein und erklären unsere bedingungslose Treue dem Allmächtigen und seinem Königreich gegenüber. Es ist unsere Freude, der leidenden Menschheit zu verkünden, daß Gottes Königreich unter Christi Herrschaft die e i n z i g e Hoffnung des Volkes ist.

Wir heben die Tatsache hervor, daß Satan der große Feind all derer ist, die Jehova Gott dienen, und daß er, Satan, sich zu allen Zeiten der Religionsvertreter bedient hat, um die, die Gott im Geist und in der Wahrheit anbeten, zu bekämpfen und zu verfolgen. Aus diesem Grunde sind viele wahre Nachfolger Christi Jesu verhindert, an diesem Kongreß teilzunehmen, da sie in Deutschland und an anderen Orten in Haft gesetzt worden sind, nicht weil sie etwas Böses getan hätten, sondern weil sie Gott und Christus Jesus dienen und, Gottes Gebot gemäß, sein Wort und sein Königreich verkündigen.

Das Gesetz Gottes ist das höchste Gesetz. Gott ist erhaben über allem, und gleichwie Jesus und die Apostel Gott vor allen Dingen und zu allen Zeiten dienten und bezeugten, dies tun zu wollen, so erklären auch wir, daß wir Gott mehr gehorchen wollen als den Menschen.

Wir rufen alle gutgesinnten Menschen auf, davon Kenntnis zu nehmen, daß Jehovas Zeugen in Deutschland, Österreich und anderswo grausam verfolgt, mit Gefängnis bestraft, und auf teuflische Weise mißhandelt und manche von ihnen getötet werden. Alle diese verruchten Taten werden gegen sie von einer grausamen, heimtückischen und bösen Macht verübt, wozu diese durch jene religiöse Organisation, nämlich die römisch-katholische Hierarchie, welche viele Jahre lang das Volk getäuscht und den heiligen Namen Gottes gelästert hat, veranlaßt wird. Die Hitlerregierung, die von den Jesuiten der römisch-katholischen Hierarchie unterstützt und beeinflußt wird, hat wahren Christen jede Art grausamer Bestrafung auferlegt und fährt fort dies zu tun, gleichwie auch Christus Jesus und seine Apostel um der Gerechtigkeit willen verfolgt wurden. Jehova Gott hat seinen Knechten befohlen, diese Bösen (Hesekiel 33: 8, 9) zu warnen, damit die volle Verantwortung für ihr verkehrtes Handeln auf ihnen selbst ruhe. Aus diesem Grunde lassen wir heute die Warnung an die Herrscher in Deutschland, an die römisch-katholische Hierarchie und an alle ähnlichen Organisationen,

Das Flugblatt »Resolution«

die die wahren und treuen Nachfolger Christi Jesu grausam verfolgen, ergehen, daß ihr Geschick, nach Gottes Wort, vollständige Vernichtung sein wird (Psalm 145: 20). In Matthäus 25 verkündet Jesus Christus das Gericht Jehovas über alle solche ruchlosen Verfolger, die die wahren Nachfolger und Brüder Christi Jesu verfolgen, in folgenden Worten: „Insofern ihr es einem der geringsten dieser meiner Brüder getan habt [grausam mißhandelt], habt ihr es mir getan. Gehet von mir, Verfluchte, in das ewige Feuer, das bereitet ist dem Teufel und seinen Engeln. Und diese werden hingehen in die ewige Strafe [der Vernichtung]." Wir erheben scharfen Protest gegen die grausame Behandlung der Zeugen Jehovas durch die römisch-katholische Hierarchie und ihre Verbündeten in Deutschland und in allen anderen Erdteilen, aber wir überlassen gerne den Ausgang dieser Sache völlig der Hand des Herrn, unseres Gottes; denn nach seinem Worte wird er ihnen volle Vergeltung zuteil werden lassen.

Wir weisen alle Menschen darauf hin, daß, wenn sie leben möchten, sie sich weigern müssen, den Religionsvertretern, die die wahren Nachfolger Christi Jesu verfolgen, zu helfen und sie zu unterstützen, und daß sie auf der Seite der Gerechtigkeit Stellung nehmen und folgende Worte Jehovas beherzigen müssen: „Siehe, mein Knecht, den ich erwählt habe ... Er wird den Nationen Gericht ankündigen ... Und auf seinen Namen werden die Nationen hoffen" (Matthäus 12: 18–21).

Als Nachfolger Christi beteiligen wir uns n i c h t an den politischen Angelegenheiten dieser Welt; auch besitzen wir k e i n Interesse daran. Unser e i n z i g e r Zweck und Auftrag besteht darin, den Namen und das Königreich Gottes unter Christus bekanntzumachen, damit die Menschen darüber Klarheit erhalten und in völliger Kenntnis der Sachlage entscheiden können, wem sie dienen wollen.

Wir senden herzliche Grüße an unsere verfolgten Geschwister in Deutschland und bitten sie, guten Mutes zu sein und sich völlig auf die Verheißungen des allmächtigen Gottes, Jehova, und auf Christus zu verlassen und der Worte Jesu zu gedenken, wenn er sagte: „Gott aber, sollte er das Recht seiner Auserwählten nicht ausführen? Ich sage euch, daß er ihr Recht schnell ausführen wird" (Lukas 18: 7, 8), und ferner der Worte des Herrn Jesus, die an seine treuen Knechte gerichtet sind: „Sei getreu bis zum Tode, und ich werde dir die Krone des Lebens geben" (Offenbarung 2: 10). Gesegnet ist dein Los, daß du um des Namens Jehovas und um seines Königreiches willen so viele Leiden erdulden darfst.

Der ewige Friede, die ewige Freude und das ewige Leben des Volkes liegen völlig in der Hand des großen „Friedefürsten", dessen Regierung in Frieden und Gerechtigkeit herrschen wird (Jesaja 9: 6, 7; 32: 1).

ES WIRD BESCHLOSSEN, je eine Abschrift dieser Resolution an Herrn Hitler und an den Papst in der Vatikanstadt, dem Haupt der römisch-katholischen Hierarchie, zu senden.

Mitteleuropäischer Kongreß der Zeugen Jehovas
Luzern
(Tagung vom 4. bis 7. September 1936)

meist unbegreiflich, daß die in Wohnzimmern und Küchen veranstalteten Bibelstunden vom Staat verboten und verfolgt wurden. Schließlich tat man nicht mehr, als gemeinsam zu beten, mithilfe des »Wachtturms« die Bibel auszulegen und Geld für die Armen einzusammeln. Da die Zellen sich häufig aus Familien und langjährigen Freunden zusammensetzten, trugen die Bibelstunden auch einen ganz privaten Charakter. Dementsprechend häufig waren Aussagen vor der Gestapo wie die eines Zellenmitglieds der Untergruppe rechts der Isar: »Ich habe wohl gewußt, daß die Bibelforscher verboten sind, aber nicht, daß es ein solches Verbrechen ist, wenn man unter Verwandten das Wort Gottes spricht.«[224]

Andere wiederum reagierten sehr offensiv auf alle in irgendeiner Weise an sie herangetragenen staatlichen Maßnahmen, die sie sofort religiös interpretierten. So schickte der Rentner Richard Partsch im November 1936 einen Personalbogen unausgefüllt zurück, den die Polizei »zum Zwecke der Personalerfassung für den Sicherheits- und Hilfsdienst für den Luftschutzort München« ausgegeben hatte: Er könne den Bogen wegen »religiöser Bedenken« nicht ausfüllen. Partsch erklärte nun der Polizei, daß die Menschheit vernichtet werden würde, weil sie nicht an Jehovas Wort glaube:

»Die Menschen suchen nun Maßnahmen zu treffen, die zum Teil die bestehenden Schwierigkeiten beseitigen und zum Teil den bestehenden Gefahren begegnen sollen. Nun zeigt aber Gottes Wort, daß diese Maßnahmen unzulänglich sind, weil die Vernichtung der Menschen von Gott kommt. Ich kann deshalb den Fragebogen nicht ausfüllen, weil diese Maßnahmen unzulänglich sind. (...) Es wird soviel Blut fließen, daß es den Pferden bis an das Gezäum aufwallt. (...) Meine Verantwortung besteht darin, daß ich die Menschen vor Maßnahmen, also wie hier Erfassung für den Luftschutz und Ausbau des Luftschutzes warne.«[225]

Partsch wurde in Haft genommen und schließlich für unzurechnungsfähig erklärt. Da die Gestapo gegen seine Entlassung Protest einlegte, kam er wahrscheinlich ins KZ. Auch seine Frau saß einige Monate im Gefängnis: Sie hatte im September 1936 den Kongreß in Luzern besucht.

Zeugen Jehovas im Krieg

Mit Kriegsbeginn setzte für die männlichen Zeugen Jehovas ein neues Stadium der Verfolgung ein: Da ihnen die Bibel verbot, eine Waffe in die Hand zu nehmen, mußten sie ihrem Gewissen folgend den Kriegsdienst verweigern. Auf Kriegsdienstverweigerung jedoch stand im nationalsozialistischen Deutschland die Todesstrafe. Insgesamt wurden in Deutschland über 250 Zeugen Jehovas durch Urteile des Reichkriegsgerichts hingerichtet. Einigen Verweigerern gelang es, die Wehrpflicht dadurch zu umgehen, daß sie sich absichtlich in aller Öffentlichkeit »staatsfeindlich« betätigten, um zu Gefängnisstrafen verurteilt zu

<u>E r k l ä r u n g .</u>

Ich habe erkannt,dass die Internationale Bibel-
forschervereinigung eine Irrlehre verbreitet und unter dem
Deckmantel religiöser Betätigung lediglich staatsfeindliche
Ziele verfolgt.

Ich habe mich deshalb voll und ganz von dieser Organisation abgewandt und mich auch innerlich von der Lehre dieser
Sekte freigemacht.

Ich versichere hiermit,dass ich mich nie wieder für
die Internationale Bibelforschervereinigung betätigen werde.
Personen,die für die Irrlehre der Bibelforscher werbend an
mich herantreten oder in anderer Weise ihre Einstellung als
Bibelforscher bekunden,werde ich unverzüglich zur Anzeige
bringen.

Sollten mir Bibelforscherschriften zugesandt werden,
werde ich sie umgehend bei der nächsten Polizeidienststelle
abgeben.

Ich will künftig die Gesetze des Staates achten und
mich voll und ganz in die Volksgemeinschaft eingliedern.

Mir ist eröffnet worden,dass ich mit meiner soforti-
gen erneuten Inschutzhaftnahme zu rechnen habe,wenn ich meiner
heute abgegebenen Erklärung zuwiderhandele.

Aufgenommen   **28. Juli 1944**   Selbst gelesen und unterschrieb
Der Vorstand
der Gefängnisse München
Gefängnis Neudeck

»Erklärung«, die die Zeugen Jehovas unterschreiben mußten, um aus dem KZ oder dem Gefängnis entlassen zu werden

werden und dann auf ihre »Wehrunwürdigkeit« zu pochen. Andere fanden vor dem Reichskriegsgericht einen milden Richter, der sie nicht zum Tode, sondern »nur« zu langen Zuchthausstrafen verurteilte. Wieder andere konnten die Hinrichtung bis zum Kriegsende hinauszögern, indem sie kurz vor dem Hinrichtungstermin ihre Verweigerung widerriefen, dann aber doch verweigerten und erneut widerriefen. Wieviele Münchner hingerichtet wurden, ist nicht bekannt.

Auch die Arbeit in der Rüstungsindustrie und alle anderen in irgendeiner Weise mit dem Krieg in Verbindung stehenden Arbeiten wurden von den Zeugen Jehovas verweigert. Manche nahmen dafür auch Gefängnisstrafen und KZ-Haft in Kauf.[226]

So gab es im Krieg praktisch keine männlichen Zeugen Jehovas im wehrfähigen Alter mehr, die sich noch in Freiheit befunden hätten. Dennoch konnten sich die Zeugen Jehovas durch die Aktivitäten der Frauen und einiger Rentner in den 40er Jahren erneut organisieren. Auch in München bildete sich wieder eine Gruppe, die mit anderen Gruppen im ganzen Reich in Verbindung stand. Ein Urteil des Oberlandesgerichts vom Februar 1944, das elf Münchner – acht Frauen und drei Männer – ins Gefängnis brachte, hielt fest:

»In den Jahren 1935 bis 1938 wurden zahlreiche Bibelforscher wegen illegaler Betätigung für die IBV abgeurteilt, ihre Führer kamen in Konzentrationslager. In der Folgezeit beschränkte sich die Tätigkeit der Bibelforscher auf gelegentliche Bibelbesprechungen und die Veteilung von heimlich hergestellten Druckschriften mit biblischem Inhalt. Ab 1941 trat hierin jedoch eine Wandlung ein: Der Zusammenhalt unter den Bibelforschern wurde gefestigt, es wurden Unterstützungskassen für die in den Lagern einsitzenden Mitglieder und ihre Angehörigen geschaffen und hierzu Spenden gesammelt. Der Inhalt der Druckschriften richtete sich nunmehr, abgesehen von wenigen Ausnahmen, gegen die Staatsführung, hauptsächlich gegen die aus Anlaß des Krieges getroffenen Maßnahmen und geschaffenen Einrichtungen. In verschiedenen Flugschriften wurde offen zur Verweigerung des Wehrdienstes und der Arbeit in der Rüstungsindustrie aufgefordert und Wehrdienst und Rüstungsarbeit als Unterstützung des Führers, der wiederholt als ›Werkzeug des Satans‹ bezeichnet wird, verdammt; unter dem Deckmantel religiöser Betrachtungen wurde in gemeiner und gehässiger Weise gegen die totalitären Staaten gehetzt.«[227]

Eine zentrale Figur im Münchner Gruppenzusammenhang war die in der Schneckenburgerstraße wohnhafte Hausfrau Magdalena Römer: Sie hatte sich 1930 den Zeugen Jehovas zugewandt, nachdem sie durch Krankheit und familiäres Unglück sehr religiös geworden war. Bereits 1936 und 1937 war sie immer wieder Hausdurchsuchungen und Vernehmungen ausgesetzt, unter anderem im Zuge der Verhaftungen der Untergruppe rechts der Isar. Da ihr jedoch keine Bibelbesprechungen nachgewiesen werden konnten, wurde sie wieder freigelassen. Seit Kriegsbeginn stand sie in regem Kontakt mit Zeuginnen Jehovas aus anderen Städten, die sie oft besuchte und mit denen sie Briefe austauschte. Da die Ehemänner dieser Frauen entweder schon hingerichtet oder verschollen oder in KZs waren, unterstützte sie sie auch finanziell. 1941 fand erneut eine Hausdurchsuchung bei ihr statt. Dabei entdeckte die Gestapo illegale Schriften und Matrizen sowie Briefe, die in verschlüsselter Form auf konspirative Tätigkeiten hinwiesen:

»Mit Bangen habe ich auf Deinen Brief gewartet, immer in Angst, ob auch alles gut gegangen ist. Nun ist mir aber ein großer Stein vom Herzen herunter. Ja gewiß legen wir alles in Gottes Hände, wissend, daß Er alles gut und recht macht (...). Onkel hat mir beim Abschied so sehr ans Herz gelegt: ›Betet für mich, daß ich wiederkomme‹, und ich will es nie vergessen, es zu tun. Nicht wahr, man wird gleich warm mit ihm. O Hilde, wie wird es doch einmal schön sein, wenn wir alle, die wir in Harmonie mit unserem Schöpfer sind, beisammen sein dürfen, ohne diese Skrupel, es ist fast zu schön, um wahr zu sein. Ich habe allen Grund, dankbar zu sein, da ich in der letzten Zeit verschiedene Bekanntschaften und Freundschaften knüpfen durfte, die mir über alles lieb sind. Erst gestern erhielt ich wieder Nachricht von einer lieben Schwester aus (?), die mich nächstens besuchen will, auch ein ganz tapferer Kerl und ihr Mann dazu. Eine solche liebe Nachricht stärkt und verbindet uns wieder aufs Neue. (...) Ich bin so froh, daß Onkel wieder gut aus diesem Nest herausgekommen ist, und nun wollen wir fleißig für ihn beten, daß wir ihn wiedersehen dürfen und daß er uns so versorgen darf. Ist das nicht wunderbar, und ich erhielt täglich ein Neugebackenes an der Bäckerstraße. Wie gut es Jehova doch mit uns meint. Ihm sei Lob und Preis und Ehre allezeit.«[228]

Die Gestapo vermutete, daß es sich bei dem »Onkel« um einen »dienenden Bruder« der IBV handelte, der verschiedene Gruppen im süddeutschen Raum mit Literatur versorgte, und daß Magdalena Römer dessen Anlaufstelle für die Zeugen Jehovas in München war. Schließlich sagte eine der Briefpartnerinnen Magdalena Römers, deren Mann wegen Kriegsdienstverweigerung hingerichtet worden war, aus:

»Bei den in dem Brief (an Magdalena Römer, Anm. d. Verf.) erwähnten Salben handelt es sich um Schriften der IBV. Ich weiß nicht, von wem die Schriften stammen, ich sage es auch nicht, von wem ich sie erhalten habe. (...) Ich gebe nun zu, daß die Hilde (Magdalena Römer, Anm. d. Verf.) schon bei mir war. Über was wir miteinander sprachen, können Sie sich ja denken. Ich gebe auch zu, daß ich mich weiterhin aktiv mit der Bibelforscherei befasse. Von mir aus kann man es mit mir machen wie mit meinem Manne. Ich gehe mit meinen Kindern noch ins Wasser.«

Magdalena Römer wurde im März 1942 zu einem Jahr und drei Monaten Gefängnis verurteilt. Während ihrer Haftzeit führten andere Zeuginnen Jehovas in München den Literaturaustausch fort; es wurde sogar ein Abziehapparat nach München geschafft, auf dem die Münchner IBV-Schriften vervielfältigten, die sie wiederum in andere Städte lieferten. Im Juli 1942 erreichte Magdalena Römer eine Unterbrechung ihrer Haft, da sie aufgrund ihres Magenleidens und der schlechten Ernährung im Gefängnis auf 42 Kilogramm abgemagert war und während der Fabrikarbeiten zusammengebrochen war. Die Haftunterbrechung, die sie bis zum Juni 1943 verlängern konnte, nutzte sie jedoch, um sich wieder aktiv in das Literaturverteilungsnetz der IBV einzuschalten. Sie warb weitere Frauen für die illegale Arbeit an, nahm an Besprechungen zur Organisation der Schriftenverteilung teil, vermittelte die Schriften weiter und sammelte Spendengelder. Als der Gestapo diese Aktivitäten bekannt wurden, kam Magdalena Römer sofort wieder in Haft. Ihr weiteres Schicksal ist unbekannt.

7. Juden

»Der Antisemitismus aus rein gefühlsmäßigen Gründen wird seinen letzten Ausdruck finden in der Form von Pogromen. Der Antisemitismus der Vernunft jedoch muß führen zur planmäßigen gesetzlichen Bekämpfung und Beseitigung der Vorrechte des Juden (...). Sein letztes Ziel aber muß unverrückbar die Entfernung der Juden überhaupt sein.«

(Adolf Hitler, 1919)[229]

Der völligen Entrechtung und Willkür ausgesetzt, war es für die Juden von allen Bevölkerungsgruppen am riskantesten, dem NS-Regime Widerstand entgegenzusetzen. Jede noch so geringfügig erscheinende mißliebige Handlung konnte für sie KZ-Haft und Tod bedeuten. Auch wenn die physische Vernichtung des Judentums erst in den späteren Jahren des »Dritten Reichs« planmäßig durchgeführt wurde, war der Zustand der Rechtlosigkeit für den Einzelnen von Anfang an lebensbedrohlich. Unter diesen Umständen wagte kaum jemand, öffentlich gegen die Diskriminierungen zu protestieren oder gar organisierten Widerstand zu leisten.

In München herrschte – wie auch anderswo – bereits in den 20er Jahren und davor in breiten Bevölkerungsschichten ein offener und zum Teil auch gewalttätiger Antisemitismus. Seit den Anfängen der NSDAP warben die Nationalsozialisten Anhänger mit dem Versprechen, die Juden aus dem öffentlichen Leben auszuschalten und zu verfolgen. Viele Nationalkonservative, aber auch manche Sozialisten teilten die Ressentiments und Weltverschwörungstheorien gegen das »internationale Judentum« und wünschten ebenfalls, daß dessen angeblicher Einfluß zurückgedrängt werde. Sofort nach der »Machtergreifung« ging das NS-Regime daran, mit verschiedenen Gesetzen und Verordnungen antisemitische Maßnahmen durchzuführen. Diese Maßnahmen steigerten sich schrittweise im Laufe der Jahre bis zur völligen Entrechtung, Enteignung, Vertreibung und schließlich Ermordung der europäischen Juden.

Häufig nahm die Münchner Stadtverwaltung in vorauseilendem Gehorsam diskriminierende Bestimmungen bereits vorweg. In den Tagen der »Machtergreifung« wurden zahlreiche Münchner Juden von SA- und SS-Angehörigen mißhandelt und in das neu errichtete KZ Dachau eingeliefert. Manche verloren dort ihr Leben. Noch im März erließ der nationalsozialistische Bürgermeister Fiehler die Anordnung, daß jüdische Firmen die Stadt nicht mehr beliefern dürften. Am 1. April 1933 fand reichsweit ein »Judenboykott« statt: SA-Posten stellten sich an den Eingängen der jüdischen Geschäfte, vor jüdischen Arztpraxen und Kanzleien jüdischer Rechtsanwälte auf, um Kunden – wenn nötig gewaltsam –

am Eintreten zu hindern. Das »Gesetz zur Wiederherstellung des Berufsbeamtentums« ermöglichte es, jüdische Angehörige des öffentlichen Dienstes zu entlassen oder zwangsweise zu pensionieren. Jüdische Ärzte wurden aus den Standesorganisationen ausgeschlossen. Die zunehmenden Beschränkungen des Gewerbes und der Berufe machten es immer schwieriger, sich den Lebensunterhalt zu erwerben. Als erste deutsche Stadt verbot München im August 1933 den Juden den Besuch öffentlicher Badeanstalten. Die Nürnberger »Rassegesetze« 1935 versuchten eine pseudowissenschaftliche Abgrenzung von »Deutschblütigen«, »Juden« und »Mischlingen« und sprachen den Juden alle politischen Rechte ab. »Gemischtrassige« Ehen zu schließen wurde verboten. Die Verfolgungen erreichten am 9. November 1938, der sogenannten Reichskristallnacht, einen Höhepunkt. Der Münchner Polizeipräsident meldete am nächsten Tag:

»Bei der in der heutigen Nacht sich auswirkenden Empörung der Bevölkerung gegen die Juden wurden 42 Läden teils beschädigt, teils zerstört, 6 Brände verursacht und 1 Jude tödlich verletzt. Bei den Bränden handelt es sich um den Brand der Synagoge, einen Dachstuhlbrand und vier Schaufensterbrände. Auch Plünderung eines Goldwaren- und eines Schuhgeschäftes wurde gemeldet. Festnahmen sind durch die Kriminalpolizei nicht erfolgt.«[230]

Man verhaftete zwar nicht die Täter, dafür aber rund 900 Juden, die man zum Teil schwer mißhandelte. Später mußten die Juden die entstandenen Schäden auf eigene Kosten beseitigen und außerdem »Sühneleistungen« von reichsweit einer Milliarde Mark bezahlen. Die Geschäfte durften nicht wieder eröffnet werden bzw. mußten schließen. Nachdem schon zahlreiche Enteignungen durch Sondersteuern und Zwangsabgaben vorgenommen worden waren, verpflichtete ein Gesetz im Februar 1939 die Juden, ihre Wertgegenstände und Schmucksachen abzuliefern. Ein Kennkartenzwang wurde eingeführt, alle Frauen mußten den zusätzlichen Vornamen »Sara«, alle Männer den Vornamen »Israel« annehmen. Seit 1941 stigmatisierte sie ein in der Öffentlichkeit gut sichtbar auf der Kleidung zu tragender gelber »Judenstern«. Bereits im April 1939 begann in München die Ghettoisierung: Juden mußten ihre Wohnungen räumen und in »Judenhäuser« ziehen. Im Herbst 1941 richteten die Behörden ein Barackenlager ein, die »Judensiedlung« in Milbertshofen, sowie ein weiteres Ghetto im Kloster der Barmherzigen Schwestern in Berg am Laim. Diese »Siedlungen« dienten als Durchgangsstationen, seit am 20. November 1941 die erste Deportation von circa 1 000 Menschen in die Konzentrations- und Vernichtungslager der »Ostgebiete« erfolgte. In den folgenden Monaten und Jahren wurde München systematisch »judenfrei« gemacht. Anders als in der Metropole Berlin gelang es in München kaum jemandem, unterzutauchen und in Verstecken bis zum Kriegsende zu überleben.

Proteste gegen die Entrechtung

Öffentliche Proteste von jüdischer Seite gegen die Verfolgungen ereigneten sich nur in den ersten Tagen nach der nationalsozialistischen »Machtergreifung«, als den meisten Juden ihre rechtlose Situation unter dem neuen Regime noch nicht bewußt war. Man mochte damals noch glauben, daß die gewalttätigen Übergriffe von SA und SS nur Exzesse einiger Rabauken seien, die in der staatlichen Obrigkeit keinen Rückhalt hätten.

Wenige Tage nach dem 9. März ging der jüdische Rechtsanwalt Michael Siegel ins Polizeipräsidium in die Ettstraße, um dort eine Beschwerde anzubringen: Einer seiner Mandanten, der Kaufhausbesitzer Uhlfelder, war unter den Juden, die im neu errichteten KZ Dachau angeblich zu ihrer eigenen Sicherheit in »Schutzhaft« festgehalten wurden. Siegel konnte nicht glauben, daß plötzlich Recht und Gesetz überhaupt nichts mehr galten. Als angesehenes Mitglied der Rechtsanwaltskammer verfügte er über einen großen nichtjüdischen Mandantenstamm; er lebte mit Frau und zwei Kindern in einer schönen großen Wohnung in der Bogenhausener Possartstraße; er stand der monarchistischen Idee nahe und war stolz darauf, Angehörige der Wittelsbacher Familie rechtlich zu beraten. Warum sollte er nicht gegen die skandalösen Vorgänge protestieren? In der Ettstraße wurde Siegel von SA-Leuten empfangen. Diese verprügelten ihn und schlugen

Der Rechtsanwalt Michael Siegel, von der SA durch die Münchner Innenstadt getrieben

255

ihm mehrere Zähne aus. Dann trieb man ihn barfuß und mit abgeschnittenen Hosen durch die Straßen der Innenstadt, mit einem Schild um den Hals, das zur Warnung aller anderen die Aufschrift trug: »Ich bin Jude aber ich will mich nie mehr bei der Polizei beschweren.«[231] Einem skandinavischen Fotografen gelang es zufällig, Aufnahmen von Siegel zu machen, die später im Ausland veröffentlicht wurden und für großes Aufsehen sorgten. Auch nach diesem Vorfall war Siegel lange davon überzeugt, daß das NS-Regime in Deutschland nur ein vorübergehendes Phänomen sei. Den Gedanken an eine Emigration faßte er erst spät – schließlich besaß er als deutscher Rechtsanwalt im Ausland keinerlei Verdienstmöglichkeiten. Seine beiden Kinder schickte er Ende der 30er Jahre nach England. Er selber und seine Frau flohen im Herbst 1940 über Rußland – noch bestand der Hitler-Stalin-Pakt – und Japan nach Peru.

Während Siegel als Rechtsanwalt es für seine Pflicht erachtete, gegen die Behördenwillkür zu protestieren, versuchten die offiziellen Repräsentanten der jüdischen Kultusgemeinde durch Beschwichtigungen die Lage zu entschärfen. Viele von ihnen fühlten deutschnational; sie wollten auf jeden Fall vermeiden, nun ins nationale Abseits gedrängt zu werden. Am 31. März 1933 schrieb der Präsident des Verbandes Bayerischer Israelitischer Gemeinden Alfred Neumeyer an den nationalsozialistischen Reichsstatthalter Ritter von Epp:

»Wir legen schärfste Verwahrung ein gegen die ungeheuerlichen Anschuldigungen, die gegen uns deutsche Juden erhoben werden. Wir haben nicht das geringste zu tun mit den Machenschaften, die gewisse Elemente im Ausland gegen Deutschland zu unternehmen suchen. Wir legen aber auch nachdrücklich Verwahrung ein gegen den Kampf, der jetzt gegen uns geführt wird. Wir deutschen Juden haben stets für Deutschland gearbeitet, viele Tausende haben im Krieg ihr Leben für Deutschland geopfert, das Wohl des Vaterlandes war uns stets die höchste Aufgabe. Wir können und wollen den Maßnahmen, die sich gegen uns wenden, nicht mit äußeren Mitteln entgegentreten. Aber wir werden sie standhaft ertragen im Bewußtsein, daß uns schweres Unrecht geschieht. Der göttliche Herrscher der Welt wird uns die Kraft dazu geben. Wir beten zu ihm, daß er unseren deutschen Volksgenossen bald die Einsicht schenken möge, daß der Weg zum großen Ziel des nationalen Wiederaufbaues Deutschlands nicht über die Unterdrückung der Juden geht.«[232]

Später erhob die jüdische Kultusgemeinde trotz der existentiellen Bedrohungen niemals offiziell Klagen. Um sich unter den immer schwieriger werdenden Bedingungen etwas Handlungsspielraum zu erhalten, bemühte sie sich immer um möglichst korrektes Verhalten und eine exakte Befolgung der diskriminierenden Gesetze und Verordnungen. Im August 1935 erließ sie sogar einen Aufruf an die Münchner Juden, in ihrer Lebensweise unter allen Umständen Zurückhaltung zu üben und sich »mit Selbstdisziplin in die christliche Umwelt unauffällig einzugliedern«[233].

Nach 1933 sind nur wenige Einzelfälle überliefert, wo jüdische Münchner sich gegen ihre Entrechtung auflehnten. Manche beschwerten sich in allgemeinen Worten über das NS-Regime und kamen dann wegen »Heimtücke« vor das Sondergericht, wie der Dekorationsmaler Karl Deutsch: Er wurde im Sommer 1939 von der Familie seiner Frau denunziert, weil er über die Teuerungen, die Knappheit von Genußmitteln und andere Mißstände geschimpft hatte. Im KZ Sachsenhausen mußte er seine Hauptverhandlung abwarten; dort starb er im Januar 1940 aufgrund von Mißhandlungen.

Aus Kränkung über die Ausgrenzungen der Juden verschickte der nationalkonservativ denkende ehemalige Frontsoldat Siegfried Heumann seit dem Frühjahr 1935 anonyme Protestbriefe. Heumann hatte im Ersten Weltkrieg militärische Auszeichnungen erhalten und mehrere bayerisch-patriotische Soldatenlieder veröffentlicht. Als Mitglied des »Reichsbunds jüdischer Frontsoldaten« erschienen ihm die Diskriminierungen besonders unverständlich und entwürdigend. Um an die nationalen Leistungen der jüdischen Soldaten zu erinnern, versandte er vor allem Zeitungsartikel aus der Zeitung des »Reichsbunds jüdischer Frontsoldaten«, »Der Schild«, an Dutzende von Wehrmachtsoffizieren, von denen er am ehesten Verständnis erwartete. Den Artikeln legte er handgeschriebene Zettel bei: »Léon Blum, der Franzose und Jude, achtet und ehrt Adolf Hitler als Frontsoldat. Adolf Hitler verachtet, entehrt und erniedrigt die jüdischen Frontsoldaten! Deutsche Kultur«. Zwei der Wehrmachtsoffiziere brachten die Sendungen zur Polizei, die schließlich Heumann als Absender ausfindig machte. Heumann wurde vor das Sondergericht gestellt:

»Er brachte zu seiner Rechtfertigung vor, daß er sich als jüdischer Frontsoldat und Anhänger des Wehrgedankens dadurch gekränkt und zurückgesetzt gefühlt habe, daß die jüdischen Frontsoldaten bei keinen soldatischen Feiern mehr Zutritt hätten und daß man ihnen die Wahlberechtigung und insbesondere die Heereswürdigkeit aberkannt habe. Er will geglaubt haben, bei hohen Offizieren auf Grund ihrer Erfahrungen im Weltkrieg mehr Verständnis für die Psyche der jüdischen Frontkämpfer zu finden. (...) Mit den Worten 'deutsche Kultur' habe er Deutschland an seine kulturellen Pflichten erinnern wollen. Er habe alles in allem nur seine Ehre verteidigt und keinerlei böswillige Absicht gehabt.«[234]

Doch das Gericht ließ sich von dieser Argumentation nicht beeindrucken. Es verurteilte Heumann zu drei Monaten Gefängnis. 1943 wurde er ins KZ Auschwitz deportiert. Die Verfolgungsbehörden interessierten sich nicht für die tragischen Loyalitätskonflikte, in die deutschnationale Juden wie Heumann durch die Diskriminierungen gestürzt wurden.

Über die Judenverfolgungen so erbittert, daß er immer wieder in der Öffentlichkeit darüber seinen Unmut äußerte und deshalb angezeigt wurde, war Eugen Oppenheimer. Oppenheimer hatte von 1915 bis 1933 der Bayerischen Volkspartei angehört. Er besaß eine chemische Seifenfabrik, die drei feste Mitarbeiter beschäftigte. Bereits 1933 wurde er von einer seiner Arbeiterinnen denunziert, weil er die neue Regierung kritisiert und den »Führer« als einen »saudummen Kerl mit einem Verbrechergesicht« bezeichnet hatte. In einer späteren Vernehmung sagte er dazu:

»Mit der nationalen Regierung war ich im Anfang nicht recht einverstanden und zwar deshalb nicht, weil gegen meine Glaubensgenossen (Juden) sehr oft in ungerechter Weise vorgegangen worden ist. Außerdem wurden einige Verwandte von mir aus ihren Stellungen entlassen, und war auch deshalb sehr erbittert. Auch wurde ich in der Umgebung meiner Fabrik immer als Seifenjud beschimpft. Ich gebe ohne weiteres zu, daß ich damals über Herrn Reichskanzler Hitler geschimpft habe.« [235]

Das Verfahren gegen Oppenheimer wurde jedoch eingestellt und er selber nach einigen Wochen »Schutzhaft« wieder entlassen. 1935 scheiterte ein Selbstmordversuch, den er offenbar wegen des Niedergangs seiner Firma und seiner immer aussichtsloser werdenden Situation beging. Emigrieren wollte und konnte er nicht, da seine Frau bereits seit 1931 in einer Nervenheilanstalt behandelt werden mußte und er selber mit über 60 Jahren keine Verdienstmöglichkeiten im Ausland sah. Nachdem er wohl bereits enteignet worden war, wurde er erneut wegen einer Äußerung denunziert: Eine Bedienung im »Automaten-Café« am Sendlingertorplatz beobachtete wenige Tage nach dem Attentat auf Hitler im Bürgerbräukeller[236], wie Oppenheimer frühmorgens, sich allein glaubend, gegenüber einer ausgelegten Zeitungsabbildung des Außenministers Ribbentrop die Faust schüttelte und murmelte: »Wart nur, wir helfen dir schon noch, du Hund du.« In den Polizeiverhören verteidigte er sich damit, daß diese Bemerkung »damals nur aus dem bei uns Juden entstandenen Angstgefühl wegen des Bürgerbräuattentats und den daraus für uns entstehenden Folgerungen entstanden sein« könne. Er habe »Zornanfälle«, auch wegen seiner finanziellen Lage, und rede aus einem »Zorn- und Erregungsgefühl heraus«. Das Sondergericht verurteilte ihn im Juli 1940 zu sieben Monaten Gefängnis. Oppenheimer starb 1942 im KZ Theresienstadt.

Als die Deportationen von Münchner Juden in die Vernichtungslager nach Osten bereits begonnen hatten, entschloß sich der Grundstücksmakler Benno Neuburger, gegen Adolf Hitler vorzugehen. Er verschickte vom Herbst 1941 bis zum Frühjahr 1942 anonym 14 mit Adolf-Hitler-Briefmarken versehene Postkarten, die er »mit groben Beschimpfungen des Führers« versah. Die Beschriftungen lauteten zum Beispiel: »Der ewige Massenmörder Hitler Pfui!«, »Was ist Recht?«, »So ein Idiot war noch nie da so lange die Welt ist, so ein gemeiner«, »Terrorregierung«, »Mörder von 5 000 000« oder »Bestie Mörder Strolch«. Die Postkarten warf Neuburger, ohne sie zu adressieren, in Briefkästen in der Nähe der »Judensiedlung« Milbertshofen ein, in die er hatte ziehen müssen. Im Postamt wurden diese Postkarten aussortiert und zur Polizei gebracht. Den Behörden

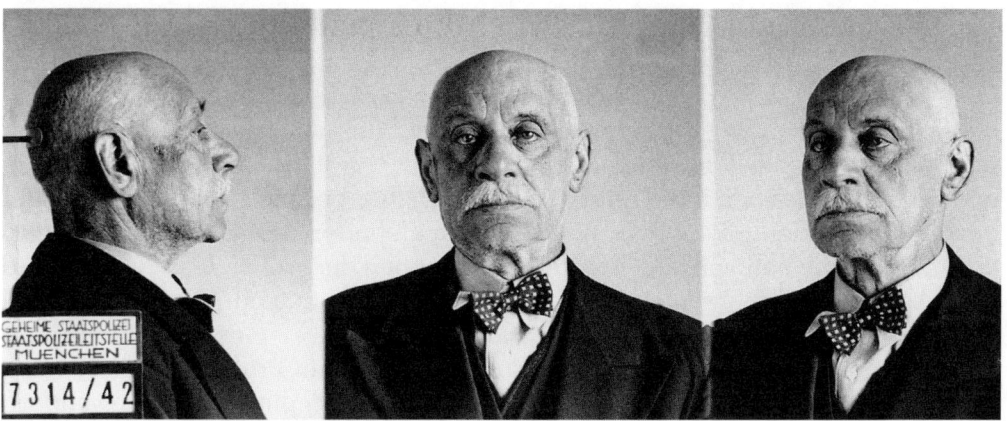

Haftbilder von Benno Neuburger, 1942

gelang es erst, Neuburger als Verfasser ausfindig zu machen, als dieser einmal eine Postkarte verwendete, auf der noch sein alter Firmenstempel aufgedruckt war.

Neuburger hatte nach der Realschule eine kaufmännische Lehre absolviert und dann in dem Grundstücksmakler-Geschäft seines Vaters mitgearbeitet, das er nach dessen Tod übernahm. Bis zur »Machtergreifung« wählte er die Demokratische Volkspartei, seine politische Einstellung bezeichnete er als liberal. Einen Großteil des Familienvermögens hatte er bereits in der Inflation verloren. Seit der Enteignung seines Geschäftes durch die Nationalsozialisten lebte er vor allem von den schmalen finanziellen Unterstützungen, die ihm seine nach Amerika ausgewanderten Kinder zukommen lassen konnten.

Benno Neuburger wurde wegen »Vorbereitung zum Hochverrat« vor dem Berliner Volksgerichtshof angeklagt:

»Zur Begründung seiner Handlungsweise hat der Angeschuldigte angegeben, durch die Maßnahmen des Staates gegen das Judentum seit 1933, insbesondere durch die Reden des Führers, in denen die Ausrottung des Judentums angekündigt worden sei, sei in ihm ein starker Haß gegen den Führer entstanden. Da er einen offenen Kampf für aussichtslos gehalten habe, habe er sich entschlossen, den Führer durch namenlose Hetzschriften zu bekämpfen. Den äußersten Anstoß hätten die gegen seine Rassegenossen getroffenen Evakuierungsmaßnahmen gegeben. Er habe, da er es als Mord ansehe, wenn kranke Juden in Judenheime oder in die Ostgebiete verbracht würden, die Bevölkerung darauf aufmerksam machen wollen, welches Leid der Führer dem Judentum zugefügt habe.«[237]

Im Juli 1942 verurteilte ihn der Volksgerichtshof zum Tode: Da er die »Zerstörung der Gefolgschaft einer kriegswichtigen Reichsbehörde« – der Post – im Auge gehabt habe, sei er wegen Hochverrats zu bestrafen. Zwei Monate später, am 18. September 1942, wurde er im Alter von 71 Jahren hingerichtet.

Versuche, sich der Verfolgung zu entziehen

Der einzig wirksame Weg, sich der nationalsozialistischen Verfolgung und schließlich Vernichtung zu entziehen, war die Emigration ins Ausland – wenn man sie sich finanziell leisten konnte. Tausende von jüdischen Münchnerinnen und Münchnern gaben ihre Heimat, meist auch ihre Verdienstmöglichkeiten auf, um in einem anderen Land eine neue Zukunft zu finden. Dieser Schritt bedeutete gerade für die national eingestellten Juden neben der großen Unsicherheit und dem Abschiedsschmerz auch einen Verzicht auf Identität. Im November 1934 sagte ein Münchner Geschäftsmann vor der Polizei aus: »Wenn ich auch die jüdische Religion habe, so fühle ich genauso deutsch wie ein Protestant oder Katholik. Mein Vater und dessen Bruder sind ins Ausland. Ich bin nicht ausgewandert, weil ich hier mein Vaterland habe und mir nichts zuschulden kommen ließ.«[238] Doch der Wille, sich trotz der Entwurzelung nicht von den eigenen Traditionen abschneiden zu lassen, war sehr präsent. In einem Gottesdienst in der jüdischen Hauptsynagoge 1937, ein Jahr bevor sie abgerissen wurde, hielt der Rabbiner Dr. Baerwald eine Predigt über die Chancen der Emigration:

»Aber das Wichtige und Wesentliche kann erhalten werden, wenn wir von dem Willen erfüllt sind, es zu behalten. Wie einst unsere Vorfahren aus dem Heiligen Lande ihre Traditionen mitgenommen, wie die Juden, als sie Spaniens Gaue verließen, ihren Gottesdient, ihre Wissenschaft, ihre Sitten, ihre Sprache mitgenommen, wie es unsere Vorfahren in vielen Ländern getan, so werden auch die, die jetzt ihre Heimatgemeinden hier verlassen, das Wesentliche, was hier ihr Besitz war, an anderer Stelle wieder zum Leben erwecken. Das Judentum dieser Lande war Jahrhunderte hindurch richtungweisend in der Welt. Könnte und sollte es nicht auch jetzt so sein, daß unsere Auswanderer das Gute, das sie hier vor sich gesehen, mit sich nehmen und da zur Geltung bringen, wo es noch fehlt?«[239]

Zudem konnte die Emigration ein deutliches Signal für die nichtjüdischen Deutschen werden, daß man die Verfolgungen nicht tatenlos hinnahm, sondern seine Konsequenzen daraus zog. Die Behörden waren sich dieser Wirkung durchaus bewußt und versuchten, die Abreise der Emigranten möglichst unauffällig zu halten. Daß ihnen dies nicht immer gelang, zeigt ein Lagebericht der Polizeidirektion München vom 4. Februar 1935:

»Mit den über Österreich nach den adriatischen Häfen abgehenden Zügen reisen hier des öfteren größere Gruppen jüdischer Auswanderer (Zionisten) ab. Die Abeise der etwa 500 Personen starken Gruppe am 28.1.35 gestaltete sich im Münchner Hauptbahnhof zu einer Kundgebung, an der viele Fahrgäste und auch Fußgänger, die sich im Bahnhof aufhielten, Anstoß nahmen. In Zukunft wird die Abreise derartiger Auswanderergruppen polizeilich überwacht, um von Anfang an Mißständen und herausfordernden Kundgebungen den Boden zu entziehen.«[240]

Geheime Staatspolizei   München, 5.Juli 1939.
Staatspolizeileitstelle München
B.Nr.   II E

I. T a g e s b e r i c h t.

  1. Wirtschaftspolitisches: a.)

    In der Zeit vom 1.7. bis 5.7.39 haben nachfolgend aufgeführte
    Juden um Auswanderungsgenehmigung nachgesucht:

W o l f Karl	geb.	25.8.89	in	Jchenhausen		nach	USA
W o l f Erna	"	24.3.99	"	München		"	UBA
Gutmeyer Maria	"	15.1.71	"	Offenburg		"	England USA
Fröhlich Elias	"	2o.11.74	"	Kattowitz		"	England
Fröhlich Ella	"	22.8.88	"	München		"	England
Schnaier Dr.Jos.	"	18.8.97	"	Memmingen		"	England
Schnaier Juliane	"	1.8.99	"	München		"	England
Pelz Emil	"	3o.1.86	"	Nürnberg		"	USA
Pelz Else	"	28.7.97	"	Burgkunstadt		"	USA
Pelz Jrene	"	25.7.23	"	München		"	USA
Lindner Artur	"	28.6.o4	"	Nürnberg		"	England
Schönwetter Chaje	"	14.7.89	"	Rzeszow		"	Palästina
Schönwetter Manfr.	"	11.5.19	"	München		"	Palästina
Schönwetter Thilde	"	28.8.26	"	München		"	Palästina
Winter Max	"	3o.7.85	"	Wassertrüdingen		"	Cuba
Winter Hedwig	"	25.3.9o	"	Bechhofen		"	Cuba
Glassmann Max	"	1o.8.o3	"	München		"	USA
Glassmann Helene	"	2.4.10	"	München		"	USA
Glassmann Hannelore	"	16.4.38	"	München		"	USA
Haas Samuel	"	12.1.71	"	Oberelsbach		"	Belgien
Haas Berta	"	19.3.69	"	Schnaittach		"	Belgien
Hirsch Hellmut	"	1o.8.9ß	"	Goldbach		"	England
Hirsch Lotte	"	28.1o.1o	"	Bayreuth		"	England
Hirsch Helga	"	2.6.37	"	München		"	England
Jsserlin Dr.Max	"	1.3.79	"	Königsberg		"	England
Jsserlin Ernestine	"	2.1.75	"	Proskurow		"	England
Sussmann Dora	"	21.5.52	"	Minsk		"	England
Dillenberger Jrene	"	14.8.o6	"	Urspringen		"	England
Bärmann Emma	"	4.12.7o	"	Bad Dürkheim		"	USA
Bauer Nelly	"	16.12.68	"	München		"	USA
W e i s s Marg.	"	21.6.91	"	Dresden		"	England
F i s c h e r Hilde		7.5.17	"	Baden-Baden		"	England
Kiesler Markus	"	12.3.97	"	Bolscowiz		"	USA
Kiesler Maria	"	3.2.98	"	Rzeszow		"	USA
Kiesler Fritz	"	14.4.36	"	München		"	USA
Kiesler Janette	"	7.6.34	"	München		"	USA
Ercoles Dora	"	25.2.76	"	Berlin		"	USA
Fischer Ernst	"	9.5.o7	"	München		"	England

Gestapo-Liste von Auswanderungsgesuchen von Juden

Kaum Aussicht auf Erfolg hatten die Versuche mancher, sich den Diskriminierungen und Verfolgungen durch ein Verschweigen ihrer jüdischen Identität zu entziehen. Eine Frau, die sich mit ihrem neutral klingenden Namen »Grete Meier« die Mitgliedschaft in der Deutschen Arbeitsfront »erschlichen«[241] hatte, um eine Arbeitsstelle zu bekommen, wurde 1934 deswegen vor dem Sondergericht zu einer hohen Geldstrafe verurteilt. Ende der 30er Jahre häuften sich die Anzeigen gegen Juden, die die stigmatisierenden Vornamen »Sara« bzw. »Israel« nicht angenommen oder gegen den Kennkartenzwang verstoßen hatten. Im September 1942 wurde Olga Schiessl, der es sehr lange gelungen war, ihre jüdische Identität zu verbergen, deswegen zu einem Monat Gefängnis verurteilt. Der Amtsrichter erwies sich als ein besonders eifriger Antisemit: »Beim Strafausmaß kam in Betracht, daß ein erhebliches öffentliches Interesse an der Beachtung der die Judenfrage betreffenden Gesetze und Verordnungen besteht.«[242] Nach ihrer Entlassung aus dem Gefängnis wurde Olga Schiessl sofort wieder der Gestapo überstellt und kam mit dem nächsten Transport nach Auschwitz. Auch wegen Nichttragens des Judensterns wurden einige Münchner vor dem Amtsgericht verurteilt, bevor man sie deportierte.

Einige versuchten, die besonderen Devisenvorschriften und die Verordnung über die »Anmeldung des Vermögens von Juden« zu umgehen, um Geld- oder Sachwerte zu retten. Der bekannte Münchner Frauenarzt und ehemalige Universitätsprofessor Erwin Zweifel wollte 1936 Devisen ins Ausland bringen und wurde von seinem Geschäftspartner denunziert. Dieser bezichtigte ihn auch »staatsfeindlicher« Äußerungen:

»(Es) beklagte sich Zweifel über den Verlust seiner Amtstätigkeit und erwähnte, er habe von seinem Vater mit seinem Bruder zusammen vier Millionen Mark geerbt, das ganze Geld habe er bis auf den jetzigen Rest verloren, und nun käme der neue Aderlaß neben dem Verlust seiner Berufstätigkeit; im übrigen möchte ich die damals erwähnten staatspolitischen Äußerungen des Prof. Zweifel dahin zusammenfassen, daß er sich nicht mehr sicher fühle in Deutschland. (...) beklagte sich Zweifel über die derzeitigen Schwierigkeiten – im Gegensatz zu früher, die einem heute bereitet würden und letzten Endes auf eine 'Enteignung' hinausliefen; die Schikanen der unteren Organe wären oft geradezu herausfordernd, und heute kämen Leute in Stellungen, die sich das früher nie hätten träumen lassen.«[243]

Da der Denunziant in den Augen des Richters als Devisenschieber eine dubiose und unglaubwürdige Person war und Zweifel sich geschickt verteidigen konnte, wurde er freigesprochen.

Devisenschiebern Gelder anzuvertrauen, war mit einem hohen Risiko und nicht unbeträchtlichen Kosten verbunden. Das Ehepaar Gustav und Jenny Sachs übergab im Dezember 1940 einem holländischen Schieber 4 000 Reichsmark – damals eine sehr hohe Summe –, die dieser der emigrierten Familie ihrer Tochter nach London schicken sollte, weil sie mit ihren Kindern ohne einen Pfennig

Geld und ohne Winterkleidung in England angekommen war. Der für seine Dienste fürstlich entlohnte Schieber lief an der Grenze bei Aachen der Polizei in die Fänge. Gustav und Jenny Sachs wurden trotz ihres hohen Alters zu mehrmonatigen Gefängnisstrafen und zusätzlichen Geldstrafen verurteilt.

Als im April 1938 Juden alle Wertsachen, insbesondere Gold, Silber und Schmuck, abgeben mußten, wandten sich manche an nichtjüdische Freunde mit der Bitte, ihnen besonders am Herzen liegende Stücke aufzubewahren. Dies war auch für die hilfreichen Freunde gefährlich. Im Oktober 1940 verurteilte das Amtsgericht den Juden Felix Goldmann und seinen »arischen« Freund August Riff zu hohen Geldbußen, weil eine Zollfahndung bei letzterem eine Reihe von goldenen und silbernen Familienstücken gefunden hatte, die dieser für Goldmann versteckt hatte.

Seit Kriegsbeginn 1939 reduzierten sich die Möglichkeiten zu emigrieren auf nahezu Null: Die Grenzen wurden geschlossen, und kaum ein Land der Welt nahm mehr Flüchtlinge aus Deutschland auf. Viele Juden wählten in dieser Lage als letzten Ausweg den Selbstmord. Bereits nach der Reichspogromnacht 1938 war die Selbstmordrate der Juden in München deutlich angestiegen. Manche brachten sich um, weil sie die Scheidungsklage ihres nichtjüdischen Ehepartners nicht ertrugen oder ihrer nichtjüdischen Familie nicht zur Last fallen wollten; andere sahen finanziell keinen Ausweg mehr. Als Ende 1941 die Deportationen begannen, häuften sich vor jedem Deportationsschub drastisch die Selbstmordfälle. Die Polizeidirektion vermerkte in ihrem Selbstmordregister als »vermutliches Motiv« entweder »unbekannt« oder »lebensüberdrüssig«, nur in Ausnahmefällen auch »Furcht vor Umsiedlung«.[244]

8. Die evangelische Kirche

»Die Voraussetzungen des Staates: Rasse, Blut und Boden, sind auch für die Kirche tabu. (...) Es gibt jetzt nur noch eine Grundlage zur Ordnung der Deutschen Evangelischen Kirche: das Ermächtigungsgesetz vom 24. 9. 1935. Alles kommt darauf an, zu Partei und Staat in ein gutes Verhältnis zu kommen. (...) Aber das setzt voraus, daß der Primat des Staates über die Kirche absolut anerkannt wird. (...) Positives Christentum ist, daß die schöpfungsmäßigen Grundlagen zu ihrem Recht kommen, daß die Nation an erster Stelle gestellt wird. Nächster ist der, der mir durch das Blut zugeordnet ist. Die Kirche hat den nationalsozialistischen Staat zu unterstützen. Es muß gewarnt werden vor jeder Art von Universalismus. (...) Kirche und Volk müssen in Einklang gebracht werden. Die Kirche braucht nur zu sagen, daß Nationalsozialismus und Christentum dasselbe sei, dann sind keine Angriffe mehr möglich.«

(Reichskirchenminister Hanns Kerrl, 1937)[245]

Die Situation der protestantischen bzw. evangelisch-lutherischen Kirche unter dem Nationalsozialismus war eine grundsätzlich andere als die der katholischen Kirche: In starken staatskirchlichen, preußisch-nationalen Bindungen stehend und ohne eine Institution wie den römischen Papst hatte sie viel größere Schwierigkeiten, sich den totalitären Ansprüchen und Gleichschaltungsbestrebungen des NS-Regimes zu entziehen. Während die institutionelle Eigenständigkeit der katholischen Kirche nie gefährdet war, wurde die evangelische Kirche ständig durch Spaltungen und Übergriffe von Seiten des Regimes in ihrer Existenz bedroht.

In München befand sich die evangelische Kirche zudem in der Diaspora. Nur eine Minderheit der Bevölkerung – meist »Zugereiste« aus nördlicheren Landesteilen – war protestantisch, und aus dieser Minderheit rekrutierten sich in München schon seit Anfang der 20er Jahre Hitlers engagierteste Förderer. Auch die Pfarrer und hohen Repräsentanten der Kirche hatten in den Wochen und Monaten der nationalsozialistischen »Machtergreifung« kaum Vorbehalte gegenüber dem neuen Regime. Die allermeisten teilten dessen völkisch-nationalistische, auch dessen antisemitische Anschauungen und begrüßten den »nationalen Aufbruch«. Christentum und nationalsozialistische Ideologie schienen ihnen durchaus miteinander vereinbar. Nur der Kirchenpräsident der bayerischen Landeskirche Friedrich Veit, ein bürgerlich-konservativ denkender Vernunftrepublikaner, warnte schon vor 1933 vor einer »neuen Religion« der völkischen Bewegung und forderte von den Pfarrern in einem Rundschreiben am 13. März 1933 Zurückhaltung und Besinnung auf kirchliche Aufgaben. Prompt mußte er einen Monat später auf vielfältige Anfeindungen hin von seinem Amt zurücktreten.

Am 4. Mai 1933 wählte die Landessynode Hans Meiser zum neuen Kirchenpräsidenten. Da man den aktuellen politischen Entwicklungen nicht nachstehen wollte, änderte man die Verfassung der bayerischen Landeskirche im Sinne des »Führergedankens«: Der parlamentarisch klingende Titel »Kirchenpräsident« wurde in »Landesbischof« umgewandelt, und der »Landesbischof« wurde in einem eigenen »Ermächtigungsgesetz« dazu berechtigt, eigenmächtig Kirchengesetze zu erlassen. Landesbischof Meiser pflegte zunächst ein sehr positives Verhältnis zu Hitler und dem neuen Regime. Er unterstützte auch die Wahl von Hitlers antisemitischem Wunschkandidaten Ludwig Müller zum Reichsbischof im September 1933.

Inzwischen hatte sich die Deutsche Evangelische Kirche unter dem Gleichschaltungsdruck des Regimes zu spalten begonnen: Die »Deutschen Christen«, die eine Gleichsetzung von Nationalsozialismus und Christentum verlangten und ihre Gebete nicht mehr mit »Amen«, sondern mit »Heil« abschlossen, standen den »Bekenntnistreuen« gegenüber, die auf die Unabhängigkeit ihres christlichen Bekenntnisses pochten. Im nördlichen Deutschland hatten die »Deutschen Christen« bereits die Landeskirchen zerstört. Reichsweit waren die evangelischen Jugendverbände in die HJ eingegliedert worden. Auch die noch intakten südlichen Landeskirchen in Bayern und Württemberg mußten nun um ihre Eigenständigkeit und die Freiheit ihres Bekenntnisses fürchten. Um diese zu verteidigen, waren Bischof Meiser und ein Großteil gerade der Münchner Pfarrer auf Seiten der »Bekennenden Kirche«, selbst wenn sie das NS-Regime ansonsten – abgesehen von seiner Kirchenpolitik – unterstützten. Gleichzeitig sahen sie sich aber dauernden Angriffen der »Deutschen Christen« und antikirchlicher Nationalsozialisten ausgesetzt, die ihre »nationale Gesinnung« und ihre Loyalität zum neuen Staat grundsätzlich in Zweifel zogen. Diese zwiespältige Lage kennzeichnet alle in irgendeiner Weise oppositionellen Äußerungen, mit denen sich Meiser oder die Pfarrer exponierten.

Der Kompromißkurs der bayerischen Landeskirche

Landesbischof Hans Meiser war für die Haltung der evangelischen Kirche ähnlich bestimmend wie Kardinal Michael von Faulhaber für die Haltung der katholischen Kirche. Beide versicherten dem NS-Regime immer wieder ihre politische Loyalität, kämpften aber andererseits für die Verteidigung der Rechte ihrer Kirchen. Doch in weit größerem Maße als Faulhaber stand der aus Franken stammende Meiser auch weltanschaulich dem Nationalsozialismus nahe: Er hatte schon 1926 im evangelischen Gemeindeblatt in Nürnberg eine von antisemitischem Gedankengut durchzogene Artikelfolge »Die evangelische Kirche und die Judenfrage« veröffentlicht und unterstützte die nationalsozialistische »Machtergreifung« aktiv als Chance, Religion und »Volksgemeinschaft« eng zu verbinden.

Landesbischof Hans Meiser bei einer Ansprache vom Balkon des Landeskirchenratsgebäudes während seines Hausarrests

Erst als die NS-Regierung im Sommer 1934 massive Versuche unternahm, die noch unabhängigen Landeskirchen in Württemberg und Bayern »gleichzuschalten«, d. h. in die zentralistische Nationalkirche des Reichsbischofs Müller zwangseinzugliedern, geriet Meiser in einen Konflikt. In den Zeitungen erschienen laufend diffamierende Artikel über seine Person. Nachdem der nationalsozialistische Reichsbischof Anfang September den württembergischen Landesbischof einfach abgesetzt hatte, schien auch Meisers Stellung akut gefährdet. Viele evangelische Münchner – auch Parteigenossen – stellten sich auf die Seite ihres Landesbischofs und verfaßten Protestbriefe wie den der Kirchenvorsteher von Dachau und Allach-Untermenzing:

»Als deutsche Männer, die der NSDAP bzw. deren Gliederungen angehören, als solche von dem heiligen Willen beseelt sind, an dem Bau des Dritten Reiches mit aller Tatkraft und Freudigkeit mitzuarbeiten und mit unserem hochwürdigsten Herrn Landesbischof für die innere und äußere Einheit einer großen Deutschen Evangelischen Reichskirche mit aller Aufrichtigkeit eintreten, fordern wir, daß unser Herr Landesbischof gegen derartige Schmähartikel in der Presse geschützt

wird. Im Interesse der Beruhigung des Kirchenvolkes fordern wir einstimmig, daß unserem Herrn Landesbischof das Recht uneingeschränkt belassen wird, sich an seine Gemeinden in Angelegenheiten der Kirche und des lutherischen Bekenntnisses ohne polizeiliche Einschränkungen zu wenden.«[246]

Am 11. Oktober 1933 sollte der endgültige Schlag gegen Meiser und die bayerische Landeskirche erfolgen: Ein vom Reichsbischof Müller entsandter »Rechtswalter« besetzte mit Polizeibeamten das Gebäude des Münchner Landeskirchenrats in der Arcisstraße und erklärte den Bischof für abgesetzt. Meiser entkam einer Verhaftung und hielt noch am selben Abend in der bis auf den letzten Platz gefüllten Kirche von St. Matthäus eine flammende Predigt:

»Nun ist auch unserer Landeskirche Gewalt angetan. Seit heute Mittag ist das Dienstgebäude unserer Landeskirche besetzt und ist mir und meinen Mitarbeitern die geordnete Ausrichtung unseres Dienstes unmöglich gemacht. In zwei Hälften will man unsere Kirche zertrennen, wohl in der Hoffnung, daß man, wenn man sie geteilt hat, sie um so leichter zu Boden ringen kann.(...)«[247]

Am nächsten Tag wurde er in seiner Wohnung im Landeskirchenratsgebäude unter Hausarrest gestellt. Dutzende von Protestschreiben aus der Bevölkerung, die sich aufs schärfste gegen diese Vergewaltigung der Kirche aussprachen, gingen in der folgenden Zeit bei hohen NS-Politikern ein. Das Regime mußte einsehen, daß Meiser in der Bevölkerung zu viel Rückhalt hatte, als daß man ihn einfach hätte beseitigen können. Am 26. Oktober gab der nationalsozialistische »Rechtswalter« die Besetzung des Landeskirchenrats auf, vier Tage später wurde Meiser von Hitler selbst in seinem Amt offiziell bestätigt.

Auch nach diesen Vorfällen behielt Meiser seine grundsätzliche Loyalität gegenüber dem Regime bei. Zwischen den nationalsozialistischen »Deutschen Christen« und der oppositionellen »Bekennenden Kirche« versuchte er einen kompromißlerischen »lutherischen Sonderweg«, der alle Seiten miteinander versöhnen sollte. Um eine Spaltung der Kirche wenigstens in Bayern abzuwenden, bemühte er sich sogar ausdauernd um eine Verständigung mit den »Deutschen Christen«, denen vor allem in Franken viele Pfarrer anhingen. Erst im September 1936 gab er diese Bemühungen auf und erklärte in einem Schreiben an alle Geistlichen, daß die Verhandlungen nun endgültig gescheitert seien. Im selben Jahr trat er aber auch aus dem Reichsbruderrat der »Bekennenden Kirche« aus, die ihm theologisch und vor allem kirchenpolitisch zu radikal und kompromißlos erschien. Den sich Mitte der 30er Jahre verschärfenden Angriffen und Übergriffen des Regimes auf die Kirchen konnte Meiser kaum etwas entgegensetzen. Der Beseitigung der Bekenntnisschulen, den Einschränkungen des Religionsunterrichts und der allgemeinen Entkonfessionalisierung des öffentlichen Lebens sah er weitgehend tatenlos zu. Nur einmal, im Herbst 1937, verfaßte er eine Vorlage für einen von allen bayerischen Pfarrern zu haltenden Bekenntnisgottesdienst, der sich gegen die

ERKLÄRUNG.

Wir legen schärfstens Verwahrung ein gegen die Abberufung des Landesbischofs D, Meiser und gegen die Aufreissung einer kirchlichen Donau - linie.

Diese Massnahmen stören den Kirchenfrieden in Bayern aufs schwerste, ohne dass irgend eine Staatliche Notwendigkeit dazu vorliegt. Der Herr Landesbischof, die evangelische Geistlichkeit, die Bayerische Landessynode haben stets nachdrücklich erklärt, dass ihre Stellungnahme weder Widerstand gegen die Schaffung einer evangelischen Reichskirche noch vollends Gegner - schaft zum neuen Staat bedeutet. Diese Erklärung machen auch wir uns zu eigen.

Wir bitten, mit allen Kräften für die Wiederherstellung von Recht und Ordnung in der Bayerischen Landeskirche einzutreten.

Gez.

Prof. Dr. H. Th. Bucherer

Prof. Dr. Th. Dombart

Prof. Dr. L. Fabricius

Prof. Dr. H. Hausen

Prof. Dr. W. Hengstenberg

Geh. Rat D. Dr. Fr. Hommel

Geh. Reg.- Rat Prof. Dr. O . Knob-
                                    lauch
Geh. Reg.- Rat Prof. Dr. P. Kulisch

Prof. Dr. P. Lehmann

Prof. Dr. H. Loewe

Geh. Rat Prof. Dr. W. Lotz

Prof. Dr. H. Merkel

Geh. Rat Prof. Dr. Fr. v. Müller

Prof. Dr. A. O. Meyer

Prof. Dr. R. Müller - Erzbach

Prof. Dr. R Oeschey

Geh. Reg.- Rat Prof. Dr. W. Otto

Prof. Dr. A. Paechtner

Geh. Reg.-Rat Prof. Dr. A. Perron

Geh. Reg.- Rat Prof. Dr. A. Rehm

Prof. Dr. Fr. Reindel

Geh. Rat Prof. Dr. M. Schmidt

Geh. Reg.- Rat Prof. Dr. A. Schnider
Geh. Rat Prof. Dr. Ed. Schwartz
Geh. Hofrat Prof. Dr. A. Sommerfeld
Prof. Dr. A. Steinmetz
Prof. Dr. J. Stroux
Prof. Dr. Fr. Wagner
Geh. Rat Prof. Dr. P. Wolters
Prof. Dr. Fr. Zahn

Protestschreiben von einflußreichen evangelischen Laien an den bayerischen Ministerpräsidenten Siebert, Oktober 1934

»Kränkungen« und Anschuldigungen, mit denen das Regime die Kirche in der Bevölkerung zu diskreditieren versuchte, wehren sollte. Da diese Gottesdienste tatsächlich zu mehreren »Heimtücke«-Verfahren gegen evangelische Pfarrer führten, mußte sich Meiser vor der Gestapo für die Vorlage rechtfertigen:

»Der Landeskirchenrat entschloß sich (...), einen Bekenntnisgottesdienst anzuordnen, bei welchem die nötigen Mitteilungen an die Gemeinden gemacht werden sollten, vor allem um den Gemeinden zu Gemüte zu führen, daß der immer wiederholte Vorwurf, es handle sich bei den im Gang befindlichen Auseinandersetzungen nur um einen müßigen Pfarrerstreit, völlig unberechtigt sei. Und um ihnen darzulegen, daß es um viel mehr, nämlich um die Substanz und die Grundlehren der Kirche gehe. (...) Wir können an ungezählten Beispielen feststellen, welch tiefe Vergrämung in immer weiteren kirchlichen Kreisen angesichts der Art und Weise, wie mit der Kirche verfahren wird, um sich greift. Wir sehen unsere Aufgabe darin, dahin zu wirken, daß dem Einhalt geschehe und durch eine echte Verständigung zwischen Staat und Kirche ein wirkliches Vertrauensverhältnis geschaffen wird.«[248]

Die Gestapo schätzte Meiser – anders als Faulhaber – nie wirklich als Gegner ein: »Er dürfte früher den deutschnationalen Kreisen nahegestanden sein. Seine jetzige Haltung dem Nationalsozialismus gegenüber dürfte, wenn nicht ablehnend, so doch zum mindesten sehr abwartend sein.«[249] Im Juni 1938 mußte Meiser hinnehmen, daß St. Matthäus, die älteste protestantische Kirche Münchens, abgerissen wurde, um einem Parkplatz zu weichen. In den folgenden Jahren fand Meiser weder gegen die Entrechtung und Vernichtung der Juden, noch gegen die »Euthanasie«-Morde oder gegen die Verbrechen des Krieges ein Wort des Protestes.

Einzelne evangelische Pfarrer

Wenn auch nur wenige Münchner Pfarrer aufgrund der von der Kirchenleitung geforderten parteipolitischen Neutralität NSDAP-Mitglieder waren, so bekannten sich doch die allermeisten zum Nationalsozialismus und seinen Zielen. Man glaubte allgemein, daß das neue Regime sich positiv zum Christentum stellen würde. Nur eine Handvoll Münchner Pfarrer geriet im Laufe der zwölf Jahre nationalsozialistischer Herrschaft in einen Konflikt mit dem Regime – und das ausschließlich wegen dessen antikirchlichen und antichristlichen Vorgehens. Diese wenigen Pfarrer hegten auch starke Bedenken gegen Meisers Loyalitätsbekundungen. Im Januar 1936 schrieben elf südbayerische Geistliche, unter ihnen auch einige Münchner, einen Brief an Meiser, in dem sie »Sorgen und Fragen (...) angesichts mancherlei Entscheidungen des Landeskirchenrats«[250] äußerten und in vorsichtigen Worten die politischen Kundgebungen kritisierten, die sie »in nicht geringe innere Not« brächten: Die gefährdete und zum Teil von den »Deutschen Christen«

Leonhard Henninger

schon zerstörte Einheit der Kirche könne nicht durch Ordnungsmaßnahmen und Kompromisse erreicht werden, sondern nur durch Anerkennung der »Alleinherrschaft Jesu Christi in der Kirche« und des Bekenntnisses zur Heiligen Schrift. Auch dürfe die Kirche nicht nur um sich und ihren Bestand kämpfen, sondern müsse dem Volk und dem Staat gegenüber eindeutig »Gottes Ehre« verteidigen.

Einer der Unterzeichner dieses Briefes war Leonhard Henninger, ein Pfarrer bei der Inneren Mission. Bis zu seinem Eintritt in den geistlichen Stand 1932 hatte sich Henninger als eifriger Nationalsozialist hervorgetan und den nationalsozialistischen Studentenbund in Erlangen und Greifswald mitbegründet. Erst der Kirchenstreit um Landesbischof Meiser 1934, der ihn innerlich tief aufwühlte, rückte ihn in einen immer größer werdenden Gegensatz zum Regime. Seine »gegnerische Einstellung«[251] bekam offenbar auch eine politische Note: Im August 1935 wollte er Hilfsgeistlicher im KZ Dachau werden – wohl um den Häftlingen seelsorgerisch beizustehen –, wurde jedoch wegen zweier schon gegen ihn laufender Strafanzeigen von den Polizeibehörden abgelehnt. Als Pfarrer bei der Inneren Mission war es ihm dennoch möglich, bis Januar 1936 einige Male Gottesdienste im KZ Dachau abzuhalten und die im städtischen Krankenhaus Schwabing in einer eigenen Abteilung untergebrachten Häftlinge zu betreuen. Außerdem engagierte sich Henninger sehr für die evangelische Jugend: Immer wieder wurde er verwarnt, weil er verbotene Jugendfreizeiten abgehalten hatte. Die Gestapo hielt über ihn fest: »Bei Henninger dürfte es sich um einen Geistlichen handeln, der bewußt den nationalsozialistischen Bestrebungen entgegenarbeitet und insbesondere sich in keiner Weise an die bestehenden Vorschriften in bezug auf die Veranstaltungen der evangelischen Gemeindejugend hält.«[252] Anfang 1937 wurde Henninger wegen »staatsfeindlicher« Äußerungen denunziert: Im Rahmen einer Wehrübung hatte er sich immer wieder zu kirchenpolitischen Diskussionen hinreißen lassen. Unter anderem führte er aus, daß ein großer Teil des deutschen Volkes durch die nationalsozialistische Kirchenpolitik verbittert würde, die nichts als versteckter »Bolschewismus« sei. Reichsbischof Müller bezeichnete er als eine »Niete«, die sich unfähig zeige, die Deutsche Evangelische Kirche zu führen, und außerdem ketzerische Lehren verbreite. Es stimme nicht, daß 95 Prozent der Bevölkerung hinter dem »Führer« stünden; es seien höchstens noch 30 Prozent. In dem daraufhin gegen ihn eingeleiteten »Heimtücke«-Verfahren gelang es Henninger, die Denunziation als Racheakt eines böswilligen Neiders darzustellen. Das Verfahren wurde eingestellt, obwohl durchaus Anhaltspunkte für eine Verurteilung wegen »Heimtücke« vorhanden gewesen wären. Später exponierte sich Henninger nicht mehr. Nach dem Krieg berichtete er, daß er eine obdachlose Jüdin in seiner Wohnung aufgenommen hatte.

Drei Gemeindepfarrer wurden Ende 1937 angezeigt, weil sie der Vorlage des Landeskirchenrats entsprechend im Oktober 1937 in Bekenntnisgottesdiensten gegen die nationalsozialistische Kirchenpolitik gepredigt hatten. Karl Dörfler, Pfarrer an der Matthäuskirche, der sich ansonsten offen zum Nationalsozialismus bekannte, hatte die »Deutschen Christen« als »bösen Feind«[253] bezeichnet und die Angriffe auf die Kirche scharf angeprangert, so daß der Gestapo-Mann, der die Predigt mitschrieb, später berichtete: »Beim Gehen hörte ich noch die Worte: ›Der hat es ihnen wieder richtig gesagt‹ und die Antwort: ›Leider, leider hat er recht.‹ « Die Argumente, mit denen er die Angriffe auf die Kirche abwehrte, waren allerdings durchaus auf der Linie des Regimes: Der Pfarrstand werde ungerechtfertigterweise als »verjudet« diffamiert, da doch nur 0,3 Prozent aller Pfarrer jüdischer Abstammung seien; auch hätten viele Pfarrer am Ersten Weltkrieg teilgenommen und danach in einem Freicorps die Revolution niedergeschlagen: »eine solche Priesterschaft wird nicht 1933 pazifistisch!«.

Paul Schattenmann von der Himmelfahrtskirche in Sendling hatte ähnlich gepredigt; nachdem er angezeigt worden war, formulierte er in einem Brief an die Gestapo die »Kernfrage«, auf die sich seiner Meinung nach der Konflikt zwischen Kirche und Staat zuspitze:

»Wie verhalten sich der politische Anspruch (und der Anspruch, Anm. d. Verf.) Gottes zueinander? Wir stellen fest: Beide Ansprüche vertragen sich dann nicht mehr miteinander, wenn der politische Anspruch als ein totaler, d. h. den ganzen Menschen nach Seele und Leib verpflichtender verkündigt wird, und wenn man seine Ausschließlichkeit in der Weise betont, daß man anderen ›Mächten‹ – also auch der Kirche – in der Öffentlichkeit erziehliche Einflüsse nicht mehr zuerkennen zu können glaubt. So ballt sich immer mehr ein breit angelegter Angriff auf die Kirche und auf unser kirchliches Christentum überhaupt zusammen.«[254]

Am konsequentesten kämpfte der Pfarrer der Christuskirche am Dom-Pedro-Platz, Kurt Frör, der in seiner Predigt die »Schwärmer von heute«, also die gläubigen Nationalsozialisten, als Hauptfeinde der Kirche bezeichnete. In seiner Gestapo-Vernehmung beschwerte er sich darüber, daß der Kirche keinerlei Möglichkeit mehr gegeben sei, an die Öffentlichkeit zu gehen: »Weder die kirchliche Presse noch öffentliche Versammlungen noch besondere Rundbriefe stehen uns dafür zur Verfügung.«[255] Nur in den Bekenntnisgottesdiensten könne man die Gemeinde noch über die wahren Sachverhalte unterrichten. Dabei sei auch eine Kritik am nationalsozialistischen Kirchenministerium unvermeidlich.

Die Verfahren gegen die drei Pfarrer wurden eingestellt. Doch nur wenige Wochen später mußte sich Kurt Frör erneut vor der Gestapo verantworten: Er hatte ein ihm zugesandtes Flugblatt über den verhafteten Berliner Pfarrer Martin Niemöller in leicht abgemilderter Version mit Hilfe seines Diakons vervielfältigt. Diese Flugblätter gab er bei Hausbesuchen an Gemeindemitglieder weiter, bis er eines Tages wahrscheinlich denunziert wurde. Im Juni 1939 verurteilte ihn das Sondergericht München zu sechs Monaten Gefängnis. Er brauchte die Strafe allerdings nicht abzusitzen, da sie zur Bewährung ausgesetzt wurde.

Mit Kriegsbeginn flaute der Kirchenkampf deutlich ab. Das Regime verschob die Auseinandersetzung auf die Zeit nach dem »Endsieg«, und die Pfarrer hielten wohl auch aus Rücksicht auf den »Entscheidungskampf der Nation« still. Es gab allerdings in der Inneren Mission ein Büro, geleitet von Pfarrer Johannes Zwanzger, das mit der Betreuung der sogenannten Judenchristen, also der zum Protestantismus konvertierten Juden, beauftragt wurde.

Einzelne evangelische Laien

Es gab nur ganz vereinzelt sich zum Protestantismus bekennende Münchner, die keine Affinitäten zum Nationalsozialismus hatten und die evangelische Kirche zu einer härteren Gangart gegenüber dem Regime zu bewegen versuchten. Ihr konsequentester und klarsichtigster Mahner war der Direktor der Bayerischen Handelsbank und Kirchenvorstand Wilhelm Freiherr von Pechmann. Pechmann, zum Zeitpunkt der nationalsozialistischen »Machtergreifung« bereits 74 Jahre alt, hatte sich sein ganzes Leben lang für die evangelische Kirche eingesetzt und an der Kirchenverfassung mitgearbeitet. Dabei hatte er immer den Standpunkt vertreten, daß die evangelische Kirche ihre Unabhängigkeit vom Staat bewahren müsse und auch von der »gottgegebenen Obrigkeit« Unrecht nicht dulden dürfe. Trotz seiner sehr konservativen, antirepublikanischen Anschauungen hatte er sich von den völkischen und rassistischen Ideen seiner Zeit ferngehalten.

Bereits in den Tagen und Wochen der nationalsozialistischen »Machtergreifung« geriet er in einen heftigen Konflikt mit Repräsentanten der Kirche darüber, wie man sich nun verhalten solle. Besonders wehrte er sich gegen die Pläne, die Verfassung der bayerischen Landeskirche im Sinne des nationalsozialistischen Führerprinzips zu verändern. In unzähligen Briefen bekräftigte er, daß Staat und Kirche hier strikt auseinandergehalten werden müßten. Als die Verfassungsänderung vollzogen war, warf er dem Landesbischof Meiser vor:

»Nun hat man die Revolution auch in unsere evangelische Kirche hineingetragen, hat ihr je länger je mehr Gewalt angetan. Unsere Kirche aber, anstatt Widerstand zu leisten bis zum Äußersten, ist zurückgewichen und hat sich unterworfen. Sie kann und wird nicht mehr sein, was uns nötiger wäre denn je: eine Freistätte für alle.«[256]

Außerdem forderte er bereits nach dem Boykott gegen die Juden vom 1. April 1933 die Kirche dringend dazu auf, in einer öffentlichen Kundgebung gegen die Entrechtung der Juden zu protestieren; diese Frage ließe ihn »überhaupt nicht mehr zur Ruhe kommen«:

Wilhelm Freiherr von Pechmann

»In weitestem Maße richtet sich diese Bewegung (gegen die Juden, Anm. d. Verf.) gegen die Angehörigen unserer eigenen Kirche, auch gegen überzeugte und bewährte Angehörige derselben, und sie hat über ungezählte Familien, die sich mit vollem Recht christlich nennen, namenloses Leid gebracht. Angstvoll warten diese unsere Kirchenmitglieder von einem Tag zum anderen auf ein Wort ihrer Kirche, welche ihnen, wie sie mit vollem Recht annehmen, schuldig ist, sie zu schützen.
Aber darüber hinaus kann und darf die Kirche auch zu dem nicht schweigen, was unter Verletzung christlicher Gerechtigkeit und Liebe gegen jüdische Volksgenossen geschehen ist und geschieht. Auch hier hat die Kirche eine Mission zu erfüllen, der sie sich nicht entziehen kann, ohne sich selbst untreu zu werden.«[257]

All diese Mahnungen Pechmanns verhallten ungehört. Nachdem die evangelischen Bischöfe im Januar 1934 in einer Verlautbarung »einmütig ihre unbedingte Treue zum Dritten Reich und seinem Führer« bekräftigt hatten, entschloß sich Pechmann zu einem für ihn äußerst schmerzhaften Opfer: Er trat aus der evangelischen Kirche aus. Nur so könne er noch seinem Protest gegen das Schweigen der Kirche Ausdruck verleihen. Nicht einmal aus den Reihen der »Bekennenden Kirche« erhielt Pechmann hierfür Unterstützung. In den folgenden Jahren ließ Pechmann trotz dieser Enttäuschungen nicht nach, seine »Stimme zu erheben« gegen die »unfaßbare Engherzigkeit, Kurzsichtigkeit und Verblendung meiner engeren Glaubensgenossen«[258]. Immer wieder schrieb er auch in den Kriegsjahren an den Landesbischof Meiser und drängte ihn, endlich im Namen der Kirche und des Christentums gegen die Judenverfolgungen vorzugehen. Da ihm der Widerstand von Seiten der katholischen Kirche in jeder Hinsicht viel glaubwürdiger und stärker erschien als der Kompromißkurs der evangelischen Kirche, konvertierte er kurz nach dem Krieg zum Katholizismus. 1948 starb er im Alter von 89 Jahren.

Daß Pechmann mit seiner Haltung nicht ganz allein stand, zeigt der Freundes-kreis evangelischer Laien um Albert Lempp und Walter Classen. Die beiden Ver-leger – Lempp war Inhaber des Christian-Kaiser-Verlags, der aus der Schweiz stammende Classen arbeitete für den Ackermann-Kunstverlag – trafen sich seit Anfang der 30er Jahre in einem Kreis mit anderen Verlegern und Professoren zu regelmäßigen Bibelstunden reihum in den Wohnungen. Seelsorgerisch betreut wurde der Kreis über viele Jahre hinweg von dem Pfarrer Kurt Frör.[259] Durch Classens enge Kontakte in die Schweiz hatte man Zugang zu Literatur, die in Deutschland längst verboten war. Offenbar lag diesem Kreis ebenfalls das Schweigen der evangelischen Kirche zur Judenverfolgung besonders schwer auf der Seele: Einige seiner Mitglieder halfen Pfarrer Zwanzger bei der Betreuung der protestantischen »Judenchristen«, und Classen konnte durch seine guten Verbindungen einigen von ihnen zur Emigration verhelfen. Im Frühjahr 1943 entschloß man sich schließlich, dem Landesbischof Meiser eine Denkschrift zu überreichen, die sich mit den Judenverfolgungen auseinandersetzte und die Kir-che zum Protest aufrief:

»Als Christen können wir es nicht länger ertragen, daß die Kirche in Deutschland zu den Judenverfolgungen schweigt. (...) Der zur Zeit drohende nächste Schritt: die Einbeziehung der sogenannten 'privilegierten' Juden in diese Verfolgung, un-ter Aufhebung der nach Gottes Gebot gültigen Ehen, mag der Kirche die Veran-lassung geben, das durch Gottes Wort von ihr geforderte Zeugnis abzulegen gegen diese Verletzung des fünften, sechsten, siebenten, achten, neunten und zehnten Gebotes und damit endlich das zu tun, was sie längst hätte tun müssen. Was uns treibt, ist zunächst das einfache Gebot der Nächstenliebe (...). Von dieser Ent-scheidung kann uns keine 'Judenfrage' entbinden. Vielmehr hat die Kirche bei die-sem Anlaß zugleich zu bezeugen, daß die Judenfrage primär eine evangelische und keine politische Frage ist. Das politisch irreguläre und singuläre Dasein und So-sein der Juden hat nach der Heiligen Schrift seinen alleinigen Grund darin, daß dieses Volk vor Gott als Werkzeug seiner Offenbarung in Beschlag genommen ist. (...) Die Kirche (...) darf nicht länger versuchen, vor dem gegen Israel gerichteten Angriff sich selbst in Sicherheit zu bringen. Sie muß vielmehr bezeugen, daß mit Israel sie und ihr Herr Jesus Christus selbst bekämpft wird. (...) Das Zeugnis der Kirche gegen die Judenverfolgung in Deutschland wird so zu einem mit besonde-rem Gewicht ausgestatteten Sonderfall des der Kirche gebotenen Zeugnisses ge-gen alle Verletzung der zehn Gebote durch die staatliche Obrigkeit. (...) Alles, was bisher von der Kirche in Deutschland in dieser Sache getan wurde, kann nicht als solches Zeugnis gelten (...). «[260]

Meiser empfing zwar einige Abgesandte des Kreises, reagierte aber nicht auf die Denkschrift. Ein Exemplar gelangte allerdings in die Schweiz und wurde dort im Evangelischen Pressedienst veröffentlicht. Kurz darauf löste sich der Kreis auf, da Albert Lempp starb und Walter Classen in die Schweiz zurückkehrte.

9. Kriegsgefangene und Zwangsarbeiter

»Es ist nun einmal unser Schicksal, jedes einzelnen Deutschen, daß wir dieser hohen Rasse angehören. (...) Eine niedrige Rasse braucht weniger Raum, weniger Kleidung, weniger Nahrung und weniger Kultur als eine höhere Rasse. Der deutsche Mensch kann nicht unter den gleichen Voraussetzungen leben wie der Pole (...).«

(Reichsorganisationsleiter Robert Ley, 1940)[261]

Ausländische »Fremdarbeiter«, »Fremdarbeiterinnen« und Kriegsgefangene bildeten seit 1940 einen immer größer werdenden Teil der Bevölkerung im nationalsozialistischen Deutschen Reich. Sie machten bis zu einem Drittel der gesamten Arbeiterschaft aus. Hintergrund dafür war, daß die Arbeitslosigkeit in Deutschland ab Mitte der 30er Jahre in einen zunehmenden Arbeitskräftemangel umschlug, vor allem verursacht durch den hohen Bedarf in der Rüstungsindustrie. Schon 1938 wurden ausländische Saisonarbeiter in der Landwirtschaft eingesetzt, um die in die Stadt abgewanderten Knechte und Mägde zu ersetzen. Mit Kriegsbeginn verschärfte sich der Arbeitskräftemangel deutlich, da die Einberufungen die wehrfähigen Männer vom Arbeitsmarkt zogen. Im Ausland zunächst noch auf mehr oder weniger freiwilliger Basis angeworbene Zivilarbeiter aus Jugoslawien, dem »Protektorat Böhmen und Mähren«, dem eroberten Polen, aus Italien, den Niederlanden, Belgien und der Slowakei sollten den Mangel beheben. Hinzu kamen die ersten Kriegsgefangenen: einige Polen, vor allem aber viele Franzosen, die gerade in der Münchner Industrie mit ihrem hohen Facharbeiterbedarf sehr begehrt waren. Die Firmen – allen voran BMW, Krauss-Maffei und Agfa, aber auch die kleineren rüstungs- und zivilwirtschaftlichen Betriebe – stellten ihre Produktion immer mehr auf die ausländischen Arbeitskräfte um.

Das NS-Regime trieb diese Umstrukturierung des deutschen Arbeitsmarktes mit großem Einsatz voran, da es der nationalsozialistischen Ideologie voll entsprach, daß ausländische, »fremdvölkische« Arbeiter die bei der Expansion anfallende Schmutzarbeit billig erledigten. Bald wurden die Zivilarbeiter in den besetzten Gebieten mit zum Teil brutalsten Methoden zwangsrekrutiert. Nationalsozialistische Häscher fingen auf Straßenrazzien willkürlich junge Männer und Frauen ein und verschleppten sie wie Sklaven zum Arbeitseinsatz nach Deutschland. Die meisten Zwangsarbeiter und Zwangsarbeiterinnen aus dem westlichen wie aus dem östlichen Europa gehörten den unteren Schichten an und besaßen keine Ausbildung. Offensichtlich gelang es den Gebildeten und Reicheren eher, sich durch Atteste und Bestechungen der Zwangsrekrutierung zu entziehen. Die Arbeitszeit der Kriegsgefangenen und Zwangsarbeiter steigerte

Eines der zahlreichen Kriegsgefangenenlager in München

sich im Laufe der Kriegsjahre von circa 54 auf über 72 Wochenstunden. Im Vergleich dazu arbeiteten auch die dienstverpflichteten Deutschen meist nicht mehr als 50 Stunden in der Woche. Untergebracht waren die ausländischen Arbeiter und Kriegsgefangenen in Barackenlagern meist auf dem Gelände der Firma, die sie beschäftigte. In München gab es Hunderte solcher Lager – in der Regel in primitivster Bauweise errichtet, mit katastrophalen sanitären Bedingungen und unter strenger Aufsicht von Wachpersonal.

Bei ihrer Behandlung der Ausländer unterschieden sowohl die nationalsozialistischen Behörden als auch die Firmen deutlich zwischen verschiedenen Gruppen: Noch am besten erging es den Angehörigen »befreundeter« Staaten wie Italien, Kroatien oder Rumänien. Wesentlich schlechter wurden die Ausländer aus den besetzten »Feindstaaten« behandelt, die meist durch Zwangsmaßnahmen nach Deutschland gepreßt worden waren. Die Kriegsgefangenen standen am unteren Ende der Hierarchie. Sie erhielten keinen Urlaub und die schlechteste Verpflegung. Kriegsgefangenen und Zivilarbeitern war der Umgang miteinander verboten. In unbeschreiblichem Elend arbeiteten schließlich die KZ-Häftlinge, die gegen Ende des Krieges in der Rüstungsproduktion bei den Firmen eingesetzt wurden. Bei ihnen ging es nicht mehr um den Erhalt der Arbeitskraft, sondern um »Vernichtung durch Arbeit«.

Weiterhin unterschied man die Arbeiter auch unter rassistischen Gesichtspunkten nach »germanischer« und »nichtgermanischer« Abstammung, wobei es den »ostischen Untermenschen« aus Polen und der Sowjetunion am schlechtesten erging. Die ersten sowjetischen Kriegsgefangenen kamen im Herbst 1941 in katastrophalem Zustand nach München. Bald stellten sie die Hälfte aller Münchner Kriegsgefangenen. Seit Anfang 1942 lieferten regelrechte Menschenjagden der Arbeitsbehörden gemeinsam mit Polizei und SS den Münchner Firmen Tausende von »Ostarbeitern« aus der besetzten Ukraine. Unter diesen waren ebenso viele Frauen wie Männer. Selbst Kinder wurden zum Arbeitseinsatz verschleppt.

1943 wurden die Ausländertransporte spärlicher, das Reservoir ausländischer Arbeitskräfte schien erschöpft. Also steigerte man die Ausbeutung der vorhandenen Arbeiter: Man verlängerte noch einmal die Arbeitszeiten und erließ eine generelle Urlaubssperre. Gleichzeitig versuchte man, für die privilegierteren Gruppen Leistungsanreize zu schaffen. Viele französische Kriegsgefangene wurden ins Zivilarbeiterverhältnis überführt, wo sie erheblich mehr Geld verdienten und größeren Bewegungsspielraum besaßen. 1944 zählten die Münchner Rüstungsbetriebe zwischen 30 und 50 Prozent Ausländerbelegschaft. An der Spitze stand BMW in Allach mit 65 Prozent.

Verweigerung und Protest gegen die Entrechtung

Für ausländische Zivilarbeiter und Kriegsgefangene waren die Möglichkeiten, etwas gegen die eigene Entrechtung zu unternehmen, äußerst begrenzt. Streiks, Beschwerden und Arbeitsverweigerungen kamen dennoch immer wieder vor, meist als unmittelbare Reaktion auf Versorgungsdefizite, Erschöpfung und Heimweh. Bei »Verletzungen der Arbeitspflicht« mußte man mit schlimmsten Strafen rechnen: Obwohl die Zivilarbeiter eigentlich den Arbeitsämtern unterstanden, wurde bei »Ostarbeitern« automatisch die Gestapo eingeschaltet, bei »Westarbeitern« nach Belieben. Dutzende von »Ostarbeitern« in München verfielen wegen kleiner »Vergehen« der sogenannten Sonderbehandlung und wurden ohne Verfahren hingerichtet. Hunderte kamen in Polizeihaft, manche auch ins KZ. Die sowjetischen Kriegsgefangenen wurden ebenfalls in großer Zahl der »Sonderbehandlung« zugeführt. Lediglich in den Lagern der westlichen Kriegsgefangenen herrschten mildere Verhältnisse, da diese dem Zugriff der Gestapo in der Regel entzogen waren.

Gemeinschaftliche Streikaktionen kamen nur Anfang der 40er Jahre vor, als die Rigorosität der für Arbeitsverweigerung verhängten Strafen den neu angekommenen Gruppen vielleicht noch nicht bekannt war. Im April 1940 traten rund 40 polnische Arbeiter bei der Baufirma Macher in den Streik, um durchzusetzen, daß sie den gleichen Lohn wie die deutschen Arbeiter erhielten. Daraufhin wurden die Wortführer sofort verhaftet, die anderen kehrten unter massiven Drohungen wieder zur Arbeit zurück. Auf der Lufthansa-Flugwerft in München-Riem legten im September 1941 70 Ungarn die Arbeit wegen unzureichender Grundversorgung und Unterbringung, Nichteinhaltung der Lohnzusagen und Behinderung der Lohnüberweisungen in die Heimat nieder. Da Ungarn als »befreundeter« Staat galt, versuchten die Behörden zunächst einen Ausgleich: Vertreter der Deutschen Arbeitsfront führten, unter Anwesenheit der Gestapo, mit den Streikenden ein »belehrendes« Gespräch. Als dieses jedoch nichts half, wurden drei »Rädelsführer« verhaftet. Erst daraufhin nahmen die Ungarn die Arbeit wieder auf.

Auch Beschwerden Einzelner über die schlechten Arbeitsbedingungen konnten üble Folgen haben, besonders wenn die Beschwerdeführer im Zorn auch ihre Entrechtung in Deutschland beklagten. Der holländische Zivilarbeiter Pieter de Boer wurde 1941 wegen solcher Äußerungen zu sechs Monaten Gefängnis verurteilt. Von Beruf eigentlich ein gut ausgebildeter chemigraphischer Facharbeiter, war de Boer zu schweren körperlichen Arbeiten bei der Reichsbahn in Neuaubing zwangsverpflichtet worden. Zu Hause in Holland hatte er eine Frau und zwei Kinder. Sein Selbstbewußtsein ließ er sich in Deutschland nicht nehmen. Da er gut deutsch sprach und viele deutsche Bücher gelesen hatte, nahm er offenbar unter den holländischen Arbeitern bald eine Führungsrolle ein. Mehrmals sprach er bei dem Betriebsführer und dem Lagerführer vor und forderte bessere Lebensbedingungen:

»Heute Mittag erklärte de Boer, daß das Essen im Lager viel zu wenig ist und ganz besonders, wenn man schwere Schneeräumungsarbeiten zu leisten hat. Auch die übrigen holländischen Arbeiter erklärten, daß das Essen zu wenig sei. (…) Bei der Auseinandersetzung erklärte der Lagerführer dem de Boer, daß er als Hetzer und Aufwiegler längst erkannt ist; er solle nicht immer über das Essen schimpfen und erklären, daß unser Lager ein Drecklager sei. Wenn man de Boer irgendwelche Sparmaßnahmen in der Verpflegung oder in der Beheizung vorhält, dann ist sein zweites Wort 'Armes Deutschland!'. Bei der Arbeiterrotte erklärte er, wenn es jetzt nur zwei Meter herunterregnen würde, daß dieses Bayernlandl endlich weggeschwemmt würde.

Als der Lagerführer dem de Boer erklärte, daß er auch zu den Lagerinsassen gehöre, die nur essen wollen und möglichst wenig arbeiten, erklärte de Boer, daß er auch kein guter Arbeiter sei; er ist auch nicht freiwillig nach Deutschland gekommen, sondern nur gezwungenerweise. Dem Vorhandwerker Hildebrand gegenüber äußerte er sich auch, daß er an der Arbeit in Deutschland kein Interesse habe. Dem Betriebsführer gegenüber erklärte er noch, daß er über Deutschland seine bestimmte Meinung habe. Der Lagerführer erklärte weiter, daß sich de Boer ihm gegenüber bei einer Auseinandersetzung äußerte, daß in Rußland eben die Leute hingeschlachtet werden und in Deutschland werden die Leute an die Wand gestellt, da sei kein Unterschied zwischen Nationalsozialismus und Kommunismus.« [262]

Diese Bemerkungen über das nationalsozialistische Deutschland brachten de Boer vor das Sondergericht. Er wurde zu sechs Monaten Gefängnis verurteilt.

Während de Boer als Holländer zumindest nicht unter rassistischen Gesichtspunkten verurteilt wurde, mußten Polen und Russen, wenn sie sich gegen das ihnen zugefügte Unrecht wehrten, aufgrund ihrer angeblichen »rassischen Minderwertigkeit« mit weit verschärften Strafen rechnen. Die »Polenstrafrechtsverordnung« vom 4. Dezember 1941 erlaubte es, Polen wegen geringster Vergehen sogar zum Tode zu verurteilen. Im Dezember 1941 geriet der gerade 17 Jahre alt gewordene Pole Boleslaw Buczkowski in eine Schlägerei mit dem Bauern, bei dem er seit fast zwei Jahren in Zwangsarbeit stand. Buczkowski war als Kind, mit nur 15 Jahren, seiner Familie entrissen und nach Deutschland verschleppt worden. Da ihn die Münchner Bauersfamilie nicht gut behandelte, war er natürlich über sein Schicksal äußerst verbittert und unglücklich. Eines Tages, als ihn der Bauer wegen eines gestohlenen Apfels ins Gesicht schlug, wehrte er sich, versetzte dem Bauern eine Wunde über dem Auge und floh aus dem Haus. In der Nacht erzählte er einem Franzosen, der ihm im Wald begegnete, daß er den Hof des Bauers anzünden wolle. Vier Monate später verurteilte ihn das Landgericht zu einem Jahr und sechs Monaten Gefängnis, wobei es seine Jugendlichkeit berücksichtigte, aber auch anführte, »daß bei Polen nur erheblich härtere als die üblichen Strafen den Strafzweck erreichbar erscheinen lassen.«[263] Dem Oberstaatsanwalt war das Urteil jedoch bei weitem zu mild. Er beantragte Revision und erreichte, daß Buczkowski im August 1942 vor dem Sondergericht tatsächlich zum Tode verurteilt wurde. Das Urteil des berüchtigten Richters Schwingenschlögl strotzte von rassistischen Ausfällen. 410 Plakate verkündeten im ganzen Münchner Raum Buczkowskis Hinrichtung. Die Herausgabe seiner Leiche wurde seiner Familie verweigert. Auch seine Abschiedsbriefe erhielt die Familie bis heute nicht. Da sie eine schonungslose Abrechnung des 17jährigen enthielten, wurden sie nicht befördert:

»*Das Unrecht, das uns zugefügt ist, wird in allerkürzester Zeit belohnt werden. Des Bauern, der mich zum Tode verurteilte, werden sich andere Polen erinnern und ihn dafür lohnen. Dieses Unrecht wird in der neuen Geschichte Polens eingetragen werden, indem sie uns während des Krieges zu Tausenden niedermetzelten, aber die Polen, die verbleiben, werden sie bis zum letzten nach dem Krieg niedermachen. (...)*

Bekanntmachung.

Am 29. September 1942 ist der am 20. 4. 1924 in Golluchow, Kreis Stopnice, geborene

Boleslaw Buczkowski

hingerichtet worden, den das Sondergericht in München auf Grund der Polenstrafrechtsverordnung zum Tode verurteilt hat.

Buczkowski hat den Bauern, bei dem er beschäftigt war, schwer mißhandelt und die Bevölkerung durch die Drohung, den Hof des Bauern anzuzünden, in Aufregung versetzt.

München, den 29. September 1942.

Der Oberstaatsanwalt München I.

Plakat, das die Hinrichtung Buczkowskis verkündete

Wenn sie mir auch das Leben nehmen, meinen Geist können sie mir nicht nehmen.«

»Vergeßt nur nicht, daß ich in Deutschland umgekommen bin, damit Ihr und das polnische Volk im Andenken habt, was in Deutschland mit den Polen geschieht.«

Daß sich die Zwangsarbeiter, wie Pieter de Boer und Boleslaw Buczkowski, offen auflehnten, geschah nur in Einzelfällen. Ein Massenphänomen hingegen waren »Verletzungen der Arbeitspflicht« wie Arbeitsverweigerung, unberechtigtes Verlassen des Arbeitsplatzes, »Bummelei«, »Renitenz«, die aus reiner Erschöpfung ebenso wie aus Protest begangen wurden. Allein im Monat November 1941 wurden in München 321 ausländische Arbeiter verschiedenster Nationalität in Polizeihaft genommen. In den Regierungs- und Polizeiberichten häuften sich Klagen über Verstöße gegen die »Arbeitsdisziplin« vor allem dann, wenn militärische Rückschläge der deutschen Armeen bekannt geworden waren. Auch Krankmeldungen wurden oft als verdeckte Arbeitsverweigerung und »Drückebergerei« gewertet und bestraft. In einigen Fällen versuchten Zwangsarbeiter, durch Selbstverstümmelung zu erreichen, daß sie wieder in die Heimat zurückgeschickt würden. »Ostarbeiter« fügten sich durch Einschnürungen der Hände und Füße Geschwüre zu, eine Reihe von Holländern gab sich als Bettnässer aus.

Um sich dem »Arbeitseinsatz« gänzlich zu entziehen, probierten sehr viele Kriegsgefangene und Zwangsarbeiter die Flucht, zum Teil auch mit Erfolg. Aussicht auf eine erfolgreiche Flucht hatten jedoch nur Arbeiter aus den westlichen Staaten. Da Polen und Russen grundsätzlich keinen Urlaub bekamen, halfen ihnen in der Regel auch gefälschte Papiere nichts. Auf dem weiten Weg in ihre Heimat mußten sie fast mit Sicherheit damit rechnen, entdeckt und gefangengenommen zu werden. Für die Russen und Ukrainer kam noch hinzu, daß sie in der Sowjetunion als Landesverräter betrachtet und bei ihrer Heimkehr unter Umständen sofort in ein sowjetisches Zwangslager eingeliefert wurden.

In einem besonders spektakulären Fall gelang es allerdings zwei Ukrainern, Johann Serdjuk und Fjodor Dregin, in der Nacht zum 3. September 1944 aus dem Gestapogefängnis Wittelsbacher Palais zu entfliehen. Mit einem Eisenstück, das sie von einer Pritsche gelöst hatten, brachen sie in tagelanger Arbeit neben dem Zellenfenster ein Loch in die Mauer, bis sie das ganze Fenster wegreißen und in den Hof hinunterspringen konnten. Da das Tor zum Hof offen stand, entkamen sie ins Freie. Zwei ihrer Zellengenossen hatten ihnen bei der Arbeit geholfen. Der Dritte hielt unter ihren Drohungen still, bis die Flucht geglückt war, läutete aber dann nach dem Wachtmeister. Sofort wurde das ganze Gelände mit Hunden abgesucht. Das weitere Schicksal der beiden Geflohenen ist nicht überliefert.

Für die Flucht westlicher Arbeiter und Gefangener war eine sehr gute Vorbereitung unabdingbar. Ein Polizeibericht vom Juli 1942 zählt die Fluchtmittel auf, die bei einer Razzia in einem Kriegsgefangenenlager gefunden wurden:

Geheime Staatspolizei.   München, den 18.Sept.1940.
Staatspolizeileitstelle München
            II E

                    I. T a g e s b e r i c h t .

1.) Sozialpolitisches:
    Festgenommen wurden:
    R y c h l i n s k i   Richard, led.poln.Landarbeiter, geb.
    24.3.12 in Warschau, zuletzt wohnhaft in Stocka b.Rosenheim.
    R. hat seinen Arbeitsplatz unberechtigt verlassen. Er
    wurde für die Dauer von 10 Tagen in Pol.Haft genommen und
    anschliessend dem Arbeitsamt überstellt.

    M y s c h o w s k i   Jan, led.poln.Landarbeiter, geb.
    15.4.20 in Wsglen, zuletzt wohnhaft auf dem Gut Hachtsee,
    LK.Weilheim.
    M. entlief unerlaubt seinem Arbeitsplatz.
    Er wurde für die Dauer von 10 Tagen in verschärfte Pol.Haft
    genommen.

    L u t y n s k a   Martin Robert, led.poln.Landarbeiter, geb.
    23.3.25 in Lyon;
    L. hat die Arbeit verweigert.
    Er wurde für die Dauer von 14 Tagen in Pol.Haft genommen.

    M i c h n i e w s k a   Helena, verh.poln.Landarbeiterin,
    geb.15.9.05 in Koprusy, zuletzt wohnhaft in München,
    Waisenhausstr.32.
    M i c h n i e w s k a   Alfreda, led.poln.Landarbeiterin,
    geb.19.2.25 in Staporkow, zuletzt wohnhaft in München,
    Waisenhausstr.32.
    Die beiden polnischen Arbeiterinnen verliessen ohne Grund
    den Arbeitsplatz und wollten durch Arbeitsverweigerung einen
    Arbeitsplatzwechsel erzwingen.
    Sie wurden für die Dauer von 5 Tagen in Pol.Haft genommen.

Gestapobericht über Festnahmen von polnischen Zwangsarbeitern

Von der Gestapo aufgenommenes Foto der Zelle im Wittelsbacher Palais, aus der Serdjuk und Dregin ausbrachen

»Am 14. 7. 42 um 8 Uhr wurde das Lager für französische Kriegsgefangene, die als Arbeitskommando bei der Firma Rathgeber in Moosach beschäftigt sind, razzienmäßig auf Fluchtmittel überholt. Das Gefangenenlager besteht aus vier Baracken mit Nebenräumen, in denen 450 französische Kriegsgefangene untergebracht sind. Auch die Fabrikhallen der Firma Rathgeber, in denen sich Schränke der dort beschäftigten Zivilarbeiter befinden, wurden durchsucht. Im Lager der Kriegsgefangenen wurden festgestellt und beschlagnahmt:

5 Zivilanzüge, 25,80 Reichsmark Bargeld in deutscher Währung, 260 französische Francs, 4 Rucksäcke, 1 Radioanlage mit 2 Kopfhörern, die geheim angelegt war, 7 feststehende Messer, 32 Rasiermesser, 5 skizzierte Fluchtpläne, 1 Fahrplan der Reichsbahn, 12 Landkarten sowie eine große Menge von Werkzeugstücken verschiedenster Art, wie Sägen, Meißel, Zangen, Hämmer, Bohrer usw.«[264]

Bis zur Einführung der Urlaubssperren 1942 nutzten »Westarbeiter« ihren Urlaub, um nicht mehr nach Deutschland zurückzukehren. In ihrer Heimat mußten sie sich dann verstecken. Die Gestapo war in den besetzten Gebieten in der Regel damit überfordert, alle Entlaufenen wieder einzufangen. Es entwickelte sich ein reger Markt für gefälschte und gestohlene Pässe und Urlaubsscheine. Da die Kriegsgefangenen grundsätzlich keinen Urlaub bekamen, keine Fahrscheine kaufen durften und in ihren Uniformen zu sehr auffielen, waren sie auf die Hilfe ihrer zivilen Landsleute angewiesen. »Westarbeiter« besorgten den Kriegsgefangenen Papiere, Fahrscheine und Zivilkleidung – aus Mitleid, Freundschaft oder landsmännischer Solidarität, oft allerdings auch, weil diese sie dafür bezahlten. Zum Teil nahm die Fluchthilfe regelrecht organisierte Formen an. So meldeten die Bayerischen Motorenwerke im Oktober 1942 der Gestapo:

»Französische Zivilarbeiter aus dem besetzten und unbesetzten Gebiet, die bereits seit längerer Zeit in Deutschland arbeiten, erhalten aufgrund ihres Arbeitsvertrages Urlaub. Vor ihrem Urlaub setzen sie sich mit französischen Kriegsgefangenen des eigenen oder eines fremden Werkes in Verbindung und lassen sich von diesen die genauen Personalien geben. Mit diesen Unterlagen fahren die französischen Zivilarbeiter nach Frankreich auf Urlaub. Während ihres Urlaubs lassen sich diese französischen Zivilarbeiter unter falschem Namen (– die Personalien des jeweiligen Kriegsgefangenen geben sie an –) für Firmen in der Umgebung ihres jeweiligen Arbeitsortes anwerben. Nach Beendigung ihres Urlaubs kommen die französischen Zivilarbeiter wieder auf ihren alten Arbeitsplatz, setzen sich daraufhin mit dem betreffenden Kriegsgefangenen in Verbindung und händigen diesem die Anwerbungspapiere für die jeweilige Firma aus. Außerdem bringen sie für den französischen Kriegsgefangenen Zivilkleider aus Frankreich mit. Daraufhin flüchtet der französische Kriegsgefangene und meldet sich einige Tage später bei der Firma, für die er durch den französischen Zivilarbeiter in Frankreich angeworben worden ist. Nach Ablauf einer gewissen Zeit bekommt der nunmehr neugebackene Zivilarbeiter bezahlten Heimaturlaub und fährt mit Original-Urlaubspapieren nach Hause. Für die Beschaffung dieser Anwerbungspapiere läßt sich der französische Zivilarbeiter zwischen 10 000–12 000 Francs zahlen.«[265]

Meist gingen die Fluchthilfeunternehmen auf die Initiative besonders engagierter und findiger Einzelner zurück. Der französische Jurastudent Daniel Montuelle, der im Güterbahnhof München-Laim als Rangierarbeiter beschäftigt war, brachte 1943 dutzendweise französische Kriegsgefangene in die Freiheit. Laut späterer Aussage seiner Verbündeten haßte er die Deutschen und genoß wegen seiner Intelligenz, Bildung und seinem Wagemut bei den anderen französischen Bahnarbeitern großes Ansehen. Mittelpunkt seiner Fluchthilfeaktivitäten war die Bahnhofskantine in Laim: Dort hielt er den Kontakt zu den Fluchtwilligen und warb Helfer an. Die Fluchtwilligen mußten sich im Waschraum der Kantine verstecken, bis Montuelle geeignete Güterwaggons ausfindig gemacht hatte, die nach Frankreich fahren sollten. Seine Helfer erbrachen die Plomben an den Waggons und plombierten sie wieder, nachdem sie die Fluchtwilligen darin versteckt hatten. Montuelle gelang es, Ende 1943 selbst zu fliehen; doch seine Kameraden wurden im Dezember von einer Französin, die in der Kantine arbeitete,

Beschuldigter Prax   Kgf. Lasale   Kgf. Roullet

Kgf. Canowa   Kgf. Lidon   Kgf. Pateau

Von der Gestapo zusammengestellte Fotos von Louis Antoine Prax und französischen Kriegsgefangenen, denen er zur Flucht verholfen hatte

denunziert. Das Oberlandesgericht München verurteilte sie zum Tode, das Urteil wurde jedoch wegen des Kriegsendes nicht mehr vollstreckt.

Eine ähnliche Fluchthilfeorganisation gab es im Sommer und Herbst 1943 beim Postamt 3 an der Bayerstraße: Französische Postarbeiter versteckten dort Kriegsgefangene in Eisenbahnwaggons, die mit Feldpostsendungen nach Paris gingen. Ihnen dienten das nahegelegene Gasthaus »Russischer Hof« und andere Gasthäuser als Kontaktstellen.

Es ist zu vermuten, daß auch die Résistance – die nationale französische Widerstandsorganisation, die gegen die deutsche Besatzung kämpfte – in Fluchthilfeunternehmen eingebunden war. Im Mai 1942 meldete sich der Arbeiter Louis Antoine Prax freiwillig zum »Reichseinsatz« nach Deutschland – und dies, nachdem er gerade acht Monate wegen Herstellung von antideutschen Flugblättern und Urkundenfälschung in dem mit Deutschland verbündeten Vichy-Frankreich im Gefängnis gesessen hatte. Offenbar kam er im Auftrag der Résistance nach München, um sich hier als Fluchthelfer zu betätigen. Als Hilfsschlosser bei BMW in Allach gelang es ihm, eine Reihe von französischen Kriegsgefangenen zu befreien. Verhaftet wurde er schließlich, nachdem er mit gefälschten Formularen, Stempeln, Unterschriftenfaksimiles, Druckerschwärze und Paßbildern von Fluchtwilligen aus einem Frankreich-Urlaub zurückgekommen war. Französische Kollegen, die wohl systematisch als Polizeispitzel arbeiteten, hatten ihn denunziert. Prax wurde zu drei Jahren und sechs Monaten Zuchthaus verurteilt.

Widerstandsorganisationen der Kriegsgefangenen und Zwangsarbeiter

In wie vielen und in welchen Kriegsgefangenenlagern es aktive politische Widerstandsorganisationen gab, ist nicht mehr festzustellen. Mehrere Hinweise deuten auf die starke Präsenz der Résistance in den französischen Lagern hin, allerdings ist praktisch kein Aktenmaterial dazu überliefert: Die Lager der Kriegsgefangenen unterstanden der Wehrmacht und waren in der Regel dem Zugriff der zivilen Gerichte entzogen. Da die Akten der Wehrmachtsgerichte jedoch zerstört oder verstreut sind, lassen sich konkrete Fälle von Widerstandshandeln kaum rekonstruieren. Nur die Zeitzeugenberichte lassen ahnen, wie aktiv die Résistance in den Münchner französischen Kriegsgefangenenlagern war: Franz Geiger, während des Krieges Französischdolmetscher in verschiedenen Lagern, erzählt von einem gut funktionierenden Organisationsnetz, das auch mit Deutschen kooperierte.[266] Laut Zeitzeugenberichten arbeitete die »Freiheitsaktion Bayern« (FAB) eng mit Angehörigen der Résistance zusammen: Der in die Pläne der FAB verwickelte Mitarbeiter des Instituts für Luftfahrtmedizin Robert von Werz bildete zusammen mit seiner Frau eine eigene Widerstandsgruppe um das Stammlager Moosburg, der sowohl Mitglieder der Dolmetscherkompanie als auch Persönlichkeiten der Résistance angehörten. Im April 1945 befreiten sie den französischen Agenten Jean Miremont aus dem Lager und versteckten ihn mit Fremdarbeiterpapieren getarnt in einer Autofirma. Miremont übermittelte den Alliierten einen Funkspruch, der sie von dem bevorstehenden Aufstand informierte und um schnelle Hilfe sowie um eine Einstellung der Bombenangriffe bat.[267]

Anfang 1943 wurden bei einer Gruppe von italienischen Zivilarbeitern in einem Zivilarbeiterlager kommunistische Zeitschriften sowie Flugblätter gefunden, die die Titel »Deutsche Soldaten« und »Hoch Stalin«[268] trugen. Bei den Vernehmungen stellte sich heraus, daß die Italiener in den 20er Jahren aus dem faschistischen Italien nach Frankreich emigriert waren und sich dort der kommunistischen Partei angeschlossen hatten. Nachdem sie in Spanien gegen Franco gekämpft hatten, ließen sie sich zum Arbeitseinsatz nach Deutschland anwerben, um hier für den Kommunismus zu werben. Zu diesem Zweck wollten sie auch die bei ihnen gefundenen Flugblätter verteilen. Die deutschen Behörden hatten eigentlich vor, die Gruppe ins verbündete Italien abzuschieben, damit sie in ihrer Heimat abgeurteilt würden. Der Abfall Italiens vom nationalsozialistischen

Flugblätter einer Widerstandsorganisation italienischer Zivilarbeiter, 1943

Deutschland im Sommer 1943 machte diese Pläne zunichte. Im Konzentrationslager Dachau warteten die Italiener auf ihre Verurteilung. Wegen des Kriegsendes kam es jedoch nicht mehr zur Gerichtsverhandlung.

Weit mehr als die westeuropäischen Widerstandsgruppen fürchteten die nationalsozialistischen Behörden den bolschewistisch-revolutionären Widerstand aus den Lagern mit sowjetischen Kriegsgefangenen. Daher waren diese dem Zugriff der Gestapo ausgesetzt. Auf Befehl Reinhard Heydrichs wurden im Sommer und

Herbst 1941: in den Lagern für sowjetische Gefangene Säuberungsaktionen gegen »Politruks und Bolschewisten« durchgeführt; circa 500 Verdächtige wurden gegen den massiven Protest der Wehrmachtstellen auf dem Schießplatz des KZ Dachau ermordet. Trotz des Terrors bemalten zwei russische Arbeiter Ende 1943 Hauswände mit Hammer und Sichel, und späteren Berichten zufolge wurde von vielen jede Gelegenheit zur Sabotage der Kriegsproduktion genutzt:

»Wir fertigten Ausschuß, verteilten Flugblätter in der Stadt und an der Arbeitsstelle unter Kriegsgefangenen. In die Schmiermittel und die Buchsen der fabrikneuen Lokomotiven schütteten wir Sand und Metallspäne. Während der Luftangriffe auf München schnitten wir Transmissionsriemen der Werkbänke durch.«[269]

Weit über Bayern hinaus konnte sich eine große Widerstandsgruppe sowjetischer Kriegsgefangener und »Ostarbeiter« organisieren: die »Brüderliche Zusammenarbeit der Kriegsgefangenen« (BSW – »Bratskoje Sotrudnitschestwo Wojennopleniich«). Die Anfänge der BSW gingen auf den Juden deutscher Abstammung Josef Feldmann zurück. Feldmann war im Juni 1941 als Offizier der Roten Armee in Kriegsgefangenschaft geraten. Er hatte seine jüdisch-deutsche Identität verheimlichen und sich als Ukrainer ausgeben können. In München wurde er aufgrund seiner Sprachkenntnisse in verschiedenen Lagern als Dolmetscher eingesetzt, wo er zahlreiche Kontakte knüpfte. Es gelang ihm, zu fliehen und sich in Moskau beim Zentralkommitee der Kommunistischen Partei zu melden. Dort erhielt er im Mai 1942 den Auftrag, sich freiwillig als »Ostarbeiter« nach Deutschland zu begeben und eine Geheimorganisation aufzubauen. Feldmann kam unter falschem Namen wieder nach München. Er trat in Verbindung mit russischen Offizieren im Stammlager VII an der Schwanseestraße in Giesing. Gemeinsam arbeiteten sie im Frühjahr 1943 ein Programm aus, das die Ziele der BSW definierte: Die Kriegsgefangenen und Fremdarbeiter sollten organisiert und bewaffnet werden, um zu einem geeigneten Zeitpunkt die NS-Regierung zu stürzen und den alliierten Armeen zu Hilfe zu eilen. Man wollte eine Flakstellung besetzen und entwaffnen und dann in München wichtige Gebäude wie die Hauptpost erobern. Zunächst sollten Sabotageakte in den Rüstungsbetrieben die Wehrkraft der Deutschen schwächen. Verräter in den eigenen Reihen plante man auszuschalten, zudem sollte strenge Disziplin gewahrt werden. Militärische Informationen sollten weitergegeben und verbreitet werden. Im Lager Schwanseestraße wurden ein Lagerkomitee gegründet und einzelne Barackenbeauftragte ernannt. Die Bildung eines »Vereinigten Rates« mit Vertretern von Komitees verschiedener Nationalitäten war vorgesehen. An der Spitze der Organisation standen Iwan Korbukow, Wassilij Winitschenko, Nikolai Plachotnjuk und Alexander Batowski. Um das Programm der BSW auch unter den Zivilarbeitern zu verbreiten, flüchtete eine Reihe von Offizieren. Bald erstreckte sich die BSW über zahlreiche Kriegsgefangenen- und »Ostarbeiter«-Lager in München. Eine sehr aktive Gruppe russischer »Ostarbeiterinnen« übernahm die Kurierdienste zwischen den La-

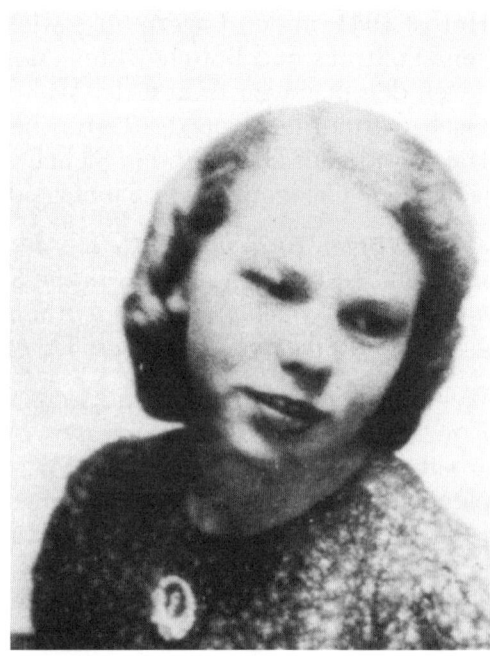

Valentina Bondarenko und Tatjana Berejko, zwei »Ostarbeiterinnen«, die für die BSW arbeiteten

Iwan Korbukow

gern. Auch in anderen Teilen des Reiches, vor allem im Südwesten, konnte sich die Organisation ausbreiten. Mitglieder wurden nicht immer nur auf freiwilliger Basis gewonnen: Wer sich nicht beteiligte, dem wurde angedroht, daß er nach dem Sieg der Roten Armee liquidiert werden würde. Im Juli 1943 gelang der BSW ein Kontakt zu einer deutschen Widerstandsgruppe: der »Antinazistischen Deutschen Volksfront« um das Ehepaar Hutzelmann und Karl Zimmet.[270] Von nun an arbeiteten die beiden Organisationen eng zusammen: In der Wohnung der Hutzelmanns hörten die Kriegsgefangenen den Moskauer Sender, in Zimmets Wohnung stand ein selbstgebauter Kurzwellensender, mit dessen Hilfe die BSW Kontakt zu den Gruppen in anderen Städten hielt. Als Dolmetscher und Verbindungsmann fungierte der Tscheche Karl Mervat. Gemeinsam machte man Pläne für einen bewaffneten Aufstand. Später, in den Gestapo-Vernehmungen, ließen allerdings Mitglieder der BSW durchblicken, daß sie bei einem Gelingen des Unternehmens die Deutschen sofort ausgeschaltet hätten. Im November 1943 wurde die ganze Organisation ausgehoben: Bei einer »Ostarbeiterin« hatte die Polizei einen verdächtigen Brief gefunden und daraufhin die Lager mit Spionen und Spitzeln durchsetzt. Über 400 Personen wurden im Laufe der nächsten Wochen festgenommen und bei den Vernehmungen oft grausam gefoltert. Allein am 4. September 1944 wurden im KZ Dachau 92 russische Kriegsgefangene und Zivilarbeiter erschossen.

10. Widerstand und Opposition
gegen den Krieg

»Das deutsche Volk führt heute einen totalen Krieg. In diesem Krieg geht es um unser nationales und auch in den meisten Fällen um unser individuelles Leben im weitesten Sinne des Wortes. Niemand unter uns ist sich mehr im Zweifel darüber, daß ebenso, wie der Sieg alle unsere nationalen Wünsche und Hoffnungen befriedigen wird, ein Verlust des Krieges das Ende unseres Reiches mit all den daraus sich ergebenden politischen, militärischen, wirtschaftlichen, sozialen und kulturellen Folgen bedeuten würde. Es ist gut so, daß alle das wissen; das stärkt unsere Kraft, unser nationales Selbstbewußtsein, aber auch unsere Entschlossenheit.«

(Propagandaminister Joseph Goebbels, 1942)[271]

Das nationalsozialistische Regime hatte es geschafft, daß der Krieg in der Bevölkerung nicht als ein großangelegtes völkerrechtswidriges Verbrechen durchschaut, sondern als eine nationale Notsituation empfunden wurde. Dies verdankte es nur zum Teil seiner erfolgreichen Propaganda. Verantwortlich dafür waren vor allem die vergangenen Jahrzehnte der von den Deutschen heftig empfundenen «nationalen Demütigungen« nach dem verlorenen Ersten Weltkrieg, die jedes Augenmaß für eine vernünftige Außenpolitik vergessen ließen, sowie der weit verbreitete Militarismus. Daß die Wehrmacht, deren Offiziere in der Gesellschaft höchstes Ansehen genossen, den nationalsozialistischen Krieg aktiv mit vorantrieb und sich in keinster Weise von ihm distanzierte, ließ ihn umso mehr gerechtfertigt erscheinen. Selbst viele Menschen, die aus unterschiedlichsten Gründen mit der nationalsozialistischen Herrschaft nicht einverstanden waren, betrachteten dennoch den Krieg als »vaterländische Pflicht«. Die überwältigenden militärischen Erfolge der ersten Kriegsjahre taten ihr Übriges, um dem Krieg sogar bis weit in die Kreise der sozialistischen Arbeiterbewegung Zustimmung zu sichern.

Gerade die kirchlich-konservative Opposition setzte dem Krieg nicht nur keinen Widerstand entgegen, sondern zeigte sich im Gegenteil durch die nun geforderte Loyalität gelähmt. So verwandte Augustinus Rösch, Provinzial der Oberdeutschen Provinz der Jesuiten und Mitglied des »Kreisauer Kreises«, viel Energie und Zeit darauf, durchzusetzen, daß auch Jesuiten »kriegswürdig« und als vollwertige Soldaten anzuerkennen seien.[272] Bis in die letzten Kriegsmonate versicherten die Kirchen dem Regime bei der Kriegführung ihre Unterstützung. Für die konservativ-patriotisch denkenden Widerstandskreise ergab sich mit Kriegsbeginn der Konflikt, daß sie, wenn sie etwas gegen die NS-Herrschaft unternahmen, damit gleichzeitig die »vitalen Interessen« der deutschen Nation im

Kriegszustand gefährdeten. Ein Staatsstreich gegen Hitler bedeutete nun, den Alliierten den Sieg in die Hände zu spielen.

Unter diesen Voraussetzungen war es nicht erstaunlich, daß Kriegsdienstverweigerung und Desertion Tabuthemen darstellten. Der Deserteur erschien nicht nur den Nationalsozialisten, sondern auch großen Teilen der Opposition als »Feigling« und »Vaterlandsverräter«. Er hatte sich außerhalb der nationalen Schicksalsgemeinschaft gestellt und wurde dafür von den Wehrmachtsgerichten mit dem Tod bestraft. Auch nach 1945 erhielten Deserteure keine Entschädigungen. Ihre Rehabilitierung hat erst in allerjüngster Zeit begonnen.

Dennoch wurde natürlich in der Bevölkerung der Krieg kritisiert. Die Opfer, die er abverlangte, erschienen vielen zu groß. Gerade die Frauen, die unter den schwierigen Bedingungen des Krieges ihre Familien versorgten und den Alltag bewältigten, während ihre Männer an der Front ihr Leben riskierten, empfanden die Kriegsführung oft als völlig sinnlos. Wer die »feindlichen« Auslandssender hörte, sah sich mit der Aussicht konfrontiert, daß eine Niederlage früher oder später unvermeidlich würde. Doch erst in den letzten Kriegsjahren und -monaten, als nur noch die ganz Verblendeten an einen Sieg glaubten und der Untergang immer näher rückte, wurde der Krieg tatsächlich zu einem Motor des Widerstandes: Über Partei- und Herkunftsgrenzen hinweg taten sich Gruppen zusammen, um die Bevölkerung zum Aufstand gegen Krieg und Nationalsozialismus zu bewegen. Auch in konservativen Kreisen setzte sich die Erkenntnis durch, daß man gerade im nationalen Interesse den Krieg durch einen Sturz des Regimes beenden müsse.

Kriegsdienstverweigerung und Desertion

Sich dem Krieg durch Kriegsdienstverweigerung zu entziehen – sei es nun aus religiösen, moralischen, politischen oder aus ganz persönlichen Gründen – war ein ziemlich aussichtsloses Unternehmen: Man mußte sicher damit rechnen, zum Tode verurteilt zu werden. Die von den Münchner Wehrmachtsgerichten Verurteilten wurden in der Regel ins Gefängnis Stadelheim überstellt, wo die Guillotine auf sie wartete. Wieviele Münchner wegen Kriegsdienstverweigerung hingerichtet wurden, ist nicht bekannt.

Wer nicht in den Krieg ziehen wollte, versuchte eher, auf legalem Weg der Wehrpflicht zu entkommen, und ließ sich von wohlgesinnten Vorgesetzten »uk« – unabkömmlich – schreiben oder benutzte vorhandene Krankheiten, um sich von befreundeten Ärzten Kriegsuntauglichkeit bescheinigen zu lassen. Geschicklichkeit, gute Beziehungen und eine gehobene gesellschaftliche Stellung halfen hier enorm. Man riskierte allerdings in jedem Fall, als »Drückeberger« überführt und doch noch an die Front geschickt zu werden.

Der Techniker Hans Baumann zum Beispiel verwandte alle seine Energien darauf, seiner Einziehung zu entgehen – wohl weniger aus grundsätzlichen politischen oder moralischen Bedenken heraus, als aus einem diffusen Nicht-Mitmachen-Wollen und einer großen Unlust, sich der mörderischen Disziplin des Militärs zu beugen. Immer wieder schaffte er es, »uk« gestellt oder krankgeschrieben zu werden. Bereits im April 1943 denunzierte ihn sein eigener Schwiegervater bei den Wehrmachtsbehörden, er sei ein »Simulant« und müsse zum »Dienst am Vaterland«[273] gezwungen werden. Im Frühjahr 1944 schien sich die Einberufung an die Front nicht mehr länger aufschieben zu lassen. Baumann kündigte deshalb seiner Firma und begab sich auf eine längere »Vorstellungsreise« quer durch das Reich – in der Hoffnung, daß der Krieg inzwischen beendet und sich sein Problem damit von selbst lösen würde. Von Mitte Mai bis Ende Juli 1944 war Baumann für die Behörden unerreichbar. Er meldete sich an den Orten, wo er sich aufhielt, nur dann polizeilich an, wenn er sowieso bald wieder abreiste. Vorsichtshalber schickte er aber von unterwegs immer wieder Entschuldigungsschreiben an das Wehrmeldeamt, in denen er seine baldige Rückkehr ankündigte und sich soweit absicherte, daß ihm keine aktive Wehrdienstverweigerung nachgewiesen werden konnte. Im Oktober 1944 verurteilte ihn das Sondergericht München zu fünf Monaten Gefängnis. Wahrscheinlich überlebte Baumann auf diese Weise den Krieg.

Manche Kriegsdienstunwillige, die keine Krankheiten vorzuweisen hatten und nicht in der Lage waren zu simulieren, fügten sich Selbstverstümmelungen zu. Wurden sie dieser überführt, so mußten sie mit schlimmsten Strafen rechnen. Der Obergefreite Johann Bergmaier ließ sich Ende 1944 von seinem Freund Josef Unsinn einen mit Säure getränkten Verband auf den rechten Fußrücken auflegen, der ihn so schwer verletzte, daß er in ein Lazarett eingeliefert und für längere Zeit wehruntauglich geschrieben wurde. Die Ärzte kamen ihm jedoch auf die Spur. Sein weiteres Schicksal ist unbekannt, wahrscheinlich wurde er zum Tode verurteilt und hingerichtet. Auch Unsinn wurde wenige Tage vor Kriegsende im KZ Dachau ermordet.

Aktive Kriegsdienstverweigerer, die bewußt das sichere Todesurteil auf sich nahmen, gab es nur sehr vereinzelt. Sie handelten aus religiösen Motiven, ihnen verbot der Glaube, eine Waffe in die Hand zu nehmen. Für München sind nur Fälle von Zeugen Jehovas überliefert, die diese Konsequenz besaßen: Konrad Nägele hatte bereits in den 30er Jahren zweimal Gefängnishaft wegen illegaler Betätigung für die Zeugen Jehovas erlitten. 1940 wurde er erneut verhaftet, weil er den Kriegsdienst verweigerte. Das Reichskriegsgericht verurteilte ihn zum Tode. Auch Karl Schöner hatte 1936 und 1937 we-

Josef Unsinn

gen Bibelforscheraktivitäten eine lange Gefängnishaft abgesessen. Zunächst leistete er dem Einberufungsbefehl wohl Folge; erst 1943 legte er aus Gewissensgründen die Waffe nieder. Welche inneren Kämpfe diesem Entschluß vorausgegangen sein müssen, läßt sich nur erahnen. Er wurde ebenfalls zum Tode verurteilt und hingerichtet.

Die Zeugen Jehovas lehnten nicht nur den Kriegsdienst ab, sondern sie verweigerten auch jede zivile Kooperation im Rüstungsbereich und in der Militärmaschinerie. Selbst in den Konzentrationslagern – in denen im Laufe der Jahre die meisten der aktiven und bekennenden Zeugen Jehovas inhaftiert waren – hielten sie diese Weigerung aufrecht. Im Winter 1939 lehnte es eine Gruppe von Frauen um die ehemalige bayerische »Bezirksdienerin« Elfriede Löhr[274] im Konzentrationslager Ravensbrück geschlossen ab, Munitionstaschen auf Soldatenuniformen zu nähen. Die drakonischen Strafen – Hungerrationen, Dunkelhaft, tagelanger systematischer Wärmeentzug – ertrugen sie, indem sie beteten und sich gegenseitig Mut zusprachen. Noch schlimmer erging es Franziska Engel und Mathilde Fischl, die beide als Mitglieder der illegalen Münchner Organisation der Zeugen Jehovas verhaftet worden waren: Als sie sich in den 40er Jahren im Konzentrationslager Ravensbrück weigerten, Militärsocken zu stopfen, wurden sie von den Wachmannschaften erhängt.

Die meisten Soldaten, die zwischen 1939 und 1945 wegen »Wehrpflichtentziehung« und »Fahnenflucht« verurteilt wurden, waren keine Kriegsdienstverweige-

München den 13. April 1943.

An das Wehrkreiskommando München!

Als alter Soldat fühle ich mich verpflichtet einem Drückeberger und Simulanten schlimmster Sorte, dem es immer wieder gelingt sich der Wehrmacht zu entziehen, das Handwerk zu legen. Es handelt sich um meinen eigenen Schwiegersohn Johan Bauman geb. am 27. Juni 1904 in Isen, wohnhaft bei mir, in München Adlgaßstraße. 23/II.

Stellen Sie sich einen Menschen vor, der schon zweimal geschieden ist, der Ordnung und Reinlichkeit als Unangenehm empfindet, sich ungewaschen an den Frühstückstisch sitzt und innerhalb 2 Jahren fünfmal die Stellung gewechselt hat. Er betreibt ein bestimmtes System, bewirbt sich in einem Rüstungsbetrieb um eine gut bezahlten Stellung, macht sich am Anfang ungeheuer wichtig und nach 6 - 8 Wochen machen sich Krankheitserscheinungen bemerkbar, Magen Ohr oder Nerven, letztere können sich bis zu einem Anfall steigern, der jedoch mit kaltem Wasser schnell behoben sein könnte, wenn man den Ihnen näher kennen würde.
Es gelingt ihm fast immer einen Erholungsurlaub zu bekommen, nimmt dann den Urlaub der nach 1 Jahr fällig wäre dazu und das Spiel ist gewonnen, den bis dahin hat er die Stellung schon wieder gewechselt. Kommt ein Stellungsbefehl läßt er sich in ein Krankenhaus überweisen, er mußte einmal von Berlin telegrafisch verständigt werden wo er von Marburg aus einen Abstecher privat gemacht hatte und ließ sich dann sofort ins Krankenhaus b. d. Frau überweisen. So hatte er sich wieder der Wehrmacht entziehen können.
Es ist für mich als Schwiegervater empörend, wenn ich mit 62 Jahren schwere Arbeit leisten muß, müde nachhause komme und mitansehen muß wie dieser Mensch den ganzen Tag umherlungert und

Denunziationsschreiben des Schwiegervaters von Hans Baumann

... Söhne im Felde stehen haben sich schon aufgehalten, warum dieser Ihr nicht einrücken müßte und was er eigentlich für einen Beruf hat nachdem er so oft zuhause sein kann. Zum Schluss möchte ich noch darauf hinweisen, daß man es mit einem gerissenen Menschen zu thun haben wird, der es meisterhaft versteht, sich hinter der Maske eines Biedermanns zu verbergen.

Nachstehende Angaben können durch weitere Zeugen bestätigt und vor allen von den Flugmotorenwerken Ostmark Marburg a. d. Drau nachgewiesen werden.

Beruf: Radiotechniker
ung. K. Angelernter Prüfer
Schlosserbetrieb
Bayer. Luftinstallateur

Heil Hitler!

████████████

[unleserliche Unterschrift] München Adelgeiterstr. 23/II.

Stellv.Gen.Kdo.VII.A.K.
(Wehrkreiskommando VII)
Az. Mob 39/2 c   Ib/E 2

München, den   16.4.1943

U. an   Wehrbezirkskommando München I,   **München**

für Weiterbehandlung.

Für das Wehrkreiskommando:
Der Chef des Generalstabes:
I. A.

[Stempel:]
Wehrbezirkskommando
München I
Eing. 17. APR. 1943 Nr. 1260.
Beil.: — Ref. W.H.H.

[Stempel:]
Wehrbezirkskommando
München I/II b II
Eingeg. 20. APR. 1943
Nr.   Beilag.   Ref.

rer aus gefestigter Überzeugung, wie die Zeugen Jehovas, sondern sie schlitterten mehr oder weniger in die Desertion hinein. Oft handelte es sich um Einzelgänger, denen die Einordnung in die militärische Disziplin und der Opfergang an die Front nicht entsprachen, wie Hans Baumann. Auch wenn ihre Desertion nicht auf einer politischen oder moralischen Grundsatzentscheidung beruhte, war sie doch gegen das NS-Regime gerichtet: Die Deserteure glaubten nicht an die verlogenen Gemeinschaftsideale des Nationalsozialismus und sie entzogen sich einem Krieg, von dem sie wußten, daß er ihr Leben auf verbrecherische Weise aufs Spiel setzte.

In den Augen des Regimes begaben sich viele Deserteure schon aufgrund ihres früheren Lebenswandels außerhalb der »Volksgemeinschaft«. Das Sondergerichtsurteil, das im September 1943 den Münchner Lorenz Frühschütz zum Tode verurteilte, sah in dessen unsteter Vergangenheit eine ausreichende Erklärung für seine Wehrdienstentziehung: »Daß der Betroffene keinen Wehrdienst leisten wollte, ist in seiner ganzen Entwicklung und Einstellung zum Leben und der Gemeinschaft begründet.«[275] Frühschütz hatte keine Schulbildung genossen und mußte bereits mit acht Jahren als Hirtenjunge Geld verdienen. Anfang der 30er Jahre war er kurze Zeit Mitglied der KPD. Von Juni bis Dezember 1933 wurde er im KZ Dachau interniert, weil er in angetrunkenem Zustand kommunistische Lieder gesungen hatte. Nach seiner Entlassung suchte er sich keinen festen Wohnsitz, sondern wanderte jahrelang durch Südbayern und wechselte ständig den Arbeitgeber. Dabei meldete er sich nie polizeilich an oder ab und machte auch keine Mitteilungen über seinen Aufenthalt ans Wehrmeldeamt, obwohl er 1936 gemustert worden war. Nach Kriegsbeginn hielt ihn zudem die Furcht vor der drohenden Strafe davon ab, sich zu melden. Seit 1941 versteckte er sich in der Wohnung seiner Freundin in München, wo er im Mai 1943 festgenommen wurde. Dem Gericht stellte sich sein Fall folgendermaßen dar:

»Als der Krieg ausbrach, zeigte er nun ganz öffentlich seine verbrecherische und gemeinschaftswidrige Veranlagung. Er konnte es ruhig mitansehen, daß seine Altersgenossen einrückten, ins Feld zogen und ihr Leben und Gesundheit für die Erhaltung und die Zukunft des Volkes einsetzten. (...) Mehr als vier Jahre entzog er sich gewissenlos der Erfüllung seiner selbstverständlichen Pflicht gegenüber seinem Volke. Er suchte sich Gelegenheitsarbeiten und kümmerte sich nicht darum, daß jede Arbeitskraft nur sinnvoll ausgerichtet auf den Krieg entscheidend eingesetzt werden kann und darf. (...) Die ganze Lebensführung des Angeklagten zeigt einen asozialen Menschen, dem das deutsche Volk schon seinerzeit das Jahr 1918 zu verdanken hat.«

Franz Fellner hatte es nur drei Monate beim Militär ausgehalten. Im März 1941 zur Marine, der Minensuchflotille 152, einberufen, setzte er sich im Juni ab und fuhr zurück nach München. Seiner Familie erzählte er, er habe Urlaub. Als die Polizei kam und ihn suchte, mußte er sich verstecken. Nach sechs Wochen Flucht wurde er durch die Denunziation eines Bekannten verhaftet, ein halbes Jahr spä-

ter zum Tode verurteilt und hingerichtet. Seine Schwester erzählte über die
Gründe für Franz Fellners Desertion:

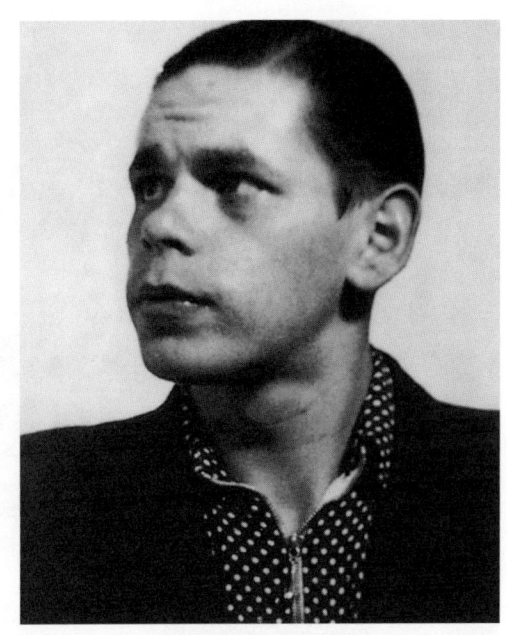

Franz Fellner

*»Er hat halt furchtbar Heimweh ge-
habt und dann wahrscheinlich auch
Angst davor, mit der Minensuchflotille
auszufahren. Und mei, Menschen sind
nicht gleich, der eine kann den Drill
vertragen und der andere nicht. Der
Franz hat's nicht können, ich auch
nicht, es gibt halt solche und solche.
Andere ducken sich und machen alles,
was ihnen gesagt wird, und andere
können das nicht. Denen ist dann alles
wurscht, Hauptsache sie sind frei und
können heim zur Familie. Er hat halt
auch nicht richtig nachgedacht, jung
war er halt. Ein Hitleranhänger war er
ja sowieso nicht, schon von daheim
nicht, wo mein Vater doch so linksge-
richtet war (...). Mei, da hat so viel mitgespielt.«*[276]

Es konnte auch ein unglücklicher Zufall sein, der wehrdienstunwillige Soldaten
schließlich in die Desertion trieb. Heinrich Lasser hatte 1939 die Liebe seines
Lebens gefunden, eine Untermieterin in der Wohnung seiner Mutter, und sich
mit ihr verlobt. Da die Verlobte 18 Jahre älter war als er, befand sich das Paar
wahrscheinlich schon in einer gewissen gesellschaftlichen Isolierung. Nur höchst
widerwillig leistete Lasser dem Einberufungsbefehl Folge. 1941 wurde er wegen
»unerlaubter Entfernung« zu einem Jahr Gefängnis verurteilt. Im Oktober 1942
wurde er ein weiteres Mal wegen »unerlaubter Entfernung« verurteilt, diesmal
zu drei Jahren Haft, doch da man ihn nicht im Gefängnis, sondern im Krieg haben wollte, wurde ihm die Strafe zur »Frontbewährung« erlassen. Auf dem Weg
in den Osten traf Lasser im November 1942 seine Braut in Garmisch und durfte
einen freien Abend mit ihr verbringen. Die beiden schliefen in einem Heustadel
ein und wachten erst spät in der Nacht wieder auf, als Lasser schon längst wieder
in die Kaserne zurückgekehrt hätte sein sollen. Angesichts der Vorstrafen Lassers
fürchteten sie nun das Schlimmste. Sie beschlossen, zu fliehen und gemeinsam
Selbstmord zu begehen, und kehrten zusammen nach München zurück. Dort
hielt sie Lassers Mutter von ihrem Plan ab, und Lasser wurde in den folgenden
Wochen von seiner Mutter und seiner Braut versteckt und verpflegt. Wahrscheinlich durch eine Denunziation des Bruders der Braut kam die Polizei jedoch
Lasser auf die Spur und nahm alle drei im Januar 1943 fest. Lasser wurde zum

Erschießung eines desertierten Soldaten, 1945

Tode verurteilt, und Mutter und Braut erhielten ein Verfahren vor dem Sondergericht. In ihrem letzten verzweifelten Brief kündigte die Braut Lasser an, daß sie
ihn nicht alleine in den Tod gehen lassen, sondern ihrem Leben nun ebenfalls ein
Ende setzen würde.

Wenn die Deserteure sich zum Zeitpunkt ihrer Flucht in der Nähe ihrer Heimat befanden, suchten und fanden sie oft Hilfe bei Verwandten und Freunden.
Gerade Frauen, die ihre desertierten Geliebten, ihre Männer, Brüder oder Söhne versteckten, verpflegten und mit Kleidern versorgten, wurden in größerer Anzahl vom Sondergericht München wegen «Beihilfe zur Fahnenflucht» verurteilt.
Der 20jährige Joachim Vahlkampf wurde von seiner Mutter versteckt: Ähnlich
wie Lasser hatte ihn ein Feldkriegsgericht im Mai 1942 wegen »unerlaubter Entfernung« zu einem Jahr Gefängnis verurteilt, weil er zu spät aus dem Urlaub
zurückgekommen war, und ihn dann zur »Frontbewährung« in den Osten geschickt. Auf dem Weg zur Ostfront stieg Vahlkampf in München aus dem Zug
und machte sich davon. Bis Weihnachten trieb er sich auf Wiesen und Feldern
herum, dann zwangen ihn die Kälte und der Hunger, Zuflucht bei seiner Mutter
in München zu suchen. Diese nahm ihn bei sich auf, versorgte ihn mit Lebensmitteln und versuchte sogar, für ihn Ausweise zu fälschen. Im Juni 1943 wurden
Mutter und Sohn in ihrer Wohnung verhaftet. Bei den Vernehmungen nahm die

Mutter alle Schuld auf sich, um den Sohn als Verführten darzustellen und ihm damit möglicherweise das Leben zu retten. Doch Vahlkampf wurde zum Tode verurteilt und hingerichtet. Die Mutter erhielt eine Zuchthausstrafe von zwei Jahren und sechs Monaten.

Gegen Kriegsende stieg die Zahl der Deserteure drastisch an: Reiner Selbsterhaltungstrieb bewegte nun viele Soldaten dazu, sich abzusetzen und die letzten Kriegstage, -wochen oder -monate in Verstecken zuzubringen, um nicht noch für eine sowieso verlorene Sache das Leben zu riskieren. Leopold Ahlsen wurde im November 1944 mit 17 Jahren an die Ostfront einberufen, als ihm und seiner Familie längst klar war, daß der Krieg nicht gewonnen werden könne. Als er im April 1945 auf einen kurzen Erholungsurlaub nach München kam, beschloß er, seinen Urlaubsschein zu fälschen. Da die Fälschung gründlich mißlang, versteckten ihn seine Eltern bei Bekannten in einem einsam gelegenen Haus zwischen ausgelagerten Möbeln, wo er den Krieg überlebte.

Kriegsgegnerschaft als Motivation von Widerstandsgruppen

Bei vielen Gruppen des politischen Widerstands spielte neben der Opposition gegen Diktatur, Menschenrechtsverletzungen, Gleichschaltung, Religionsfeindlichkeit usw. auch die Kriegsgegnerschaft eine wichtige Rolle. Vor allem die sozialistischen und kommunistischen Gruppen hatten seit 1933 vor einem Krieg gewarnt. In diesem Punkt erlaubte ihnen die marxistische Weltanschauung eine richtige Prognose: Die künstliche Ankurbelung der Wirtschaft durch Rüstungsproduktion, die propagandistische Mobilisierung der Gesellschaft, die Ausschaltung der politischen Gegner – das alles lief unweigerlich auf einen Angriffskrieg zu. »Faschismus bedeutet Krieg« war bei Sozialisten und Kommunisten von Anfang an eine gängige Parole.

Mit Kriegsbeginn versuchten auch konservative Oppositionelle, die sich nicht von pseudo-patriotischen Loyalitätsforderungen hatten einfangen lassen und erkannt hatten, daß der Krieg nicht gewonnen werden konnte, konspirativ auf einen Frieden hin zu arbeiten. Sie lehnten allerdings die revolutionären Strategien der Sozialisten ab. Stattdessen leiteten sie höchst komplizierte und geheime außenpolitische Verhandlungen mit den Alliierten ein, bildeten Netzwerke und stellten langfristig Staatsstreichüberlegungen an. Der »Ochsensepp« Josef Müller nutzte seine Kontakte im Vatikan, um 1939/40 die Friedensbedingungen der Engländer auszuloten, und informierte sie über die bevorstehende Westoffensive.[277] Selbst bei den Alliierten stieß dieser »Vaterlandsverrat« auf äußerstes Mißtrauen. Der belgische Gesandte beim Vatikan sandte ein Telegramm über die von Müller lancierten Informationen nach Brüssel, das voller Unverständnis gegenüber Müllers Handlungsweise war:

»Was die Motive betrifft, die den Betreffenden veranlaßt haben, diese vertraulichen Hinweise zu geben, so lassen sie sich nicht bestimmen. Entweder verrät dieser Mann sein Land zu unserem Vorteil, oder er handelt in deutschem Auftrag; offenbar präsentiert er sich in jenem Licht als vertrauter Freund, das heißt als Landesverräter, und es ist sehr gut möglich, daß er uns auf diese Weise über seinen wahren Auftrag täuscht.«[278]

Erst, als nach dem Überfall der deutschen Armeen auf die Sowjetunion der Größenwahnsinn der nationalsozialistischen Kriegführung immer offenbarer wurde, als ein Sieg immer unwahrscheinlicher erschien und die völkerrechtswidrigen Verbrechen in den besetzten Ostgebieten an die Öffentlichkeit drangen, kämpften Gruppenzusammenschlüsse parteiübergreifend und unabhängig von politischer Herkunft für das Kriegsende und den Sturz des Regimes. Die Flugblätter der »Weißen Rose« richteten sich ebenso gegen den mörderischen Krieg wie gegen das verbrecherische NS-Regime.[279] Walter Klingenbeck und seine Freunde malten V-Zeichen an Hauswände, um das »Victory« der Alliierten zu verbreiten.[280] Robert Eisinger und Emil Meier forderten in mehreren tausend Flugblättern dazu auf, zu einem schnellen Kriegsende beizutragen.[281]

Anfang 1943 bildete sich in München eine Widerstandsgruppe unter dem Namen »07«, »Organisation im Wehrkreis VII«, die von Peter Göttgens und Franz Schneider geleitet wurde und der in wechselnden Konstellationen circa 20 Personen angehörten. Die »07« hatte es sich zum Ziel gesetzt, möglichst rasch ein Ende des Krieges herbeizuführen und weitere Zerstörung und Gewalt zu verhindern; Überlegungen, welche Staatsform nach dem Zusammenbruch des Nationalsozialismus erstrebenswert sei, wurden ausgeklammert, um den antinationalsozialistischen Konsens nicht zu gefährden. Die Mitglieder der »07« versuchten, auf die Bevölkerung einzuwirken, indem sie Flugblätter verteilten, Hauswände beschrifteten und Zersetzungsarbeit unter Wehrmachtsangehörigen leisteten. Außerdem sammelten sie Waffen, um für den Zeitpunkt des Zusammenbruchs des NS-Regimes gerüstet zu sein. Mitte April 1945 produzierten und verteilten sie das Flugblatt »Die 10 Gebote zur Verteidigung Münchens gegen Krieg und Naziblutrausch, für Frieden und sozialistischen Aufbau«. Darin forderten sie die Bevölkerung auf, die Kriegführung in jeder möglichen Weise zu sabotieren und nationalsozialistische Verbrecher zu bekämpfen. Die »07« gehörte zu den wenigen Widerstandsgruppen, die der Gestapo nie in die Hände fielen.

Ein Außenseiter, der in München in den letzten Kriegsjahren auf eigene Faust eine Widerstandsgruppe aufzubauen versuchte, war der Radiomechaniker Gustav Böcker. Ein leidenschaftlicher Hörer der ausländischen »Feindsender«, hatte er sich von den alliierten Sendungen davon überzeugen lassen, daß der Krieg in einer Katastrophe enden würde und daß man etwas zum Sturz des Regimes unternehmen müsse. Bei Böcker verband sich der Wille zum Widerstand mit durchaus kriminellen und hochstaplerischen Zügen: Er war mehrfach vorbestraft

*Peter Göttgens
(rechts) bei einem
der Treffen der »07«*

und hatte von 1931 bis 1935 wegen gemeinschaftlichen schweren Raubes im
Zuchthaus gesessen. Um seiner Umgebung zu imponieren, erzählte er, er sei als
Flieger im Kampf um England abgeschossen worden und hätte dabei ein Bein
verloren – tatsächlich hatte man es ihm nach einem Motoradunfall abnehmen
müssen. Er ließ sich in einer Fliegeruniform fotografieren, stahl und fälschte einen Flugzeugführerschein und zeigte diesen Ausweis gerne als Beweis seines angeblichen Heldentums herum.

Den Entschluß zu Widerstandsaktionen faßte Böcker im Herbst 1943. Bei einem zufälligen Treffen seiner Freundin und einiger Radiokunden in seinem Un-
termietszimmer in der Pettenkoferstraße schlug er den Anwesenden vor, den
Krieg durch Sabotagehandlungen zu behindern. Transportzüge, die Material an
die Front brächten, sollten seinen Plänen zufolge zum Entgleisen gebracht werden, indem man Hemmschuhe auf die Gleise legte. Außerdem faßte Böcker ins
Auge, in Anlehnung an die »Weiße Rose« Flugblätter herzustellen und in München zu verstreuen. Langfristig plante er eine Organisation mit dem Namen
»Deutscher Volksschutz«, die auf einen Regierungssturz, eine anschließende Mi-
litärdiktatur und Friedensverhandlungen hinarbeiten solle. Obwohl ihm einer
der Anwesenden durch Handschlag seine Mitwirkung versicherte, scheinen sich
aus diesem Treffen keine konkreten Aktionen ergeben zu haben. Böcker verfaßte

im November 1943 lediglich einen Flugblattentwurf, den er seiner Freundin vorlas und auf ihre Vorhaltungen hin im Ofen verbrannte. Wenige Wochen später
fand er zufällig im Lager des Radiogeschäftes, für das er arbeitete, einen unbe-
nutzten Abziehapparat und brachte ihn in seine Wohnung. Der überraschende
Fund motivierte ihn zu einem weiteren Flugblattversuch: Auf der Schreibmaschine seiner Wirtin schrieb er das Flugblatt »Achtung an alle Deutschen« und
stellte 30 bis 40 Abzüge davon her. Diese zeigte er herum und verteilte sie an
mehrere Personen:

*»Der Nationalsozialismus ist am Ende seiner Macht! Wir begrüßen die letzten
krampfhaften Machenschaften dieses Verbrechersystems, die Epoche der Naziex-
perimente ist bald endgültig vorbei! (...) Wir sind keine Verbrecher wie die von
1918! Wir fordern die Übergabe der Regierungsgeschäfte an die Wehrmacht, An-
bahnung von tragbaren Friedensbedingungen unter Einhaltung aller Fronten.
Keine feige Unterwerfung oder Frieden um jeden Preis! Wir dulden kein weiteres
sinnloses Blutvergießen an den Fronten wie in der Heimat! Mit der Beseitigung
dieser wahnsinnigen Verbrecherdiktatoren hört jeder Bombenterror in unserer
Heimat auf. (...) Es lebe die Freiheit! Es lebe Deutschland! Es lebe unsere Ehre!
Helft alle mit! Gebt dieses Blatt an Vertraute weiter!«* [282]

Einen Gleichgesinnten, der zur Mitwirkung an den Aktionen bereit war, scheint
Böcker erst im April 1944 getroffen zu haben: den Landwirt und Soldaten auf Ur-
laub Georg Eichinger aus Karlsfeld bei München. Die beiden lernten sich in einem
Kaffeehaus kennen und kamen bald auf ihre gemeinsame antinationalsozialistische
Einstellung zu sprechen. Als Böcker signalisierte, daß er Flugblätter herstelle und
verbreite, war Eichinger sofort Feuer und Flamme. Bereits am nächsten Tag trafen
sie sich in Böckers Zimmer und verfaßten zusammen das Flugblatt »Achtung!
Münchner! Achtung!«. Aus Papiermangel konnten sie nur fünf Abzüge herstellen.
Eichinger versprach jedoch, Papier in großen Mengen zu besorgen, so daß man in
Zukunft 1 000 und mehr Flugblätter produzieren könne. Außerdem beschlossen
die beiden, daß die Geschwister Scholl gerächt werden müßten, indem man den
Hausmeister, der sie verraten hatte, ermorde. Eichinger sollte dessen Adresse be-
sorgen und Böcker eine Eiergranate stehlen, um ihn damit »umzulegen«. Doch dazu kam es nicht mehr: Böcker und Eichinger wurden noch am selben Tag verhaftet.
Eine Wohnungsnachbarin hatte sie denunziert. Der Volksgerichtshof in Berlin verurteilte Böcker im September 1944 zum Tode, Eichinger kam mit einer langen
Zuchthausstrafe davon. Ein Dutzend Mitwisser – Nachbarn, Freunde, Radiokunden – wurde vor dem Sondergericht München angeklagt, doch kam das Kriegsende
ihrer Verurteilung zuvor.

»Freiheitsaktion Bayern«

Auf breiter Front organisierte sich ein Widerstand gegen den Krieg erst in den allerletzten Kriegswochen. In München und anderen Orten Bayerns taten sich oppositionelle Kreise zusammen, um noch ganz zum Schluß das NS-Regime zu stürzen und weitere sinnlose Kämpfe zu verhindern. Der bewaffnete Aufstand der »Freiheitsaktion Bayern« (FAB) fand buchstäblich in den letzten Tagen vor dem Einmarsch der Alliierten statt.

Die Keimzelle der FAB war die Dolmetscher-Kompanie im Wehrkreis VII unter der Führung von Hauptmann Rupprecht Gerngroß: eine Kompanie, deren Angehörige weltoffener und gebildeter waren als in anderen militärischen Einheiten, und in der der sonst verbreitete Kadavergehorsam weniger galt. Gerngroß' engste Mitarbeiter waren Sonderführer Ottheinrich Leiling und Leutnant Leo Heuwing. Eine zentrale Rolle in ihren Plänen spielte der Reichsstatthalter Ritter von Epp. Er galt als »gemäßigter« Nationalsozialist und erschien ihnen irrtümlicherweise als ein noch respektabler und handlungsfähiger Repräsentant des Staates. Ihn wollten sie dazu bewegen, nach erfolgtem Aufstand die Kapitulationsurkunde gegenüber den Alliierten zu unterschreiben und damit dem Blutvergießen endlich ein Ende zu setzen. Epps Verbindungsoffizier zur Wehrmacht und enger Vertrauter Major Günter Caracciola-Delbrück, der in den letzten Kriegsjahren selber einen Kreis von regimekritischen Personen um sich gesammelt hatte, versprach,

Rupprecht Gerngroß bei der Verlesung des Aufrufs an die Bevölkerung über den Sender Erding

Leo Heuwing

»den Alten« – wie er ihn nannte – zu überzeugen, wenn es einmal so weit sein soll-te. Eine weitere wichtige Verbindung bestand zu einem Mitarbeiter des Instituts für Luftfahrtmedizin bei Freising, Robert von Werz, der zusammen mit seiner Frau im Kriegsgefangenenlager Moosburg mit dort tätigen Angehörigen der Dolmet-scherkompanie und Franzosen, die für die Résistance arbeiteten, einen Kreis auf-gebaut hatte. Robert von Werz stellte Ostern 1945 den Kontakt zu Major Alois Braun vom Panzerbataillon 17 in Freising her, der seine Unterstützung zusagte. Auch zu sozialistischen Widerstandsgruppen in verschiedenen Münchner Betrie-ben, zur »Organisation 07« und zu einzelnen Personen in den Münchner Voror-ten nahm die »Freiheitsaktion« Kontakt auf.

Der Aufstand der »Freiheitsaktion Bayern« wurde im April 1945 in mehreren Schritten geplant: Erst sollten die Radiosender in Erding und Freimann besetzt werden, um die Bevölkerung und die in Bayern stehenden Heeresteile aufzuru-fen, ihre Waffen niederzulegen und Widerstand zu leisten. Wichtige NS-Partei-größen wollte man verhaften. Die zivilen Gruppen in den Betrieben und Voror-ten sollten lokale Parteifunktionäre festsetzen und den Volkssturm sowie letzte Verzweiflungstaten der SS sabotieren. Als Sammelstelle für alle Beteiligten war die Eisenbahnunterführung beim Aumeister an der Isar vorgesehen. Bevor man losschlagen konnte, mußte man die Alliierten informieren und sie um Unterstüt-zung bitten. Zu diesem Zweck hatte die Moosburger Gruppe einen französischen Geheimdienstmann, Jean Miremont, aus dem Kriegsgefangenenlager befreit und in München versteckt: Er sollte die Alliierten mit einem Funkspruch warnen. Hierbei kam es zu einem Streit zwischen der Moosburger Gruppe und Gerngroß, der die Übermittlung des Funkspruchs verzögerte. Es mag sein, daß Gerngroß den Beginn der Aktion noch hinausschieben wollte, während die anderen darauf drängten, endlich zu handeln. Am selben Tag, dem 24. April, schickte Major Braun zwei Kuriere zu den Amerikanern, die eine kampflose Übergabe Freisings und die Öffnung des Weges nach München vereinbarten.

Am 26. April war es schließlich so weit: Die Panzerkompanie Brauns setzte sich in Bewegung in Richtung Erdinger Sender. Einen Tag später informierte Gern-groß seine Kompanie und fuhr mit Leiling nach Starnberg zu Reichsstatthalter Epps Haus, wo dieser zusammen mit Caracciola im Wohnzimmer saß und von ihrem Ansinnen völlig überrascht war. Epp mochte sich nicht entschließen; wahr-scheinlich kam es unter den Beteiligten nun zu einem Konflikt, wie man weiter mit ihm verfahren solle. Die währenddessen angelaufenen militärischen Aktio-nen verliefen inzwischen unterschiedlich erfolgreich: Die Sendeanlagen in Er-ding und Freimann konnten tatsächlich eingenommen werden. Ein Trupp der Dolmetscherkompanie unter Sonderführer Eugen Kumming besetzte den »Völ-kischen Beobachter« und die »Münchner Neuesten Nachrichten«. Auch das Rat-haus wurde vom Infanterieregiment 61, das der »Freiheitsaktion« spontan zu Hil-fe gekommen war, eingenommen. Den SS-Brigadeführer Christian Weber griff man im Rathauskeller auf und nahm ihn fest. Doch gelang es weder, in die Be-

fehlsstelle des Gauleiters im Zentral-
ministerium einzudringen, noch, die
Oberbefehlshaber der Wehrmacht in
Bayern zu ergreifen. Am 28. April er-
gingen seit dem frühen Morgen über
die Radiosender Aufrufe an die Bevölkerung. Um fünf Uhr früh sprach
Gerngroß selber:

*»Achtung, Achtung! Sie hören den
Sender der Freiheitsaktion Bayern!
(...) Achtung, Achtung! Hier spricht die
Freiheitsaktion Bayern. Das Stichwort
'Fasanenjagd' ist durchgegeben. Arbei-
ter schützt eure Betriebe gegen Sabota-
ge durch die Nazis! Sichert Arbeit und
Brot für die Zukunft (...), verwehrt den
Fuktionären den Zugang zu eueren An-
lagen (...).*
*Die Freiheitsaktion Bayern hat heu-
te nacht die Regierungsgewalt erstrit-
ten (…). Die Freiheitsaktion Bayern
hat das Joch der Nazis in München abgeschüttelt.«* [283]

Haltet Ruhe und Ordnung!

Seid vorsichtig! Es ist soweit . . .

Bayern macht sich frei, helft alle mit das letzte
Joch der braunen Knechtung abzuschütteln!
Unser liebes Bayern handelt entschlossen.

Freiheit und Land wird unser!

Handelt entschlossen und seid einig!
Haltet Euch alle bereit für die gute Sache der
Freiheitsaktion Bayern !

Unser Land wird vom Krieg verschont, bald werden
Friedensglocken läuten.

Helft unseren Markt verschonen!

Flugblatt der »Freiheitsaktion Bayern«

Es folgten Einzelanweisungen an die Staatsbeamten, Arbeiter und Polizisten, an
Fremdarbeiter und Kriegsgefangene, sowie ein von Leiling entworfenes Zehn-
Punkte-Programm zur politischen Zukunft Bayerns.

Während der Übertragungen wurde fieberhaft weiter mit Reichsstatthalter
Epp verhandelt. Schließlich erteilte Epp Gerngroß und Leiling eine Absage. Im
Laufe des Vormittags brach dann die ganze Aktion zusammen: Die völlig über-
müdeten Soldaten gaben die Sender in Freimann und Erding wieder auf und ergriffen vor der heranrückenden SS die Flucht. Epp bekam freies Geleit. Auch alle anderen Gefangenen – selbst der berüchtigte Christian Weber – wurden
freigelassen. Diese heute unverständliche Großzügigkeit wurde von den Nationalsozialisten nicht erwidert: Gerngroß konnte sich zwar auf einer Berghütte in
Sicherheit bringen; doch Caracciola, der sich bis zuletzt Epp gegenüber loyal verhalten hatte, wurde zusammen mit dem Kompaniedolmetscher Maximilian Roth
standrechtlich erschossen. Auch der Stadtinspektor Hans Scharrer, der den Verschwörern das Rathaus geöffnet hatte, wurde erschossen. Insgesamt kostete der
Putsch 41 Aufständischen das Leben.

11. Spontane und individuelle Verweigerung im Alltag

»Und wenn mir Leute sagen: ›Ja aber, das weiß man doch nicht; vielleicht ist das alles nicht notwendig.‹ Dann macht's auch nichts! Ich zittere nicht im geringsten davor, der Nation solche Opfer aufzubürden. Das soll sie tragen. Das ist alles kein Opfer. Ja, was tu ich denn? Ich nütze die deutsche Arbeitskraft aus zur Erhaltung unseres Volkes und damit letzten Endes doch zur Verwertung der deutschen Arbeitskraft für unser Volk, für alle Zukunft. Und da bin ich nun einmal so mißtrauisch; ich bin immer mißtrauisch. Ich habe nur einen großen Glauben: das ist der Glaube an mein Volk. Den habe ich immer gehabt. Aber im übrigen bin ich nur mit Mißtrauen erfüllt.«

(Adolf Hitler, 1937)[284]

Der Herrschaftsanspruch des NS-Regimes reichte weit in die Privatsphäre der Menschen hinein: Es forderte nicht nur politisches Wohlverhalten, sondern absolute Loyalität und Zustimmung zu allen seinen Maßnahmen. Jede Handlung, jede Äußerung, ja eigentlich jeder Gedanke, der sich in irgendeiner Weise kritisch auf den Nationalsozialismus bezog, galt als »staatsfeindlich« und wurde – wenn möglich - bestraft. Damit wurden auch ein harmloser politischer Witz, eine abfällige Bemerkung über das »Winterhilfswerk«, eine gegenüber Nachbarn geäußerte Kritik an der Judenverfolgung zum Widerstand erklärt – auch wenn keine grundsätzliche Regimegegnerschaft dahinter stand. Das wichtigste Gesetz, das sich das Regime schuf, um diese »Vergehen« gerichtlich verfolgen zu können, war das »Heimtückegesetz« vom 20. Dezember 1934: Es stellte »heimtückische Angriffe gegen Staat und Partei« unter Gefängnis-, in schweren Fällen sogar unter Zuchthausstrafen. Die 1933 geschaffenen »Sondergerichte« verhandelten diese Fälle zu Tausenden; gegen ihre Urteile konnte keine Revision oder Berufung eingelegt werden.

Mit Kriegsbeginn verschärfte sich die Lage noch einmal deutlich. Das Regime berief sich nun darauf, daß in dieser Zeit der existentiellen Gefährdung des »Vaterlandes« ganz besondere Loyalität eingefordert werden müsse, setzte drastisch die Strafen hoch und führte neue Gesetze ein, die alle mit dem Krieg zusammenhängenden Äußerungen und Verweigerungshandlungen verfolgbar machten. Die »Kriegssonderstrafrechtsverordnung« vom August 1939 setzte als neuen Straftatbestand »Wehrkraftzersetzung« – alle Handlungen und Äußerungen, die die »Wehrkraft des deutschen Volkes« zu schwächen oder zu zersetzen suchten – unter Zuchthaus- oder sogar Todesstrafen. Hinzu kamen die Rundfunkverordnungen, die für das Abhören der »feindlichen« Auslandssender ebenfalls schwere Strafen vorsahen. Der Umgang mit Kriegsgefangenen und »ostländischen«

Fremdarbeitern wurde strikt verboten. Während Männer der Wehrpflicht nachzukommen hatten, konnten auch Frauen in den Rüstungsbetrieben und beim Militär dienstverpflichtet und, wenn sie die Arbeit verweigerten, bestraft werden.

Um all diese »Vergehen« verfolgen zu können, war das Regime auf aktive Mithilfe aus der Bevölkerung angewiesen. Ohne Denunziationen hätte es kaum eine Chance gehabt, den im privaten Kreis oder auf der Straße gemachten »staatsfeindlichen« Äußerungen oder anderen Verweigerungshaltungen auf die Spur zu kommen. Doch obwohl die Denunzianten in Heerscharen bereit standen und obwohl eine Atmosphäre des Terrors und des Mißtrauens das menschliche Zusammenleben beherrschte, verzeichnete das Regime in seinen totalitären Bemühungen keinen hundertprozentigen Erfolg. Es mußte die Erfahrung machen, daß sich Millionen von Menschen nicht völlig gleichschalten lassen. Bis zum Schluß blieben in vielen Lebensbereichen Lücken und Nischen erhalten, in die das Regime nicht vordrang. Auch wenn die Mehrheit der Bevölkerung gar keine prinzipielle politische Gegnerschaft zum Nationalsozialismus empfand, so gab es doch immer genügend Aspekte seiner Herrschaft, mit denen man aus diesem oder jenem Grund nicht einverstanden war, oder man verhielt sich in bestimmten Punkten anders, als die Norm es verlangte. Manchmal standen den Ansprüchen des Regimes der eigene Egoismus und Lebenstrieb entgegen, manchmal die Neugier oder persönliche Neigungen, manchmal auch humanitär-karitative Ideale. Alltägliche, individuelle und spontane Verweigerung war ein Massenphänomen – im Gegensatz zum politischen Widerstand, der immer nur von einzelnen, sehr isolierten Gruppen oder Personen betrieben wurde. Auch waren Frauen gleichermaßen wie Männer involviert, während die Frauen im Widerstand in der Regel nur eine untergeordnete Rolle spielten.

Regimekritische Äußerungen

Fundamentalkritik und Kritik an einzelnen Maßnahmen

Gerade in den ersten Monaten nach der nationalsozialistischen »Machtergreifung«, als sich die NS-Herrschaft noch nicht stabilisiert hatte und die politischen Auseinandersetzungen der »Kampfzeit« noch überall virulent waren, enthielten die regimefeindlichen Äußerungen oft eine sehr politische Fundamentalkritik. Dutzende von Anhängern der sozialistischen Parteien wurden angeklagt, weil sie die nationalsozialistische Version des Reichstagsbrandes in Zweifel zogen oder über die Mißhandlungen im neu errichteten KZ Dachau redeten. Manche sangen aus Trotz öffentlich die »Internationale« oder riefen in einer Gaststätte »Heil Moskau« oder »Rot Front«. Man hatte sich noch nicht mit der nationalsozialistischen Gewaltherrschaft abgefunden und versuchte, gegen sie aufzubegehren. So wurde im April 1933 ein Bautechniker angeklagt, weil er geäußert hatte, »er ließe

Ew.Excellenz!

Allmählich merkt es auch der blindeste Volks-
genosse,dass Sie und H.Ministerpräsident Siebert nichts mehr zusagen haben..Denn das Volk und die Kirchen sind rechtlos geworden..Der National-
soz.hat sich um die letzten Sympathien in München gebracht und wir Pgg
müssen uns schämen,einer solchen Partei anzugehören,die alles tut,um die
Pietätsgefühle der Menschen aus den Herzen zu reissen.Überall heisst es,
wir sind auf dem besten Wege,Russlands Zustände zu erhalten.Was man jetzt
alles anhören muss..eine wahre Flut von Verwünschungen begegnet einem in
den Geschäften etc.Jetzt weiss man,heisst es,dass man von Narren oder A-
benteurern regiert wird,von sinnlosen,verbrecherischen Verschwendern..
Was wird das Ausland über diese sinnlose Bauwut sagen,die lediglich dem
verstiegenen Gehirn eines nicht mehr normalen Menschen entspringt - Cäsa-
ren-wahnsinn und sonst nichts..Diesesarme geknechtete deutsche Sklaven-
volk - wann wird es sich befreien von diesen Abenteurern a la Chr.Weber
Jul.Streicher - Höflich u.a.Wenn Sie als General nur etwas Mut gehabt
hätten,wäre dieser Wahnsinn unmöglich - was wird noch alles kommen?Man
ruht nicht,bis das deutsche Volk am Abgrund steht..Schon jetzt sieht die
Tschechoslowakei auf das verarmte Deutschland hohnlachend herab..ja be-
greift man das nicht?Das Chaos wird bald da sein und was dann?Die Arbei-
ter reden offen davon,dass die Laternenpfähle nicht hinreichen,um diese
Naziverbrecher aufzuhängen,die Blutsauger des deutschen Volks,die nichts
Anderes kennen als sich zu bereichern und sich vollzufressen und-zusaufen
So denkt das Volk heute—!Haben Sie den Mut und warneh den verblendeten
Führer - denn bald wird es zu spät sein..Denn wir Pgg haben keine Freude
und Hingabe mehr an eine so verschwenderische,verbrecherische Regierung.
Die Rache wird furchtbar werden,wenn es so weitergeht..

Anonymer Brief an den Reichsstatthalter Ritter von Epp, 1938

308

sich nicht von den Bauernbuben in den Braunhemden terrorisieren«[285]. Ein Kaufmann wurde zu anderthalb Monaten Haft verurteilt und anschließend ins KZ Dachau gebracht, weil er in einem an sich selbst adressierten Brief einen Beamten der Politischen Polizei beleidigt hatte, von dem er wußte, daß er seine Post überwachte. Eine Ingenieursehefrau bekam eine Geldstrafe, weil sie, die Hand zum Hitlergruß erhoben, in Anspielung auf die vielen »Schutzhaftgefangenen« im Gefängnis Stadelheim gerufen hatte: »Heil Stadelheim! Heil Luftkurort!«[286]

Auch in späteren Jahren richteten sich die regimekritischen Äußerungen immer wieder grundsätzlich gegen den Unrechtscharakter, den Terror und die Lügenhaftigkeit des Nationalsozialismus. Die Vorgänge um den Reichstagsbrand blieben ebenso wie die Konzentrationslager und die Morde an politischen Gegnern bis spät in die 30er Jahre hinein Zündstoff. Daß sich dabei oft auch falsche Gerüchte in die Fundamentalkritik hineinmengten, war angesichts des Abgeschnittenseins von einer freien Presse nicht verwunderlich. »Glauben Sie den Schwindel auch noch? Den Reichstag haben doch die Nationalsozialisten selbst angezündet. Umsonst haben sie den Röhm nicht erschossen; er hat gewußt um den Reichstagsbrand, darum haben sie ihn weggeräumt. (...) Umsonst heißen sie den Hitler nicht einen Massenmörder.«[287] Wegen dieser in einer Küche gegenüber zwei Nachbarinnen getanen Äußerungen wurde eine Postsekretärsfrau 1935 zu vier Monaten Gefängnis verurteilt. Als im November 1939 der spektakuläre Attentatsversuch Georg Elsers auf Hitler im Bürgerbräukeller scheiterte, wurde dies von einigen sogar in der Öffentlichkeit aufrichtig bedauert.

Während in den ersten Kriegsjahren wegen der überwältigenden militärischen Erfolge die Fundamentalkritik am Nationalsozialismus deutlich zurückging, häuften sich gegen Ende die denunzierten Äußerungen, mit denen Männer und Frauen ihrem Haß auf das zerstörerische Regime Luft machten. Gleichzeitig erhöhten sich die Strafen drastisch. So wurde 1944 eine Geschäftsinhaberin wegen »Wehrkraftzersetzung« zu sechs Jahren Zuchthaus verurteilt, weil sie in zwei Briefen an ihre Nichte Krieg und Nationalsozialismus mit scharfen Worten verdammt hatte:

»(...) *Auch Konrad soll schon wieder in Rußland sein. Euer Simon, schreibt Deine Mutter, soll auch schon ausgehoben sein, ist denn das nicht Wahnsinn! Kinder brauchens jetzt schon, weils nimmer wissen, was sie alles besetzen müssen die Größenwahnsinnsdeppen, hoffentlich holts der Teufel bald, ich wünsch ihnen jeden Tag. (...)*«

»(...) *Ich sag wenns nur richtig los ging, ich wäre ja froh, denn solange es immer so ruhig ist, kommt es nie zu einer Entscheidung, denn meine Anschauung ist, daß die Hitlerbande zum Teufel muß; eher ist keine Ruhe, und daß es von Westen her ganz schrecklich kommt, ist klar, die Engländer und Amerikaner wollen doch zur Luft, zu Wasser und am Land eine große General-Offensive unternehmen, und das wird die Entscheidungsschlacht, es kommt jetzt darauf an, wer eben der Herr*

wird. Ich bete jeden Tag, bloß nicht siegen, lieber verliere ich meine paar Gro-
schen Geld wieder und kann dann von vorne wieder anfangen, denn !!! wenn die
Hitler siegen, dann hab ich die längste Zeit ein Geschäft gehabt, dann werden wir
alle Sklaven, wir Kleinen müssen alle in die Fabrik gehen und müssen dann bloß
noch tanzen, wie die Teufel pfeifen, wollen hoffen, daß sich die Sache zu unseren
Gunsten entscheidet. (...) Und warte nur, diese Opfer sind alle umsonst, bis jetzt
waren die Opfer schon umsonst, was haben wir denn schon Gutes gehabt, bis jetzt
noch gar nichts!!! Und wir werden genau wieder so abgespeist, wie 14 und 18,
nun ja, es ist grad gut, wenn es so kommt, denn diese Teufelsbande kann doch kein
Glück haben, die sind ja wie Luzifer, der wollte auch Gott gleich sein.«[288]

Weit häufiger allerdings als solche politische Fundamentalkritik waren die sogenannten Meckereien – negative Bemerkungen über Einzelerscheinungen der
NS-Herrschaft, die das Leben der Menschen unmittelbar beeinträchtigten. Das
»Winterhilfswerk«, für das mit skrupellosen Methoden Zwangsspenden einge-
trieben wurden, der »Reichsarbeitsdienst«, die Teuerungen und die Waren-
knappheit bildeten meistens den Gegenstand solcher Kritik. Umgekehrt wurden
aber auch Maßnahmen, die die Nationalsozialisten als großartige Verbesserungen
für die Bevölkerung anpriesen, von manchen als Ablenkungsstrategie einer verfehlten Politik durchschaut. Mehrere Mütter bekamen ein Verfahren vor dem
Sondergericht, weil sie über das »Ehrenkreuz« für Mütter gelästert hatten. Eine
Putzfrau, die vier Kinder von einem verheirateten Mann hatte, von diesem jedoch kaum Unterhaltszahlungen erhielt und deshalb die zwei Jüngsten ins Waisenhaus geben mußte, hatte sich vor Gericht wegen der Bemerkung zu verantworten: »Ich scheiß ihm drauf (dem »Führer« auf sein Mutterkreuz, Anm. d.
Verf.), sie sollen mir lieber meinen zwei Kindern, die sich im Waisenhaus befinden, etwas lernen lassen.«[289]

Mit Kriegsbeginn und Einführung der Lebensmittelrationierung stieg die Un-
zufriedenheit über die allgemeine Versorgungslage. Ein Gipser auf der Baustelle
der Luftgau-Nachrichtenstelle Oberföhring wurde Ende 1939 denunziert, weil
er gesagt hatte: »Es ist ein Schwindel mit den Marken, das hätte es bis jetzt noch
nicht notwendig gehabt, da der Krieg ja erst angefangen hat. Die müssen erst
nochmal in die Schule gehen, bevor sie so etwas anfangen.«[290] Der Gipser konnte
allerdings vor Gericht glaubhaft machen, daß er wegen seiner ständigen Verset-
zungen Schwierigkeiten mit den Marken gehabt und keineswegs über die Regierung habe schimpfen wollen.

Das NS-Regime wußte über seine Informanten nur zu gut, welchen Einfluß die
Versorgungslage auf die Stimmung in der Bevölkerung hatte. Je mehr rationiert
wurde, desto mehr wuchs die Kritik am Regime und seiner Kriegführung. In einem Monatsbericht des Regierungspräsidenten von Oberbayern 1942 hieß es:

»Die Herabsetzung der Fleisch-, Fett-, Brot- und Mehlrationen hat die Stimmung
stark beeinflußt. Man war allgemein auf Einsparungsmaßnahmen gefaßt, hatte je-

310

eine Unterhaltung, die ihren Ausgang von dem Fliegerangriff auf
München am 19./20. 9.1942 nahm. Die Beschuldigte äusserte:

"Es ist klar, dass es zu den Luftangriffen gekommen ist
und zum Krieg überhaupt, weil Deutschland zuerst angegriffen und ein Land nach dem anderen genommen hat. Wie
war es denn mit Polen, da haben wir zuerst angegriffen
und dann haben die Engländer uns den Krieg erklärt."

2) "Auf Seiten der Amerikaner stehen 500 Millionen
Menschen und auf unserer Seite nur 100 Millionen."

Auf den Einwand des Löw., dass sie an die Japaner offenbar nicht
denke oder diese für sie nicht existieren würden, sagte sie:

"Die helfen uns doch nicht, die führen schon lange Krieg."

3) In der weiteren Unterhaltung sagte sie:

"Im nächsten Jahre wird es anders aussehen, da sind die
Amerikaner soweit, das Volk will gar keinen Krieg, wir
Bayern wollen schon gleich gar nichts wissen."

4) Die Beschuldigte erwähnte wiederholt die SS und sagte:

"Warum hat man denn preussische SS nach München? Die
Bayern würden sich für solche Sachen, die die machen,
gar nicht hergeben. Meinen Sie, wir wüssten nicht,
was da alles vorgeht, wir wissen schon."

5) Sie sagte dann ferner:

"Die Bayern gehören rassenmässig zu Frankreich, wir
sind ein katholisches Volk. Wenn wir Bayern 1918 zu
Frankreich gekommen wären, hätten wir heute keinen
Krieg; nach dem Krieg kommen wir ja doch zu Frankreich; wenn wir den Krieg nicht verlieren würden, dann
gäb es keine Gerechtigkeit mehr."

6) Die Beschuldigte sprach dann auch von der katholischen
Kirche und sagte dem Sinne nach:

"Wir wissen schon, dass jetzt die katholische Kirche an die
Reihe kommt, die Maria am Marienplatz ist schon weggeschafft
worden, diese kommt nicht mehr zurück, wenn es nach
Ihnen geht."

Aus einer Anklageschrift wegen »Heimtücke« und »Wehrkraftzersetzung«

doch nicht damit gerechnet, daß sie in solchem Umfang erforderlich seien. Nach
den Berichten der Landräte haben die Kürzungen besonders bei der Arbeiterschaft Unwillen und Enttäuschung ausgelöst. In den Kreisen der Schwer- und
Schwerstarbeiter sind Stimmen laut geworden, daß es bei dieser einschneidenden
Minderung der Rationssätze wohl nicht mehr möglich sein werde, das Arbeitspen-
sum im vollen Umfang zu erledigen.«[291]

Besonders in den letzten Monaten, als nur mehr die fanatischsten Nationalsozialisten die Augen vor dem nahenden Zusammenbruch verschlossen, wurde Regimekritik zum Massenphänomen:

»Hier wurde erzählt, daß nach dem letzten Terrorangriff auf München von der betroffenen Bevölkerung sehr abfällige Äußerungen und auch sogar Gewalttätigkeiten gegen Parteiamtsträger in Uniform getan bzw. begangen worden seien. Dies wird hier auch in Parteikreisen offen erzählt. Verschiedene Mängel wurden abfällig kritisiert. Man habe sogar einen Aufstand in München befürchtet. Man hat auch das Gefühl, daß weite Kreise der Bevölkerung regelrecht die Ausländersender abhören, weil angeblich von unserer Führung viel verheimlicht werde oder auch die Erfolge unserer Gegner nicht zugegeben werden.«[292]

In ihrer politischen Bedeutung kaum einzuordnen sind die »Heimtücke«-Äußerungen, die sich gegen die Nationalsozialisten allgemein oder gegen einzelne hohe Repräsentanten des Regimes richteten und in wüste Schimpftiraden gekleidet wurden. Bemerkungen wie: »Strasser sei ihm Arsch lieber als Hitler im Gesicht«[293], »Was ich mich um diese Hitlerdeppen scheiß«[294], »Hitler kann mich am Arsch lecken«, »Auf Hitler ist geschissen und auf die SA-Leute zweimal«[295] wurden bereits vor Einführung der »Heimtücke«-Verordnungen vom Amtsgericht München als »grober Unfug« verurteilt. Die Fäkalinjurien, Flüche und Schimpfwörter stellten wohl meist weniger eine politische Meinungsäußerung als eine psychische Strategie dar, um das tabuisierte und sakrifizierte Bild des scheinbar unfehlbaren »Führers« zu zerstören und diesen auf sehr irdische Tiefen herunterzuholen. Man wandte alles an Kraftausdrücken auf, was besonders der bayerische Wortschatz zu bieten hat. Hitler nannte man einen »Bazi«, »Schlawiner«, »Kasperl«, »Spinnater«, »eine Drecksau«, einen »Betrüger und Lügner« und »Herrgottsschawack, der gleich verrecken möge«. Göring war eine »vollgefressene Sau«, die Nationalsozialisten allgemein »Hanswursten«, »Hunde«, »Deppen« und »Lausbuben«, und das ganze »Dritte Reich« ein »Riesensaustall«, eine »Lumperei« und »großer Schwindel« und ein »Schmarrn«. Dieselbe ganz unpolitische Funktion – die nationalsozialistischen Führer ihres propagandistischen Glorienscheins zu berauben – hatten die zahlreichen Gerüchte, die über ihren privaten Lebenswandel kursierten. So hieß es häufig, Hitler sei homosexuell und pflege ein Verhältnis mit Röhm; Goebbels habe eine Jüdin zur Frau oder im Braunen Haus würden Orgien abgehalten.

Witze und Spottverse

Das NS-Regime reagierte von Anfang an äußerst empfindlich darauf, der Lächerlichkeit preisgegeben zu werden – selbst in Fällen, wo sich hinter den inkriminierten Handlungen überhaupt keine gegnerische Haltung zum Nationalsozialismus feststellen ließ. Im April 1933 wurden neun Angestellte einer Fotofirma in

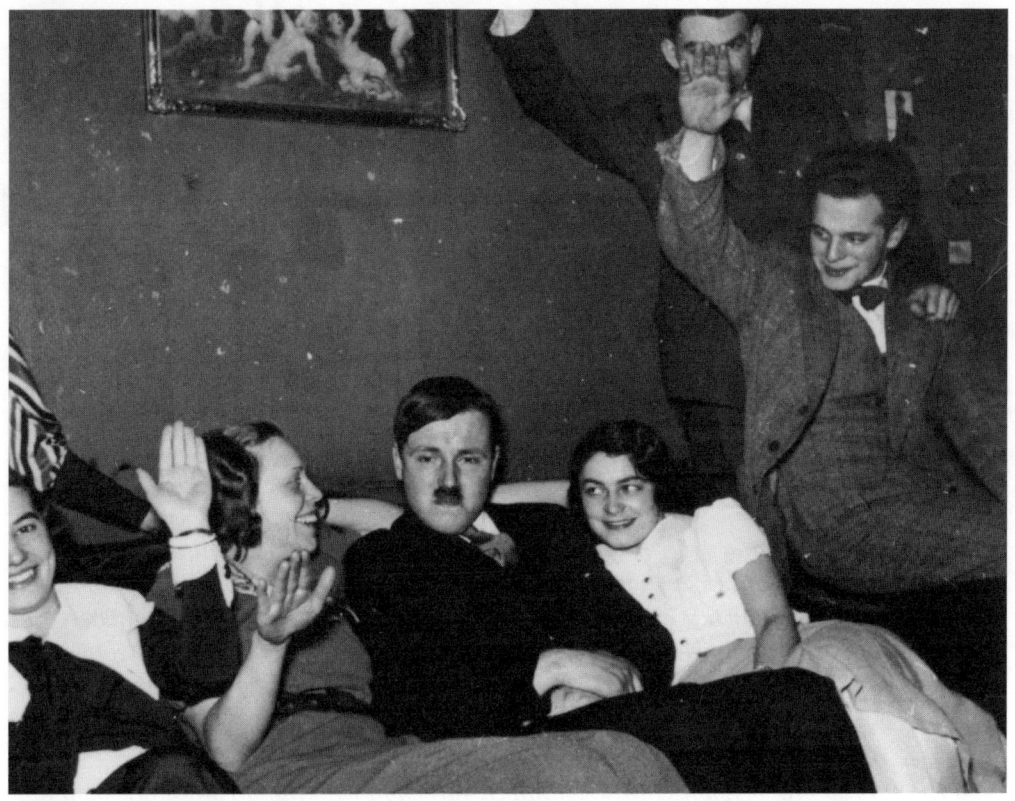

Angestellte der Firma »Photola«, verkleidet als »Hitler im Kreise seiner Frauen«, 1933

»Schutzhaft« genommen, weil sich einer von ihnen nach einem durchzechten Abend als Hitler verkleidet und ein anderer ihn »im Kreise seiner Frauen«[296] auf dem Sofa sitzend fotografiert hatte. Das Foto war zusammen mit einem Brief von der Polizei abgefangen worden. Den an der Sache beteiligten Angestellten wurde nun vorgeworfen, sie hätten durch das Bild eine »unrichtige Behauptung« über die Lebensverhältnisse Hitlers aufstellen oder ihn verächtlich machen wollen. Nur mit großer Mühe konnten sie in den Vernehmungen glaubhaft machen, daß es sich um einen »Scherz« gehandelt habe. Der Fotograf, der als Hitler Verkleidete und eine Frau, die sich auf dem Foto besonders eng an diesen schmiegte, wurden schließlich vor dem Sondergericht wegen »Heimtücke« angeklagt, das Verfahren gegen sie wurde aber wieder eingestellt – die Hauptverhandlung habe weder ihre Schuld noch ihre Unschuld ergeben. Während die Polizei diesen Fall mit größter Akribie aufrollte, zeigte sie merkwürdigerweise kein Interesse für die politisch viel relevanteren Funde, die sie bei der Hausdurchsuchung eines der Beteiligten machte: Der Angestellte Hans Hell, der dem Verkleideten die Hitler-tolle ins Gesicht gekämmt und das charakteristische Schnurrbärtchen aufgemalt hatte, sammelte zu Hause offenbar Fotos von Dokumenten, die den Unrechtscharakter des neuen Regimes demonstrierten. Ein Foto zeigte eine Zusammenstellung von Granaten, ein anderes die Umrisse des »Dritten Reiches« mit eingezeichneten Totenkreuzen, ein drittes die ironische Aufschrift »Hitler kann alles«. Auf Zetteln hatte sich Hell Fragen notiert wie: »Wo sind außerhalb Münchens in gewissen Sandgruben die Arbeitslosenlager und selbstgebauten Hütten? Darf ich das Thema 'Der Weg einer Zeitung' behandeln? Darf ich die übrigen Filme zurückbekommen? Darf ich den rasenden Reporter lesen?« Hell hatte vor der »Machtergreifung« einige Male für die antinationalsozialistische Zeitschrift »Der Gerade Weg« fotografiert, sein Vater war dort Schriftleiter gewesen.[297]

Entsprechend wenig Spaß verstand das NS-Regime in Bezug auf die – zum Teil sehr kruden – politischen Witze und Spottverse, die über die Nationalsozialisten und das »Dritte Reich« kursierten. Oft bezogen sich diese auf die Dummheit der Nationalsozialisten, auf ihren Opportunismus, ihre Verlogenheit und ihr niedriges moralisches Niveau:

»*Da waren drei Männer, ein Engländer, ein Franzose und ein Deutscher, die sich über ihre großen Männer unterhielten. Der Engländer erklärte: Wir haben einen mit einem Holzfuß, der hat ein Rennen gewonnen. Darauf sagte der Franzose: Bei uns haben sie einem das Herz herausgenommen. Darauf der Deutsche: Das ist gar nichts. Bei uns ist einer, dem haben sie das Hirn herausgenommen und hineingeschissen, der ist heute Reichskanzler.*«[298]

»*Warum gibt es bei uns sowenig Fleisch?
Weil die Pferde eingezogen sind, weil alle Rindviecher an der Front sind, weil alle Säue in der Partei sind.*«[299]

»*Heil Hitler, sagt der Profitler,
Grüß Gott, sagt man in Not.*«[300]

»*Welches Vieh ist das teuerste? Eine Sau: Weil eine Sau eine Wampe hat wie Göring, eine Votze wie Goebbels, ein Schwanzl wie Hitler und weil sie der Jude nicht fresse.*«[301]

»*Was ist der Unterschied zwischen der Regierung und einem Langholzfuhrwerk? Beim Langholzfuhrwerk ist der Lumpen hint dran und bei der Regierung vorn.*«[302]

»*Wissen die Leute, wie eine Weihnachtsgans aussieht? Die Gans muß so fett sein wie Göring, den Schnabel so groß haben wie Goebbels und sich so rupfen lassen wie das deutsche Volk!*«[303]

»*Göring war irgendwo auf der Jagd und bekam als Auszeichnung eine Plakette oder einen Orden 'WHW' (Winterhilfswerk, Anm. d. Verf.). Bei seiner Rückkehr nach Berlin habe Göring Goebbels gefragt, was die drei Buchstaben WHW bedeuten und habe hinzugesetzt, Du mußt es ja wissen als Propagandaminister. Goebbels habe daraufhin geantwortet: WHW heißt wamperter Hund wamperter.*«[304]

Nationalsozialistisches Plakat

Meistens wurden diese Witze am Arbeitsplatz weitererzählt und von Kollegen denunziert. Auch wenn das Sondergericht die Verfahren gegen die denunzierten Witzeerzähler in der Regel wieder einstellte, mußten die Betroffenen mit einigen Wochen oder gar Monaten »Schutzhaft« rechnen. Harte Strafen bekamen diejenigen, die es sich einfallen ließen, ihre Witze und Verse schriftlich in der Öffentlichkeit zu verbreiten. Ein Maurer aus Oberhaching wurde bereits 1933 zu acht Monaten Gefängnis verurteilt, weil er selbstverfaßte bayerische Spottgedichte an Telefonmasten und Anschlagbretter geklebt hatte:

»Hitler loss Dir was song
Wir Bayern dern uns umma Arbeit beklong
Du bringst koa Geld für d'Arbat nach Bayern rein
Du steckts das ois a de Saupreissen nei
unt mitn Minister Wagner is a Graus
der hot alli Tog sein Rausch
der gert von sein Postn weg
mit dön kima no weita ein an Dreg
Ois Rauschminister is er an ganze
Ausland bekannt sog Hitler is dös nöt a
Schand fürs ganze Bayernland.« [305]

Äußerungen gegen die Judenverfolgung

Gemessen an dem Ausmaß der Diskriminierung und schrittweisen Entrechtung der Juden sind aus der Bevölkerung wenig kritische Äußerungen über die Verfolgung der Juden überliefert. Es scheint doch ein breiter Konsens darüber geherrscht zu haben, daß die pseudo-gesetzlichen Maßnahmen gegen die Juden richtig oder zumindest akzeptabel seien. Der Reichsbahnbedienstete, der 1937 sagte: »Man macht gegen die Juden Propaganda, das ist nicht schön, man soll das nicht tun. Der Jude ist auch ein deutscher Volksgenosse, ich bin mit Juden im Krieg gewesen, die waren mir lieber als andere«[306] und deshalb angeklagt wurde, stand mit dieser Meinung wohl recht allein. Häufiger waren Äußerungen, die die Judenverfolgung aus wirtschaftlichen Erwägungen heraus kritisierten – »daß die Juden nicht gefährlich sind, sondern lediglich die Handelsschaft betreiben wollen«[307]. Selbst in den kritischen Bemerkungen spiegelte sich oft ein tiefsitzender Antisemitismus: »Die Juden vertreibens, und so bekommen wir kein Rohmaterial mehr, und selber sind sie schmutziger wie die Juden, da darf man bloß den Göring anschauen, denn die Juden vertreibens, weil sie unsere Weiber stopfen, und der Göring hat selber eine Jüdin.«[308] Manche nahmen einzelne Juden in Schutz, stimmten aber der Judenverfolgung als Ganzes zu, wie der Bankbeamte, der 1939 denunziert wurde, weil er ausgeführt hatte: »teils sei es unrecht gewesen, sie hinauszutun, teils auch gebe es Juden, die keine Schonung verdient oder so ähnlich.«[309] Der Bankbeamte hatte sich dabei auf den Einzelfall des jüdischen Chemieprofessors und Nobelpreisträgers Willstätter bezogen.

Die gewaltsamen Ausschreitungen und Zerstörungen der »Reichskristallnacht« fanden hingegen in der Bevölkerung weniger Zustimmung. Nach dem 9. November 1938 gingen beim Reichsstatthalter Epp eine Reihe von zum Teil anonymen Briefen ein, die gegen den Ausbruch roher Gewalt protestierten. Epp genoß als General und ehemaliger Monarchist bei vielen Konservativen mehr Achtung als die anderen nationalsozialistischen Repräsentanten und schien sich ihnen als Ansprechpartner anzubieten:

»Euer Excellenz!
Mein verzweifeltes Nachsinnen darüber, ob nirgends eine Hilfe zu finden sei gegenüber dem, was seit einigen Tagen hier vorgeht, hat endlich einen Namen und einen Titel – vielmehr zwei Titel – mir ins Bewußtsein gerufen: Franz Ritter von Epp, General der Infanterie a.D., Reichsstatthalter in Bayern. (...)
Weiß Euer Excellenz, daß unter den Männern, die nach Dachau gebracht worden sind, Besitzer hoher Kriegsauszeichnungen, Kriegsinvaliden sich befinden? Und daß in Dachau geprügelt und mißhandelt wurde? Aber wahrscheinlich weiß Euer Excellenz nicht, daß in der Nacht von Sonntag auf Montag vier oder fünf Tote aus Dachau wegtransportiert worden sind. (...) Ich weiß nur, daß zwischen ge-

stern und heute drei Leute mit Veronal sich selber geholfen haben. Ich weiß, daß man vor einigen Tagen im jüdischen Krankenhaus bei Schwer- und Schwerstkranken 'Haussuchung' gehalten, d. h. ihre Betten durchsucht hat. Ich weiß, daß für die ärztliche Versorgung aller Münchner Juden ein Chirurg und ein Innerer Mediziner an jedem Krankenheim belassen wurden, und daß für sämtliche anderen Kranken der Stadt eine einzige Ärztin tätig ist. Ich weiß, daß diese Ärztin alle Medikamente aus eigener Tasche oder von Almosen bezahlen muß, denn die Kassen zahlen keinen Pfennig. Sämtliche jüdische Kassen, Wohlfahrtsfonds und Konten sind beschlagnahmt, so daß selbst die Wohlhabenden z.T. auf geringe, zufällig in Reichweite verbliebene Barbeträge angewiesen sind. Daß in der Nacht, wo der organisierte Mob sich austoben durfte, ausgiebigst geplündert worden ist, wird Euer Excellenz vielleicht erfahren haben. Ich weiß auch, daß – entgegen der Behauptung des Dr. Goebbels – unter den Verfolgten und Beraubten zahlreiche Leute sind, die alle Vorbereitungen zur Auswanderung getroffen (...). Es ist unnötig, diese Reihe weiter fortzusetzen, denn Euer Excellenz würden gewiß Möglichkeiten finden, sich über die Tatsachen zu orientieren, falls Ihnen das wünschenswert erscheinen würde. Oder sind dies alles Dinge, die den Landesvater, den deutschen Soldaten, den deutschen Mann nichts angehen?«[310]

Die anonyme Bittstellerin – sie unterschrieb mit den Worten »eine Deutsche« – forderte Epp daraufhin auf, er solle aus Protest gegen die Ausschreitungen »als Ehrenmann und Christ« sein Amt niederlegen. Es gäbe viele Männer in hohen Ämtern, »die das, was jetzt geschieht, verabscheuen und die dem, was möglicherweise noch geschehen wird, gern zuvorkommen würden. Und die darüber hinaus dem deutschen Volk ersparen möchten, daß es, über kurz oder lang, zu büßen haben wird für die Sünden seiner Führer. Wenn diese Männer mit weithin vernehmbarem Protest ihre Ämter niederlegen würden, so wäre das ganz gewiß nicht ohne tiefe Wirkung.« Selbstverständlich kam Epp dieser Aufforderung nicht nach.

Besonders die Zerstörung der Synagogen – die nackte Gewalt gegen Gotteshäuser und Kulturgüter – stieß wohl gerade auch bei Konservativen auf Widerwillen. So äußerte ein Oberstleutnant a.D. Anfang Januar 1939 gegenüber einer Bekannten auf der Straße: »Das Anzünden der Synagogen war nicht recht, das ist den Juden ihr Heiligstes. Mit demselben Recht könnte man auch die Ehrentempel abbrechen oder abbrennen und statt dieser Aborthäuschen hinstellen.«[311] Auf Vorhaltungen der Bekannten entgegnete er: »Sind Sie jetzt auch schon so verhetzt, ich habe geglaubt, Sie sind eine anständige Frau.« In den polizeilichen Vernehmungen und vor Gericht wußte sich der Oberstleutnant geschickt damit zu verteidigen, »daß er lediglich gewisse spontane Aktionen des Volkes und nicht Anordnungen der Reichsregierung oder leitender Persönlichkeiten der NSDAP hat kritisieren wollen«. Das Verfahren gegen ihn wurde mangels Beweisen eingestellt.

Mitte Januar 1939 konnte der Monatsbericht des Regierungspräsidenten von Oberbayern befriedigt feststellen:

»Innenpolitisch hat sich die durch die Judenaktion vorübergehend gestörte Lage wieder beruhigt. Das Vorgehen gegen die Juden wird nur mehr wenig besprochen und dann zumeist in dem Sinne kritisiert, daß man den Erfolg auch mit weniger drastischen Mitteln hätte erreichen können. Die Verordnung zur planmäßigen Entjudung der deutschen Wirtschaft wurde mit Befriedigung aufgenommen. Die tägliche Erörterung der Judenfrage durch den Rundfunk vor Beginn der Nachrichten erweist sich hierbei als ein ausgezeichnetes Belehrungsmittel. Nur die von der Kirche beeinflußten Kreise gehen in der Judenfrage noch nicht mit.«[312]

Auch manche derjenigen, die zufällig einen persönlichen Kontakt zu Juden hatten und das Unrecht an ihnen hautnah miterlebten, ließen sich kritisch darüber aus. So wurde im April 1939 eine Köchin denunziert, die früher bei einem jüdischen Kommerzienrat angestellt gewesen war und gegenüber einer Bekannten gesagt hatte, »daß es mir bei dem Juden Herz sehr gut ergangen ist und ich dort wie das Kind im Haus aufgenommen war.«[313] Ähnlich eine langjährige Sprechstundenhilfe eines jüdischen Arztes, die weitererzählte, daß der Arzt von einem Tag auf den anderen in Dachau gestorben sei:

»Die Kleider von Dr. Klar seien so schmutzig heimgeschickt worden, wie von einem Arbeiter. Der goldene Füllfederhalter und der schwere goldne Siegelring von Dr. Klar seien nicht mit zurückgeschickt worden. Weiter sagte sie, daß es unmöglich sei, daß Dr. Klar so schnell gestorben sei. Er sei am Freitag noch gesund gewesen und am Samstag soll er gestorben sein. Er müsse erschlagen worden sein.«[314]

Seit Kriegsbeginn wurde die Judenverfolgung nur noch ganz vereinzelt thematisiert. Im Oktober 1939 kam es unter den Kunden eines Friseurladens zu einem Gespräch über die aktuelle Lage, in dessen Verlauf eine Frau von den angeblichen Greueln der Polen an »Volksdeutschen« erzählte. Ein Mechaniker, der sich gerade die Haare schneiden ließ, entgegnete ihr darauf: »Wir haben es den Juden in Deutschland genauso gemacht. Wir haben ihnen die Augen ausgestochen, die Zunge herausgeschnitten und die Finger- und Zehennägel abgezogen. (...) Man hat die Juden in Dachau ganz nahe an der Straßenwalze arbeiten lassen und sie dann in den Dreck gewalzt.«[315] Für diese Schilderung wurde der Mechaniker zu drei Monaten Gefängnis verurteilt. Einige Äußerungen brachten die Judenverfolgung mit dem Kriegsausbruch in einen mystischen Zusammenhang, wie der Kellner, der 1940 wegen der Bemerkung denunziert worden war: »Hättens die Juden herinlassen, hättens net nausgehaut, dann hätte es den Saukrieg nicht gegeben.«[316]

Die im Herbst 1941 einsetzenden Deportationen in die Vernichtungslager der »Ostgebiete« blieben von der Bevölkerung weitgehend unkommentiert. Bestimmt taten hier auch die drakonischen Strafen, mit denen kritische Äußerungen inzwischen belegt wurden, ihre Wirkung. Im Frühjahr 1942 wurde eine Friseurmeisterin zu vier Jahren Zuchthaus verurteilt, weil sie in ihrem Laden erklärt

318

hatte: »der Führer sei schuld am Kriege, denn wenn er die katholische Kirche und die Juden in Ruhe gelassen hätte, wäre es nicht so weit gekommen. Der Führer sei ein wahnsinnig gewordener Massenmörder und bilde sich ein, ganz Europa unter seine wahnsinnigen Gedankengänge zu zwingen«[317], und sie bediene lieber »Judenfrauen« als Frauen von SS-Männern. Eine ältere Frau, die bereits einen Sohn an der Ostfront verloren hatte und deren andere Söhne und Schwiegersöhne alle im Krieg waren, wurde zu drei Jahren Gefängnis verurteilt. Sie hatte gegenüber einer Nachbarin wiederholt über das Terror-Regime geklagt und unter anderem geäußert: »Meinens denn, daß die Auslandsender niemand hört? Judenfrauen und -kinder habens in einen Waggon verladen und aus der Stadt gefahren und mit Gas vernichtet, die Judenrache bleibt nicht aus.«[318]

Hilfe für Verfolgte

Hilfeleistungen für die vom NS-Regime Verfolgten konnten, mußten aber nicht mit einer gegnerischen Einstellung zum Nationalsozialismus verknüpft sein. In den meisten Fällen kamen sie spontan von Angehörigen und Freunden, die aus persönlicher Verbundenheit, aus Liebe oder Freundschaft handelten. Umgekehrt war es möglich, daß überzeugte Nationalsozialisten zu einer kritischen Haltung gegenüber dem Regime fanden, wenn ein ihnen Nahestehender der Verfolgung zum Opfer fiel, sie diesem helfen wollten und dabei selber Zeugen des offensichtlichen Unrechts wurden. Ein Oberleutnant und SA-Angehöriger, dem mehrere Parteistellen seine »einwandfreie« nationalsozialistische Einstellung bescheinigten, begann 1936 eine Liebesbeziehung mit einer Frau, die einige Monate später wegen Unterstützung für Juden in Haft genommen wurde. Der Oberleutnant schrieb ihr zahllose Briefe ins Gefängnis und versuchte, ihre Haftbedingungen zu verbessern. Als seine Bemühungen nichts fruchteten, im Gegenteil seine Briefe oft zurückgehalten wurden und die Geliebte auch noch erkrankte, empörte er sich zunehmend über die polizeiliche Willkür, die hier offenbar herrschte. Seine aus persönlicher Anschauung gewonnenen Erkenntnisse trugen ihm schließlich ein Gerichtsverfahren und eine Geldstrafe von 300 Reichsmark wegen Beleidigung der Polizei ein:

»Ich bin darüber sehr erregt, denn es ist doch ein Verbrechen, Dich einfach ohne ärztliche Hilfe zu lassen (...) Wenn ein Mensch gefährlich erkrankt ist, dann läßt es sich in einem Kulturstaat wohl nicht rechtfertigen, ihn einfach seinem Schicksal zu überlassen, weil er wegen endloser Ermittlungen in Schutzhaft sitzt. (...) Daß wir solche Zustände haben, hätte ich auch nicht gedacht. (...) Ich hoffe, daß die Sache bei Gericht jetzt doch in anderer Weise behandelt und beurteilt wird als bei der übelgesinnten Polizei, die ja nicht gerade mit den anständigsten Mitteln arbeitet.«[319]

Von allen Verfolgtengruppen am meisten auf Hilfe angewiesen – im Laufe der Zeit in immer stärkerem Maße – waren die Juden. In den Anfangsjahren nach 1933 brauchten sie einflußreiche Rechtsanwälte, um bei der Emigration zu helfen und wenigstens einen Teil ihrer Vermögenswerte zu retten, später brauchten sie Freunde, die für sie geschäftliche Transaktionen übernahmen, ihre Wertgegenstände bei sich aufbewahrten und sie während der besonders gefährlichen Tage der »Reichskristallnacht« unterstützten. Schließlich, als die Deportationen begannen, war ihr nacktes Überleben davon abhängig, daß Nichtjuden sie bei sich versteckten und ihr eigenes Leben dabei riskierten.

Die nichtjüdischen Ehepartner von Juden spielten dabei eine bis heute bei weitem unterschätzte Rolle. Wenn sie trotz schlimmster Diskriminierungen und Ausgrenzungen ihre jüdischen Ehepartner nicht verließen, verschafften sie ihnen dadurch einen »privilegierten« Status, der diese nicht selten vor der Deportation bewahrte und ihnen das Leben rettete. Sie mußten dafür selber oft existenzbedrohliche Maßnahmen der NS-Behörden ertragen. 1942 wurde ein in »Mischehe« lebendes älteres Ehepaar zu drei Monaten Gefängnis verurteilt, weil es für die schwerkranke jüdische Frau öffentliche Fürsorge und Krankenhausversorgung beansprucht und ihre jüdische Identität verschwiegen hatte. Der 62jährige Ehemann als Nichtjude hätte eine Strafaussetzung bekommen können, nahm diese jedoch aus Solidarität mit seiner Frau nicht wahr. Nach zwei Monaten Strafverbüßung wurde die Frau in ein KZ nach Böhmen deportiert, wo sie kurz darauf starb. Daraufhin machte ihr Mann in einem Brief an den Staatsanwalt seiner Verzweiflung Luft:

»Nach mehr denn 30jähriger, glücklicher Ehe konnte ich als Ehrenmann meiner seit zehn Jahren schwerkranken Frau gegenüber nicht anders handeln, als dieser allen denkbaren Schutz angedeihen zu lassen. So habe ich ihr manches erspart, was ihren Zustand verschlimmern konnte. (...) Durch diese Mischehe wurde mir im Jahre 1934 in Berlin mein gutgehendes Dachdecker- und Spenglergeschäft, angeblich weil jüdisches Kapital darin sei, entzogen, dabei lebten wir recht und schlecht nur von meiner Hände Arbeit. Eine Übersiedlung nach München, um mir da wieder ein Geschäft zu gründen, hatte den gleichen Mißerfolg. Bei einer Vorladung zur Arbeitsfront wurde mir nahegelegt, den derzeitigen Zustand aufzuheben; diesem Ansinnen konnte ich nicht stattgeben, da ich nicht zum Lumpen werden wollte. Seit dieser Zeit jagte ich von Stelle zu Stelle. (...) So, nun lege ich meine Sache in die Hände des Herrn Oberstaatsanwalts zur gütigen Beurteilung meines zehnjährigen Kampfes um Ehre und Recht und bitte um Befreiung von einer Schande, die mich nicht trifft.«[320]

Viele nichtjüdische Ehepartner von Juden hielten dem Druck und den Diskriminierungen nicht mehr stand und trennten sich oder ließen sich scheiden. Daß sie sich dennoch oft weiterhin »judenfreundlich« verhielten und Juden halfen, wo sie konnten, zeigt der Fall von Karolina Koppels, der getrennt lebenden Ehefrau eines jüdischen Bankiers: 1939 mußte sie sich vor dem Sondergericht verantworten, weil sie von Nachbarinnen denunziert worden war. In der Vernehmung sagte sie aus:

»Ich gebe ohne weiteres zu, daß ich immer und auch heute noch die Juden in Schutz nehme. Da es in Schwabing bekannt ist, daß ich mit einem Juden verheiratet bin, werde ich von allen Seiten, ganz besonders von meinen Freundinnen angepöbelt. (...) Wenn ich gefragt werde, ob es richtig ist, daß ich im November 1938 Judenkinder ausgeführt habe, so erkläre ich, daß dieses richtig ist. Es war im November 1938, als ich Bekannte von mir, die in einer Straße neben der Siemensschule wohnten, besuchte, und Kinder einer im Erdgeschoß wohnenden Judenfamilie aus dem Fenster herausschauten und mich baten, sie spazieren zu führen. Ihrer Bitte kam ich nach, führte aber nur das Kleinste von den drei Kindern um den Hausblock herum. (...) Unrichtig ist, daß ich gesagt habe, 'nur der Jude ist Kavalier, die Deutschen sind Schweine.' Ich betrachte die Juden, die in Deutschland geboren sind, ebenfalls als Deutsche. (...) Ich gebe ohne weiteres zu, daß ich die erste Zeit, als ich durch die Maßnahmen gegen die Juden und die Auswanderung meines Mannes aus meinen guten wirtschaftlichen Verhältnissen herausgerissen wurde, für den heutigen Staate nichts übrig hatte.«[321]

Das Gerichtsverfahren gegen Karolina Koppels mußte zwar eingestellt werden, da ihr Verhalten auch nach nationalsozialistischer Gesetzgebung zu diesem Zeitpunkt noch nicht strafbar war. Aus einem Brief der Gestapoleitstelle an den Ermittlungsrichter läßt sich jedoch schließen, daß sie nicht freigelassen, sondern in ein KZ überwiesen wurde: »Sollte Haftbefehl nicht erlassen werden, so wird um Rücküberstellung der Koppels zwecks Prüfung der Schutzhaftfrage gebeten.«

Es sind für München kaum Fälle bekannt, wo Juden von Nichtjuden versteckt und dadurch vor der Deportation bewahrt worden wären. Die Schwestern Gisela Scherer und Josy Hoffmann nahmen in den Tagen der »Reichskristallnacht« eine jüdische Freundin in ihrer Wohnung auf; 1939 wurde die Hausmeisterin Maria Fingerle von einer Nachbarin denunziert, weil sie als »große Judenfreundin«[322] den ehemaligen Hausbesitzer, einen Juden, in der »Reichskristallnacht« mit Essen versorgt haben soll. Elisabeth Bocks verurteilte das Amtsgericht München zu zwei Wochen Haft, da sie von Ende Mai bis Anfang Juli 1943 eine Jüdin in ihrer Wohnung aufnahm, ohne sie polizeilich anzumelden. Über einen längeren Zeitraum hinweg beherbergte der Ingenieur Josef-Sebastian Cammerer ein befreundetes jüdisches Ehepaar; nachdem der Mann 1941 an den Folgen einer KZ-Inhaftierung in Dachau gestorben war, versteckte der Ingenieur im Frühjahr 1942 die Ehefrau, um sie vor der drohenden Deportation zu retten. Sie beging jedoch in ihrem Versteck Selbstmord, und Cammerer mußte sie provisorisch unter den Dielen seines Hauses begraben. Erst mit Hilfe des Gärtners auf dem jüdischen Friedhof, Karl Schörghofer, konnte er sie heimlich bestatten. Karl Schörghofer, seine Frau Katharina und seine beiden erwachsenen Kinder Carl und Martha

Eingang zum jüdischen Friedhof an der Ungererstraße

versteckten über ein Jahr lang eine ganze Familie in ihren Wohnungen und auf dem Friedhof; ein Angehöriger dieser Familie überlebte bei ihnen das Kriegsende. Schörghofer hatte durch seine Arbeit im Laufe der Zeit eine enge Beziehung zum Judentum gewonnen und sich tief in die jüdischen Glaubensrituale eingearbeitet. Bevor er Menschen rettete, hatte er bereits zahlreiche wertvolle Grabsteine und jüdische Kultgegenstände vor der nationalsozialistischen Zerstörung bewahrt.

Die verfolgten Juden waren, wenn sie überhaupt Helfer fanden, diesen vollkommen ausgeliefert. In ihrer verzweifelten Situation fielen manche auch Betrügern in die Hände, die ihr Schicksal ausnutzten: Im Januar 1944 nahmen ein Gelegenheitsarbeiter und seine Frau eine »Halbjüdin« bei sich auf, die einen Deportationsbefehl nach Theresienstadt erhalten hatte. Sie nahmen ihr alles Bargeld, ihren Schmuck und andere Habseligkeiten ab und rieten ihr fast täglich, sich umzubringen, da sie der Gestapo ja doch nicht entgehen würde. Schließlich denunzierten sie sie wegen einer angeblich gemachten politischen Bemerkung und übergaben sie der Gestapo. In Haft konnte sie den Krieg überleben. Nach dem Krieg stellte sich heraus, daß der Betrüger und Denunziant bereits 1940 eine »Halbjüdin« geheiratet, in den Selbstmord getrieben und beerbt hatte, um kurze Zeit darauf seine spätere Komplizin zu ehelichen.

Verbotener Umgang mit Zwangsarbeitern
und Kriegsgefangenen

Während das Schicksal der Juden nur verhältnismäßig wenige Menschen zu Hilfeleistungen und Solidaritätsbezeugungen bewegte, brachen in der Behandlung der ausländischen Zwangsarbeiter und Kriegsgefangenen häufig menschliche Regungen durch. Diese traten allerdings auch in sehr viel größerer Anzahl in Erscheinung als die Juden, von denen es seit Kriegsbeginn nur mehr einige Hundert in München gab. Die Zwangsarbeiter und Kriegsgefangenen prägten mit ihren Drillichen und Uniformen das Stadtbild, ihre Lager waren über das ganze Stadtgebiet verteilt. Man begegnete ihnen ständig auf der Straße und am Arbeitsplatz. Auch wenn der Umgang mit ihnen streng bestraft wurde, ließen sich Kontakte kaum verbieten. Es kostete wenig Mühe, ihnen ihr Los zu erleichtern, indem man ihnen zum Beispiel ein Brot zusteckte. Der Regierungspräsidenten von Oberbayern berichtete im Februar 1944:

»Bedauerlich ist außerdem, daß immer wieder deutsche Volksgenossen sich dazu hergeben, für Ausländer am Fahrkartenschalter Fahrkarten zu kaufen. Auf diese Weise kommen die fremdländischen Arbeiter in weitem Umfange in den Besitz von Fahrkarten, ohne daß sie eine Reiseerlaubnis vorzeigen müssen.«[323]

Gerade die Frauen hatten oft Mitleid mit den Zwangsarbeitern und Kriegsgefangenen und ließen ihnen Essen zukommen. So wurde im September 1942 eine Kolonialwarengeschäftsinhaberin zu einem Monat Gefängnis verurteilt, weil sie über einen längeren Zeitraum hinweg Brot an Zwangsarbeiter ohne Bezugsberechtigung gegeben hatte: »Die Angeklagte brachte zu ihrer Verteidigung im wesentlichen vor, aus Mitleid dem Drängen der ausländischen Zivilarbeiter um Abgabe von Brot nachgekommen zu sein.«[324] Ein dreiviertel Jahr später hatten sich die Strafen für solche Vergehen bereits drastisch erhöht: Die betagte Kriegerwitwe Cölestine Müller wurde mit drei Monaten Gefängnis bestraft, nur weil sie im Mai 1943 einem russischen Kriegsgefangenen, den sie am Maximiliansplatz arbeiten sah, einige Brotmarken zugesteckt hatte. Ebenfalls zu drei Monaten verurteilt wurde der Lkw-Fahrer Nikolaus Forstreicher: Er hatte mit seinem Lkw in der Berg-am-Laim-Straße einen Straßenbahntriebwagen mit französischen Kriegsgefangenen überholt, angehalten und den Kriegsgefangenen einen Zweipfundwecken in den fahrenden Tramwagen geworfen. Der Haftbefehl gegen ihn vermerkte empört: »Dabei verletzten Sie durch den Wurf des Brotweckens den den Kriegsgefangenentransport begleitenden Wachtposten Oberschütze Alfred Heidenblut fahrlässigerweise dadurch, daß letzterer am linken Auge getroffen wurde mit der Folge von Schwellungen und Abschürfungen am linken Auge, so daß er in ärztliche Behandlung sich begeben mußte.«[325]

Auch dürfte es kein Einzelfall gewesen sein, daß Münchnerinnen und Münchner, wenn sie Zeugen von Mißhandlungen von Ausländern wurden, dazwischentraten und versuchten, die Ausländer zu schützen. Ein Hilfsschlosser kam 1943 hinzu, wie ein deutscher Soldat mit dem aufgepflanzten Gewehr auf einen russischen Kriegsgefangenen einschlug. Der Schlosser stellte sich vor den Russen, machte dem Soldaten bittere Vorwürfe und nannte ihn einen »Büffel«. Da er wegen verbotenen Umgangs mit Kriegsgefangenen nicht belangt werden konnte, verurteilte ihn das Amtsgericht wegen Beleidigung eines Wehrmachtsangehörigen zu einem Monat Gefängnis – nicht ohne im Urteil anzufügen: »Strafverschärfend mußte berücksichtigt werden, daß er (...) unbefugterweise mit einem Kriegsgefangenen Mitleid empfunden hat.«[326]

Aus Freundlichkeit und menschlichem Gefühl ließen sich manche sogar dazu verleiten, Kriegsgefangenen zur Flucht in ihre Heimat zu verhelfen. Gerade die französischen Kriegsgefangenen, auf die die sonst so verbreiteten rassistischen Vorurteile keine Anwendung fanden, wurden von vielen überhaupt nicht als Feinde, sondern als ebenbürtige Menschen betrachtet, denen zu einer Rückkehr in die Heimat zu helfen kein Unrecht darstellte. Der Feinmechaniker August Albert knüpfte zu den französischen Kriegsgefangenen, die seinem Arbeitskommando bei Krauss-Maffei zugeteilt waren, ein beinahe freundschaftliches Verhältnis. Mit einem unterhielt er sich häufig über ihre gemeinsame Leidenschaft, das Bergsteigen. Eines Tages bat ihn dieser, auf dem Weg zu einer Bergtour bei Bregenz einen fluchtwilligen Franzosen mit über die Grenze zu nehmen. Albert kam der Bitte ohne zu zögern nach und besorgte dem Fluchtwilligen sogar eine Fahrkarte und Zivilkleidung. An der Grenze wurden beide festgenommen. Das Sondergericht verurteilte Albert zu einem Jahr und acht Monaten Zuchthaus. Auch der Bankabteilungsleiter Willibald Schmalzl befreundete sich Ende 1941 mit zwei französischen Zivilarbeitern und traf sich häufig mit ihnen, um seine Französischkenntnisse aufzufrischen. Als sie ihm erzählten, daß sie als Fluchthelfer arbeiteten, um französischen Kriegsgefangenen die Heimkehr zu ermöglichen, schenkte er ihnen mehrere Kleidungsstücke und beherbergte auch einmal zwei Flüchtlinge in seiner Wohnung. Nachdem die Polizei die Fluchthilfeorganisation aufgedeckt hatte, wurde er zu zwei Jahren Zuchthaus verurteilt:

»Er wird als geistig strebsamer, weltfremder Idealist gewertet. Im gegebenen Falle hat der Angeklagte jedoch als Mensch und deutscher Volksgenosse versagt. Er hat sich in einer Zeit, in der Deutschland um sein Leben kämpft, in schwerster Weise gegen die Belange der Volksgemeinschaft versündigt und eine äußerst verwerfliche Disziplinlosigkeit an den Tag gelegt.«[327]

Die Näherin Clara Umbricht lernte 1941 an ihrer Arbeitsstelle im Heeresbekleidungsamt München einen französischen Kriegsgefangenen kennen. Die beiden zeigten sich gegenseitig Familienfotos, und der Franzose erzählte ihr, daß er ein Kind in Frankreich habe, nach dem er sich sehr sehne. Aus Mitleid besorgte ihm Clara Umbricht Zivilkleider, damit er fliehen könne. Doch die Flucht scheiterte, und nach einer Nacht auf der Straße suchte der Franzose erneut bei ihr Zuflucht.

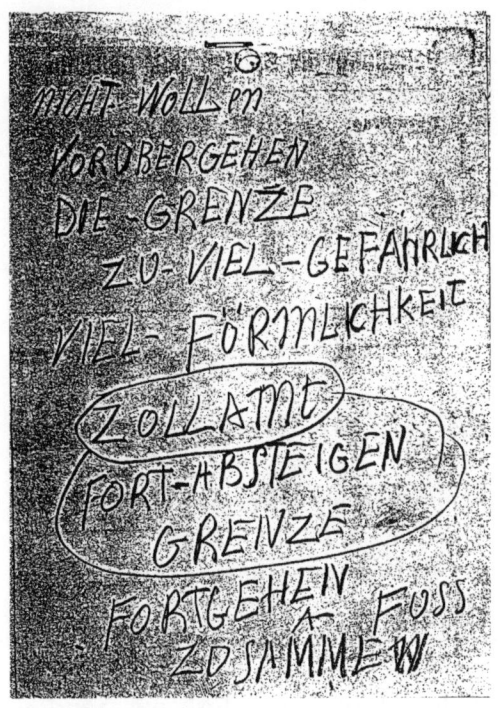

Notiz eines französischen Kriegsgefangenen
an seine deutsche Freundin, die mit ihm nach
Frankreich fliehen wollte

Sie nahm ihn nun einige Tage in ihrer Wohnung auf, versorgte ihn mit Essen und bemühte sich für ihn um Fluchtmöglichkeiten. Schließlich wurde er jedoch auf der Straße verhaftet. Obwohl beide vor Gericht entschieden abstritten, ein Liebesverhältnis gehabt zu haben, unterstellte man ihnen geschlechtliche Beziehungen – immerhin hätten sie mehrere Nächte gemeinsam unter einem Dach verbracht. Clara Umbricht wurde im Mai 1942 zu einem Jahr Zuchthaus verurteilt; sie sei als »gemeingefährlich« einzustufen und habe eine »niedrige Gesinnung«: »Die Angeklagte hat sich gewissenlos über die vaterländischen Belange hinweggesetzt und bewußt die Gefahr, daß durch die Flucht des Kriegsgefangenen Deutschland eine Arbeitskraft verloren geht, auf sich genommen.«[328]

Tatsächlich verliebten sich sehr viele Frauen in französische Kriegsgefangene und leisteten ihnen deshalb Fluchthilfe oder versuchten, mit ihnen gemeinsam zu fliehen. Die eigenen Männer waren schließlich oft schon jahrelang im Krieg, und das Leben im nationalsozialistischen Kriegsdeutschland sah alles andere als rosig aus. Es schien bei allen rassistischen Vorurteilen, die die meisten sonst gegen Angehörige anderer Völker hatten, nicht einsichtig, warum Beziehungen zu Franzosen »gegen das Volksempfinden« verstoßen sollten, wie es die Nationalsozialisten formulierten. So erhielt eine junge Frau, die wegen einer Liebschaft mit einem Franzosen und Fluchthilfe in Untersuchungshaft saß, einen Brief von einer Freundin:

»Mein liebes Dirndl!
Ich habe von Deinem traurigen Unglück gehört. Armer kleiner Pechvogel! Ich muß immer an Dich denken, denn Du tust mir so leid. Aber gräme Dich nicht ab, Liebes, die Zeit geht vorüber und Du bist ja noch jung, dann baust Du neu auf. Deine Ehre kann man Dir damit nicht nehmen, denn es ist keine Schande, ein gutes Herz zu haben. Ein Franzose ist schließlich ein Mensch gleichen Blutes wie wir, und gegen die Liebe ist noch kein Kraut gewachsen. In Berlin sah ich deutsche Frauen mit schlitzäugigen Japanern herumlaufen – frank und frei – das sind halt unsere Freunde. Diese Rasse ist uns art-, bluts- und wesensfremd, für so et-

was habe ich kein Verständnis, aber daß man sich in einen hübschen Franzosen verlieben kann, verstehe ich nur zu gut. Daß es nun leider unsere Feinde sind, ist traurig – aber, ich sage es noch einmal, keine Schande für Dich. (...) Viel wirklich Schändliches und Charakterloses müssen im Interesse des Staates fast alle Politiker tun, was sich im normalen Leben mit Ehre und Gewissen nicht vereinbaren läßt, und die stehen in hohen Ehren, so wird auch Dein Vergehen nur rein politisch und nicht menschlich bewertet – das ist Krieg! Na, hoffentlich haben wir bald Frieden?????!!!!!!«[329]

Das Gericht betrachtete den Fall jedoch etwas anders und verurteilte die Beschuldigte zu über zwei Jahren Zuchthaus.

Abhören der ausländischen »Feindsender« im Krieg

Die gerade gegen Kriegsende wohl am meisten verbreitete Form, sich dem Regime zumindest in seinem propagandistischen Informationsmonopol zu verweigern, war das Abhören des ausländischen Rundfunks. Tausende hörten die deutschsprachigen Sender der BBC oder der Schweiz, um die offensichtlich geschönte und gefälschte nationalsozialistische Berichterstattung mit den Nachrichten »von draußen« zu vergleichen und sich ein besseres Bild vom tatsächlichen Kriegsverlauf zu machen. Während das Hören des Moskauer Senders bereits vor 1939 verfolgt wurde, stand das Abhören der westlichen »Feindsender« sowie auch der neutralen Sender seit dem ersten Kriegstag – mit der »Verordnung über außerordentliche Rundfunkmaßnahmen« – unter schweren Strafen. Es dauerte allerdings einige Zeit, bis sich in der Bevölkerung diesbezüglich ein Unrechtsbewußtsein entwickelte: Auch eifrige Nationalsozialisten mußten sich in den ersten Wochen nach Kriegsbeginn wegen »Rundfunkverbrechens« vor dem Sondergericht verantworten. So wurde ein als besonders nationalsozialistisch bekanntes Ehepaar am 3. September 1939 von einem Nachbarn denunziert, der selbst von diesem mehrmals bei NS-Behörden angeschwärzt worden war und nun die Gelegenheit ergriff, sich zu rächen. Das nationalsozialistische Ehepaar hatte sich offensichtlich überhaupt nichts dabei gedacht, sein Radio auf den Straßburger Sender einzustellen.

Da ein gutes Radio damals fast einen durchschnittlichen Monatslohn kostete und als Prestigeobjekt galt, wollten viele vor Freunden und Bekannten auch einfach nur dessen Leistungsfähigkeit vorführen: »Mooshofer hänselte mich mit unserem Apparat und äußerte, ich könnte mit diesem Apparat nur Dachau und Giesing hören. Ich ließ mich verleiten und schaltete den Moskauer Sender ein, um ihm zu beweisen, daß der Apparat gut sei.«[330]

Die hohen Strafen, die auf »Rundfunkverbrechen« standen, sprachen sich aber schnell herum. Bald hörte die Auslandssender nur noch, wer damit ein spezielles Interesse verband. Der Spenglergehilfe Ludwig Ottmann konnte vor Gericht glaubhaft machen, daß ihn nur Neugierde und keine staatsabträgliche Gesinnung dazu getrieben habe, und kam deshalb als »milderer Fall«[331] mit einem Jahr Gefängnis davon. Er hatte 1941 über ein halbes Jahr lang zwei bis drei Mal monatlich die deutschsprachigen Nachrichten von Schweizer und englischen Sendern abgehört, aber von selber wieder damit aufgehört, weil es ihm zu gefährlich wurde. Der Hilfsarbeiter Anton Gruber hingegen wurde bereits Anfang 1940 zu zwei Jahren Zuchthaus verurteilt, weil er offensichtlich aus antinationalsozialistischen Motiven die »Feindsender« eingestellt hatte. Die Mutter seiner Geliebten denunzierte ihn, er streite sich nach dem Radiohören dauernd mit ihr und den Nachbarn über Politik und schimpfe über die nationalsozialistischen »Schlawiner und Oberschlawiner«.[332] Wie hoch das Strafmaß war, das die Gerichte verhängten, hing sehr davon ab, welchen Eindruck sie ansonsten von den Beschuldigten gewannen. So wurde der Hilfsarbeiter Johann Müller 1941 zu zwei Jahren Zuchthaus verurteilt, den seine eigene Familie als »staatsfeindlich« denunziert hatte. Die gesetzliche Mindeststrafe müsse in seinem Fall erheblich überschritten werden, denn:

>*Der Angeklagte hat nämlich die Nachrichten des Londoner und Moskauer Senders keineswegs – wie er jetzt behaupten will – nur aus Neugierde angehört, er hat dies vielmehr getan, weil er mit der nationalsozialistischen Staatsführung nicht einverstanden ist. Bestimmte heimtückische Äußerungen konnten ihm zwar nicht nachgewiesen werden, da seine Schwestern Mathilde und Frieda Müller und Maria Reiser, die im Ermittlungsverfahren zu diesem Punkt eingehende Aussagen gemacht haben, von ihrem Aussageverweigerungsrecht Gebrauch gemacht haben.«*[333]

Es herrsche jedoch der »Eindruck«,

>*daß der Angeklagte staatsfeindlich eingestellt sei. (...) Die staatsfeindliche Gesinnung des Angeklagten ergibt sich auch klar aus der Tatsache, daß er, obwohl Volksdeutscher und in Deutschland aufgewachsen, es vorgezogen hat, Protektoratsangehöriger zu bleiben. Es ist ihm dies offenbar vorteilhafter erschienen, weil er auf diese Weise nicht mit einer Einziehung zur Wehrmacht rechnen braucht. Wenn sich ein Mensch von dieser Gesinnung gegen Strafbestimmungen vergeht, die aus Anlaß des gegenwärtigen Krieges geschaffen worden sind, so verdient er eine harte Strafe.«*

Zu vier Jahren Zuchthaus verurteilt wurde 1943 der Fräser Ernst Wilhelm Traut. Als begeisterter Radiohörer hatte er über viele Jahre hinweg mit den ausländischen Sendern experimentiert und wöchentlich zwei bis viermal deren deutschsprachige Nachrichten empfangen. Dabei verhielt er sich äußerst unvorsichtig, obwohl seine Frau und seine Söhne ihn ständig warnten und mit ihm darüber in Streit gerieten: Er holte Nachbarn hinzu, die Interesse an den Nachrichten gezeigt hatten, und diskutierte mit ihnen über das Gehörte. An seinem Arbeitsplatz erzählte er weiter, daß »die Hitler« schuld am Kriegsausbruch seien und den Krieg niemals gewinnen könnten. Einmal grüßte er auch – wie er angab, »aus Gaudi« – einen russischen Zwangsarbeiter mit »Heil Moskau« und erhobener Arbeiterfaust. So hielt das Urteil gegen ihn fest: »Strafverschärfend fiel ins Gewicht, daß die Tat des Angeklagten, der früher kommunistisch organisiert war, nicht etwa nur dummer Neugier entsprang, sondern in den im Angeklagten noch wurzelnden kommunistischen Gedanken und Ideen und der dadurch bedingten staatspolitischen Einstellung des Angeklagten.«[334] Auch eine 62jährige Putzfrau wurde 1943 zu vier Jahren Zuchthaus verurteilt, weil sie nicht nur den Schweizer Sender gehört, sondern auch in ihrer Umgebung weitererzählt hatte, daß die deutschen Nachrichten lügen und der Krieg verloren gehen müsse.

Um den Menschen, die die »Feindsender« hörten, auf die Spur zu kommen, war das NS-Regime auf Denunziationen angewiesen. Wer niemandem davon erzählte und sich auch sonst vorsichtig verhielt – zum Beispiel nur mit einer schalldämpfenden Decke über Kopf und Radio gezogen die Nachrichten hörte –, brauchte nicht damit rechnen, entdeckt zu werden. Die Dunkelziffer der Hörer, die den Verfolgungsbehörden somit entgingen, war riesig.

Für München ist nur ein einziger Fall überliefert, wo die Gestapo selber in einem größeren Coup ein ganzes Netzwerk von Hörern der »Feindsender« aufdeckte. Die Theresienwiese hatte seit jeher als Treffpunkt für die Bewohner der umliegenden Arbeiterviertel – des Westends, aber auch des Schlachthofviertels und Sendlings – gedient. Ende der 30er Jahre bildete sich dort ein Kreis von circa 30 Männern, die nach Feierabend und an den Wochenenden in unterschiedlichen Kombinationen zum Kartenspielen und zum freien Gedankenaustausch zusammenkamen. Viele von ihnen hatten vor der nationalsozialistischen »Machtergreifung« der SPD, der KPD oder den Gewerkschaften angehört, es gab aber unter ihnen auch »Schwarze« – Katholisch-Konservative – sowie gänzlich Unpolitische, und bei einigen fand die Polizei später Bibelforscherschriften. Nur wenige kannten sich schon lange. Die meisten wußten voneinander nur die Vornamen oder die Spitznamen, die sie sich gegenseitig gegeben hatten. Die Treffen hatten für die Beteiligten einen besonderen Reiz, weil man sich dort offen über politische Ereignisse unterhalten konnte. Vor allem der Austausch von Neuigkeiten, die man von den Nachrichten der »Feindsender« erfahren hatte, wurde intensiv gepflegt. Man unterhielt sich über die Verluste der deutschen Armeen, die viel größer seien als von den deutschen Medien zugegeben, über die wirtschaftliche Knappheit, die einen Sieg gegen die Alliierten gar nicht zulasse, und über Skandale in der NS-Führungsriege. Einige, die zufällig vorbeikamen und den Gesprächen »zuhorchten«, tauchten immer wieder auf und fügten sich schließlich in den Kreis ein. Vor Denunzianten hatte offenbar niemand Angst. Die Gestapo wurde jedoch Anfang 1941 auf diese Treffen aufmerksam, beobachtete die Zusammenkünfte auf der Theresienwiese eine Zeitlang und führte schließlich am 25. Mai 1941 eine großangelegte Razzia durch. Wer auf der Wiese nicht gefaßt werden konnte, wurde später in der Wohnung verhaftet. 14 der Verhafteten wurden intensiven Verhören unterzogen, gegen sechs stellte die Gestapo Strafantrag wegen »Rundfunkverbrechens«. Die nationalsozialistischen Behörden überschätzten dabei deutlich den konspirativen Charakter der Treffen auf der Theresienwiese:

»Die Beschuldigten hatten es zunächst verstanden, als unschuldige Spaziergänger oder Kartenspieler zu erscheinen. In Wirklichkeit aber kamen sie zusammen, um die von ihnen gehörten Nachrichten ausländischer Sender zu besprechen, hiebei den feindlichen Nachrichtendienst als zuverlässig hinzustellen und die Mitteilungen des Deutschen Rundfunks einer negativen Kritik zu unterziehen. Die Beschuldigten sind durchwegs als Gegner des heutigen Staates anzusehen, die mit ihren Zusammenkünften eine regelrechte politische Schulung in staatsfeindlichem Sinne bezweckten und durch die Verbreitung der Nachrichten ausländischer Sender einer gefährlichen Flüsterpropaganda dienten.«[335]

Vier der Beschuldigten wurden schließlich am 17. Oktober 1941 zu Gefängnis- und Zuchthausstrafen zwischen einem und anderthalb Jahren verurteilt.

12. »Vergangenheitsbewältigung« nach 1945

Die Männer und Frauen, die – aus welchen Gründen und in welcher Form auch immer – in Opposition zum nationalsozialistischen Regime gestanden und die Verfolgung überlebt hatten, konnten sich mit dem Kriegsende und dem Zusammenbruch des nationalsozialistischen Regimes zunächst einmal befreit und ins Recht gesetzt fühlen. Der Sieg der alliierten Armeen war auch ihr Sieg, der Untergang des Nationalsozialismus die historische Bestätigung ihrer Taten und ihres Verhaltens. Dementsprechend große Hoffnungen setzten sie auf die neu anbrechende Zeit: Nun würden sie rehabilitiert werden, die Opfer des Widerstands und der Verfolgung durften nicht sinnlos gewesen sein. So schrieb ein Münchner Sozialist im Mai 1945 aus einem französischen Kriegsgefangenenlager:

»Ich habe nichts vergessen aus dieser Zeit, alle Leiden und Qualen, von faschistischen Henkern zugefügt, haben sich in flammender Schrift in Herz und Seele eingegraben. Aber ich weiß auch nur zu gut, daß alles, was ich während dieser Zeit erlebte, nur ein kleiner Bruchteil war, gemessen an den Leiden und Qualen derjenigen Genossen, die jahrelang der Willkür dieser feigen und hinterlistigen Gestapo-Mörder ausgeliefert waren. Viele von ihnen konnten diesen denkwürdigen Monat Mai im Jahre 1945 nicht mehr erleben, viele wurden noch in letzter Stunde, als schon das Morgenrot der Freiheit in ihren Augen leuchtete, von faschistischer Mörderhand zur Strecke gebracht.

Ihr Kampf, ihr Leiden und Opfer war nicht umsonst. Ihr Opfergang war uns bis jetzt Vorbild und Ansporn und wird es auch weiterhin bleiben!«[336]

Doch politische Handlungsmöglichkeiten boten sich den ehemaligen Oppositionellen anfangs nur wenige. Die verschiedensten Hoffnungen, nun die proletarische Revolution, die bayerische Monarchie, den christlichen Ständestaat oder was es sonst in den Widerstandskreisen an politischen Zielvorstellungen gegeben hatte, endlich durchzusetzen, wurden allesamt zunichte gemacht. Deutschland war von den Siegermächten besetzt, die die Politik bestimmten und die Rahmenbedingungen für einen neuen Staatsaufbau vorgaben. In den Besatzungszonen der westlichen Alliierten wurde wieder eine parlamentarische Parteiendemokratie aufgebaut – die Staatsform, die nach dem schmählichen Ende der Weimarer Republik auch im Widerstand kaum jemand noch gewollt hatte. In diesem Rahmen mußte man sich nun bewegen und versuchen, seine Interessen zu vertreten.

Dafür schien es zunächst, daß die Hoffnungen der Betroffenen auf ihre eigene Rehabilitierung und Entschädigung und auf Bestrafung der Täter erfüllt würden. Die Alliierten hatten die »Entnazifizierung« Deutschlands zu einem ihrer wichtigsten Ziele gemacht, und auch ein Großteil der Bevölkerung stand hinter diesem Anliegen – die Bilder der gerade geöffneten KZs noch frisch vor Augen. Doch bald zeigte sich, wie schwierig sich eine Aufarbeitung der Vergangenheit tatsächlich gestaltete: Die nationalsozialistische Terrorherrschaft war dem deutschen Volk ja nicht aufoktroyiert, sondern von breiten Schichten getragen worden. Fragen nach persönlicher Schuld und Verantwortung stellten sich nicht nur den Mördern, Folterern und Denunzianten, sondern auch den meisten anderen Deutschen, die durch ihre Wahlstimme oder auch nur durch ihr Schweigen das NS-Regime gestützt hatten. Mit diesen Fragen war die große Mehrheit der Bevölkerung jedoch vollkommen überfordert. Gleichzeitig wirkten die Vorurteile gegen die oppositionellen und verfolgten Minderheiten, die sich das NS-Regime bei der Rechtfertigung der Verfolgung zunutze gemacht hatte, durchaus weiter: antisemitisches Gedankengut, die Dolchstoßlegenden von »Landesverrätern«, Schreckbilder von Kommunisten oder der Zeugen Jehovas als »Staatsverbrecher«, die Diffamierung der Deserteure als vaterlandslose »Drückeberger« – all diese Vorstellungen und Ressentiments bestanden auch nach 1945 fort, wenn auch unter einer Decke des Stillschweigens. Da man außerdem damit beschäftigt war, die eigenen durch den Krieg entstandenen Verluste zu betrauern und wo möglich zu ersetzen, herrschte bei den meisten das Bedürfnis vor, unter die Geschichte des Widerstands und der Verfolgung einen dicken Schlußstrich zu ziehen, die Opfer zu vergessen und die Täter zu integrieren.

Der Umgang mit den Opfern

Unmittelbar nach Kriegsende waren diejenigen, die ihre Verfolgung unter dem NS-Regime glaubhaft machen konnten, die einzigen Ansprechpartner der alliierten Sieger in Deutschland und dementsprechend begünstigt. Sie wurden bevorzugt mit Lebensmitteln, Möbeln, Kleidung und Brennmaterial versorgt, bekamen Kredite und finanzielle Unterstützungen und konnten sich zum Teil in Krankenhäusern und Erholungsheimen von den Qualen und Strapazen der vergangenen Jahre erholen. Viele erhielten eine Anstellung bei der amerikanischen Armee oder den Besatzungsbehörden. Die oftmals nur handschriftlich ausgestellten amerikanischen Ausweise, die ihnen ihre Eigenschaft als Verfolgte bestätigten, öffneten ihnen viele Türen. Wer ausgebombt war, bekam eine Wohnung zur Verfügung gestellt: So wurde zum Beispiel in Neuharlaching die vom NS-Regime für die »Alten Kämpfer« errichtete Siedlung von den Nationalsozialisten geräumt, damit die aus den KZs entlassenen politisch Verfolgten mit ihren Familien - wie die Familie Lörcher - dort einziehen konnten. Es wurden Gedenktage eingeführt, um die Opfer von Widerstand und Verfolgung zu ehren, zahlreiche Zeitungsartikel und öffentliche Reden erinnerten an einzelne besonders herausragende Personen des Widerstands.

Doch bereits seit etwa 1947 wandelte sich die Stimmung deutlich zuungunsten der Verfolgten; ihre Sonderrechte wurden sukzessive wieder zurückgenommen und ihr politischer Einfluß eingeschränkt. Mit der Gründung der Bundesrepublik und der damit einhergehenden Sehnsucht nach einem »Schlußstrich« unter die Vergangenheit kehrte sich die Lage sogar um: Frühere Parteigenossen der NSDAP verdrängten, nachdem sie »entnazifiziert« worden waren, erneut ehemalige Verfolgte aus dem öffentlichen Dienst und konnten in ihre alten Wohnungen zurückziehen. Wer zwischen 1933 und 1945 im Widerstand gewesen war, hielt nach 1950 oftmals aus Angst vor erneuter Ausgrenzung mit seiner Vergangenheit lieber zurück. Nur wenigen Einzelnen gelang es, in München noch eine bedeutendere Rolle in Politik und Gesellschaft einzunehmen. Emil Muhler, Franz Fackler und Ludwig Koch konnten sich als Stadträte engagieren, der »Ochsensepp« Josef Müller wurde Parteivorsitzender der CSU, Ludwig Koch und Ludwig Linsert beteiligten sich maßgeblich am Wiederaufbau der Gewerkschaften, Joseph Panholzer wurde Staatssekretär im Finanzministerium und Vorsitzender der Bayernpartei, Wilhelm Hoegner sogar bayerischer Ministerpräsident, nachdem Fritz Schäffer von den Alliierten abgesetzt worden war.

Viele hundert Andere jedoch, die wegen ihrer oppositionellen Haltung in den Gefängnissen und KZs des Regimes gewesen waren, zogen sich vollkommen zurück und starben später genauso unbekannt, wie ihr Widerstand unbekannt geblieben war. Wie die Täter wollten auch die Opfer oftmals nicht an die Leiden der Vergangenheit erinnert werden. Sie waren froh, wenn es ihnen gelang, die physischen und psychischen Schäden, die die Verfolgung bei ihnen hinterlassen hatte, einigermaßen zu verwinden und zu einem labilen Gleichgewicht im Privaten und Beruflichen zurückzufinden. Bis heute ist es für viele ehemalige Oppositionelle äußerst schmerzhaft, über ihre Zeit im »Dritten Reich« zu sprechen.

Für die Kommunisten – die die weitaus größten Opfer im Kampf gegen das NS-Regime erbracht hatten – gestaltete sich die Lage nach 1945 besonders schwierig: Sie gerieten zwischen die Fronten des Kalten Krieges. Ihr Widerstand erschien dadurch diskreditiert, daß er nicht eine freiheitliche, sondern – so der Vorwurf – nur eine andere totalitäre Grundordnung zum Ziel gehabt habe. Die ehemals verfolgten Kommunisten waren unter den ersten, die aus der amerikanischen Militärverwaltung und aus dem öffentlichen Dienst wieder entlassen wurden. Oftmals rechtfertigten bundesrepublikanische Staatsanwälte und Gerichte in hahnebüchener Weise NS-Urteile gegen Kommunisten damit, daß auch im Nachkriegsdeutschland der Kommunismus bekämpft werden müsse. So verweigerte ein Staatsanwalt am Landgericht München I im August 1950 einem ehemaligen Kommunisten die Aufhebung seines Urteils, das ihn wegen Vergehens gegen die »Reichstagsbrandverordnung« mit einem Jahr Gefängnis bestraft hatte, mit folgender Begründung:

»Die Verbreitung kommunistischer Druckschriften wird auch heute in West-
deutschland und auch im Ausland in verschiedenen Fällen bekämpft. Der Verur-
teilte hat – wahrscheinlich aus Überzeugung – die Bekanntmachung des Bayeri-
schen Staatsministeriums des Innern vom 4.3.1933, die alle kommunistischen
periodischen und nichtperiodischen Druckschriften verbietet, unbeachtet gelas-
sen. Es kann auch hier wieder nicht ohne weiteres unterstellt werden, daß diese
Vorschrift überwiegend der Aufrechterhaltung der nationalsozialistischen Ge-
waltherrschaft diente, da, wie bereits ausgeführt, auch heute noch kommunisti-
sche Druckschriften Anlaß zum Einschreiten geben. (...) Der Verurteilte würde
bei Aufhebung des Urteils für seine damalige Tat jetzt eine Haftentschädigung er-
halten, für die er, wenn er sie heute begehen würde, unter Umständen ebenfalls
zur Rechenschaft gezogen werden würde.« [337]

Das Gericht lehnte die Ausführungen des Staatsanwaltes allerdings ab und hob
das Urteil auf.

Wie tief umgekehrt das Mißtrauen vieler Kommunisten von Anfang an gegen
den neu entstehenden Staat war, von dem man ja zunächst gar nicht wußte, wie er
aussehen würde, zeigt das Beispiel Emil Meiers: Unmittelbar nach Kriegsende,
nachdem er aus dem Zuchthaus befreit worden war, ging er in das zerstörte und
völlig verlassene Wittelsbacher Palais und holte sich dort seine Gestapoakte heraus – nicht um später seine Widerstandtätigkeit beweisen zu können, sondern im
Gegenteil, um aus Angst vor weiteren Verfolgungen die Spuren seiner kommunistischen Vergangenheit ein für allemal zu verwischen. Das Parteiverbot der KPD,
die Diskriminierungen und Verhaftungen von Kommunisten in den 50er und Anfang der 60er Jahre schienen auch diejenigen, die sich inzwischen selber vom
Kommunismus abgewandt hatten, in ihrer Angst vor dem Staat zu bestärken. Im
Gegensatz zur DDR, wo die kommunistischen Oppositionellen zu übermenschli-
chen Helden hochstilisiert wurden, schwieg man in der Bundesrepublik den
kommunistischen Widerstand tot oder diskreditierte ihn.

Doch auch die Nicht-Kommunisten, die Widerstand gegen das NS-Regime geleistet hatten, erlebten in den 50er Jahren erneut Stigmatisierungen. Während
Politik und Gesellschaft das Ziel verfolgten, die alten Nationalsozialisten zu rehabilitieren, mußten sich die Opfer oftmals wieder den Vorwurf der »Staatsfeindlichkeit« und des »Landesverrats« gefallen lassen. Konservative Bayern, die emigriert waren und auf Seiten der Franzosen gegen das nationalsozialistische
Deutschland gekämpft hatten, sahen sich nun heftigen Angriffen ausgesetzt. Einige, wie Joseph Panholzer in seiner 1954 veröffentlichten »politischen Lebensbeichte«, distanzierten sich daraufhin von ihrer Vergangenheit. Auch der »Ochsensepp« Josef Müller wurde in seiner eigenen Partei und in der Öffentlichkeit
wegen seiner geheimen Verhandlungen mit den Alliierten offen angefeindet.

Verehrung und Achtung genossen in den 50er Jahren allein die katholischen
Geistlichen, die die Rechte der Kirche gegen das Regime verteidigt hatten. Kar-

Seligsprechung Pater Rupert Mayers durch den Papst im Olympiastadion, 1987

dinal Michael von Faulhaber und Rupert Mayer galten fast als Heilige. Der Widerstand der Kirche hatte nicht den Ruch des Politischen und Aufrührerischen. Außerdem besaß der Katholizismus als nicht vom Nationalsozialismus kompromittierte und trotzdem tief in der Bevölkerung verwurzelte geistige Orientierungsmacht in der frühen Bundesrepublik einen sehr hohen Stellenwert. Dabei wurden die Kompromisse der Kirche mit dem Regime sowie die scharfen innerkirchlichen Auseinandersetzungen um das richtige Vorgehen gegenüber dem NS-Regime völlig unter den Tisch gekehrt. Die wenigen Geistlichen, die die Bischöfe im »Dritten Reich« zu klaren Stellungnahmen gegen die Menschenrechtsverletzungen gedrängt und sich oftmals verzweifelt über ihr Schweigen geäußert hatten, hielten nun mit ihren schlechten Erfahrungen zurück und halfen somit, das Bild einer einheitlichen geistlich-widerständigen katholischen Kirche zu zementieren. Augustinus Rösch und Lothar König als Überlebende der Jesuiten im »Kreisauer Kreis« verschwiegen im nachhinein nicht nur ihre Enttäuschung über das Verhalten der Kirche, sondern sie bestritten auch vehement, daß ihre Aktivitäten überhaupt politischer Widerstand gewesen seien. Die Zeugnisse dieser politischen Aktivitäten – die sorgfältig ausgearbeiteten Programme des »Kreisauer Kreises« – blieben noch über Jahrzehnte in einem Tresor verborgen, obwohl sie doch explizit für die Nachkriegsöffentlichkeit bestimmt gewesen waren. Der Einzige, der nach 1945 seine Enttäuschungen nicht verwinden konnte

Die erste öffentliche Veranstaltung der VVN im Münchner Rathaussaal, 1946

und mit seinen Vorwürfen gegen die Bischöfe nicht zurückhielt, war Emil Muhler – der gerade deshalb als Querulant und Hitzkopf galt.

Daß die ehemaligen Oppositionellen und Verfolgten in der frühen Bundesrepublik so wenig Einfluß und Achtung genossen, lag nicht zuletzt an ihrer eigenen Zersplitterung. Nur in den ersten Nachkriegsjahren versuchten die Verfolgten, aus dem gemeinsamen Geist des »Antifaschismus« zu einer einheitlichen Repräsentation ihrer Interessen zu finden. Die in Bayern im Januar 1947 gegründete »Vereinigung der Verfolgten des Nazi-Regimes« (VVN) stellte anfangs noch ein Sammelbecken der meisten Verfolgtengruppen dar, entwickelte sich aber schnell zu einer kommunistischen Restorganisation. In einem wechselseitig verstärkenden Prozeß gewannen einerseits die Kommunisten in der VVN immer größeren Einfluß, andererseits zogen sich die Angehörigen anderer politischer Gruppen zurück oder traten aus. Bereits im Mai 1948 beschloß die SPD die Unvereinbarkeit der Mitgliedschaft von SPD und VVN und gründete eine eigene Verfolgtenorganisation, die »Arbeitsgemeinschaft verfolgter Sozialdemokraten« (AvS). 1950 riefen die Konservativen mit dem »Bund der Verfolgten des Naziregimes« (BVN) eine Verfolgtenorganisation mit explizit antikommunistischer Stoßrichtung ins

Leben. Im gleichen Jahr wurde die Zugehörigkeit zur VVN mit einem Berufsverbot im öffentlichen Dienst geahndet.

Wie Politik und Öffentlichkeit mit den Opfern des NS-Regimes umgingen, spiegelte sich besonders deutlich in der Behandlung der Wiedergutmachungsfrage. Nach Vorgaben der Alliierten sollten den rassisch, politisch oder religiös Verfolgten ihr verlorenes Vermögen zurückerstattet sowie Haftzeiten und physische Schäden durch Geldzahlungen entschädigt werden. Die Auseinandersetzungen darüber, welche Verfolgtengruppen in welcher Höhe und auf welche Weise von Zahlungen profitieren sollten, zogen sich jedoch bis weit in die 50er Jahre hin. Große Teile der Bevölkerung sahen überhaupt keine Notwendigkeit, die Opfer des NS-Regimes besonders zu entschädigen; ihnen erschienen die Ausgebombten, die Kriegerwitwen und -waisen, die Flüchtlinge und Vertriebenen weit mehr entschädigungswürdig als die KZ-Häftlinge. Immerhin wurde im Oktober 1945 in Bayern zunächst ein Gesetz erlassen, das bescheidene Rentenansprüche für Verfolgte, die aus ihrer Haftzeit mindestens 30 Prozent Arbeitsbehinderung davongetragen hatten, sicherte. Im Sommer 1947 führte man in der amerikanischen Besatzungszone vorläufige Wiedergutmachungsregelungen ein, die allerdings mehr den Charakter von Fürsorgeleistungen denn von Entschädigungen hatten.

Erst 1949 fand man in Bayern schließlich zu einem Entschädigungsgesetz: Fünf DM pro Tag erlittener Gefängnis- oder KZ-Haft war die bescheidene Summe, mit der sich die ehemaligen Verfolgten nun begnügen mußten. Oft wurden die Zahlungen noch über Jahre hinausgeschoben und verschleppt, während gleichzeitig nationalsozialistische Verbrecher hohe Pensionen und Renten ausgezahlt oder zugesichert bekamen.

Dazu kam, daß viele Verfolgtengruppen von den Entschädigungen ausgeschlossen blieben: Homosexuelle, Zwangssterilisierte, Menschen, die verbotenen Umgang mit Kriegsgefangenen gehabt oder sich nicht aus politischen, sondern aus humanitären Gründen dem Regime widersetzt hatten, Deserteure, ausländische Zwangsarbeiter und lange auch die Sinti und Roma gingen leer aus. Zudem sollten diejenigen, die im Nachkriegsdeutschland »die freiheitlich-demokratische Grundordnung bekämpften« – dieser Passus war auf die Kommunisten gemünzt – nichts bekommen.

Bis in jüngste Zeit wurde Desertion nicht als entschädigungswürdiger Verfolgungsgrund anerkannt. Da große Teile der Bevölkerung noch heute die verbrecherische Grundnatur des Zweiten Weltkrieges als einem von Deutschland ausgehenden Aggressionskrieg nicht wirklich akzeptieren, erschienen die Deserteure als »Drückeberger« vor einer vaterländischen Pflicht. Nur bei den Zeugen Jehovas, die aus religiösen Gründen den Wehrdienst verweigert hatten und deswegen hingerichtet worden waren, gestaltete sich die Situation schwieriger. Hier mußten die Gerichte in den Entschädigungsverfahren entscheiden, ob die Hingerichteten wegen ihrer religiösen Zugehörigkeit zu den Zeugen Jehovas besonders scharf bestraft worden waren – dann wurde ihr Fall als »nationalsozialistische Gewaltmaßnahme« anerkannt und entschädigt –, oder ob sie »nur« wegen der Wehrdienstverweigerung zum Tode verurteilt worden waren. Wie absurd diese Abwägungen waren, zeigt ein im Auftrag des Freistaates Bayern erstelltes Gutachten des Oberstaatsanwalts beim Bundesgerichtshof vom November 1964, das der Witwe eines 1943 hingerichteten Münchner Zeugen Jehovas mit folgender Begründung das Recht auf eine Entschädigung absprach:

»Von mir kann nur darauf hingewiesen werden, daß das rechtsstaatliche Ausland bei Wehrdienstverweigerung ebenfalls Todesstrafandrohungen kennt bzw. noch in neuerer Zeit kannte. Das gilt auch für die Wehrdienstverweigerung aus religiösen oder Gewissensgründen. (...) Es besteht kein Anhaltspunkt, daß das Urteil des Reichskriegsgerichts, das den Ehemann der Klägerin zum Tode verurteilte, eine nationalsozialistische Gewaltmaßnahme darstellte. Das Gegenteil liegt nach der feststellbaren Praxis des Reichskriegsgerichts näher. Mitglieder der Zeugen Jehovas bzw. der Ernsten Bibelforscher wurden wegen ihrer Mitgliedschaft in dieser religiösen Gemeinschaft nicht grundsätzlich schärfer bestraft als Personen, die politisch oder religiös nicht hervorgetreten waren. Der Gesichtspunkt der Dauer der Verweigerung und die Gefahr ihrer Werbewirkung waren für die Frage des minder schweren Falles (d. h. für die Schärfe des Urteils, Anm. d. Verf.) entscheidend.«[338]

Der Umgang mit den Tätern

Wie man mit den Opfern und wie man mit den Tätern des NS-Regimes umging, stand für die nachkriegsdeutsche Öffentlichkeit immer in einer engen Verbindung: Wollte man unmittelbar nach Kriegsende die Opfer rehabilitieren und die Täter bestrafen, so kehrte sich dies innerhalb weniger Jahre dahingehend um, daß nun die Täter rehabilitiert und die Opfer zumindest vergessen werden sollten. Für die Entwicklung von Staat und Gesellschaft der Bundesrepublik spielte die Frage, was nun mit dem Heer der ehemaligen nationalsozialistischen Beamten und Richter, den Angehörigen der Gestapo, den Mitgliedern der NS-Führungsschichten und den vielen Tausenden von Denunzianten zu geschehen habe, eine eminent wichtige Rolle. Das Denazifizierungsprogramm der Alliierten sah vor, all diese Menschen aus den wichtigen Positionen zu entfernen und ihnen jeden Einfluß auf das öffentliche Leben zu nehmen. Doch bald stellte sich heraus, daß ein Neuaufbau Deutschlands ohne Mitwirkung dieser Personen sehr schwierig war. In der Justiz zum Beispiel fanden sich kaum unbelastete Richter, dennoch konnte man auf einen funktionierenden Justizapparat nicht verzichten. Außerdem machte sich in der Bevölkerung die Stimmung breit, daß nach all den Jahren des Chaos nun endlich Ruhe einkehren müsse und auch die Täter »Versöhnung« und Vergessen verdient hätten. Zudem ließ der Kalte Krieg den Verfolgungswillen der Amerikaner bald erlahmen.

Dennoch fand noch unter der Ägide der Alliierten in den Strafprozessen gegen die nationalsozialistischen Verbrecher sowie in unzähligen Verfahren der zur Entnazifizierung eingesetzten Spruchkammern eine ungeheuere strafrechtliche Aufarbeitung nationalsozialistischen Unrechts statt. Dabei spielte die Wirkung dieser Verfahren auf das Bewußtsein der Öffentlichkeit und der aus den Ermittlungen gezogene Gewinn für die spätere zeitgeschichtliche Forschung eine größere Rolle als die tatsächlichen strafrechtlichen Ergebnisse. Die meisten Täter kamen mit geringen oder ganz ohne Strafen davon. Gestapoangehörige wurden meist von den neuen Polizeidiensten übernommen, die Richter blieben in ihren Positionen, und Denunzianten oder fanatische Parteigänger konnten sich mit einmaligen Sühnezahlungen freikaufen. In den Strafprozessen beriefen sich viele der früheren Mörder und Folterer auf einen angeblichen »Befehlsnotstand« – sie hätten nur unter Zwang und auf Anweisung von Vorgesetzten gehandelt – oder auf den Grundsatz des Rückwirkungsverbots, der es nicht zulasse, daß sie für etwas verurteilt würden, was zur Tatzeit erlaubt oder sogar gefordert gewesen sei.

Im Laufe der Jahre wurden die Spruchkammerentscheidungen und die Gerichtsurteile immer mehr verwässert oder ganz rückgängig gemacht. So konnte es passieren, daß ein Ortsgruppenleiter, Oberscharführer der SA und Kreisamtsleiter des NS-Lehrerbunds im Juni 1947 unter anderem auch wegen einer besonders gemeinen Denunziation als »Belasteter« eingestuft wurde und weniger als vier Jahre später voll rehabilitiert dastand: Bereits 1948 hatte man ihn in einem wiederaufgenommenen Verfahren zum »Minderbelasteten« erklärt. Da er aber als solcher immer noch 1 000 Reichsmark in den Wiedergutmachungsfonds zahlen mußte und nicht als Lehrer arbeiten konnte, ging er in Berufung, mit dem Erfolg, daß die Spruchkammerentscheidung 1951 ganz aufgehoben und sogar eine »Teilgegnerschaft« festgestellt wurde:

»Der Betroffene hat an die Ideologie des Nationalsozialismus bis in die letzte Zeit geglaubt und sie in seinen Reden vertreten. Trotzdem war er kein blinder Anhänger des Nazismus. (...) Seine ganze Haltung während seiner Zeit als Ortsgruppenleiter war die eines aufrechten, anständigen Deutschen, der offen die unsinnigen Maßnahmen der Partei kritisierte und unsinnige Befehle niemals ausgeführt hat. N. war Idealist, hat sich nie eines verwerflichen oder brutalen Verhaltens während der Nazizeit schuldig gemacht.«[339]

Während die Spruchkammern von sich aus tätig wurden und Nationalsozialisten zur Verantwortung zogen, ließen sich die Strafgerichte oft erst nach langer Zeit und auf unermüdliches Betreiben von einzelnen Betroffenen dazu bewegen, nationalsozialistische Straftaten zu verfolgen. Daß die Mörder von Mitgliedern der »Freiheitsaktion Bayern«, Alfred Salisco und Leonhard Würmseer, vor Gericht kamen, war in erster Linie einem Schwager zweier der Ermordeten, dem Rechtsanwalt Ernst Kessler, zu verdanken. Im Dezember 1945 hatte das Landgericht München I die Eröffnung des Hauptverfahrens gegen die Mörder abgelehnt –

Der frühere Münchner NS-Oberbürgermeister Karl Fiehler vor der Spruchkammer, 1949

die Schießbefehle des Gauleiters Gieslers seien auf der Grundlage nationalsozialistischer Gesetzgebung rechtens gewesen, und selbst wenn sie dies nicht wären,
hätten die Angeschuldigten um die Rechtswidrigkeit nicht wissen können. Kessler schrieb daraufhin an den Ministerpräsidenten und Justizminister Hoegner einen empörten Brief, in dem er vor der »Tendenz bayerischer Gerichte« warnte,
»typische Naziverbrechen mit typischer Nazirechtsprechung zu behandeln.«[340]
Auf Kesslers Drängen hin setzte sich wohl Hoegner dafür ein, daß die Mörder
doch noch zur Verantwortung gezogen wurden: Im November 1947 verurteilte
das Landgericht Alfred Salisco zu lebenslangem Zuchthaus und Leonhard
Würmseer zu einem Jahr und sechs Monaten Gefängnis. Der Richter, der diesmal das Verfahren leitete, bezeichnete mit klaren Worten die Unrechtmäßigkeit
der Erschießungen:

*»Diese Ermächtigungen und Befehle (aufgrund derer Salisco und Würmseer ge-
handelt hatten, Anm. d. Verf.) widersprechen jedem Rechtsdenken und jedem
Rechtssystem eines Kulturstaates auf das gröblichste. Eine Regierung steht nicht
über dem Begriff des Rechts, sondern sie hat dem Recht zu dienen. (...) Salisco*

kannte auch die Einstellung der nationalsozialistischen Machthaber, die zu diesen gesetz- und rechtlosen Urteilen führte, genau, denn es war seine eigene Einstellung, es war die Einstellung der rechtlosen brutalen Gewalt.«[341]

Nicht einmal den »Befehlsnotstand«, den auch Kessler noch akzeptiert hatte, ließ das Gericht gelten. Allerdings wurde Würmseer in der Revision vom Oberlandesgericht München im Juni 1948 wieder freigesprochen.

Auch im Fall des Gestapospitzels Max Troll alias »Theo« kam ein Verfahren erst zustande, nachdem eine Reihe der von ihm Mitte der 30er Jahre verratenen Kommunisten die Initiative ergriffen und Dutzende von Zeugenaussagen gegen ihn gesammelt hatten. Unter Führung Alfred Lettenbauers, der im Widerstand besonders eng mit Troll zusammengearbeitet hatte, machte eine Gruppe im Juli 1946 seine Wohnung in Regensburg – wo er sich all die Jahre über versteckt gehalten hatte – ausfindig, drang bei ihm ein und zwang ihn, ein Protokoll zu unterschreiben, das seine Spitzeltätigkeit bezeugte. Die Spruchkammer in Regensburg wurde mit Briefen überhäuft, die auf eine baldige Bestrafung Trolls drängten:

»Er hat mich sehr schwer beeinflußt und so getan, als ob er gegen die Hitlerregierung so scharf vorgehen werde, bis sie vernichtet sei. Wir sind alle auf diesen Leim hereingefallen und hatten nach etlichen Monaten diesem Lumpen Gehör und Glauben geschenkt und mit allen Kräften mit ihm zusammengearbeitet. (...) Ich brauchte ein volles Jahr, bis mir endlich die Augen aufgingen, daß ich einem ganz gemeinen Verräter zum Opfer gefallen bin. (...) Ich kann daher nicht verstehen, daß solche Elemente heute noch auf freiem Fuß sind, die mindestens 10 - 15 Menschenleben auf dem Gewissen haben, die durch diesen Schuft in das Konzentrationslager geraten sind und nie mehr die Freiheit gesehen haben. Ich werde mich mit allen Mitteln gegen Droll (sic!) einsetzen, der mich vom ersten Tage unserer Bekanntschaft an bis zu meiner Verhaftung verraten hat und schuld daran ist, daß ich so viel mitmachen mußte. (...) Jeder politisch Überzeugte kann sich denken, was es heißt, zwei Jahre lang gegen eine scharfe Regierung in Deutschland illegal zu arbeiten, wenn man glaubte, man habe einen ehrlichen Kameraden vor sich, der stattdessen einer der größten Verräter wurde, den es je im politischen Leben in München gegeben hat. (...) Es ist mir fast unmöglich, so einen Kameraden zu schildern, was der alles angerichtet hat, die unzähligen Tränen und Opfer, und gegen diesen Menschen wurde bisher nichts unternommen. (...) Ich habe jetzt lange Zeit zugesehen und zugewartet, bis der Aufenthalt Drolls bekannt wurde. Bis heute ist ja auch noch keine Meldung bei der Militärregierung eingegangen. (...) Ich möchte ihm nur einmal gegenüber gestellt werden, um ihm alles an den Kopf zu werfen, was er alles angerichtet hat, wie brutal er war und rücksichtslos gegen Familien, die er zerstört hat, sowohl in München als auch in Bayern. Für Droll kann es meines Erachtens gar keine Strafe geben, die seinen Untaten gerecht wird, weil er schlimmer war als der größte Raubmörder.«[342]

Am 30. Januar 1948 wurde Max Troll von der Spruchkammer Regensburg als »Hauptschuldiger« eingestuft und zu zehn Jahren Arbeitslager verurteilt. Diese Höchststrafe verhängten die Spruchkammern nur in äußerst seltenen Fällen. Troll legte gegen den Spruch Berufung ein. Er setzte dabei auf eine Strategie, die im Zeichen des Kalten Krieges durchaus erfolgversprechend war – er stellte seine Spitzeltätigkeit als aufrechten Kampf gegen den Kommunismus dar:

»*Der Kommunismus wird von der gesamten westlichen Welt als eine große Gefahr für die abendländische Kultur bezeichnet. Nicht nur die Presse des Westens weist darauf hin, sondern auch die Staatsmänner in verantwortlicher Stellung werden nicht müde, die Gefahr des Kommunismus aufzuzeigen, der durch seine Methoden den Weltfrieden bedroht. Immer wieder ist davon die Rede, daß unter der Herrschaft des Kommunismus die persönliche Freiheit verloren geht und Millionen von Menschen als Zwangsarbeiter leben müssen. Ich selbst bin einmal eingeschriebenes Mitglied der kommunistischen Partei gewesen, doch hatte ich wie Millionen von Menschen, die von dieser Lehre ihr Heil erwarten, eine ganz andere Vorstellung hievon. Ich war damals überzeugt, daß sich unter dem Kommunismus die Lage des Arbeiters grundlegend bessern werde. Ich ließ mich jedoch eines Besseren belehren (...). Aus dieser Erkenntnis heraus habe ich am Kampf gegen das Überhandnehmen dieser Lehre teilgenommen, trat in die Dienste der Geheimen Staatspolizei und wurde deren Angestellter, der wie jeder andere Bedienstete dieser Dienststelle gegen monatliches Gehalt angestellt war. Meine Tätigkeit unterschied sich in nichts von der Tätigkeit Angestellter der politischen Polizei in allen Staaten der Welt.(...) Ich habe mich ausschließlich mit der Bekämpfung des Kommunismus befaßt, und zwar derjenigen Anhänger der kommunistischen Lehre, die organisatorisch erfaßt waren und in Verbindung mit ausländischen Kräften standen. Es ist nicht bewiesen worden, daß ich Menschen wegen ihrer Zugehörigkeit zu einer christlichen Bewegung oder anderer als kommunistischer Gesinnung in ein Verfahren verwickelt habe. Meine Tätigkeit galt ausschließlich der Bekämpfung kommunistischer Elemente (...).*«[343]

Die Berufungskammer stellte nun erneute Untersuchungen an, die jedoch ergaben, daß nicht nur Kommunisten Troll zum Opfer gefallen waren, sondern auch der Monarchist Josef Zott und mittelbar sogar der gesamte Harnier-Kreis. Offensichtlich hatten Geldgier und Charakterlosigkeit, nicht antikommunistische Motive, Troll zu seiner Spitzeltätigkeit bewegt. Die Berufung wurde zurückgewiesen.

Doch in den weniger spektakulären Fällen gelang es fast allen Verurteilten, bis Ende der 40er Jahre ihre Strafen deutlich mildern, wenn nicht sogar aufheben zu lassen. Wer bei den Berufungskammern keinen Erfolg hatte, fiel in der Regel nach Gründung der Bundesrepublik unter eines der Amnestiegesetze und sah sich bis spätestens Mitte der 50er Jahre wieder rehabilitiert.

Erinnerungsarbeit und historische Aufarbeitung

Von Anfang an stand die Beschäftigung mit dem Widerstand im Zeichen des »ehrenden Andenkens an die Toten«. 1945 und 1946 erschienen unzählige Zeitungsartikel, die der im Kampf gegen das NS-Regime Ermordeten gedachten. Als sich Ende der 40er Jahre die Stimmung in der Bevölkerung dahingehend wandelte, daß man nun nicht mehr erinnern, sondern lieber vergessen wollte, wurde es eine Sache von unermüdlichen Einzelnen, das Andenken an die Opfer aufrechtzuerhalten und die Geschichte des Widerstands ans Tageslicht zu bringen. Die wenigen Historikerinnen und Historiker, die sich in den 50er Jahren mit dem Thema beschäftigten, gingen dabei von dem Konstrukt einer »deutschen Widerstandsbewegung«, eines in allen Bevölkerungsschichten stattgefundenen »lautlosen Aufstands«[344] aus, das die zahlreichen und gravierenden Unterschiede und Gegensätzlichkeiten zwischen den verschiedenen Widerstandsgruppen vernachlässigte. Es wurde vor allem die moralische Kraft des Widerstands betont: Diese müsse man lebendig und bewußt halten, damit die Katastrophe des Nationalsozialismus sich nicht wiederhole. Wie schwierig die Bemühungen um ein Wachhalten der Erinnerung in einer Gesellschaft waren, die den »Heilschlaf des Vergessens« angetreten hatte, zeigen die zahlreichen Briefe des Hamburger Schriftstellers Walter Hammer: Hammer lag es besonders am Herzen, »daß wir uns mit einer bloß materiellen Gutmachung nicht zufrieden geben dürfen. Wir müssen auch unseren Toten gerecht werden und sie moralisch rechtfertigen.«[345] Als Hammer sich um eine Dokumentation des Klingenbeck-Kreises bemühte, machte er die Erfahrung, daß selbst die ehemaligen Opfer und ihre Angehörigen sich in Schweigen hüllten und seinen Kampf um »Totenehrung« in keiner Weise unterstützten.

Der Schmerz aller Beteiligten über die nur wenige Jahre zurückliegenden Grauen war nur ein Grund, warum sich die meisten nicht mit dem Thema beschäftigen wollten. Eine größere Rolle spielte wohl die Unsicherheit vieler darüber, wie man den Widerstand grundsätzlich zu bewerten habe. Der vom NS-Regime weidlich ausgenutzte Irrtum, daß Widerstand gegen jedwede Staatsgewalt eine Sache von Verbrechern und Kommunisten sei, wirkte nach 1945 in den Köpfen fort. Als Angelika Probst, die Schwester von Christoph Probst, Anfang 1947 einen Aufsatz über die »Weiße Rose« in der katholischen Zeitschrift »Fährmann« veröffentlichen wollte, beanstandete der Generalvikar des Erzbischöflichen Ordinariats Freiburg i. Breisgau, daß die »Weiße Rose« »ohne Vorbehalt der deutschen Jugend als ›großes und leuchtendes Vorbild‹ hingestellt« würde – »gingen doch er (Christoph Probst, Anm. d. Verf.) und seine Gesinnungsgenossen in der Bekämpfung des sogenannten Dritten Reiches Wege, welche nicht in Einklang stehen mit den christlichen Moralgrundsätzen. Denn Revolution, auch gegenüber einer Regierung, welche Unrecht übt und eine Tyrannei darstellt, ist nicht erlaubt.«[346]

Während in der DDR die Widerstandskämpfer ausschließlich als »Helden im kommunistischen Entscheidungskampf« gefeiert wurden, spielten sie im kollektiven Gedächtnis Westdeutschlands – so auch Münchens – in den 50er und 60er Jahren nur eine untergeordnete Rolle. Die Errichtung der KZ-Gedenkstätte Dachau stellte eine der wenigen Ausnahmen dar, wo auf Initiative ehemaliger Häftlinge mit breiter politischer Unterstützung Erinnerungsarbeit geleistet wurde. Das Lagergelände des ehemaligen KZ Dachau hatte viele Jahre noch als Unterkunft für »displaced persons«, Flüchtlinge und Heimatlose, gedient. 1955, zum zehnten Jahrestag der Befreiung, wurde von den ehemaligen Häftlingen die Forderung nach einer würdigen Mahn- und Gedenkstätte erhoben. In einer einmaligen Aktion arbeiteten nun Vertreter aller politischen Richtungen zusammen, so daß wiederum zehn Jahre später, am 9. Mai 1965, die Gedenkstätte mit Museum, Kinoraum, Archiv und Bibliothek eröffnet werden konnte. Der katholische Weihbischof Johann Neuhäusler, der CSU-Landwirtschaftsminister Alois Hundhammer und der Sekretär der Bayernpartei Joseph Panholzer setzten sich ebenso sehr für das Projekt ein wie der sozialdemokratische Oberbürgermeister Münchens Jochen Vogel, der bayerische Vorsitzende des DGB Ludwig Linsert und der ehemalige sozialdemokratische Ministerpräsident Wilhelm Hoegner. Der Kommunist Otto Kohlhofer wurde von seinem Arbeitgeber, dem Landwirtschaftsminister Hundhammer, freigestellt, um als bundesdeutscher Vertreter des Internationalen Dachaukomitees zwischen den Behörden und den sozialistischen Häftlingen zu vermitteln. Die gemeinsame Vergangenheit als Verfolgte des NS-Regimes war in diesem Fall stärker als die trennenden politischen Anschauungen, die sonst ein konzertiertes Vorgehen der Verfolgtengruppen verhinderten.

Erst Ende der 60er Jahre begann eine breite wissenschaftliche Forschung über den Widerstand. Inzwischen war die Nachkriegsgeneration, die von der nationalsozialistischen Vergangenheit nur noch mittelbar durch die Eltern betroffen war, herangewachsen und forderte Aufklärung. Zahlreiche Veröffentlichungen zum Widerstand erschienen, unter anderem die erste ausführliche Gesamtdarstellung des Münchner Widerstands von Heike Bretschneider, die sich sowohl auf Archivmaterial als auch auf die Aussagen der damals noch zahlreich lebenden Zeitzeugen stützen konnte. Während in den unmittelbaren Nachkriegsjahren vor allem die moralische Seite des Widerstands im Vordergrund gestanden war, ging es für die 68er-Generation vor allem um seine politische Vorbildhaftigkeit: Inwieweit konnte man diese in der deutschen Geschichte seltene Tradition des »Widerstehens« für die eigenen Probleme der Gegenwart nutzbar machen? Besonders die »Weiße Rose« und die Männer des 20. Juli, als die bekanntesten Widerstandsgruppierungen, gerieten nun ins Kreuzfeuer der politischen Auseinandersetzungen. So schrieb der konservative Philosoph Bernt von Heiseler am 16. Februar 1967 an Christoph Dohrn, den Schwager Christoph Probsts:

»Ich bin mir (...) selbst erst darüber klar geworden, daß die Art, wie die rote Propaganda seit Jahren sich der Scholl-Revolte bedient, mich, ohne daß ich es recht merkte, von diesen tapferen und reinen Menschen entfernt hatte. Unbewußt hatte ich angefangen, sie ein wenig im Licht heutiger 'friedens'-blinder Idealisten zu sehen, die Ostermärsche mitmachen, ohne zu erkennen, wer sie dirigiert. Und das ist wahrhaftig eine erstaunliche Leistung roter Infiltration! (...) Es ist ganz klar: Sie haben recht, daß es demgegenüber sehr nötig ist, endlich von 'konservativer' Seite ein anderes Bild von der 'Weißen Rose' zu zeichnen.«[347]

Auf der anderen Seite vertrat der junge Historiker Christian Petry in seinem Buch »Studenten aufs Schafott« die These, daß der Widerstand der »Weißen Rose« insgesamt wegen seines politischen Unvermögens und Dilettantismus zum Scheitern verurteilt und nur ein Blutopfer desselben Bürgertums gewesen sei, das den Nationalsozialismus mitverursacht habe. Christian Petry und Vincent Probst, der Sohn Christoph Probsts, verfaßten 1968 gemeinsam einen Artikel im »Stern«, der den Widerstand der »Weißen Rose« unmittelbar auf 68er-Proteste bezog:

»Wir Studenten von heute, die wir demonstrierend auf die Straße gehen, tun in einem Punkt das gleiche wie die Studenten der 'Weißen Rose': Wir wenden uns gegen die etablierte Macht im Namen eines Freiheitsbegriffes, der für die Bevölkerung unseres Landes so wenig bedeutet, daß sie unsere Opposition nicht verstehen. Hiermit aber ist die Parallele bereits erschöpft.

Erstens ist die etablierte Macht, mit der es die außerparlamentarische Opposition im Jahre 1968 zu tun hat, keine perfekte Diktatur. (...) Zweitens ist der Widerstand der 'Weißen Rose' eine reine Frucht des deutschen Idealismus, in dessen Namen keineswegs nur gute Handlungen vollbracht worden sind. Dieser Idealismus ist für uns, die wir uns heute wieder gegen den amerikanischen Krieg in Vietnam und für eine durchgreifende, das hierarchische Gefüge wirklich zerstörende Hochschulreform engagieren, ohne jede Verbindlichkeit. Im Gegenteil, wir sehen den schwächlichen und wirkungslosen Liberalismus unserer Tage noch immer in idealistischen Argumentationen befangen, und deshalb wenden wir uns ebenso gegen ihn wie gegen die autoritären Kräfte in Staat und Gesellschaft. Im Namen dieses Idealismus lassen sich keine politischen Taten mehr tun, und bereits die Tat der 'Weißen Rose', die im wesentlichen eine Opfertat war, hatte einen durchaus unpolitischen Charakter. Ihre Toten sind Märtyrer einer integren Gesinnung, aber nicht Gefallene im politischen Kampf.«[348]

Gerade diejenigen, die bisher mühsam das Gedenken an den Widerstand und seine moralische Vorbildhaftigkeit aufrechterhalten hatten, zeigten sich von solchen Darstellungen zutiefst verstört. Robert Scholl, der Vater von Hans und Sophie Scholl, schrieb an die Presse, die Angehörigen der »Weißen Rose« seien von Petrys Thesen »schmerzlich berührt und haben sie als Herabwürdigung der Toten samt ihren Familien empfunden.«[349]

Der ehemalige Verfolgte Adolf Maislinger bei einer Führung von Schülern durch die KZ-Gedenkstätte Dachau, 80er Jahre

Die Frage, inwieweit der Widerstand gegen den Nationalsozialismus für die Gegenwart der Bundesrepublik Leit- und Vorbildfunktion haben kann, ist bis in die heutigen Tage virulent geblieben. Noch recht naiv auf den Punkt gebracht hat sie die Journalistin Ursel Hochmuth in einem Brief an Ursula von Kardorff vom 5. Dezember 1968:

»Wir sprachen darüber, daß wir keine Heiligen und keine mystische Heldenverehrung brauchen. Aber können wir auf Leitbilder verzichten, auf Leitbilder wie Che, Lenin, Stauffenberg, Marx, Scholls, Luther, Münzer, Lessing, Spartakus, Jesus Christus, Rudolf Breitscheid und Ernst Thälmann? (...) Ist die Weiße Rose, ist der 20. Juli 1944, ist der deutsche Widerstand wirklich gescheitert? (...) sollte man nicht lieber von einer 'optimistischen Tragödie' sprechen?«[350]

Doch bereits in den 70er Jahren stellte die zeitgeschichtliche Forschung diese Fragen auf eine sehr viel breitere Basis und differenzierte sie aus. Das fast zehn Jahre dauernde Forschungsprojekt des Instituts für Zeitgeschichte über »Bayern in der NS-Zeit«, mit einem als programmatisch zu verstehenden Untertitel »Herrschaft und Gesellschaft im Konflikt«, beschäftigte sich nicht nur mit den schon bekannten »Helden des Widerstands«, sondern betrachtete auf sehr vielen unterschiedlichen Feldern, welche Bevölkerungsgruppen mit welchen Traditionen und Strukturen dem totalitären Herrschaftsanspruch des NS-Regimes Grenzen gesetzt haben. Der in diesem Zusammenhang geprägte Begriff der »Resistenz« blieb für alle weiteren Forschungen zum Widerstand maßgeblich.

Seit Ende der 80er Jahre differenzierte sich die Beschäftigung mit dem Widerstand noch weiter aus. Obwohl noch viele Erkenntnislücken geschlossen werden müssen, geben zahlreiche Einzelpublikationen, aber auch Filme und Radiobeiträge insgesamt ein detailliertes Bild davon, was in München an Opposition und Widerstand möglich war. Auf kommunaler und Stadtteilebene haben sich zahlreiche Vereine und Werkstätten mit einzelnen Personen und Gruppen des Widerstands beschäftigt. Die kaum allgemein zu beantwortende Frage nach der Vorbildhaftigkeit des Widerstands wird heute überlagert von einer Vielzahl von Fragen nach seinen Bedingungen und Bedingtheiten, Motiven, Zielen, Traditionen und Wirkungen.

Quellen und Literatur

Quellenbestände

Staatsarchiv München (Staatsanwaltschaften, Oberlandesgericht, Amtsgericht, Landratsämter, Gestapo, Polizeidirektion München)
Bayerisches Hauptstaatsarchiv (Reichsstatthalter Epp, Innenministerium, Staatskanzlei)
Stadtarchiv München (Polizeidirektion)
Archiv des Instituts für Zeitgeschichte
Archiv der Münchner Arbeiterbewegung
Archiv des Erzbistums München und Freising
Archiv der Gedenkstätte Deutscher Widerstand
Archiv der KZ-Gedenkstätte Dachau
Privatarchiv Dr. Otto Gritschneder

Zeitzeugeninterviews und -berichte

Interviews der Verfasserin mit Hanna Bauer, Dr. Alexander Böker, Lorenz Cosmann, Franz Geiger, Dr. Otto Gritschneder, Louis Frhr. von Harnier, Hans Heiß, Karl Heuwing, Edgar Jakusch, Albert Lörcher, Hugo Scheurer, Hubert von Welser
Brief von Peter Sinclair an die Verfasserin vom 23. Oktober 1996
Interviewprotokolle im Kulturreferat der Landeshauptstadt München: Hugo Jakusch, Hans Heiß, Xaver Klingseisen, Albert Lörcher, Ludwig Stark
Interviewprotokolle im Archiv der Münchner Arbeiterbewegung: Gustav Appel, Centa Herker-Beimler, Elfriede Kling, Resi Kohlholfer, Oskar Neumann, Fanny Novak, Luise Oehl, Georg Zellner
Interviewprotokolle und Zeitzeugenberichte im Archiv der KZ-Gedenkstätte Dachau: Anna Bauer, Maria Döppel, Erika Grube, Martin Grünwiedl, Lina Haag, Centa Herker-Beimler, Rosa Kapfenberger, Adolf Maislinger, Maria Apfelkammer (geb. Reichenwallner), Karl Ziegler

Literatur – eine Auswahl

Heike Bretschneider: Der Widerstand gegen den Nationalsozialismus in München 1933 bis 1945, München 1968.
Martin Broszat u. a. (Hg.): Bayern in der NS-Zeit, 6 Bde., München 1977–1983.
Geschichtswerkstatt Arbeiten und Leben in Pasing: Spuren. Beiträge zur Pasinger Geschichte, München 1989.
Thomas Guttmann: Unter den Dächern von Giesing. Politik und Alltag 1918–1945, München 1993.
Institut für Zeitgeschichte (Hg.): Mikrofiche-Edition Widerstand als »Hochverrat« 1933–1945. Die Verfahren gegen deutsche Reichsangehörige vor dem Reichsgericht, dem Volksgerichtshof und dem Reichskriegsgericht, München 1994.

Björn Mensing/Friedrich Prinz (Hg.): Irrlicht im leuchtenden München? Der Nationalsozialismus in der »Hauptstadt der Bewegung«, Regensburg 1991.

Münchner Stadtmuseum (Hg.): München – »Hauptstadt der Bewegung«. München 1993.

Kurt Preis: München unterm Hakenkreuz. 1933–1945, München 1989.

Hildegard Vieregg: Wächst Gras darüber? München: Hochburg des Nationalsozialismus und Zentrum des Widerstands, München 1993.

Widerstand und Verfolgung in Bayern 1933–1945, hg. v. d. Arbeitsgemeinschaft Bayerischer Verfolgtenorganisationen, München 1976.

Widerstand und Verfolgung im Münchner Westend 1933–1945. Ein Stadtteilführer, München 1997.

Hermann Wilhelm: Nationalsozialismus im Münchner Osten 1919–1945, München 1980.

Literaturauswahl zu den Kapiteln

1. Der nationalsozialistische Terror- und Verfolgungsapparat

Hildegard Adam: Strafvollzug im Zeichen des Hakenkreuzes. Erlebnisse in der Giesinger Haftanstalt Stadelheim während der nationalsozialistischen Herrschaft, in: Thomas Guttmann (Hg.): Unter den Dächern von Giesing. Politik und Alltag 1918–1945, München 1993, S. 90ff.

Martin Broszat: Politische Denunziationen in der NS-Zeit. Aus Forschungserfahrungen im Staatsarchiv München, in: Archivalische Zeitschrift 73 (1977), S. 221ff.

Barbara Distel: Konzentrationslager Dachau. 1933–1945, München o. J.

Ludwig Eiber: Polizei, Justiz und Verfolgung in München 1933 bis 1945, in: Münchner Stadtmuseum (Hg.): München – »Hauptstadt der Bewegung«. München 1993, S. 235ff.

Lothar Gruchmann: Justiz im Dritten Reich 1933–1940. Anpassung und Unterwerfung in der Ära Gürtner, München 1988.

Günther Kimmel: Das Konzentrationslager Dachau. Eine Studie zu den nationalsozialistischen Gewaltverbrechen, in: Bayern in der NS-Zeit, Bd. 2, München 1979, S. 349ff.

Klaus Michael Mallmann/Gerhard Paul: Allwissend, allmächtig, allgegenwärtig? Gestapo, Gesellschaft und Widerstand, in: Zeitschrift für Geschichtswissenschaft 7 (1993), S. 984ff.

2. Die Arbeiterbewegung

Sabine Asgodom (Hg.): »Halts Maul – sonst kommst nach Dachau!« Frauen und Männer aus der Arbeiterbewegung berichten über Widerstand und Verfolgung unter dem Nationalsozialismus, Köln 1983.

Deutschland-Berichte der Sozialdemokratischen Partei Deutschlands (Sopade) 1934–1940, Frankfurt/M. 1980.

Barbara Distel: Im Schatten der Helden. Kampf und Überleben von Centa Beimler-Herker und Lina Haag, in: Wolfgang Benz/Barbara Distel (Hg.): Frauen – Verfolgung und Widerstand, Dachauer Hefte Nr. 3, München 1987, S. 21ff.

Barbara Distel: Otto Kohlhofer in memoriam, in: Wolfgang Benz/Barbara Distel (Hg.): Die vergessenen Lager, Dachauer Hefte Nr. 5, München 1989, S. 277ff.

Elke Fröhlich: Zwei Münchener Kommunisten, in: Martin Broszat u. a. (Hg.): Bayern in der NS-Zeit, Bd. 6, München 1983, S. 23ff.

Lothar Gruchmann (Hg.): Autobiographie eines Attentäters. Johann Georg Elser. Aussage zum Sprengstoffanschlag im Bürgerbräukeller München am 8. November 1939, Stuttgart 1970.

Wilhelm Hoegner: Flucht vor Hitler, München 1977.

Oskar Krahmer/Gerdi Müller (Hg.): Der rote Emil. Ein bayerischer Sozialist erzählt, München 1983.

Hartmut Mehringer: Die bayerische Sozialdemokratie bis zum Ende des NS-Regimes. Vorgeschichte, Verfolgung und Widerstand, in: Bayern in der NS-Zeit, Bd. 5, München 1983, S. 287ff.

Hartmut Mehringer: Die KPD in Bayern 1919–1945. Vorgeschichte, Verfolgung und Widerstand, in: Bayern in der NS-Zeit, Bd. 5, München 1983, S. 1ff.

Hartmut Mehringer: Waldemar von Knoeringen. Eine politische Biographie. Der Weg vom revolutionären Sozialismus zur sozialen Demokratie, München 1989.

3. Das katholisch-konservative Milieu

Erwein von Aretin: Krone und Ketten. Erinnerungen eines bayerischen Edelmanns, München 1955.

Karl Otmar von Aretin: Der bayerische Adel. Von der Monarchie zum Dritten Reich, in: Martin Broszat u.a. (Hg.): Bayern in der NS–Zeit, Bd. 3, München 1980, S. 513ff.

Roman Bleistein: Die Jesuiten im Kreisauer Kreis. Ihre Bedeutung für den Gesamtwiderstand gegen den Nationalsozialismus, Passau 1990.

Roman Bleistein: Lothar König. Ein Jesuit im Widerstand gegen den Nationalsozialismus, in: Stimmen der Zeit 204 (1986), S. 313ff.

Roman Bleistein: Alfred Delp. Geschichte eines Zeugen, Frankfurt/M. 1989.

Roman Bleistein: Rupert Mayer. Der verstummte Prophet, Frankfurt/M. 1993.

James Donohoe: Hitler's Conservative Opponents in Bavaria 1930–1945. A Study of Catholic, Monarchist and Separatist Anti-Nazi Activities, Leiden 1961.

Christina Maria Förster: Der Harnier-Kreis. Widerstand gegen den Nationalsozialismus in Bayern, Paderborn 1996.

Otto Gritschneder (Hg.): Ich predige weiter. Pater Rupert Mayer und das Dritte Reich, Rosenheim 1987.

Otto Gritschneder: Kardinal Michael von Faulhaber zwischen Anpassung und Widerstand, München 1980.

Ulrich von Hehl: Priester unter Hitlers Terror. Eine biographische und statistische Erhebung, Mainz 1984.

Evi Kleinöder: Verfolgung und Widerstand der katholischen Jugendvereine, in: Bayern in der NS-Zeit, Bd. 2, München 1979, S. 175ff.

Peter Jakob Kock: Bayerns Weg in die Bundesrepublik, München 1988.

Antonia Leugers: Gegen eine Mauer bischöflichen Schweigens. Der Ausschuß für Ordensangelegenheiten und seine Widerstandskonzeption 1941 bis 1945, Frankfurt/M. 1996.

Franz J. Morschhäuser: Hermann Joseph Wehrle (1899–1944). Zeuge des Glaubens in bedrängter Zeit, St. Ottilien 1994.

Josef Müller: Bis zur letzten Konsequenz. Ein Leben für Frieden und Freiheit, München 1975.

Johannes Neuhäusler: Kreuz und Hakenkreuz. Der Kampf des Nationalsozialismus gegen die katholische Kirche und der kirchliche Widerstand, München 1946.

Thomas Schlemmer: Aufbruch, Krise und Erneuerung. Die CSU 1945 bis 1955, München 1998.

Klaus Schoenhoven: Der politische Katholizismus in Bayern unter der NS-Herrschaft 1933–1945, in: Bayern in der NS–Zeit, Bd. 5, München 1983, S. 541ff.

Georg Schwaiger (Hg.): Das Erzbistum München und Freising in der Zeit der nationalsozialistischen Herrschaft, 2 Bde., München 1984.

Kurt Sendtner: Rupprecht von Wittelsbach. Kronprinz von Bayern, München 1954.

Franz Sonnenberger: Der neue »Kulturkampf«. Die Gemeinschaftsschule und ihre historischen Voraussetzungen, in: Martin Broszat u.a. (Hg.): Bayern in der NS-Zeit, Bd. 3, München 1981, S. 235ff.

Florian Trenner: Carl-Oskar Freiherr von Soden. Ein Politiker-Priester in Bayern zwischen
Monarchie und Diktatur, St. Ottilien 1986.

Ludwig Volk (Hg.): Die Akten Kardinal Faulhabers 1917–1945, Mainz 1978.

4. Jugendliche

Wilfried Breyvogel (Hg.): Piraten, Swings und Junge Garde. Jugendwiderstand im Nationalsozialismus, Bonn 1991.

Michael Grüttner: Studenten im Dritten Reich, München 1995.

Richard Hanser: Deutschland zuliebe. Leben und Sterben der Geschwister Scholl. Die Geschichte der Weißen Rose, München 1980.

Gerrit Helmers/Alfons Kenkmann: »Wenn die Messer blitzen und die Nazis flitzen«. Der Widerstand von Arbeiterjugendcliquen und -banden in der Weimarer Republik und im »Dritten Reich«, Lippstadt 1984.

Inge Jens (Hg.): Hans Scholl, Sophie Scholl. Briefe und Aufzeichnungen, Frankfurt/M. 1984.

Inge Jens/Anneliese Knoop-Graf (Hg.): Willi Graf. Briefe und Aufzeichnungen, Frankfurt/M.
1988.

Arno Klönne: Jugendkriminalität und Jugendopposition im NS-Staat, München 1981.

Arno Klönne: Jugendprotest und Jugendopposition, in: Martin Broszat u. a. (Hg.): Bayern in
der NS-Zeit, Bd. 4, München 1981, S. 527ff.

Christian Petry: Studenten aufs Schafott. Die Weiße Rose und ihr Scheitern, München 1968.

Detlev Peukert: Die Edelweißpiraten. Protestbewegung jugendlicher Arbeiter im »Dritten
Reich«, Köln 1980.

Inge Scholl: Die Weiße Rose. Erweiterte Neuausgabe, Frankfurt/M. 1982.

Harald Steffahn: Die Weiße Rose, Hamburg 1992.

Winfried Süß/Michael C. Schneider: Keine Volksgenossen. Studentischer Widerstand der
Weißen Rose, München 1993.

Jürgen Wolff: Jugendliche vor Gericht im Dritten Reich. Nationalsozialistische Jugendstraf-
rechtspolitik und Justizalltag, München 1992.

Jürgen Zarusky: »... nur eine Wachstumskrankheit«? Jugendwiderstand in Hamburg und München, in: Wolfgang Benz/Barbara Distel (Hg.): Solidarität und Widerstand, Dachauer Hefte
Nr. 7, München 1991, S. 210ff.

5. Wissenschaftler, Intellektuelle und Künstler

Helmut Böhm: Von der Selbstverwaltung zum Führerprinzip: die Universität München in den
ersten Jahren des Dritten Reiches (1933–1936), Berlin 1995.

Peter A. Dorsch: Heinrich Wieland und das Chemische Institut der Universität München in
der Zeit des Nationalsozialismus, (unveröff. Magisterarbeit) 1994.

Helmuth Heiber: Universität unterm Hakenkreuz, 2 Bde., München 1991/92.

Clara Huber (Hg.): »... der Tod war nicht vergebens«. Kurt Huber zum Gedächtnis, München
1986.

Kurt-Huber-Gymnasium München (Hg.): Kurt Huber. Stationen seines Lebens in Dokumenten und Bildern, Gräfelfing 1986.

Peter-Klaus Schuster (Hg.): Nationalsozialismus und »Entartete Kunst«. Die »Kunststadt«
München 1937, München 1988.

Hinrich Siefken (Hg.): Resistance to Nationalsocialism: Kunst und Widerstand, München 1995.

Hinrich Siefken: Totalitäre Erfahrungen aus der Sicht eines christlichen Essayisten: Theodor Haecker in München, (unveröff. Manuskript) 1997.

6. Die Zeugen Jehovas

Detlev Garbe: Der lila Winkel. Die »Bibelforscher« (Zeugen Jehovas) in den Konzentrationslagern, in: Wolfgang Benz/Barbara Distel (Hg.): Täter und Opfer, Dachauer Hefte Nr. 10, München 1994, S. 3ff.

Detlev Garbe: Zwischen Widerstand und Martyrium. Die Zeugen Jehovas im »Dritten Reich«, München 1993.

Wachtturm-Gesellschaft Deutschland: Die Verfolgung der Zeugen Jehovas in München 1933–1945, (unveröff. Manuskript) Selters/Ts. 1998.

7. Juden

Peter Hanke: Zur Geschichte der Juden in München zwischen 1933 und 1945, München 1967.

Konrad Kwiet/Helmut Eschwege: Selbstbehauptung und Widerstand. Deutsche Juden im Kampf um Existenz und Menschenwürde, Hamburg 1986.

Hans Lamm: Von Juden in München. Ein Gedenkbuch, München 1958.

Hans Lamm (Hg.): Vergangene Tage. Jüdische Kultur in München, München 1982.

Arnold Paucker: Jüdischer Widerstand in Deutschland. Tatsachen und Problematik, Berlin 1989.

Manfred Treml (Hg.): Geschichte und Kultur der Juden in Bayern, 2 Bde., Augsburg 1988.

8. Die evangelische Kirche

Anne Lore Buehler: Der Kirchenkampf im evangelischen München. Die Auseinandersetzung mit dem Nationalsozialismus und seinen Folgeerscheinungen im Bereich des Evang.-Luth. Dekanates München 1923– 1950, Nürnberg 1974.

Walter Höchstädter: Der Lemppsche Kreis, in: Evangelische Theologie 48 (1988), S. 468ff.

Björn Mensing: »Hitler hat eine göttliche Sendung«. Münchens Protestantismus und der Nationalsozialismus, in: Björn Mensing/Friedrich Prinz (Hg.): Irrlicht im leuchtenden München? Der Nationalsozialismus in der »Hauptstadt der Bewegung«, Regensburg 1991, S. 92ff.

Kurt Meier: Kreuz und Hakenkreuz. Die evangelische Kirche im Dritten Reich, München 1992.

Wolfgang Sommer: Wilhelm von Pechmann und die bayerische Landeskirche zur Zeit des Nationalsozialismus, Dokumentation des Evangelischen Pressedienstes, Landesdienst Bayern, Ausgabe 1/1997.

9. Kriegsgefangene und Zwangsarbeiter

Joseph A. Brodski: Die Lebenden kämpfen. Die illegale Organisation Brüderlicher Zusammenarbeit der Kriegsgefangenen (BSW), Berlin-Ost 1968.

Joseph A. Brodski: Im Kampf gegen den Faschismus. Sowjetische Widerstandskämpfer in Hitler-Deutschland 1941–1945, Berlin-Ost 1975.

Joseph A. Brodski: Gegen das Vergessen. Aus dem Widerstand sowjetischer Kriegsgefangener in deutschen Lagern, in: Wolfgang Benz/Barbara Distel: Solidarität und Widerstand, Dachauer Hefte Nr. 7, München 1991, S. 13ff.

Anton Grossmann: Polen und Sowjetrussen als Arbeiter in Bayern 1939–1945, in: Archiv für Sozialgeschichte 24 (1984), S. 355ff.

Andreas Heusler: Zwangsarbeit in der Münchner Kriegswirtschaft 1939–1945, München 1991.

Andreas Heusler: Ausländereinsatz. Zwangsarbeit für die Münchner Kriegswirtschaft 1939–1945, München 1996.

10. Widerstand und Opposition gegen den Krieg

Rupprecht Gerngroß: Aufstand der Freiheitsaktion Bayern 1945. »Fasanenjagd« und wie die Münchner Freiheit ihren Namen bekam, Augsburg 1995.

Stefanie Reichelt: »Für mich ist der Krieg aus!« Deserteure und Kriegsverweigerer des Zweiten Weltkriegs in München, München 1995.

Hildebrand Troll: Aktionen zur Kriegsbeendigung, in: Martin Broszat u. a. (Hg.): Bayern in der NS-Zeit, Bd. 4, München 1981, S. 645ff.

11. Spontane und individuelle Verweigerung im Alltag

Martin Broszat u. a. (Hg.): Bayern in der NS-Zeit, Bd. 1: Soziale Lage und politisches Verhalten der Bevölkerung im Spiegel vertraulicher Berichte, München 1977.

Elke Fröhlich: Regimekritik in privaten und anonymen Briefen, in: Martin Broszat u. a. (Hg.): Bayern in der NS-Zeit, Bd. 6, München 1983, S. 138ff.

Rudi Hartmann: Flüsterwitze aus dem tausendjährigen Reich, München 1983.

Peter Hüttenberger: Heimtückefälle vor dem Sondergericht München, in: Martin Broszat u. a. (Hg.): Bayern in der NS-Zeit, Bd. 4, München 1981, S. 435ff.

Anton Maria Keim (Hg.): Yad Vashem. Die Judenretter aus Deutschland, München 1983.

Ian Kershaw: Antisemitismus und Volksmeinung. Reaktion auf die Judenverfolgung, in: Bayern in der NS-Zeit, Bd. 2, München 1979, S. 281ff.

Klaus Michael Mallmann/Gerhard Paul: Resistenz oder loyale Widerwilligkeit?, in: Zeitschrift für Geschichtswissenschaft 41 (1993), S. 99ff.

Anmerkungen

1 StAM, Stanw. 8551.
2 Erstes Flugblatt der Weißen Rose, IfZ, Fa 215, Bd. 1.
3 So der Titel eines Aufsatzes von Carl Schmitt: Der Führer schützt das Recht, in: Deutsche Juristische Zeitschrift 1934, Sp. 945ff.
4 lat.: keine Strafe ohne Gesetz
5 lat.: kein Verbrechen ohne Strafe
6 StAM, Stanw. 7400.
7 StAM, LRA 58117.
8 zitiert nach: Konzentrationslager Dachau 1933 – 1945, hg. v. Comité International de Dachau, München 1978, S. 80.
9 StAM, Stanw. 8785.
10 StAM, Stanw. 7961.
11 StAM, Stanw. 4158.
12 StAM, Stanw. 8538.
13 vgl. S. 82 ff.
14 vgl. S. 170 ff.
15 StAM, Stanw. 7604.
16 vgl. S. 93
17 Aufruf Goebbels zum »Tag der deutschen Arbeit«, 25. April 1933, zitiert nach: Paul Meier-Benneckenstein (Hg.): Dokumente der deutschen Politik, Bd. 1, Berlin 1935, S. 141.
18 Rede des Reichsabeitsministers Seldte, 16. Januar 1934, anläßlich des »Gesetzes zur Ordnung der nationalen Arbeit« vom 20. Januar 1934, zitiert nach: Dokumente der deutschen Politik, Bd. 2, Berlin 1936, S. 129.
19 Sepp Schober: Kapitulation im Gewerkschaftshaus, in: Sabine Asgodom (Hg.): »Halts Maul - sonst kommst nach Dachau!« Frauen und Männer aus der Arbeiterbewegung berichten über Widerstand und Verfolgung unter dem Nationalsozialismus, Köln 1983, S. 85.
20 vgl. S. 162 ff.
21 StAM, Stanw. 7669.
22 StAM, Stanw. 7895.
23 Bericht der BayPoPo über »Die illegalen marxistischen Bewegungen in Bayern 1935«, o.D., zitiert nach: Martin Broszat u. a. (Hg.): Bayern in der NS-Zeit, Bd. 1: Soziale Lage und politisches Verhalten der Bevölkerung im Spiegel vertraulicher Berichte, München 1977, S. 245.
24 Polizeibericht von 1940, zitiert nach: Benedikt Weyerer: München 1933–1949. Stadtrundgänge zur politischen Geschichte, hg. v. der Landeshauptstadt München, München 1996, S. 270.
25 Lagebericht der Polizeidirektion München vom 6. Dezember 1934, zitiert nach: Martin Broszat u. a. (Hg.), Bayern in der NS-Zeit, Bd. 1: Soziale Lage und politisches Verhalten, a.a.O., S. 231.
26 StAM, Stanw. 7921.
27 StAM, Stanw. 8454.
28 StAM, LRA 68092.
29 vgl. S. 76 ff.
30 BayHStA, MA 106685.
31 StAM, LRA 58272.
32 Josef Linsenmeier: Widerstand der »Kinderfreunde«, in: »Halts Maul – sonst kommst nach Dachau!«, a.a.O., S. 81.
33 StAM, OLG, OJs 100/33.
34 vgl. S. 89 ff.
35 StAM, Stanw. 7893.
36 Deutschland-Bericht der Sopade November/Dezember 1934, in: Deutschland-Berichte der Sozialdemokratischen Partei Deutschlands (Sopade) 1934–1940, Erster Jahrgang, Frankfurt/M. 1980, S. 729.
37 Deutschland-Bericht der Sopade September 1935, a.a.O., Zweiter Jahrgang , S. 1073f.
38 StAM, Stanw. 7490.
39 StAM, LRA 58140.
40 Monatsbericht des Regierungspräsidenten von Oberbayern vom 10. Juni 1938, zitiert nach: Martin Broszat u. a. (Hg.),

Bayern in der NS-Zeit, Bd. 1: Soziale Lage und politisches Verhalten, a.a.O., S. 275.

41 zitiert nach: Benedikt Wegener, a.a.O., S. 304.

42 Deutschland-Bericht der Sopade Mai/ Juni 1934, a.a.O., Erster Jahrgang, S. 134.

43 Deutschland-Bericht der Sopade April 1936, a.a.O., Dritter Jahrgang, S. 510.

44 StAM, LRA 58117.

45 Lagebericht der Polizeidirektion München vom 4. Juni 1935, in: Martin Broszat u. a. (Hg.), Bayern in der NS-Zeit, Bd. 1: Soziale Lage und politisches Verhalten, a.a.O., S. 237.

46 Deutschland-Bericht der Sopade August/September 1934, a.a.O., Erster Jahrgang, S. 436f.

47 StAM, LRA 58140.

48 StAM, LRA 58138.

49 Lagebericht der Polizeidirektion München vom 6. Dezember 1935, zitiert nach:Martin Broszat u. a. (Hg.), Bayern in der NS-Zeit, Bd. 1: Soziale Lage und politisches Verhalten, a.a.O, S. 242.

50 StAM, Stanw. 4158.

51 StAM, Stanw. 5620.

52 StAM, Stanw. 5553.

53 StAM, Stanw. 5116.

54 StAM, Stanw. 9389.

55 StAM, Stanw. 9969.

56 StAM, Stanw. 9925.

57 StAM, AG 43050.

58 Halbmonatsbericht des Regierungspräsidenten von Oberbayern vom 20. Februar 1933, zitiert nach: Martin Broszat u. a. (Hg.), Bayern in der NS-Zeit, Bd. 1: Soziale Lage und politisches Verhalten, a.a.O., S. 207.

59 vgl. S. 89 ff.

60 StAM, Stanw. 7895.

61 StAM, OLG OJs 73/36.

62 StAM, Stanw. 7972.

63 Auszug aus einem Interview mit Rosa Karpfenberger ohne Datum, Archiv der Münchner Arbeiterbewegung.

64 Bericht der BayPoPo »Die kommunistische Bewegung in Bayern seit dem 9. III. 1933« vom 25. Mai 1933, BayHStA, MA 106 312.

65 Nr. 6 der »Neuen Zeitung« vom Juli 1933, zitiert nach: Hartmut Mehringer: Die KPD in Bayern 1919–1945. Vorgeschichte, Verfolgung und Widerstand, in: Martin Broszat u. a. (Hg.): Bayern in der NS-Zeit, Bd. 5, München 1983, S. 93.

66 zitiert nach dem Informationsblatt »Betr.: Franz Xaver Schwarzmüller und andere Münchner Kommunisten im sowjetischen Exil« von Jürgen Zarusky, IfZ.

67 Aussage von Franz Scheider, StAM, OLG OJs 100/33.

68 StAM, OLG OJs 100/33.

69 StAM, Stanw. 7582.

70 StAM, OLG OJs 100/33.

71 StAM, OLG OJs 99/33.

72 vgl. S. 89 ff.

73 vgl. S. 89 ff.

74 Erklärung von Karl Jakobi ohne Datum, in: Spruchkammerakte Max Troll, IfZ, Sp 05/1.

75 vgl. S. 174 ff.

76 zitiert nach: Anklageschrift gegen Alfred Lettenbauer OLG OJs 121, 166/36, IfZ, Sp 05/1.

77 Bericht der Bayerischen Politischen Polizei über »Die illegalen marxistischen Bewegungen in Bayern 1935« ohne Datum, zitiert nach: Martin Broszat u. a. (Hg.), Bayern in der NS-Zeit, Bd. 1: Soziale Lage und politisches Verhalten, a.a.O., S. 243.

78 Anklageschrift gegen Johann Hopfensberger u. a. OLG OJs 126/35, IfZ, Sp 05/1.

79 Anklageschrift gegen Johann Dasch u. a. OLG OJs 9/37, IfZ, Sp 05/1.

80 Urteil gegen Xaver Peter u. a. OLG OJs 176/37, IfZ, Sp. 05/1.

81 vgl. S. 80 f.

82 BA Berlin, NJ 1633–9.

83 Wilhelm Hoegner: Flucht vor Hitler. Erinnerungen an die Kapitulation der ersten deutschen Republik 1933, München 1977, S. 106f.

84 Josef Linsenmeier: Widerstand der »Kinderfreunde«, a.a.O., S. 69.

85 Sepp Schober: Kapitulation im Gewerkschaftshaus, in: Sabine Asgodom (Hg.): »Halts Maul – sonst kommst nach Dachau!«, a.a.O., S. 93.

86 StAM, Stanw. 7473.
87 zitiert in der Anklageschrift gegen Franz Faltner u. a., in: Mikrofiche-Edition Widerstand als »Hochverrat« 1933–1945. Die Verfahren gegen deutsche Reichsangehörige vor dem Reichsgericht, dem Volksgerichtshof und dem Reichskriegsgericht, hg. v. Institut für Zeitgeschichte, München 1994.
88 vgl. S. 101 f.
89 vgl. S. 231
90 Josef Linsenmeier: Widerstand der »Kinderfreunde«, a.a.O., S. 75.
91 Hartmut Mehringer: Die bayerische Sozialdemokratie bis zum Ende des NS-Regimes. Vorgeschichte, Verfolgung und Widerstand, in: Martin Broszat u. a. (Hg.): Bayern in der NS-Zeit, Bd. 5, München 1983, S. 381.
92 zitiert in der Anklageschrift gegen Franz Faltner u. a., Mikrofiche-Edition, a.a.O.
93 ebda.
94 ebda.
95 Lotte Branz: Kurierfahrten über die Grenze, in: Sabine Asgodom: (Hg.): »Halts Maul – sonst kommst nach Dachau!«, a.a.O., S. 17.
96 zitiert in der Anklageschrift gegen Hermann Frieb u. a., Mikrofiche-Edition, a.a.O.
97 zitiert nach: Hartmut Mehringer: Die bayerische Sozialdemokratie, a.a.O., S. 413.
98 Interview Waldemar von Knoeringen vom 21. November 1968, zitiert nach: Hartmut Mehringer: Die bayerische Sozialdemokratie, a.a.O., S. 410.
99 Zeitschrift »Der Marxist«, STAM, Stanw. 7473.
100 vgl. S. 287 f.
101 zitiert nach: Heike Bretschneider: Der Widerstand gegen den Nationalsozialismus in München 1933 bis 1945, München 1968, S. 204.
102 zitiert nach: Ludwig Volk: Akten Kardinal Michael von Faulhabers (1917–1945), Bd. 2: 1935–1945, Mainz 1975, S.659.
103 aus einer Rede Alfred Rosenbergs in Münster am 6. Juli 1935, zitiert nach: Hans Müller (Hg.): Katholische Kirche und Nationalsozialismus, München 1965, S. 32f.
104 zitiert nach: Johann Neuhäusler: Kreuz und Hakenkreuz. Der Kampf des Nationalsozialismus gegen die katholische Kirche und der kirchliche Widerstand, München 1946, S. 186.
105 zitiert nach: Helmut Witetschek: Die kirchliche Lage im Erzbistum München und Freising nach den Berichten der Regierungspräsidenten 1933 bis 1945, in: Georg Schwaiger (Hg.): Das Erzbistum München und Freising in der Zeit der nationalsozialistischen Herrschaft, München 1984, , Bd. 2, S. 61.
106 Lagebericht des Chefs des Sicherheitsamts des Reichsführers SS (Berlin) für Mai/Juni 1934, zitiert nach: Martin Broszat u. a. (Hg.), Bayern in der NS-Zeit, Bd. 1: Soziale Lage und politisches Verhalten, a.a.O., S. 439.
107 zitiert nach: Helmut Witscheck: Die kirchliche Lage im Erzbistum, a.a.O., S. 56.
108 zitiert nach: Ludwig Volk: Akten Kardinal Michael von Faulhabers, a.a.O., S. 1034.
109 Privatarchiv Dr. Otto Gritschneder.
110 StAM, Stanw. 3569.
111 StAM, Stanw. 4456.
112 zitiert nach: Ludwig Volk: Akten Kardinal Michael von Faulhabers, a.a.O., S. 883.
113 MKKZ 45 (1934), zitiert nach: Hans-Georg Becker: Die Münchnener Katholische Kirchenzeitung 1933–1939, in: Georg Schwaiger: Das Erzbistum München und Freising, a. a. O., Bd. 2, S. 146.
114 StAM, Stanw. 5490.
115 zitiert nach: Otto Gritschneder: Ich predige weiter. Pater Rupert Mayer und das Dritte Reich, Rosenheim o. J., S. 49f.
116 ebda., S. 85.
117 StAM, Stanw. 9374.
118 StAM, Stanw. 5491.
119 StAM, Stanw. 5837.
120 so ihre eigene Aussage vor der Gestapo, StAM, Stanw. 3860.
121 StAM, Stanw. 4004.
122 StAM, Stanw. 8647.

123 zitiert nach: Kurt Becher: »Neu-deutschland« im Erzbistum München und Freising. Schicksale katholischer studierender Jugend in der NS-Zeit, in: Georg Schwaiger: (Hg.) Das Erzbistum München und Freising, a.a.O., Bd. 1, S. 812.

124 vgl. S. 122

125 StAM, Stanw. 7520.

126 ebda.

127 zitiert nach: Christina M. Förster: Der Harnier-Kreis. Widerstand gegen den Nationalsozialismus in Bayern, Pader-born 1996, S. 128.

128 BayHStA, MA 99 526.

129 StAM, Pol. Dir. 15572.

130 StAM, Stanw. 7472.

131 StAM, Stanw. 7839.

132 StAM, Stanw. 8659.

133 zitiert nach: Gedenkstätte Deutscher Widerstand, Dauerausstellung.

134 ebda.

135 zitiert nach: Karl Otmar von Aretin: Der bayerische Adel im Dritten Reich, in: Martin Broszat u. a. (Hg.): Bayern in der NS-Zeit, Bd. 3, München 1980, S. 560.

136 zitiert nach: Kurt Sendtner: Rupprecht von Wittelsbach. Kronprinz von Bayern, München 1954, S. 557.

137 vgl. S. 170 ff.

138 zitiert nach: Peter Jakob Kock: Bayerns Weg in die Bundesrepublik, München 1988, S. 74f.

139 zitiert nach: James Donohoe: Hitler's Conservative Opponents in Bavaria 1930–1945. A Study of Catholic, Mo-narchist and Separatist Anti-Nazi Acti-vities, Leiden 1961, S. 314f.

140 StAM, Stanw. 7847.

141 StAM, Stanw. 5805.

142 Straubinger Tagblatt vom 6.Januar 1955.

143 Neues Testament, Matthäus 19,29: »Und jeder, der um meines Namens wil-len Häuser oder Brüder, Schwestern, Vater, Mutter, Kinder oder Äcker verlas-sen hat, wird dafür das Hundertfache er-halten und das ewige Leben gewinnen.«

144 Privatarchiv Dr. Otto Gritschneder.

145 zitiert nach: Florian Trenner: Carl-Oskar Freiherr von Soden. Ein Politiker-Prie-ster in Bayern zwischen Monarchie und Diktatur, Sankt Ottilien 1986, S. 23.

146 ebda., S. 195.

147 ebda., S. 199.

148 StAM, Stanw. 7669.

149 Privatarchiv Dr. Otto Gritschneder.

150 StAM, Stanw. 5860.

151 Brief Delps vom 28. September 1939 an den Generalvikar Werthmann, in: Alfred Delp: Gesammelte Schriften, hg. v. Ro-man Bleistein, Frankfurt/M. 1988, Bd. 5, S. 106.

152 Bericht Röschs über die Tagung der Su-perioren-Vereinigung in Berlin am 26. und 27. Mai 1941, in: Augustinus Rösch: Kampf gegen den Nationalsozialismus, hg. v. Roman Bleistein, Frankfurt/M. 1985, S. 61.

153 Hirtenbrief-Entwurf vom 15. Novem-ber 1941, in: Ludwig Volk: Akten Kardi-nal Michael von Faulhabers, a.a.O., S. 835.

154 Augustinus Rönsch: Kampf gegen den Nationalsozialismus, a.a.O., S. 206f.

155 vgl. S. 180 ff.

156 vgl. S. 105 ff.

157 vgl. S. 68

158 Brief Harniers an Herbert von Bismarck vom 16. Oktober 1933, Familienarchiv Harnier.

159 Aussage Harniers vor der Gestapo, zi-tiert nach: James Jonohoe: Hitler's Con-servative Opponents, a.a.O, S. 291.

160 ebda., S. 306.

161 StadtAM, Pol. Dir., Personenakten Nr. 27: Fackler, Bl. 7.

162 BArchP, NJ 1245, Bd. 11, Bl. 3: Nach-richtenblatt Nr. 2.

163 StadtAM, Pol. Dir.,Weintz-Bericht, S. 197.

164 StAM, Stanw. 9734.

165 StAM, Stanw. 9738.

166 Gedenkrede Otto Gesslers anläßlich Franz Sperrs Todestag am 9. Dezember 1950, zitiert nach: Heike Bretschneider: Der Widerstand gegen den Nationalso-zialismus in München, a. a. O., S. 160.

167 Bericht von Dr. Philipp Schubert, IfZ, ZS 391.

168 vgl. S. 150 ff.

169 vgl. S. 164 ff.

170 zitiert nach: Franz J. Morschhäuser: Hermann Joseph Wehrle (1899–1944).

Zeuge des Glaubens in bedrängter Zeit, München 1994, S. 175f.

171 ebda., S. 186f.

172 ebda., S. 205.

173 Rede vom 4. September 1938 in Reichenberg, zitiert nach: Bernhard Haupert u. a.: Jugend zwischen Kreuz und Hakenkreuz. Biographische Rekonstruktion als Alltagsgeschichte des Faschismus, Frankfurt/M. 1991, S. 12.

174 vgl. zum Widerstand der sozialistischen Jugend S. 76 ff. und zur katholischen Jugend S. 141 ff. Konkrete Fälle der Existenz illegaler bündischer Jugend in München sind nicht überliefert.

175 StAM, AG 47028.

176 StAM, Stanw. 9518.

177 zitiert nach: Detlev Peukert: Die Edelweißpiraten. Protestbewegung jugendlicher Arbeiter im »Dritten Reich«, Köln 1980, S. 172.

178 StAM, AG 47477.

179 StAM, AG 47472.

180 Bericht des Studentenführers der Universität München Sigwart Göller, zitiert nach: Michael Grüttner: Studenten im Dritten Reich, München 1995, S. 255.

181 ebda., S. 256.

182 StAM, Stanw. 3466.

183 Interview der Verfasserin mit Franz Geiger vom 18. November 1996.

184 StAM, Stanw. 6430.

185 Die Chronik war später im Besitz von Lorenz Cosmann und ist erst in den letzten Jahren verloren gegangen. Es existieren aber noch Abschriften daraus im Privatarchiv von Arno Klönne.

186 vgl. S. 208 ff.

187 vgl. S. 302 ff.

188 Anklageschrift gegen Klingenbeck u. a., zitiert nach: Mikrofiche-Edition, a.a.O.

189 Mikrofiche-Edition, a.a.O.

190 zitiert nach: Winfried Süß/Michael C. Schneider: Keine Volksgenossen. Studentischer Widerstand der Weißen Rose. The White Rose, München 1993, S. 18.

191 vgl. S. 227 ff.

192 vgl. S. 229 f.

193 IfZ, Fa 215, Bd.1.

194 zitiert in den Akten des Sondergerichtsprozesses gegen Eickemeyer u. a.,

StAM, Staatsanw. 12530.

195 Aussage Hubers vor dem Volksgerichtshof, zitiert nach: Winfried Süß / Michael C. Schneider: Keine Volksgenossen, a.a.O., S. 29.

196 vgl. S. 198 f.

197 vgl. S. 168 ff.

198 vgl. S. 224 ff.

199 Archiv der Stiftung Weiße Rose e.V.

200 Rede zur Tagung der Reichskulturkammer in Berlin vom 1. Mai 1939, zitiert nach: Die Zeit ohne Beispiel. Reden und Aufsätze aus den Jahren 1939/40/41 von Joseph Goebbels, München 1941.

201 vgl. S. 197

202 vgl. S. 208 ff.

203 Abschrift eines Interviews mit Oskar Neumann vom November 1989, Archiv der Münchner Arbeiterbewegung.

204 zitiert nach: Marbacher Magazin 49/1989: Theodor Haecker 1879–1945, bearb. v. Hinrich Siefken, S. 53.

205 zitiert nach: Kurt Huber. Stationen seines Lebens in Dokumenten und Bildern, hg. v. Kurt-Huber-Gymnasium Gräfelfing, München o. J., S. 88.

206 zitiert nach: Gedenkstätte Deutscher Widerstand, Dauerausstellung.

207 Bayerische Staatsbibliothek, Mus. Mss. 18278.

208 Brief Knudage Rüsagers an Hartmann vom 11. Mai 1933, Bayerische Staatsbibliothek, Nachlaß Hartmann, Ana 407.

209 Brief Hartmanns an Hermann Scherchen vom 16. Januar 1936, Bayerische Staatsbibliothek, Nachlaß Hartmann, Ana 407.

210 Staatsbibliothek München, Mus. Mss. 12928.

211 StAM, Stanw. 6257.

212 StAM, Stanw. 10357.

213 StAM, Stanw. 3848.

214 StAM, Stanw. 9937.

215 Bericht auf einer Tagung im Reichsjustizministerium vom 18. Juni 1937, zitiert nach: Detlev Garbe: Zwischen Widerstand und Martyrium. Die Zeugen Jehovas im »Dritten Reich«, München 1993, S. 290.

216 StAM, Stanw. 9148.

217 StAM, Stanw. 9101.

218 StAM, Stanw. 8551.

219 Aussage Maria Friedl, StAM, Stanw. 8398.
220 »Resolution« des mitteleuropäischen Kongreß der Zeugen Jehovas, Luzern, Tagung vom 4. bis 7. September 1936, StAM, Stanw. 9148.
221 StAM, Stanw. 9130.
222 Aussage Anna Gerig, StAM, Stanw. 8460.
223 »Offener Brief. An das bibelgläubige und Christus liebende Volk Deutschlands!«, StAM, Stanw. 9148.
224 StAM, Stanw. 9148.
225 StAM, Stanw. 8576.
226 vgl. S. 293
227 StAM, OLG Ojs 70/43.
228 StAM, Stanw. 11253.
229 Brief vom 16. September 1919, zitiert nach Ernst Deuerlein: Hitlers Eintritt in die Politik und die Reichswehr, in: Vierteljahreshefte für Zeitgeschichte (7) 1959, S. 203.
230 BayHStA, Reichsstatthalter Epp, Nr. 823/2.
231 laut brieflicher Auskunft von Peter Sinclair, dem Sohn Michael Siegels, vom 23. Oktober 1996. Auf den beiden Fotos, die von dem Vorfall existieren, war die Aufschrift nicht leserlich und wurde deshalb nachträglich in differierenden Wortlauten eingefügt.
232 zitiert nach: Hans Lamm: Von Juden in München. Ein Gedenkbuch, München 1958, S. 338.
233 StAM, Stanw. 7881, vgl. auch Peter Hanke: Zur Geschichte der Juden in München zwischen 1933 und 1945, München 1967, S. 160.
234 StAM, Stanw. 8544.
235 StAM, Stanw. 9842.
236 vgl. S. 117 ff.
237 Anklageschrift gegen Benno Neuburger, Mikrofiche-Edition, a.a.O.
238 StAM, Stanw. 7881.
239 zitiert nach: Hauptsynagoge München 1887–1938. Eine Gedenkschrift mit einem historischen Rückblick von Dr. Wolfram Selig, hg. v. Sal Frost, München 1987, S. 138.
240 BayHStA, MA 104 990.
241 StAM, Stanw. 5044.
242 StAM, AG 47003.
243 StAM, Stanw. 8261.
244 StAM, Pol.Dir. 7864.
245 Rede des Reichsministers Kerrl vor den Kirchenführern am 13. Februar 1937, zitiert nach Abschrift eines Redeprotokolls, StAM, Stanw. 3254.
246 Kundgebung der Kirchenvorsteher der evang.-luth. Gemeinden Dachau und Allach-Untermenzing vom 23. September 1934, KZ Gedenkstätte Dachau , Archiv 18.475.
247 zitiert nach: Zwischen Anpassung und Widerstand. Evangelische Kirche in der Auseinandersetzung mit dem Nationalsozialismus, hg. v. Institut für Lehrerfortbildung Heilbronn, S. 125ff.
248 StAM, Stanw. 3378.
249 ebd.
250 zitiert nach: Anne Lore Buehler: Der Kirchenkampf im evangelischen München. Die Auseinandersetzung mit dem Nationalsozialismus und seinen Folgeerscheinungen im Bereich des evangelisch-lutherischen Dekanates München 1923–1950, München 1974, S. 157ff.
251 StAM, Stanw. 3502.
252 ebd.
253 StAM, Stanw. 3314.
254 StAM, Stanw. 3325.
255 StAM, Stanw. 3254.
256 Brief Pechmanns vom 15. Juli 1933 an Landesbischof Meiser, zitiert nach: Wilhelm von Pechmann und die bayerische Landeskirche zur Zeit des Nationalsozialismus, Vortrag von Prof. Dr. Wolfgang Sommer am 7.12.1996 in der Augustana-Hochschule, Evangelischer Pressedienst 1 (1997), S. 11f.
257 ebda., S. 10.
258 ebda., S. 14.
259 vgl. S. 271 f.
260 »Wider das Schweigen der Kirche zur Judenverfolgung. Offener Brief an Landesbischof D. Meiser«, verfaßt von Hermann Diem, zitiert nach: Walter Höchstätter: Der Lemppsche Kreis, in: Evangelische Theologie 48 (1988), S. 471ff.

261 zitiert nach: Andreas Heusler: Zwangsarbeit in der Münchner Kriegswirtschaft
1939–1945, hg. v. der Landeshauptstadt
München, München 1991, S. 41.
262 StAM, Stanw. 11400.
263 StAM, Stanw. 11010.
264 BayHStA, Inn.Min. 71639.
265 StAM, Stanw. 12339.
266 vgl. S. 200 ff.
267 vgl. S. 302 ff.
268 StAM, OLG Ojs 581ff/44.
269 zitiert nach: Andreas Heusler: Zwangsarbeit, a.a.O., S. 70.
270 vgl. S. 114 ff.
271 Rundfunkrede vom 8. März 1942, zitiert
nach: Das eherne Herz. Reden und Aufsätze aus den Jahren 1941/42 von Dr. Joseph Goebbels, München 1943, S. 236.
272 vgl. S. 164 ff.
273 StAM, Stanw. 13438.
274 vgl. S. 245
275 StAM, Stanw. 12091.
276 zitiert nach: Stefanie Reichelt: »Für
mich ist der Krieg aus!« Deserteure und
Kriegsverweigerer des Zweiten Weltkriegs in München, hg. v. der Landeshauptstadt München, S. 180f.
277 vgl. S. 183 f.
278 zitiert nach: Josef Müller: Bis zur letzten
Konsequenz. Ein Leben für Frieden
und Freiheit, München 1975, S. 146f.
279 vgl. S. 208 ff.
280 vgl. S. 204 ff.
281 vgl. S. 92 f.
282 StAM, Stanw. 14063; vgl. auch Anklageschrift und Urteil, Mikrofiche-Edition,
a.a.O.
283 zitiert nach: Heike Bretschneider: Der
Widerstand gegen den Nationalsozialismus in München, a.a.O., S. 231f.
284 Rede zum 17. Jahrestag des Beginns
der nationalen Erhebung vom 24. Februar 1937, zitiert nach: »Es spricht der
Führer«. 7 exemplarische Hitlerreden,
hg. v. Hildegard von Kotze und Helmut
Krausnick, Gütersloh 1966.
285 StAM, AG 43026.
286 StAM, AG 43089.
287 StAM, Stanw. 7961.
288 StAM, OLG OJs 138/44.
289 StAM, Stanw. 5109.
290 StAM, Stanw. 5560.
291 zitiert nach: Martin Broszat u. a. (Hg.),
Bayern in der NS-Zeit, Bd. 1: Soziale Lage und politisches Verhalten, a.a.O.,
S. 306.
292 Bericht der Schutzpolizei-Dienstabtei-
lung Bad Aibling/Rosenheim vom 24. Januar 1945, zitiert nach: Martin Broszat
u. a. (Hg.), Bayern in der NS-Zeit, Bd. 1:
Soziale Lage und politisches Verhalten,
a.a.O., S. 679.
293 StAM, AG 43024.
294 StAM, AG 43057.
295 StAM, AG 43159.
296 StAM, Stanw. 7362.
297 vgl. S. 101 ff.
298 StAM, Stanw. 4632.
299 StAM, Stanw. 6237.
300 StAM, Stanw. 5001.
301 StAM, Stanw. 5407.
302 StAM, Stanw. 3618.
303 StAM, Stanw. 3594.
304 StAM, Stanw. 8342.
305 StAM, Stanw. 7530.
306 StAM, Stanw. 3443.
307 StAM, Stanw. 4920.
308 StAM, Stanw. 9147.
309 StAM, Stanw. 4790.
310 BayHStA, Reichsstatthalter Epp, Nr.
823/2.
311 StAM, Stanw. 4604.
312 zitiert nach: Martin Broszat u. a. (Hg.)
Bayern in der NS-Zeit, Bd. 1: Soziale Lage und politisches Verhalten, a.a.O.,
S. 477.
313 StAM, Stanw. 4821.
314 StAM, Stanw. 5407.
315 StAM, Stanw. 9721.
316 StAM, Stanw. 12539.
317 StAM, Stanw. 12573.
318 StAM, Stanw. 12719.
319 StAM, AG 43301.
320 StAM, AG 47059.
321 StAM, Stanw. 5516.
322 StAM, Stanw. 5573.
323 zitiert nach: Andreas Huber: Zwangsarbeit, a.a.O., S. 54.
324 StAM, AG 47108.
325 StAM, AG 47149.

326 StAM, AG 47202.
327 StAM, Stanw. 11390.
328 StAM, Stanw. 11338.
329 StAM, Stanw. 11429.
330 StAM, Stanw. 5092.
331 StAM, Stanw. 10578.
332 StAM, Stanw. 9483.
333 StAM, Stanw. 10006.
334 StAM, Stanw. 11620.
335 StAM, Stanw. 10154.
336 Bericht Karl Zieglers aus dem Kriegsge-
    fangenenlager Lambac vom Mai 1945,
    KZ Gedenkstätte Dachau, Archiv 252.
337 StAM, Stanw. 7400.
338 IfZ, Ms 215.
339 StAM, Stanw. 11278.
340 IfZ, Fa 215, Bd. 3
341 ebda.

342 Brief Josef Mühlauers an die Spruch-
    kammer Regensburg vom 1. Septem-
    ber 1946, IfZ, Sp 05/1.
343 IfZ, Sp 05/2.
344 So der Buchtitel von Günter Weisen-
    born (Hg.): Der lautlose Aufstand. Be-
    richt über die Widerstandsbewegung
    des deutschen Volkes 1933–1945, Ham-
    burg 1953. Vgl. auch die Publikation von
    Annedore Leber, Willy Brandt und Karl
    Dietrich Bracher: Das Gewissen steht
    auf, Berlin 1954.
345 IfZ, ED 106 W. Hammer, Bd. 52.
346 IfZ, Fa 215, Bd. 4.
347 IfZ, Fa 215, Bd. 2
348 Stern 8 (1968)
349 IfZ, Fa 215, Bd. 2.
350 ebda.

Personenverzeichnis

Abbildungsnachweis

Zwischen den Fronten
Münchner Frauen in Krieg und Frieden 1900–1945
Herausgegeben von der Landeshauptstadt München

288 Seiten mit 160 Abbildungen
ISBN 3-927984-37-X

Der Alltag von Frauen in Kriegs- und Zwischenkriegszeiten
steht im Mittelpunkt der Dokumentation.
Mehr als 30 Münchner Zeitzeuginnen haben durch ihre Gesprächs-
bereitschaft dazu beigetragen, daß dieses Buch zustandegekommen ist.
Die Dokumentation zeigt die – wenn auch begrenzten – weiblichen
Handlungsspielräume auf und informiert u.a. über friedens-
fördernde bzw. kriegsunterstützende Tätigkeiten von Frauen.

Buchendorfer Verlag